SEPARAÇÃO DE PODERES

ASPECTOS CONTEMPORÂNEOS DA RELAÇÃO ENTRE EXECUTIVO, LEGISLATIVO E JUDICIÁRIO

Coordenadores
Marcelo Novelino
André Fellet

SEPARAÇÃO DE PODERES

ASPECTOS CONTEMPORÂNEOS DA RELAÇÃO ENTRE EXECUTIVO, LEGISLATIVO E JUDICIÁRIO

2018

EDITORA *Jus*PODIVM
www.editorajuspodivm.com.br

EDITORA *Jus*PODIVM
www.editorajuspodivm.com.br

Rua Mato Grosso, 164, Ed. Marfina, 1º Andar – Pituba, CEP: 41830-151 – Salvador – Bahia
Tel: (71) 3045.9051
• Contato: https://www.editorajuspodivm.com.br/sac

Capa: Ana Caquetti

S479 Separação de Poderes: aspectos contemporâneos da relação entre Executivo, Legislativo e Judiciário/ Coordenadores: Marcelo Novelino e André Fellet – Salvador: Juspodivm, 2018.
416 p.

Vários autores.
ISBN 978-85-442-1763-4.

1. Direito Constitucional I. Fellet, André. II. Novelino, Marcelo. III. Título.

CDD 341.2

Apresentação

Ao ganhar contornos mais bem delineados na Grã-Bretanha do século XVII, no contexto da exacerbação da disputa entre a monarquia e o parlamento, o princípio da Separação de Poderes agregou uma dimensão que foi de extrema valia no desempenho da relevantíssima missão de instrumento de limitação do poder estatal que passou a desempenhar, na salvaguarda das liberdades individuais.

Com efeito, a partir do entendimento de que não se deveria tolerar que um mesmo corpo acumulasse as atribuições de editar e de aplicar as leis produzidas aos casos concretos, sob pena de se compactuar com abusos, compreendeu-se que se fazia necessária a constituição de um ente autônomo, diverso das pessoas do governante e do legislador, ao qual se incumbiria a tarefa jurisdicional, assegurando-se, em última instância, a paz na sociedade.

O princípio da Separação de Poderes, gestado desde períodos mais recuados no tempo, teve entre seus mais notáveis teóricos Charles Louis de Secondat, o Barão de Monstesquieu. Em sua célebre expressão, aos juízes estava reservado o papel de "bocas da lei", é dizer, a de meros reprodutores das disposições legais em vigor.

Passados poucos séculos desde o advento da obra *O Espírito das Leis*, na qual a teorização sobre a tripartição das funções estatais atingiu um patamar inédito de desenvolvimento, o panorama institucional se encontra substancialmente alterado nos dias atuais.

O advento das Cortes Constitucionais, sobretudo em território europeu, foi, talvez, o marco mais significativo dessa mudança de paradigma. O que se sucedeu ao fenômeno é fato de todos conhecido, com o aumento progressivo do protagonismo desempenhado pelo Poder Judiciário, muitas vezes em detrimento da atuação parlamentar de feitura das leis.

Isso ocorre na medida em que, nas palavras do jurista norte-americano Charles Evans Hughes, em discurso proferido no início do século passado, a Constituição estadunidense é o que "a Suprema Corte diz que ela é".

De forma sintética e com grande acuidade, o autor indubitavelmente fez referência ao fato de que, no exercício concreto de seu (quase sagrado) mister de guardar a Constituição de 1787, a Suprema Corte norte-americana, por algumas vezes, acabou por "constituir" o significado do texto cuja aplicação lhe competia.

No contexto de uma Carta Política analítica e prolixa como a nossa, essa atuação se afigura ainda mais perniciosa.

Não se pode descurar ainda, seja nos Estados Unidos da América, no Brasil ou em qualquer outra coordenada geográfica do globo que se refira a um País democrático, do fato de que a produção textual da Constituição, enquanto decisão política fundamental, constitui a "manifestação primeira da soberania" (José Horácio Meirelles Teixeira).

Cremos, portanto, ser de extrema oportunidade a publicação desta obra, que franqueará aos interessados uma visão abalizada e plural sobre as diversas questões relacionadas ao tema, de que são exemplos o ativismo judicial e a judicialização da política, tão em voga nos dias que atravessamos, fornecendo os elementos teóricos necessários a uma análise suficientemente crítica de sua repercussão sobre o arranjo institucional existente.

Que nessa empreitada não se perca de vista a extrema relevância da função legislativa, historicamente confiada aos Parlamentos para a garantia das liberdades públicas. Para o bem da democracia, não se pode consentir de modo algum que ela seja esboroada ou sequer diminuída.

Desejamos a todos uma boa leitura!

André Fellet

Marcelo Novelino

Sobre os Autores

Adriano Sant'Ana Pedra

Doutor em Direito Constitucional (PUC/SP). Mestre em Direitos e Garantias Fundamentais (FDV). Professor do Curso de Direito e do Programa de Pós-Graduação *Stricto Sensu* - Mestrado e Doutorado - em Direitos e Garantias Fundamentais da Faculdade de Direito de Vitória - FDV. Realizou pós-doutorado no Centro de Direitos Humanos da Faculdade de Direito da Universidade de Coimbra. Membro da Associação Internacional de Direito Constitucional. Procurador Federal. Contato: adrianopedra@fdv.br.

Amanda Sanches Daltro de Carvalho

Doutora em Política Internacional e Resolução de Conflitos pela Universidade de Coimbra.

André Fellet

Assessor técnico de liderança partidária na Câmara dos Deputados (PSDB). Mestre em Direito Constitucional pelo IDP. Advogado.

André Rufino do Vale

Doutor em Direito pela Universidad de Alicante e pela Universidade de Brasília. Mestre em Direito pela Universidade de Brasília e Mestre em Argumentação Jurídica pela Universidad de Alicante. Professor dos cursos de graduação e pós-graduação do Instituto Brasiliense de Direito Público (IDP). Procurador Federal.

Carlos Bernal Pulido

Professor adjunto, Macquarie Law School (Sydney, Austrália).

Celso de Barros Correia Neto

Doutor em Direito pela USP, Chefe de Gabinete de Ministro do STF e professor da graduação e do Mestrado da Universidade de Católica de Brasília e da pós-graduação lato sensu do Instituto Brasiliense de Direito Público.

Gilmar Ferreira Mendes

Ministro do Supremo Tribunal Federal. Doutor em Direito pela Universidade de Münster, Alemanha. Professor de Direito Constitucional nos cursos de graduação e pós-graduação da Faculdade de Direito da Universidade de Brasília-UnB e do Instituto Brasiliense de Direito Público-IDP.

Inocêncio Mártires Coelho

Doutor em Direito. Professor Titular (Aposentado) da Universidade de Brasília. Professor do Programa de Mestrado e Doutorado do Centro Universitário de Brasília — UniCEUB; Subprocurador-Geral da República (Aposentado); ex-Procurador-Geral da República.

Jorge Miranda

Professor Catedrático Jubilado da Faculdade de Direito de Lisboa e Professor Catedrático da Universidade Católica Portuguesa.

Luís Roberto Barroso

Ministro do Supremo Tribunal Federal. Professor Titular de Direito Constitucional da Universidade do Estado do Rio de Janeiro - UERJ. Professor do Centro Universitário de Brasília (UniCeub). Mestre em Direito pela Universidade de Yale. Doutor e Livre-Docente pela UERJ. Conferencista Visitante na Universidade de Poitiers, França (2010). *Visiting Scholar* na Universidade de Harvard (2011).

Luiz Edson Fachin

Bacharel em Direito pela UFPR. Doutor e Mestre em Direito Civil pela PUC-SP.

Pós-doutor (*Faculty Research Program*, Ministério das Relações Exteriores do Canadá). Pesquisador convidado do *Max-Planck-Institut für Ausländisches und Privatrecht* (Alemanha). *Visiting Professor* no King's College London (Inglaterra). Ex-Professor Titular da Faculdade de Direito da UFPR. Ministro do Supremo Tribunal Federal.

MIGUEL GUALANO DE GODOY

Bacharel em Direito pela UFPR. Doutor em Direito Constitucional pela UFPR com período como Pesquisador Visitante (*Visiting Researcher*) na Faculdade de Direito da Universidade de Harvard (Estados Unidos). Mestre em Direito Constitucional pela UFPR com período como Pesquisador Visitante (*Investigador Visitante*) na Faculdade de Direito da Universidade de Buenos Aires (Argentina). Foi Assessor de Ministro do Supremo Tribunal Federal de 2015 a 2017 (Ministro Luiz Edson Fachin). Advogado.
E-mail: miguelggodoy@hotmail.com

ROBERTO DALLEDONE MACHADO FILHO

Bacharel em Direito pela UFPR. Doutorando em Direito Internacional pela UnB. Mestre em Direitos Humanos e Democracia pela UFPR. Assessor de Ministro do Supremo Tribunal Federal (Ministro Luiz Edson Fachin).

E-mail: bobmachado@gmail.com

LUIZ HENRIQUE KRASSUSKI FORTES

Bacharel em Direito pela UFPR. Mestre em Direito Processual Civil pela UFPR. Especialista em Direito Constitucional pela Academia Brasileira de Direito Constitucional. Foi Oficial de Gabinete de Ministro do Supremo Tribunal Federal de 2015 a 2017 (Ministro Luiz Edson Fachin). Advogado.
E-mail: krassuski@gmail.com

MARCELO NOVELINO

Doutor em Direito Público pela Universidade do Estado do Rio de Janeiro (UERJ); Procurador Federal; Ex-assessor de Ministro do Supremo Tribunal Federal; Professor de Direito Constitucional do G7 Jurídico.

MARCO AURÉLIO MELLO

Ministro do Supremo Tribunal Federal. Presidente do Supremo Tribunal Federal (maio 2001/maio 2003) e do Tribunal Superior Eleitoral (maio 1996 a junho 1997, maio 2006 a maio 2008 e novembro de 2013 a maio de 2014). Presidente do Supremo Tribunal Federal, no exercício do cargo da Presidência da República do Brasil, de maio a setembro de 2002, em 5 períodos intercalados.

PAULO PAIVA

Historiador, filósofo e mestre em direito constitucional.

Sumário

CAPÍTULO 01

As mudanças informais na constituição pela evolução da jurisprudência constitucional: condições e limites

Adriano Sant'Ana Pedra[1]

Sumário: 1. Introdução; 2. A mutação como fenômeno inerente às normas constitucionais; 3. A supremacia normativa da constituição; 4. Marcos balizadores das mutações na jurisprudência constitucional; 5. Considerações finais; 6. Referências.

1. INTRODUÇÃO

A evolução da jurisprudência constitucional contribui para a atualização da Constituição e permite manter sua harmonia com a realidade social. Ainda que o texto constitucional permaneça o mesmo, a norma que daí emana precisa estar em consonância com a sociedade do seu tempo.

A interpretação da Constituição sempre ocorrerá em um determinado contexto, que não deve ser desconsiderado. Assim, a interpretação constitucional constitui um processo criativo de produção da norma, ou seja, o que se tem é uma atribuição do sentido normativo. Com isso, tem-

1. Doutor em Direito Constitucional (PUC/SP). Mestre em Direitos e Garantias Fundamentais (FDV). Professor do Curso de Direito e do Programa de Pós-Graduação *Stricto Sensu* – Mestrado e Doutorado – em Direitos e Garantias Fundamentais da Faculdade de Direito de Vitória – FDV. Realizou pós-doutorado no Centro de Direitos Humanos da Faculdade de Direito da Universidade de Coimbra. Membro da Associação Internacional de Direito Constitucional. Procurador Federal. Contato: adrianopedra@fdv.br.

-se que o processo interpretativo é fundamentalmente volitivo, e não meramente cognitivo, superando-se a ideia tradicional da interpretação como um processo de descobrimento ou revelação de um significado previamente existente no enunciado linguístico.

Considerando essa imbricação necessária entre a realidade fática e a realidade normativa, é preciso impedir que a Constituição seja tomada de assalto por manipuladores de sua interpretação e, para isso, mecanismos de conservação são importantes. Se, por um lado, existem limites expressos na Constituição para o Parlamento realizar a reforma constitucional, sem prejuízo dos limites implícitos também positivados, por outro, para a mutação constitucional operada pela atuação da justiça constitucional faz-se necessário extrair da Constituição tais limites, através de um desenvolvimento teórico suficiente.

Este trabalho tem por objetivo identificar e analisar os marcos balizadores que se impõem para as mutações informais na Constituição ocorridas através das decisões da justiça constitucional. O estudo foi feito a partir das proposições da metódica estruturante de Friedrich Müller, tendo em vista a abertura do sistema constitucional, o que permite abordar, com esta teoria concretista, as demandas da sociedade contemporânea, que tem como características a diferenciação social e o pluralismo político.

2. A MUTAÇÃO COMO FENÔMENO INERENTE ÀS NORMAS CONSTITUCIONAIS

A mutação constitucional cumpre um papel de grande relevância no processo de concretização constitucional, pois harmoniza a busca de sentido normativo com a segurança jurídica exigida pelo Estado Constitucional. O fenômeno das mutações constitucionais constitui uma constante na vida dos Estados e a Constituição deve ser compreendida dentro do seu tempo.

> Tanto para a hermenêutica jurídica como para a teológica, é constitutiva a tensão que existe entre o texto proposto – da lei ou da revelação – por um lado, e o sentido que alcança sua aplicação ao instante concreto da interpretação, no juízo ou na prédica, por outro. Uma lei não quer ser entendida historicamente. A interpretação deve concretizá-la em sua validez jurídica. Da mesma maneira, o texto de uma mensagem religiosa não deseja ser compreendido como um mero documento histórico, mas ele deve ser entendido de forma a poder exercer seu efeito redentor. Em ambos os casos isso implica que o texto, lei ou mensagem de salvação, se se quiser compreendê-lo adequadamente, isto é, de acordo com as pre-

> tensões que o mesmo apresenta, tem de ser compreendido em cada instante, isto é, em cada situação concreta de uma maneira nova e distinta. Aqui, compreender é sempre também aplicar (GADAMER, 1999, p. 461).

A concretização é imprescindível para a compreensão da norma. Vale dizer que, às vezes, o significado de uma palavra é aparentemente claro, mas ela adquire um sentido próprio distinto daquele atribuído pela liguagem natural quando inserida em um texto normativo. E "esse uso oscila entre o aspecto *onomasiológico* da palavra, isto é, o uso corrente para a designação de um fato, e o aspecto *semasiológico*, isto é, sua significação normativa" (FERRAZ JUNIOR, 2001, p. 251). O sentido técnico não é absolutamente independente, mas está relacionado ao sentido comum.

É o que acontece, por exemplo, com o conceito de "casa" no direito constitucional brasileiro. A "casa" apresenta-se na Constituição brasileira como bem protegido contra a sua inviolabilidade. O texto constitucional estabelece que "a casa é asilo inviolável do indivíduo, ninguém nela podendo penetrar sem consentimento do morador, salvo em caso de flagrante delito ou desastre, ou para prestar socorro, ou, durante o dia, por determinação judicial" (art. 5º, XI). Como se trata de um termo que admite diversos significados, ora interpretando-se extensivamente ora interpretando-se restritivamente, é necessário que a concretização atinja o fim almejado pela norma. E o que se objetiva com tal proteção é promover o respeito à privacidade bem como coibir a ocorrência de abuso de poder. No julgamento do *habeas corpus* HC 82.788-8/RJ, o Supremo Tribunal Federal entendeu que o *escritório de contabilidade* está sujeito à proteção constitucional da inviolabilidade domiciliar, subsumindo assim ao conceito normativo constitucional de "casa". A referida decisão do STF alargou o conceito de casa para também compreender "os espaços privados não abertos ao público, onde alguém exerce atividade profissional", valendo-se da interpretação feita pelo legislador (artigo 150, § 4º, III, do Código Penal). Em outro julgamento, no RHC 90.376-2/RJ, o Excelso Tribunal brasileiro entendeu que, para fins de proteção jurídica do artigo 5º, XI, da Constituição, o conceito normativo de "casa" revela-se abrangente e compreende os aposentos de habitação coletiva, como, por exemplo, quarto de hotel, motel, pensão e hospedaria, desde que ocupados (PEDRA, 2009, p. 404-405).

Como se vê, o Supremo Tribunal Federal tem dado ao termo "casa" um sentido que vai além daquele que habitualmente é atribuído pelo senso comum. Isto confirma a imprescindibilidade da interpretação, ainda que o texto aparente clareza, e também corrobora a ideia de que a norma é produzida apenas no processo de concretização.

Segundo a teoria da concretização (MÜLLER, 2008), as normas constitucionais resultam da conexão entre o *programa normativo* (*Normprogram*), ou seja, a sua expressão literal, e o *âmbito normativo* (*Normbereich*), entendido como a realidade circundante (MÜLLER, 2000). Como o *âmbito normativo* está sujeito a alterações ao longo do tempo, os resultados da concretização da norma podem modificar-se apesar de o texto normativo – e, com isso, no essencial, o *programa normativo* – permanecer o mesmo (MÜLLER, 2007). Dessa forma, as mutações constitucionais ocorrem a partir das alterações havidas no âmbito normativo e devem ser aferidas no processo de concretização das normas constitucionais (PEDRA, 2011).

A mutação constitucional modifica o conteúdo da Constituição em virtude de uma mudança do entendimento da sociedade em geral sobre um determinado assunto. Ou seja, a mutação constitucional corresponde à harmonia que deve existir entre a Constituição vigente e a sociedade vivente.

3. A SUPREMACIA NORMATIVA DA CONSTITUIÇÃO

As limitações às mutações constitucionais são imprescindíveis. Se, por um lado, é necessária a conformação da Constituição à realidade social, por outro, deve-se ter a prudência de não cair em estado de anomia ainda que na presença de um texto constitucional.

Ao contrário do que ocorre com a reforma constitucional, que tem suas limitações previstas expressamente – e implicitamente – no texto constitucional, a mutação constitucional não tem previstos expressamente na Constituição os seus limites e o seu alcance, que serão uma decorrência da supremacia e da força normativa da Constituição.

É necessário, sobretudo, que seja preservado o princípio da supremacia constitucional, que indica que a Constituição é a norma maior do ordenamento, e que acima dela nenhuma norma de existência concreta existe. Isto ocorre porque, como leciona Pedro de Vega, o reconhecimento da existência das mutações constitucionais não se pode colocar em dúvida a característica de *Lex superior* da Constituição (VEGA, 1999, p. 214-215).

As mutações constitucionais podem coexistir com o princípio da supremacia constitucional, sem que haja detrimento deste. Pedro de Vega (1999, p. 215) destaca que o problema dos limites da mutação constitucional surge quando a tensão entre facticidade e normatividade converte-se social, política e juridicamente em um conflito que põe em risco a própria noção de supremacia.

Além da supremacia, também deve ser observada a força normativa da Constituição. Como lembra Konrad Hesse, "a Constituição jurídica não significa simples pedaço de papel, tal como caracterizada por Lassalle" (1991, p. 25). Ainda segundo a lição do autor alemão (HESSE, 1998, p. 503), a existência da Constituição é, em primeiro lugar, uma questão de sua força normativa. E, ainda, maior será a disposição de reconhecer os conteúdos da Constituição como obrigatórios na medida em que a ordem constitucional corresponda às realidades da situação histórica. E, quanto mais firme for a determinação de atualizar esses conteúdos, maior a chance das ameaças serem evitadas.

A Constituição deve ser tanto normativa quanto dinâmica. Enquanto a força normativa da Constituição será responsável pela conformação da vida em sociedade, a situação concreta conferirá dinamicidade às normas constitucionais. Daí porque escreve Pedro de Vega (1999, p. 211) que não se trata de prevalecer o *fiat jus pereat mundus* tampouco impor a facticidade, mas, sim, encontrar a fórmula que, sem destruir nenhuma, possam coexistir normatividade e dinamicidade.

4. MARCOS BALIZADORES DAS MUTAÇÕES NA JURISPRUDÊNCIA CONSTITUCIONAL

A ideia de Constituição normativa exige que as normas constitucionais sejam responsáveis por conformar a realidade. Nesse sentido, é indispensável aproximar o mundo fático e o mundo normativo a fim de que não haja qualquer mitigação à supremacia da Constituição, tendo em vista que o fático não pode sobrepujar o normativo. Dessa forma, torna-se necessário que a mutação constitucional atenha-se às condições e aos limites normativos criados pela própria Constituição, que serão vistos na sequência.

I) Elasticidade do texto

Em decorrência da própria natureza da mutação constitucional, como processo informal de alteração da Constituição, impõe-se o texto constitucional como o seu mais peculiar limite. Não a letra do texto, mas a elasticidade que ele permite (PEDRA, 2010). O texto normativo constitui o ponto de partida da atividade interpretativa e também balizará o seu limite.

O conteúdo da norma constitucional só poderá modificar-se no interior do marco traçado pelo texto (HESSE, 1992, p. 101) e os enunciados constituem "verdadeiras barreiras interpretativas para o operador do Direito" (TAVARES, 2005, p. 219). Dessa forma, se é verdade que um texto pode ter mais de um significado, também é verdade que não pode ter infinitos (CALLEJÓN, 1997, p. 108-109). Diante deste quadro, é possível falar que o texto desempenha uma *função negativa* (CANOTILHO, 2002, p. 1202).

Mas se deve ressaltar que, em certos casos, a elasticidade do texto normativo permite a extração de uma norma bastante distante da letra da Constituição, sem que isto implique no seu rompimento. É o que ocorreu, por exemplo, com o conceito de família dado pela Constituição de 1967/1969, qual seja, "a família é constituída pelo casamento e terá direito à proteção dos Poderes Públicos" (artigo 167 do texto constitucional de 1967 e artigo 175 do texto constitucional de 1969). Dentro deste conceito, não havia a ideia de proteção à situação de um homem e uma mulher que coabitassem como cônjuges, sem serem casados. Apesar da literalidade do dispositivo anteriormente citado, no seu processo de concretização, o Supremo Tribunal Federal entendeu, no julgamento do Recurso Extraordinário RE nº 60.657/GO que, em razão das mudanças nas concepções culturais e sociais brasileiras, o direito deveria também proteger a relação constituída a partir da convivência, sob o mesmo teto, de homem e mulher não casados. Pode-se dizer que este hiato entre o texto constitucional – recente em relação a essas decisões do Supremo Tribunal Federal – e a realidade brasileira deve-se, em grande parte, ao fato de o referido texto constitucional ter sido outorgado, e não discutido em uma assembleia constituinte formada por legítimos representantes do povo.

Como observa María Luisa Balaguer Callejón (1997, p. 34), é muito difícil estabelecer até onde é possível ir com a interpretação.

> Quando se trata de um texto reinterpretado por uma nova realidade sócio-política que destacou outro sentido da letra escrita, o problema torna-se uma questão de limites da mutação, e volta assim à questão geral de saber até onde se pode forçar o texto sem incorrer em um excesso interpretativo (CALLEJÓN, 1997, p. 34).

Por exemplo, o artigo 55 da Constituição Nacional argentina exige, para ser Senador, que se conte com uma renda anual de dois mil pesos fortes. Esta quantidade, que corresponderia hoje a cerca de dois mil dólares por mês (SAGÜÉS, 2006, p. 34), importa em uma exigência oligárquica axiologicamente inaceitável.

É preciso distinguir as novas leituras que se mantêm dentro do espectro dos significados aceitáveis de um texto jurídico daquelas outras criações sub-reptícias de novos preceitos que ocorrem através de interpretações que ultrapassam o sentido literal possível dos enunciados jurídicos e acabam por transformar os seus "intérpretes em legisladores sem mandato" (MENDES *et al*, 2008, p. 132).

Deve ser frisado que o limite é a elasticidade do texto constitucional como um todo, e não de um enunciado específico isoladamente analisado.

II) Decisões vinculantes do Tribunal Constitucional

Outra limitação que pode se verificada diz respeito às decisões vinculantes do Tribunal Constitucional. Tais limitações devem ser vistas com temperamento, haja vista que as decisões judiciais vinculantes colocam-se como limites a certos intérpretes da Constituição, excetuando-se *v.g.* o próprio Tribunal Constitucional, que não fica vinculado às suas próprias decisões.

Pode-se perceber que as decisões vinculantes do Tribunal Constitucional prejudicam a capacidade de evolução da interpretação da Constituição, pois a mudança de interpretação deve partir deste órgão, o que limita a possibilidade de haver uma mutação constitucional, na medida em que as decisões vinculantes inibem a liberdade de interpretação dos tribunais inferiores e, com isto, a possibilidade de as mudanças chegarem à Corte Suprema "de baixo para cima".

Merece ser enfatizado que não se quer dizer que as decisões vinculantes constituam um obstáculo intransponível. Caso isto fosse verdade, não haveria mutação constitucional nessas hipóteses.

Não se nega aqui a legitimidade das mudanças das decisões vinculantes, que devem ocorrer quando estas não forem mais congruentes com a realidade social. É perfeitamente possível o Tribunal expressar uma mudança nos critérios jurisprudenciais, ainda que solidamente arraigados. O Tribunal Constitucional não se encontra vinculado a seus próprios precedentes e podem decidir em sentido contrário (*overrule*).

A fundamentação do Tribunal Constitucional deve fazer referência à decisão vinculante anterior e justificar a negação dos critérios que levou o Tribunal a decidir tal como da vez anterior. Este ônus impõe-se porque, nessa hipótese, o Tribunal está operando uma mutação constitucional. Como a nova decisão modifica o conteúdo da Constituição, exige-se uma fundamentação reforçada para justificar a alteração de entendimento pelo intérprete.

III) Progressividade e vedação de retrocesso para direitos fundamentais

A mutação constitucional que envolve direitos e garantias fundamentais é um caminho de via única, ou seja, um caminho que admite apenas avanços nas mudanças informais da Constituição (PEDRA, 2008b, p. 173-205). Não apenas uma proibição de retrocesso, mas também uma exigência de avanços tanto quanto forem possíveis.

Como se sabe, muitos direitos e garantias fundamentais precisam do legislador para ser concretizados, mormente em relação às normas constitucionais de eficácia limitada. Assim, a proibição de retrocesso inibirá revogações arbitrárias de leis que cumprem este papel, como escreve Jorge Miranda:

> Uma vez concretizadas através de normas legais, não podem ser, pura e simplesmente revogadas, retornando-se à situação anterior (embora aquelas normas legais possam e, claro está, devam ser declaradas inconstitucionais, quando desconformes com a Constituição); o legislador tem, certamente, a faculdade (por imperativo da democracia pluralista) de modificar qualquer regime jurídico, o que não tem é a faculdade de subtrair supervenientemente a uma norma constitucional a exequibilidade que esta tenha, entretanto, adquirido (MIRANDA, 2000, p. 254-255).

A esse respeito, o acórdão nº 39/1984 do Tribunal Constitucional português analisou a revogação dos artigos 18 a 61, 64 a 65 da Lei nº 56/1979, o que corresponderia à destruição do Serviço Nacional de Saúde, criado por esta lei e previsto no artigo 64, 2, da Constituição da República portuguesa. Neste julgamento, consignou o Tribunal que o Estado não pode voltar atrás e descumprir o que já havia cumprido.

Ingo Wolfgang Sarlet (2004, p. 255) verifica que a proibição de retrocesso "resulta diretamente do princípio da maximização da eficácia de (todas) as normas de direitos fundamentais". Além disso, Ingo Wolfgang Sarlet (2004, p. 254) afirma que, no âmbito do direito constitucional brasileiro, o princípio da proibição do retrocesso decorre de modo implícito do sistema constitucional, designadamente dos seguintes princípios e argumentos (rol não exaustivo): (*i*) princípio do Estado democrático e social de Direito, (*ii*) princípio da dignidade da pessoa humana, (*iii*) princípio da máxima eficácia e efetividade das normas definidoras de direitos fundamentais (art. 5º, § 1º, CF), (*iv*) princípio da proteção da confiança e (*v*) auto-vinculação dos órgãos estatais em relação aos atos anteriores.

Convém lembrar que, no Brasil, os direitos fundamentais são tratados pela Constituição como cláusulas pétreas. Cumpre destacar que o enunciado da norma contida no artigo 60, § 4º, da CF, ao utilizar a expressão "tendente a abolir", quis preservar em qualquer hipótese o cerne da Constituição, vedando inequivocadamente que sejam sequer apreciadas e votadas pelo Congresso Nacional, não somente as propostas de emendas constitucionais que venham a suprimir quaisquer dos dispositivos distinguidos como cláusula pétrea, mas também aquelas que venham a atingi-los de forma equivalente, revelando uma tendência à sua abolição, também ferindo o seu conteúdo essencial. Diante disto tudo, obviamente que o legislador constituinte originário também não desejou que o núcleo essencial da Constituição fosse mitigado por mutação constitucional e é possível afirmar que as cláusulas pétreas colocam-se como limite tanto para as mudanças formais quanto para as mudanças informais da Constituição.

Mas há quem defenda que as cláusulas pétreas não estabelecem uma intangibilidade absoluta do bem constitucional por ela protegido. Nesta linha de raciocínio, conquanto que permaneça preservado o *núcleo essencial* dos bens constitucionais protegidos, isto é, "desde que a essência do princípio permaneça intocada, elementos circunstanciais ligados ao bem tornado cláusula pétrea poderiam ser modificados ou suprimidos" (MENDES *et al*, 2008, p. 219).

Corroborando este entendimento quanto às cláusulas pétreas em geral, convém ressaltar que, como a natureza da proibição do retrocesso para os direitos fundamentais é principiológica, tal vedação deve ser vista de forma relativa.

A esse respeito, é expressivo o exemplo encontrado no Acórdão nº 509/2002, do Tribunal Constitucional português, que examinou a revogação do *rendimento mínimo garantido* previsto na Lei nº 19-A/1996.

> A dúvida de constitucionalidade refere-se ao artigo 4°, nº 1, que regula a titularidade do direito ao rendimento social de inserção, na medida em que, enquanto que o artigo 4°, nº 1, da Lei nº 19-A/96, de

> 29 de Junho, que criou o rendimento mínimo garantido, reconhecia a titularidade do direito à prestação de rendimento mínimo aos indivíduos com idade igual ou superior a 18 anos, o diploma que agora se pretende seja promulgado como lei, com ressalva das excepções também já previstas na lei anterior e das posições subjectivas dos actuais beneficiários, garante a titularidade do direito ao rendimento social de inserção apenas às pessoas com idade igual ou superior a 25 anos.

O Tribunal Constitucional português entendeu que a proibição do retrocesso não pode destruir a autonomia da função legislativa. De acordo com o Tribunal, a liberdade constitutiva e a auto-revisibilidade seriam praticamente eliminadas se, em matérias tão vastas como as abrangidas pelos direitos sociais, o legislador fosse obrigado a manter integralmente o nível de realização e a respeitar os direitos por ele criados. Contudo, o Tribunal concluiu que

> a norma em apreciação vem atingir o *conteúdo mínimo* do *direito a um mínimo de existência condigna*, postulado, em primeira linha, pelo *princípio do respeito pela dignidade humana* (...), princípio esse consagrado pelo artigo 1º da Constituição e decorrente, igualmente, da ideia de Estado de direito democrático, consignado no seu artigo 2º, e ainda aflorado no artigo 63º, nºs 1 e 3, da mesma CRP.

Desse modo, os preceitos legais que constituem direitos fundamentais continuam a ser derrogáveis, mas as posteriores revogações não podem restringir o "conteúdo essencial" dos direitos fundamentais já consagrados em lei (QUEIROZ, 2006, p. 70).

O reconhecimento do princípio da proibição de retrocesso não pode resultar em uma vedação absoluta de qualquer medida "que tenha por objeto a promoção de ajustes, eventualmente até mesmo de alguma redução ou flexibilização em matéria de segurança social, onde realmente estiverem presentes os pressupostos para tanto" (SARLET, 2004, p. 257). Ainda segundo Ingo Wolfgang Sarlet, a partir do princípio da proteção da confiança, uma eventual intervenção restritiva no âmbito de posições jurídicas sociais exige "uma ponderação (hierarquização) entre a agressão (dano) provocada pela lei restritiva à confiança individual e a importância do objetivo almejado pelo legislador para o bem da coletividade" (2004, p. 260). Mas uma medida de cunho retrocessivo, para que não viole o princípio da proibição do retrocesso, deve, "além de contar com uma justificativa de porte constitucional, salvaguardar – em qualquer hipótese – o núcleo essencial dos direitos sociais" (SARLET, 2004, p. 260).

IV) Influência das decisões de cortes internacionais e de cortes nacionais estrangeiras

Deve-se analisar se as decisões de um Estado estão adstritas ou não ao direito internacional, mormente neste início de século XXI, em que se caminha no sentido de um direito supranacional, estimulado por relações comerciais, econômicas, sociais e culturais, que acabam limitando a soberania estatal e dando nova feição ao direito internacional.

Nesse sentido, José Joaquim Gomes Canotilho leciona que um sistema jurídico interno "não pode, hoje, estar *out* da comunidade internacional. Encontra-se vinculado a princípios de direito internacional (princípio da independência, princípio da autodeterminação, princípio da observância de direitos humanos)" (2002, p. 81).

Este direito internacional deve ter como princípio fundamental a proteção internacional dos direitos humanos.

Um ponto que merece destaque é a tendência mundial de abolição da pena de morte. Avançando nesse sentido, diversos países têm procurado convencer aqueles que ainda adotam estas medidas no sentido de que promovam moratória das execuções e extingam a pena capital para menores de idade e pessoas com deficiência bem como a sua abolição total. Neste contexto, a comunidade mundial volta-se para os Estados Unidos da América, que ainda resiste em manter a pena de morte, e poder-se-ia refletir acerca de uma "internacionalização" da Suprema Corte norte-americana. Muitos países buscam a interpretação do seu próprio direito constitucional tendo em vista decisões da Suprema Corte dos Estados Unidos. Todavia, a justiça constitucional norte-americana tem demonstrado certa relutância em procurar subsídios além de suas fronteiras quando se faz necessário para interpretar a Constituição dos Estados Unidos. Vale destacar que

> em recente e polêmica decisão adotada pela Suprema Corte norte-americana, no caso *Roper vs. Simons* (2005), na qual fora invocada a opinião absolutamente predominante na legislação estrangeira acerca da pena de morte aos menores de 18 anos de idade, para avaliar a constitucionalidade dessa medida nos EUA, o *Justice* Scalia, em voto vencido, observava: "O reconhecimento da aprovação internacional não tem lugar na opinião legal desta Corte, a não ser que seja *parte dos critérios de decisão* desta Corte" (TAVARES, 2006, p. 79).

Todavia, em *Atkins v. Virgínia* (2002), a Suprema Corte entendeu, por 6 votos contra 3, que a Constituição dos Estados Unidos proíbe a pena de morte para pessoas com deficiência mental. O *Justice* Stevens, que relatou o voto vencedor, externou o novo entendimento que a Corte deu à Emenda VIII, observando que a comunidade mundial desaprova a imposição da pena de morte por crimes cometidos por pessoas que sofrem de retardamento mental. O *Chief Justice* Rehnquist e o *Justice* Scalia reprovaram a posição da Suprema Corte por sua referência ao entendimento internacional sobre esta matéria, qualificando como irrelevante o pensamento da comunidade mundial, cuja noção de justiça nem sempre corresponde àquela do povo norte-americano, mas foram votos vencidos.

Não obstante, os cidadãos da maioria dos países possuem aspirações comuns, o mesmo senso de dignidade e de valor e sentimento referente à justiça. O *Justice* Stephen Breyer, que tem sido o mais proeminente membro da Suprema Corte a buscar orientação fora do seu país, ressalta que a "globalização" dos direitos humanos é imprescindível na medida em que estes devem ser proporcionados a todas as pessoas e não apenas a indivíduos de Estados específicos. E isto em nada subverte o conceito de soberania.

Merecem ser distinguidas as situações em que a decisão influenciadora provém de uma corte internacional reconhecida (direito vigente) ou quando a jurisprudência referenciada provém de uma corte nacional estrangeira (direito não vigente), hipótese em que se tratará apenas de elemento de persuasão. Não obstante, a referência a normas jurídicas estrangeiras ou a opinião pública internacional confere ao Tribunal Constitucional uma ferramenta adicional e potencialmente útil para a solução de temas complexos envolvendo o direito constitucional.

V) Aceitação legítima pela sociedade

Assim como a Constituição nasce de acordo com os marcos consagrados pela sociedade em um dado momento histórico, a sua constante realização deve ocorrer através de um processo de concretização que seja capaz de refletir a permanente atualização dos valores adotados pela sociedade vivente. São valores que estão presentes na vida prática das pessoas e constituem a identidade jurídico-política do povo, com toda a complexidade que ele tiver, e devem permear o conteúdo da Constituição.

A mutação constitucional deve ser legitimamente aceita pela sociedade e orientar-se no sentido apontado por esta. Dessa forma, a consciência jurídica geral – que inclui *v.g.* a ciência jurídica e a opinião pública – impõe-se como um parâmetro, como uma consequência da pré-compreensão do processo de concretização. Sendo assim, será considerada legítima a interpretação passível de aceitação pelos seus destinatários.

O processo de concretização deve atentar para conceitos que estão sedimentados na sociedade, como o conceito de família, propriedade etc. O intérprete não pode chegar a um resultado que somente lhe satisfaça. Ao invés disto, tem que chegar a um nível de aceitação geral ao atribuir um significado ao texto constitucional (VIGO, 2004, p. 156).

A participação popular não deve se limitar somente à atividade legiferante. Deve também fazer-se presente na interpretação das leis e da Constituição. Dessa forma, mesmo a interpretação judicial não pode prescindir da participação popular, o que não significa que defendamos a ideia de termos uma magistratura escolhida pelo povo.

Exemplo de intenso debate na sociedade brasileira diz respeito à questão posta na Arguição de Descumprimento de Preceito Fundamental ADPF nº 54, sobre o afastamento da punição criminal para aborto de feto anencefálico, com o fundamento de que haveria apenas uma antecipação terapêutica do parto, haja vista que o feto portador de anencefalia não teria qualquer perspectiva de vida extra-uterina. Sem querer valorar aqui esta questão (cf. PEDRA, 2008c), o exemplo é importante para mostrar o intenso debate que tomou conta da sociedade brasileira e que foi levado para dentro da discussão do Supremo Tribunal Federal. As audiências públicas realizadas em 2008, sob a presidência o relator, Min. Marco Aurélio Mello, permitiram manifestações de representantes de diferentes segmentos da sociedade brasileira, tais como professores, profissionais da saúde, entidades religiosas, entidades médicas e científicas, entidades da sociedade civil e ministros de Estado.

A decisão do Tribunal Constitucional estará legitimada não somente porque emanou da Corte que possui a competência de guardar da Constituição, mas, "principalmente, a decisão estatal estará legitimada por ser o resultado de um processo jurisdicional em que a sociedade poderá vir a ter participação" (STRECK *et al*, 2008, p. 360). Não se trata de ter uma decisão populista, especialmente levando-se em conta o papel contramajoritário da justiça constitucional. Como se sabe, questões que envolvem *v.g.* direitos fundamentais e de minorias não devem ser decididas por instâncias majoritárias. O que se propõe é a aceitação legitima da decisão pela sociedade destinatária desta.

Uma mutação constitucional pronunciada por um intérprete oficial da Constituição só será legítima se estiver em consonância com as mudanças operadas na sociedade, e reconhecidas por esta consciência. Caso contrário, o novo entendimento expressado pelo intérprete oficial dificilmente será aceito e reconhecido pela comunidade como norma jurídica ou poderá ainda ser afastado *v.g.* por reforma constitucional.

VI) Racionalidade das decisões

Outro parâmetro imposto às mutações constitucionais é a necessidade das decisões correspondentes serem fundamentadas e razoáveis. A concretização opera um processo de construção do direito aplicável ao caso, à luz do padrão constitucional e mediante um procedimento argumentativo racionalmente controlável. Dessa forma, a decisão precisa ser racional e deve conter uma fundamentação constitucionalmente satisfatória, mormente quando se tratar de uma mudança de entendimento. O intérprete da Constituição não pode valer-se de soluções hermenêuticas desprovidas de argumentação compreensível e racionalmente sustentável.

No campo judicial, a Constituição brasileira dispõe expressamente que todas as decisões dos órgãos do Poder Judiciário devem ser fundamentadas, sob pena de nulidade (artigo 93, IX). A capacidade de despertar adesão está vinculada à sintonia que houver com os reclamos de justiça existentes na sociedade (VIGO, 2004, p. 157).

> O direito autoritário que se impõe pelo respeito e pela sua majestade não tem nada a justificar. Aquele que se quer democrático, obra da persuasão e da razão, deve procurar uma "adesão pensante". Faz parte da moderna teoria da interpretação determinar os fundamentos "racionais" da sentença decisória para que a partir desta a decisão possa ser controlável (QUEIROZ, 2000, p. 161).

Essa necessidade de exteriorizar na decisão os motivos que a ditaram, permite realizar o controle da atividade judicial. Somente exteriorizando "os motivos inequívocos das sentenças decisórias, enfrentando o problema dos valores, não os 'eludindo', se poderá alcançar a racionalidade e calculabilidade das sentenças capaz de concitar a aquiescência ou o consenso geral" (QUEIROZ, 2000, p. 161-162).

É necessário, assim, estabelecer critérios racionais para serem aplicados no processo de concretização das normas constitucionais, para que seja possível conciliar as margens semânticas criadas pela abertura da Constituição com a segurança jurídica buscada pelo Estado Constitucional.

A abertura da Constituição permite o exercício de discricionariedade por parte do intérprete e a teoria da argumentação tornou-se elemento decisivo na interpretação constitucional, especialmente porque a solução de um dado problema não se encontra previamente estabelecida pelo ordenamento, mas depende de valorações subjetivas a serem feitas à vista do caso concreto. "Nessas hipóteses, o fundamento de legitimidade da atuação judicial transfere-se para o processo argumentativo: a demonstração racional de que a solução proposta é a que mais adequadamente realiza a vontade constitucional" (BARROSO & BARCELLOS, 2003, p. 80).

Deve ser destacado que a racionalidade e a fundamentação devem ser reforçadas quando se está diante de uma mutação constitucional, pois será necessário que a decisão supere a fundamentação anteriormente assentada, demonstrando a mudança no âmbito normativo ocorrida desde o pronunciamento da decisão anterior. Ou seja, ao decidir de um modo diferente um caso acerca do qual já existe uma decisão distinta proferida anteriormente, sobre o intérprete constitucional recairá um específico ônus. Não basta apenas que a decisão seja fundamentada, mas a fundamentação deve apresentar os motivos pelos quais o intérprete afastou-se das razões anteriores.

VII) Diálogo e tensão entre os intérpretes da Constituição

A mutação constitucional pode ocorrer mediante diversas vias, especialmente considerando a existência de diversos intérpretes oficiais da Constituição (interpretação judicial, interpretação legislativa e interpretação administrativa). Em razão disso, haverá situações em que estes promoverão concretizações cujos resultados apontarão em diferentes direções. Então, é necessário investigar em que medida é possível harmonizar diferentes interpretações feitas pelos diversos órgãos, às vezes em momentos distintos. Para tanto, convém identificar quem tem competência para promover determinada mutação constitucional e analisar se determinado intérprete pode dar a última palavra acerca da concretização da Constituição.

Como o Tribunal Constitucional não tem compromisso partidário nem compromisso com maiorias supostamente democráticas, ele é capaz de assegurar os direitos das minorias e, portanto, uma concepção de democracia que respeita o pluralismo e a diversidade.

A regra da maioria, uma das mais importantes normas de convivência em sociedade, é uma prática importante onde as pessoas são politicamente iguais e tem interesses divergentes, buscando uma solução pacífica para seus problemas, sem recorrer à força. Mas se deve destacar que uma aprovação por ampla maioria, embora seja capaz de "facilitar" a legitimação, não proporciona necessariamente legitimidade democrática, pois esta não se resume à vontade da maioria, mas deve estar presente, dentre outros, o necessário respeito à minoria. Assim, deve-

-se abandonar a ideia de que todas as decisões importantes devem ser provenientes apenas de instâncias eletivas, o que é imprescindível para a aceitação da justiça constitucional (PEDRA, 2008a, p. 219).

Nesse sentido, se, por um lado, a democracia constitucional exige que as decisões políticas sejam tomadas pelos representantes escolhidos pelo povo, por outro, deve coexistir com a justiça constitucional, que, objetivando preservar o próprio sistema constitucional, não deve sobrepujar a democracia. A justiça constitucional deve, assim, reforçar a democracia, preservando a ordem jurídica, verificando se os pressupostos da democracia foram observados na tomada de decisões.

Esta questão torna-se mais complexa ainda quando as decisões do Tribunal Constitucional procuram vincular ou obstar a atuação do órgão reformador da Constituição. E, ainda, inversamente, quando as emendas constitucionais buscam revisar as decisões do Tribunal Constitucional. O Tribunal Constitucional só poderá vincular ou obstar a atuação do órgão reformador quando não for possível confiar nas instâncias representativas do povo, o que ocorre quando as cláusulas pétreas são desrespeitadas, como *v.g.* quando se tratar de normas que tratem de grupos normalmente estigmatizados, de normas de direitos fundamentais, ou ainda de normas que constituem pressupostos para a própria democracia. Caso contrário, o Tribunal Constitucional deve exercer um papel moderado, de autocontenção (*judicial self-restraint*), cedendo espaço para o órgão reformador. De acordo com o *judicial self-restraint*, uma norma produzida pelo Poder Legislativo só pode ser declarada inconstitucional se a violação for tão manifesta que não haja uma dúvida razoável. Esta concepção do *judicial self-restraint* foi formulada por James Bradley Thayer, em artigo publicado no ano de 1893 (THAYER, 1893, p. 129-156).

É comum no Brasil o controle de constitucionalidade de emenda constitucional pelo Supremo Tribunal Federal. Entretanto, conforme leciona André Ramos Tavares (2005, p. 47), não deveria talvez ser tão comum assim, haja vista que a possibilidade de superar uma decisão de uma Corte Suprema através de uma emenda à Constituição é um mecanismo de controle democrático. Mas no Brasil ocorre o inverso, com o Supremo Tribunal Federal controlando as emendas constitucionais.

VIII) Efeitos prospectivos da nova interpretação

Como a Constituição é a base de todo o ordenamento jurídico, uma alteração em sua interpretação tem grande repercussão e pode gerar uma grande insegurança jurídica. Daí é necessário que se amenize o impacto jurídico provocado por essas mudanças informais da Constituição, vedando uma insegurança retroativa, para que o novo entendimento seja aplicado apenas para os casos posteriores a ele.

Como a norma é *construída* pelo intérprete no decorrer do processo de *concretização* do direito constitucional, na mutação constitucional ocorre a criação de uma norma constitucional nova, que, em razão desta situação, jamais poderá produzir efeitos para eventos pretéritos, em homenagem ao princípio da segurança jurídica. Assim, quando um novo significado é dado ao comando constitucional, é necessário resguardar deste novo entendimento as relações jurídicas havidas no passado.

> A doutrina da irretroatividade serve ao valor da segurança jurídica: o que sucedeu já sucedeu e não deve, a todo momento, ser juridicamente questionado, sob pena de se instaurarem intermináveis conflitos. Essa doutrina, portanto, cumpre a função de possibilitar a solução de conflitos com o mínimo de perturbação social. Seu fundamento é ideológico e reporta-se à concepção liberal do direito e do Estado (FERRAZ JUNIOR, 2001, p. 248).

A segurança jurídica deve estar presente na sociedade, pois representa a certeza de agir conforme os padrões comportamentais em vigor. As pessoas precisam saber como devem comportar-se perante a comunidade em que vivem, e isto é incompatível com a retroatividade das normas. Ronald Dworkin lembra a objeção de que "se um juiz criar uma nova lei e aplicá-la retroativamente ao caso que tem diante de si, a parte perdedora será punida, não por ter violado algum dever que tivesse, mas sim por ter violado um novo dever, criado pelo juiz após o fato" (DWORKIN, 2002, p. 132).

A mutação normativa somente pode produzir efeitos prospectivos, sempre para frente ao longo do tempo. Tal limitação apenas poderia ser excepcionada em matéria penal e em benefício do réu, quando então operaria efeitos retroativos a fim de alcançar no tempo a conduta deste. Nesse sentido, o artigo 5º, XL, da Constituição brasileira ("a lei penal não retroagirá, salvo para beneficiar o réu") poderia ser lido como "a norma penal não retroagirá, salvo para beneficiar o réu".

5. CONSIDERAÇÕES FINAIS

As considerações tecidas neste trabalho mostraram que o estudo da mutação constitucional a partir da teoria da concretização permite compreender a sua natureza e também delimitar suas condições e seus limites.

De acordo com teoria estruturante das normas constitucionais, é possível tomar a incorporação da *realidade* na *norma*. Isto significa que a realidade constitucional é uma realidade complexa e englobante, na qual confluem e aparecem reciprocamente relacionadas a facticidade e a normatividade.

A evolução da jurisprudência constitucional é uma constante na vida dos Estados e ocorre porque o significado da Constituição não é dado de antemão, mas depende do contexto no qual é concretizado. O sentimento constitucional presente em cada momento vivido passa a permear a realização da Constituição e esta, como organismo vivo que é, permite que se possa acompanhar a evolução das circunstâncias sociais, políticas e econômicas.

Não obstante, apesar de as circunstâncias fáticas do âmbito normativo integrarem a concepção de norma, isto não significa afirmar que a Constituição deva sucumbir às forças das circunstâncias da realidade, pois tal processo homeostático de equilíbrio dinâmico possui limites positivos e negativos.

A Constituição deve ser tanto normativa quanto dinâmica, para que a força normativa da Constituição regule a vida em sociedade e o caso concreto confira dinamicidade às normas constitucionais. As alterações na jurisprudência constitucional não podem gerar deformações ou subversões traumatizantes na ordem estabelecida e somente serão consideradas legítimas se não exorbitarem os marcos balizadores decorrentes da supremacia e da força normativa da Constituição.

6. REFERÊNCIAS

BARROSO, Luís Roberto; BARCELLOS, Ana Paula de. O começo da história. A nova interpretação constitucional e o papel dos princípios no direito brasileiro. *Interesse Público*, Porto Alegre, ano 5, n. 19, p. 51-80, mai./jun. 2003.

CALLEJÓN, María Luisa Balaguer. *Interpretación de la Constitución y ordenamiento jurídico*. Madri: Tecnos, 1997.

CANOTILHO, José Joaquim Gomes. *Direito constitucional e teoria da constituição*. 5. ed. Coimbra: Almedina, 2002.

DWORKIN, Ronald. *Levando os direitos a sério*. Trad. Nelson Boeira. São Paulo: Martins Fontes, 2002.

FERRAZ JUNIOR, Tercio Sampaio. *Introdução ao estudo do direito*: técnica, decisão, dominação. 3. ed. São Paulo: Atlas, 2001.

GADAMER, Hans-Georg. *Verdade e método*: traços fundamentais de uma hermenêutica filosófica. 3. ed. Trad. Flávio Paulo Meurer. Petrópolis: Vozes, 1999, t. I.

HESSE, Konrad. *A força normativa da constituição*. Trad. Gilmar Ferreira Mendes. Porto Alegre: Sergio Antonio Fabris, 1991.

HESSE, Konrad. *Escritos de derecho constitucional*. 2. ed. Trad. Pedro Cruz Villalon. Madri: Centro de Estudios Constitucionales, 1992.

HESSE, Konrad. *Elementos de direito constitucional da República Federativa da Alemanha*. Trad. Luís Afonso Heck. Porto Alegre: Sergio Antonio Fabris, 1998.

MENDES, Gilmar Ferreira; COELHO, Inocêncio Mártires; BRANCO, Paulo Gustavo Gonet. *Curso de direito constitucional*. 2. ed. São Paulo: Saraiva, 2008.

MIRANDA, Jorge. *Manual de direito constitucional*. 4. ed. Coimbra: Coimbra, 2000, t. II.

MÜLLER, Friedrich. *Métodos de trabalho do direito constitucional*. Trad. Peter Naumann. 2. ed. São Paulo: Max Limonad, 2000.

MÜLLER, Friedrich. *O novo paradigma do direito*: introdução à teoria e metódica estruturantes. Trad. Dimitri Dimoulis, Gilberto Bercovici, Peter Naumann, Rodrigo Mioto dos Santos, Rossana Ingrid Jansen dos Santos, Tito Lívio Cruz Romão e Vivianne Geraldes Ferreira. São Paulo: RT, 2007.

MÜLLER, Friedrich. *Teoria estruturante do direito*. Trad. Peter Naumann e Eurides Avance de Souza. São Paulo: RT, 2008.

PEDRA, Adriano Sant'Ana. A justiça constitucional como elemento de aperfeiçoamento da democracia em Cuba. In: TAVARES, André Ramos (Coord.). *Justiça constitucional e Democracia na América Latina*. Belo Horizonte: Fórum, 2008a.

PEDRA, Adriano Sant'Ana. As mutações constitucionais e o limite imposto pelo texto da Constituição: uma análise da experiência latinoamericana. *Revista Brasileira de Estudos Políticos*, Belo Horizonte, n. 101, p. 7-36, jul./dez. 2010.

PEDRA, Adriano Sant'Ana. Evolução de direitos e garantias constitucionais e vedação de retrocesso: uma abordagem da jurisprudência do STF nos vinte anos da Constituição brasileira. *In*: SIQUEIRA, Julio Pinheiro Faro Homem de; TEIXEIRA, Bruno Costa; MIGUEL, Paula Castello. *Uma homenagem aos 20 anos da Constituição brasileira*. Florianópolis: Boiteux, 2008b.

PEDRA, Adriano Sant'Ana. Mutação constitucional e teoria da concretização. *Revista de Direito Constitucional e Internacional*, São Paulo, a. 19, n. 74, p. 15-35, jan./mar. 2011.

PEDRA, Adriano Sant'Ana. Mutación constitucional de los derechos fundamentales y prohibición de retroceso. In: *Memoria del X Congreso Iberoamericano de derecho constitucional*, 2009, Lima (Peru). Tomo 1. Lima: Idemsa, 2009.

PEDRA, Adriano Sant'Ana. Transplantes de órgãos de anencéfalos. *Revista Trimestral de Direito Civil – RTDC*, Rio de Janeiro: Padma, ano 9, v. 36, p. 255-267, out./dez. 2008c.

QUEIROZ, Cristina. *Interpretação constitucional e poder judicial*: sobre a epistemologia da construção constitucional. Coimbra: Coimbra, 2000.

QUEIROZ, Cristina. *O princípio da não reversibilidade dos direitos fundamentais sociais*: princípios dogmáticos e prática jurisprudencial. Coimbra: Coimbra, 2006.

SAGÜÉS, Néstor Pedro. *La interpretación judicial de la Constitución*. 2. ed. Buenos Aires: Lexis Nexis, 2006.

SARLET, Ingo Wolfgang. Direitos fundamentais sociais e proibição de retrocesso: algumas notas sobre o desafio da sobrevivência dos direitos sociais num contexto de crise. Revista Brasileira de Direito Constitucional – RBDC, São Paulo, n. 4, p. 241-271, jul./dez. 2004.

STRECK, Lenio Luiz; OLIVEIRA, Marcelo Andrade Cattoni de; LIMA, Martonio Mont'Alverne Barreto. A nova perspectiva do Supremo Tribunal Federal sobre o controle difuso: mutação constitucional e limites da legitimidade da jurisdição constitucional. In: AGRA, Walber de Moura; CASTRO, Celso Luiz Braga de; TAVARES, André Ramos (Coord.). *Constitucionalismo*: os desafios no terceiro milênio. Belo Horizonte: Fórum, 2008.

TAVARES, André Ramos. *Fronteiras da hermenêutica constitucional*. São Paulo: Método, 2006.

TAVARES, André Ramos. *Teoria da justiça constitucional*. São Paulo: Saraiva, 2005.

THAYER, James Bradley. The origin and scope of the american doctrine of constitutional law. *Harvard Law Review*, Cambridge, v. VII, n. 3, p. 129-156, out. 1893.

VEGA, Pedro de. *La reforma constitucional y la problematica del poder constituyente*. Madri: Tecnos, 1999.

VIGO, Rodolfo Luis. *Interpretación constitucional*. 2. ed. Buenos Aires: Lexis Nexis/Abeledo-Perrot, 2004.

CAPÍTULO 02

(Des)Governança na atuação do executivo e do judiciário na promoção da saúde brasileira

Amanda Sanches Daltro de Carvalho[1]

Sumário: I - Introdução; II – Breve consideração sobre a separação de poderes; III – A elaboração e implementação da política de saúde no Brasil; 3.1. O caminho complexo da formulação de políticas.; 3.2. O SUS como política pública em resposta ao direito fundamental à saúde; IV – A separação de poderes sob o olhar da judicialização da saúde; 4.1. O Controle da saúde pelo Poder Judiciário; V – Conclusão; Referência Bibliográfica

I - INTRODUÇÃO

O objetivo deste trabalho é discutir a judicialização da saúde, adotando-se como lentes de análise o processo complexo de formulação e execução de políticas públicas, as funções atribuídas constitucionalmente ao Poder Executivo e Judiciário e as decisões judiciais proferidas em ações que versam sobre a saúde. O objetivo é investigar em que medida o Judiciário tem (i) exercido o seu papel de controle sobre as ações do Executivo e (ii) extrapolado as suas funções ao determinar aos governos federal, estadual e municipal o cumprimento de medidas que ferem a separação de poderes.

Para a consecução do propósito exposto, este artigo divide-se em três partes. A primeira ocupa-se com a teoria da separação de poderes. Ato contínuo, trata-se no segundo tópico de evidenciar o caminho percorrido pelo Poder Executivo, através da administração pública, para a

1. Doutora em Política Internacional e Resolução de Conflitos pela Universidade de Coimbra.

concretização do direito fundamental à saúde. Num terceito momento, discute-se a atuação do Poder Judiciário no campo da saúde, processo intitulado como judicialização da saúde. Por fim, conclui-se este trabalho ao se realizar uma leitura das questões pontuadas.

II – BREVE CONSIDERAÇÃO SOBRE A SEPARAÇÃO DE PODERES

Cuidar da separação de poderes exige sempre, mesmo que para fins introdutórios, o lançar de olhos sobre *Do espírito das leis*, a extraordinária obra de Montesquieu. São estas, assim, as palavras utilizadas por Charles-Louis de Secondat (1962: 181) para explicar suas razões na defesa de um modelo tripartite, integrado por três ramificações de poder:

> "Quando na mesma pessoa ou no mesmo corpo de magistratura, o poder legislativo está reunido ao poder executivo, não existe liberdade pois pode-se temer que o mesmo monarca ou o mesmo senado apenas estabeleçam leis tirânicas para executá-las tiranicamente.
>
> Não haverá também liberdade se o poder de julgar não estiver separado do poder legislativo e do executivo. Se estivesse ligado ao poder legislativo, o poder sobre a vida e a liberdade dos cidadãos seria arbitrário, pois o juiz seria legislador. Se estivesse ligado ao poder executivo, o juiz poderia ter a força de um opressor.
>
> Tudo estaria perdido se o mesmo homem ou o mesmo corpo dos principais, ou dos nobres, ou do povo, exercesse esses três poderes: o de fazer leis, o de executar as resoluções públicas, e o de julgar os crimes ou as divergências dos indivíduos (Montesquieu, 1962: 181)".

Manifesta a preocupação do francês quanto à preservação da liberdade (*o fim*), daí o caráter fundamentalmente instrumental da proposta tripartite (*o meio*). Nesta combinação metodológica, fim e meio agregados oferecem conteúdo e forma à tese de Montesquieu. Mesmo que simples, a robustez do postulado constitui derivação desta mesma simplicidade: o poder submetido à lógica triangular, com legislativo, executivo e judiciário integrando, como unidades autônomas, o sistema de governança defendido por Charles-Louis de Secondat.

Se a liberdade ocupa o campo finalístico da equação, é relevante observar que esta mesma liberdade haverá de possuir traço instrumental quando confrontada com a hipótese de tirania. Embora clara a inquietação do autor com a salvaguarda da liberdade, não se há que de compreendê-la apenas e tão-somente como fim em si mesma, pois se trata, essencialmente, de *apparatus* que tem por escopo específico impedir a incidência nefasta da usuparção do poder. José Gomes André, em *Razão e liberdade: o pensamento político de James Madison*, trata da separação de poderes nos seguintes termos:

> "No cerne do projecto institucional madisoniano encontrava-se o princípio da separação de poderes, celebrado por Locke e Montesquieu, pois seria através de uma partilha de competências e do estabelecimento de uma dinâmica de mútua vigilância entre estruturas governativas que, desde logo, se criaria uma barreira contra potenciais abusos da acção política e se protegeriam efectivamente as liberdades fundamentais dos cidadãos" (André, 2012: 111).

Do fragmento aqui destacado, merece atenção a questão sobre *meios e fins* que conduz a análise do citado autor, ponto fundamental para a compreensão do tema abarcando o princípio da separação de poderes. Ao valer-se da expressão "através de uma partilha de competências", o autor português lança luz sobre o aspecto metodológico da separação de poderes, restando evidenciado o modo pelo qual opera o referido princípio: tal *partilha*, além de atrelar-se à própria noção de *separação*, compreende precisamente o método que, em última instância, concretiza o princípio "celebrado por Locke e Montesquieu". Em outras palavras, dar-se-á a arte de governar mediante a *distribuição do poder* via *partilha de competências*.

Some-se à partilha outro aspecto metodológico, elemento muitas vezes ignorado no contexto das análises sobre a separação de poderes: o "estabelecimento de uma dinâmica de mútua vigilância entre estruturas governativas". José Gomes André refere-se ao mecanismo dos *checks and balances*, definido por James E. Alt e David D. Lassen (2008: 33)), como aquele conjunto de procedimentos destinados a "prevenir o uso indevido do poder político ("preventing misuse of political power")".

Os mesmos James E. Alt e David D. Lassen alertam para o fato de que o princípio da separação de poderes, em si mesmo, não é capaz de concretizar aquela prevenção, sendo imperiosa a utilização dos freios e contrapesos para tal efeito. De tal modo, para o fim último da mencionada cautela, o princípio da separação de poderes e o princípio dos freios e contrapesos se complementarão para garantir a efetivação de tal tarefa.

Harold H. Bruff (2014) vai além, destacando que o princípio da separação de poderes e o princípio dos freios e contrapesos, combinados, *fundem* os três poderes parcialmente ("blend the branches partially"), processo que tem por finalidade alcançar um equilíbrio de poder global ("achieving an overall balance of power") dentro dos sistemas governativos (Bruff, 2014: 207).

Isto posto, cumpre enfatizar que, do ponto de vista metodológico, os princípios da separação de poderes e dos freios e contrapesos possuem caráter *instrumental*: o desígnio almejado, nas palavras de Paulo Bonavides (2005: 142), refere-se à "limitação do poder absoluto (...)". É claro que a hipótese dramática, envolvendo a noção de *poder absoluto*, deve ser compreendida como *ponto fora da curva*, o que implica dizer que nos regimes *genuinamente democráticos* tal hipótese equivale ao impossível. Haverá, entretanto, sempre a *usurpação tentada* e até mesmo a *usurpação consumada*, inclusive no domínio dos regimes democráticos.

Não há que se confundir, portanto, qualquer realidade dada com qualquer realidade construída, mesmo quando a conexão entre uma e outra se revelar insuperável. Com a *teoria da separação de poderes* (Fuentes, 2011: 48) pode ocorrer o mesmo, daí serem cruciais, à partida, duas demarcações de ordem metodológica: (i) compreender a teoria como realidade construída e não como realidade dada e (ii) não confundir a teoria com esta ou aquela experiência concreta envolvendo a separação de poderes.

Por um lado, a noção de *teoria como realidade construída* compreende a ideia de que uma teoria qualquer, sobre um tema qualquer, numa época qualquer, constitui produto da *obra intelectual*, independentemente do teor da teoria. Assim, poderíamos asseverar algo do tipo: "Montesquieu, preocupado com a questão da liberdade, *construiu* uma teoria para sustentar a necessidade da separação de poderes"; ou, "necessitando dar consistência epistemológica às humanidades, Dilthey (2010) *construiu* o mundo histórico através das ciências do espírito.

Por outro lado, é importante sublinhar o sentido *ideal* da teoria, o que certamente não se confunde com a particular dinâmica *empírica* (e real) de sua confirmação (ou negação). Não é a teoria uma realidade dada, na medida em que a teoria é construída invariavelmente no campo vasto das ideias, sendo a própria teoria, por isso mesmo, passível de desconstrução. Por mais sólida que possa ser determinada teoria, esta será sempre obra construída, nunca obra dada. Ademais, serão as experiências concretas, e apenas e tão-somente estas, as facetas observáveis da realidade que irão ratificar (ou refutar) a validade dos respectivos nortes teóricos[2].

2. As duas demarcações indicam o sentido do alerta: o destaque quanto à distinção entre realidade dada e realidade construída, assim como o realce no tocante à diferenciação entre teoria e experiência, representam a tentativa de eliminar quaisquer confusões conceituais, estrutu-

Em linhas gerais, e aqui não há nada de novo, a lógica de separar o poder estatal horizontalmente em três ramificações (Legislativo, Executivo e Judiciário) é antiga e possui profunda conexão com a máxima *divide ut regnes* (Priberan, s/p). Muito mais que uma questão meramente administrativa de governança dos aparelhos estatais, a separação de poderes abarca acima de tudo um problema de correlação de forças (Albuquerque, 2006: 120). Neste sentido, precioso e oportuno é o teor da jurisprudência do STF in RE 606171 AgR / PR – PARANÁ (Julgamento: 07/02/2017):

> "EMENTA: Agravo regimental no recurso extraordinário. Precedente do Plenário. Ausência de trânsito em julgado. Possibilidade de aplicação. Tributário. Imposto de importação. Artigo 5º, da Lei nº 10.182/01. Extensão de benefício fiscal com base no princípio da isonomia. Impossibilidade de atuação do judiciário como legislador positivo. 1. A existência de precedente firmado pelo Tribunal Pleno da Corte autoriza o julgamento imediato de causas que versem sobre a mesma matéria, independentemente da publicação ou do trânsito em julgado do paradigma. 2. **Não pode o Poder Judiciário, a pretexto de conceder tratamento isonômico, atuar como legislador positivo para estabelecer benefícios tributários não previstos em lei, sob pena de afronta ao princípio fundamental da separação dos poderes.** Aplicação da orientação firmada no RE nº 405.579/PR, Tribunal Pleno, Rel. Min. Joaquim Barbosa, DJe de 4/8/11. 3. Agravo regimental não provido". (grifo nosso)
>
> SÚMULA VINCULANTE 37, do STF, *verbis*:
>
> "Não cabe ao Poder Judiciário, que não tem função legislativa, aumentar vencimentos de servidores públicos sob o fundamento de isonomia".

À luz dos trechos destacados, é relevante compreender o entendimento sobre aquilo que um poder (o Judiciário) *não pode fazer*, sob pena de violação da separação dos poderes: trata-se de obrigação negativa. Em outros termos, resta evidente que a questão da separação dos poderes não se limita exclusivamente àquilo que compete aos poderes, mas também àquilo que não lhes compete. A questão da correlação de forças é importante pois contempla, mesmo que tangencialmente, a hipótese

---

rais e funcionais entre as realidades em causa e entre marcos teóricos e fenômenos empíricos. Por um lado, confusões entre o dado e o construído tendem a caracterizar erroneamente as realidades submetidas ao exame científico, o que obviamente compromete a qualidade da investigação. Por definição, embora em tese, uma determinada realidade construída é passível de sofrer modificações mais facilmente que uma determinada realidade dada, daí a própria viabilidade do surgimento de *realidades desconstruídas*. Por outro lado, a lacuna entre a teoria da separação dos poderes e as experiências singulares das nações envolvendo tal separação só será compreendida de maneira efetiva precisamente quando restar clara a distância entre teoria e práxis.

da usurpação de poder, daí o alerta acentuado no corpo daquela jurisprudência suprema.

Na verdade, quando o Poder Judiciário, "a pretexto de conceder tratamento isonômico, atuar como legislador positivo para estabelecer benefícios não previstos em lei" (o raciocínio aqui é puramente hipotético), o que se constata é um fenômeno com dupla repercussão: (1a) *empírica*, no sentido da incidência concreta da violação da teoria da separação de poderes; (2a) *teórica*, no sentido da tentativa de desconstrução de postulado inerente à teoria em causa.

Imperioso destacar que uma hipótese como a vislumbrada nessa jurisprudência (precisamente a hipótese de "afronta ao princípio fundamental da separação dos poderes") supera o aspecto meramente empírico do problema (este entendido como a violação *concreta*, em maior o menor grau, da separação de poderes) para adentrar, e ameaçar, a esfera própria da teoria em si mesma. Ou seja, havendo violação da separação de poderes haverá também, mesmo que na forma tentada, e ainda que residualmente, ataque à fortaleza da teoria. Assim, a robustez da teoria será maior ou menor quando testada no contexto, sempre específico, de cada caso concreto.

Examinar a teoria da separação de poderes nos termos daquilo que um poder *não pode fazer* compreende, contudo, empreitada insuficiente para elucidar o tópico da correlação de forças. Se no caso do RE 606171 restou claro não ser possível ao Judiciário atuar como agente legislativo (naquele caso concreto), o caso de que trata o ARE 94 faz surgir questão indubitavelmente mais complexa, a saber:

> "Ementa: AGRAVO REGIMENTAL EM RECURSO EXTRAORDINÁRIO COM AGRAVO. INTERPOSIÇÃO EM 14.6.2016. DIREITO CONSTITUCIONAL. IMPLEMENTAÇÃO DE POLÍTICAS PÚBLICAS. POSSIBILIDADE. VIOLAÇÃO AO PRINCÍPIO DA SEPARAÇÃO DE PODERES. INOCORRÊNCIA. MAJORAÇÃO DE HONORÁRIOS ADVOCATÍCIOS. IMPOSIÇÃO DE MULTA. AGRAVO REGIMENTAL DESPROVIDO. 1. **O Poder Judiciário, em situações excepcionais, pode determinar ao Estado a obrigação de fazer reparação em escolas, quando estas se encontrarem em condições precárias, por se relacionarem a direitos ou garantias fundamentais, sem que isso ofenda o princípio da separação dos poderes.** 2. Agravo regimental a que se nega provimento, com majoração de honorários advocatícios, com base no art. 85, § 11, do CPC, e aplicação de multa, nos termos do art. 1.021, §4º, do CPC". (grifo nosso)

Devemos observar que, diferentemente, daquela decisão de fevereiro de 2017, a decisão de dezembro de 2016 não cuida de *obrigação negativa*. Cuida, nos termos de seu conteúdo, de *obrigação positiva*; ou seja, *o Judiciário determina ao Executivo o que fazer* ("obrigação de fazer reparação em escolas"). O *shift* aqui é profundo: "em situações excepcionais" o Judiciário adentra o círculo de competência do Executivo para lhe impor o cumprimento de uma obrigação, "sem que isso ofenda o princípio da separação dos poderes." O que a decisão de que trata o ARE 942573 AgR / PB – PARAÍBA faz é lançar luz sobre o princípio dos freios e contrapesos, no sentido de que qualquer dos três poderes poderá (eventualmente) atuar para fazer "girar a roda" dos outros dois. Tal possibilidade, em síntese, compreende a concretização máxima dos *checks and balances*, não apenas como *instrumento de controle*, mas também como mecanismo de *acionamento* da competência de determinada ramificação estatal.

Essa discussão sobre separação de poderes e aplicação do princípio dos freios e contrapesos será aprofundada nos tópicos seguintes, quando se abordará relação entre o Poder Executivo e o Poder Judiciário no campo da saúde. Para tanto, busca-se, por um lado, evidenciar a complexidade do processo de formulação e implementação de políticas públicas de promoção da saúde. Por outro lado, pretende-se aclarar a atuação do Poder Judiciário, por meio da judicialização da saúde, nas atividades privativas do Poder Executivo.

III – A ELABORAÇÃO E IMPLEMENTAÇÃO DA POLÍTICA DE SAÚDE NO BRASIL

Na esteira do que vem se discutindo sobre separação de poderes e suas funções, pretende-se nesse tópico III evidenciar as competências do Poder Executivo brasileiro, sobretudo no campo da saúde. A ideia é se aprofundar no processo enfrentado por esse Poder para tornar realidade os direitos assegurados pela Constitução de 1988. Quando o assunto é separação de poderes, observa-se que a dicussão concentra-se na relação entre as esferas de poder com o seu consequente impacto na promoção da democracia. Não é esse o propósito deste artigo.

O objeto de análise estabelecido neste trabalho – a relação entre Executivo e Judiciário no campo da saúde – é apenas uma pequena fração da imensidão de possibilidades de estudo dessa temática. A escolha pela saúde justifica-se por duas razões. A primeira diz respeito à sensibilidade que envolve a referida área, na qual, em última instância, trata-se da promoção e defesa da vida. Por esse motivo, e aqui se consigna a segunda razão, a esfera da saúde tem se mostrado um espaço fértil para as mais diversas possibilidades de atuação do Judiciário e do Executivo.

Nesse contexto, uma vez que a promoção da saúde é viabilizada pela atuação do Executivo, por meio da elaboração, implementação e avaliação de políticas públicas, busca-se no decorrer desse tópico aclarar a forma como se dá esse processo. Adquirido o conhecimento sobre a complexidade de ações que devem ser praticadas pelo Executivo para a promoção da saúde, passaremos no tópico IV à análise do papel do Poder Judiciário nesse enredo.

3.1. O caminho complexo da formulação de políticas.

O Estado brasileiro aborda a saúde do cidadão como um problema público, porque merece atenção constante da administração para a sua fomentação e solução. Inúmeros são os atores técnico-políticos inseridos nos diferentes espaços que possuem o poder de solucionar esses problemas por meio de políticas públicas (Secchi, 2016: 29). Esses agentes, na lição de Leonardo Seccio (2016: 17):

> "realiza a análise de política pública, desempenhando [...] tarefas de delimitação de problemas públicos, criação de alternativas, coleta de dados, tratamento e análise dos dados, organização e mediação de reuniões com outros atores políticos e grupos de interesse, elaboração de *policy reports* e estruturação da recomendação de política pública".

Do excerto supra, depreende-se que a resolução de problemas públicos não é tarefa fácil, devendo-se considerar as diferentes variáveis que incidem nesse processo de promoção do espaço e vida públicos. Há que se ter em mente que a definição de ator técnico-político apresentado por Leornado Secchi está longe de ser um procedimento simples ou meramente burocrático.

Como exteriorizado por Howlert *et al* (2013: 5), "a *policy-making* trata fundamentaltamente de atores cercados por restrições que tentam compatibilizar objetivos políticos (*policy goals*) com meios políticos (*policy means*)". Em outros termos, resolver problemas públicos implica escolher os instrumentos mais eficazes, num contexto de escassez de recursos e acomodar entendimentos divergentes da classe política a respeito do problema e do melhor caminho para resolvê-lo.

Ainda assim, aos múltiplos atores políticos envolvidos no processo de construção de uma política mais eficaz e à disponibilidade de recursos para torná-la possível, soma-se a anotação dos autores Knott e Hammond (2010). Estes pesquisadores são assertivos ao indicar que uma característica singular da administração pública diz respeito ao número e variedade de instituições que influenciam o processo de elaboração de política (Knott; Hammond, 2010: 196).

As diversas variáveis que incidem na construção de política pública, a serem observadas pelos atores técnico-políticos, descritas por Secchi, contudo, são importantes ao servirem como abordagem heurística (Secchi, 2015: 43) para melhor entender esse processo, qual seja o "conjunto de estágios inter-relacionados através dos quais os temas políticos (policy issues) e as deliberações fluam de uma forma mais ou menos sequencial desde os "insumos" (prblemas) até os produtos (políticas)" (Howlett *el al*, 2013: 12).

Sobre as etapas que constituem o processo de construção das políticas públicas, Sechi apresenta de maneira pedagógica a seguinte classificação: (i) a identificação do problema público; (ii) a formação da agenda; (iii) a formulação de alternativas; (iv) a tomada de decisão; (v) a implementação; (vi) a avaliação; e (vii) a extinção.

Em primeiro lugar, a identificação do problema público pauta-se pela ordem subjetiva e objetiva. Classificar qualquer fenômeno como um problema de natureza pública está intimamente relacionado com a subjetividade de cada ator político. Em princípio, todo indivíduo pode atribuir interpretação divergente aos fatos. Por outro lado, o aspecto objetivo que envolve a eleição de um problema público concerne à quantidade de atores políticos que consideram o mesmo fato como de relevância para a coletividade (Secchi, 2015: 11).

Posteriormente à identificação do problema público, faz-se necessário proceder à escolha das questões que serão pautadas em uma agenda governamental. Por certo, se existe a construção de uma agenda, na qual estão pontuados os problemas que se buscam resolver, é porque os recursos humanos e/ou financeiros disponíveis, por exemplo, nao se mostram suficientes para tratá-los. Ou também porque o custo político de inserir ou não determinado tema na agenda governamental pode valer muito aos governantes.

É preciso aplicar critérios, ainda que de natureza puramente política, para fundamentar a escolha dos temas que formarão a agenda governamental. Isso porque alguns grupos de indivíduos podem pressionar governantes com mais eficácia, de tal forma que auxiliam diretamente na escolha de problemas públicos. Desse modo, realizada essa tarefa, estarão eleitos os problemas que serão submetidos à intervenção estatal e à vigilância dos demais indivíduos (Jann; Wegrick, 2007: 45-47).

Formada a agenda de atuação do Governo, tem-se como fase seguinte a formulação de alternativas para solucionar os problemas públicos. Nessa etapa, o objetivo é oferecer propostas viáveis e aceitáveis, objetivos e estratégias, para resolução das questões incorporadas à agenda. A depender do problema público colocado, medidas serão apresentadas tendo em consideração as variáveis que incidem nesse processo. Este é o momento de avaliar todas as hipóteses que, se concretizadas, poderão prejudicar a efetivação da política idealizada (Secchi, 2015: 48).

Certamente, é impossível prever todas as variáveis que afetariam o resultado pretendido de uma política pública. Somente nas fases da sua implementação e avaliação, será possível visualizar o que de fato concorreu para obstaculizar esse processo. Contudo, não é menos importante a etapa de formulação de alternativas, vez que nela se realiza o planejamento das ações a serem executadas e a previsão do impacto no mundo dos governantes e dos governados.

Com fundamento nas alternativas formuladas, acrescidas dos possíveis benefícios e prejuízos decorrentes de cada uma, o gestor político estará habilitado a decidir-se sobre o melhor caminho a seguir. A finalidade do ator político, em última instância, é a de promover a alteração do *status quo* da situação que se deseja enfrentar (Howlett *et al*, 2013:160).

Por conseguinte, escolhida a política pública para atacar o problema coletivo, ato contínuo é implementá-la. São vários os órgãos e burocratas envolvidos nesse processo. Adotando-se como exemplo o campo da saúde, a política pública pode ter sido desenhada e aprovada pelo Ministério da Saúde, como apresentado anteriormente, mas a sua implementação, em boa parte dos casos, estará condicionada à atuação dos profissionais dos níveis estadual e municipal. As diretrizes da política de saúde são as mesmas para todos os entes federativos, mas na esfera micro de 27 Estados e de mais de cinco mil municípios, nao há um controle efetivo sobre o modo como cada burocrata opera (Howlett *et al*, 2013: 184) ou sobre as peculiaridades de cada ente municipal e estadual. Em outros termos, a construção rigorosa de uma política pública não é garantia de alcance dos objetivos fixados, em virtude da quantidade de variáveis presentes nessa etapa. Como medida,

> "[...] rotinas e simplificações são criadas para lidar com a complexidade do trabalho. Quando as políticas públicas consistem em muitas *low-level*

> *decisions*, as rotinas e categorias desenvolvidas para processar essas decisões efetivamente determinam a *policy*" (Lima; D'Ascenzi, 2013: 104).

Os obstáculos à implementação da política pública não se esgotam na quantidade e diversidade de burocratas que atuam nesse processo. O exercício de grupos de interesses, de partidos políticos e de agentes externos influencia, de modo igual, o resultado esperado, em todos os níveis e estágios (Rahmat, 2015). Em certa medida, isso ocorre em espaços que carecem de cultura de organização (Savard, 2012), de método e de coordenação.

Ainda no âmbito da efetivação da política pública, deve-se ter em mente que esse processo é enquadrado pela lei, o que lhe garante legitimidade. Por outro lado, decorre dessa estrutura o controle, pelo legislativo e judiciário, das políticas executadas, de forma que as atividades governamentais devem ser em conformidade com a lei e as ideias sobre o controle democrático sobre essas atividades (Hill; Hupe, 2002:)[3].

Finda a fase de implementação da política pública, a próxima etapa é proceder à sua avaliação. Nessa fase, busca-se observar se a teoria materializou-se na prática. Em sentido análogo, é saber se os objetivos e metas estipulados, de fato, foram alcançados; se o problema coletivo que deu causa à elaboração da política foi mitigado. Se o resultado esperado, quando da implementação da política, não foi atingido, esse é o momento de revisitar as escolhas adotadas em cada etapa ou, até mesmo, de reformular por completo o que se havia planejado. Desse modo, é um equívoco pensar que a avaliação de políticas públicas é menos complexa que as demais fases. Assinalam Howlett et al (2013: 205) que

> "Boa parte da complexidade a avaliação de políticas se deve ao fato de que os diferentes conjuntos de atores no universo e nos subsistemas da política pública estão envolvidos de maneira simultânea e sequencial em diferentes tipos de atividades de avaliação formal e informal. [...] Além disso, a mesma política pode ser voltada para alcançar uma variedade de objetivos, sem indicar sua prioridade relativa, tornando assim díficil descobrir se um dado objetivo está sendo atingido ou não".

Depreende-se que a concretização do ciclo de uma política envolve diversas etapas de intrincada profundidade. O que se pretendeu apresentar neste tópico é apenas uma ideia deste processo multifacetado, que possui como fundamento inúmeras correntes teóricas, que debatem sobre qual o melhor caminho a ser adotado em cada fase. As etapas

3. Tradução livre da autora. No original: concerns that activities of governments should be in conformity with the rule of law and ideas about democratic control over those activities.

apresentadas no decorrer deste tópico é, como ressalvado anteriormente, uma maneira pedagógica, longe de ser exaustiva, de apresentar o ciclo de elaboração e extinção de uma política.

Se levada a sério, a construção de ações destinadas a determinado segmento apresenta grau de complexidade ainda mais elevado quando se tem o Brasil, por exemplo, como espaço de atuação. O quantitativo populacional; o tamanho do país, da região, do estado ou da cidade; as indiossincrasias dos contextos sociais; o clima; o espírito dos cidadãos; os interesses diverergentes da classe política, influenciam sobremaneira o processo de identificação de problemas públicos, de construção de alternativas e da consecução dos resultados.

3.2. O SUS como política pública em resposta ao direito fundamental à saúde

A Constituição de 1988 consignou no seu artigo 196 que "A saúde é direito de todos e dever do Estado, garantido mediante políticas sociais e econômicas que visem à redução do risco de doença e de outros agravos e ao acesso universal e igualitário às ações e serviços para sua promoção, proteção e recuperação".

Compreendida como um direito fundamental e universal, a promoção da saúde na jurisdição brasileira é, como transcrito acima, dever do Estado, que, por intermédio, do poder Executivo, tem a missão de elaborar as políticas e ações de saúde. Desse modo, são os diversos órgãos que integram a estrutura do poder Executivo, em todos os níveis – federal, estadual e municipal – os que possuem o papel primário de planejar, elaborar, executar e avaliar as políticas de saúde. Nessa esteira, preceitua o artigo 198, da Carta Magna:

> **Art. 198**. As ações e serviços públicos de saúde integram rede regionalizada e hierarquizada e constituem um sistema único, organizado de acordo com as seguintes diretrizes:
>
> **I** - descentralização, com direção única em cada esfera de governo;
>
> **II** - atendimento integral, com prioridade para as atividades preventivas, sem prejuízo dos serviços assistenciais;
>
> **III** - participação da comunidade.
>
> **§ 1º** O sistema único de saúde será financiado, nos termos do art. 195, com recursos do orçamento da seguridade social, da União, dos Estados, do Distrito Federal e dos Municípios, além de outras fontes. *(Parágrafo único renumerado para § 1º pela Emenda Constitucional nº 29, de 2000).*

> **§ 2º** A União, os Estados, o Distrito Federal e os Municípios aplicarão, anualmente, em ações e serviços públicos de saúde recursos mínimos derivados da aplicação de percentuais calculados sobre: *(Incluído pela Emenda Constitucional nº 29, de 2000)*

Do excerto supra, depreende-se que a promoção da saúde não apenas será de competência originária do poder Executivo, como deverá ser hierarquizada. Em outros termos, atribuir-se-ão a cada ente federativo funções específicas, no âmbito do SUS, numa tentativa de delimitar poder e autoridade e de afastar situações em que todos podem tudo e ao mesmo não se responsabilizam por nada.

Em obediência ao artigo 197, do Diploma Legal de 1988, que atribui ao poder público a responsabilidade de regulamentar a saúde, nos termos da lei, editou-se a Lei nº 8.080, de 19 de setembro de 1990, cujo arcabouço normativo orienta toda e qualquer ação e serviços, em todo o território nacional, voltados à promoção da saúde no Brasil. Nessa normativa, apregoou-se que o SUS é constituído por instituições e órgãos públicos federais, estaduais e municipais, da administração direta e indireta e das fundações mantidas pelo poder público, assim como por instituições privadas, nesse último caso apenas em caráter complementar.

O Capítulo VI da Lei 8.080/1990 versa especificamente sobre a gestão e direção do SUS, as quais deverão observar os princípios norteadores do sistema: hierarquização e regionalização. O princípio da hierarquização está relacionado à complexidade das ações e serviços de saúde a serem realizados e à competência do ente federativo responsável por efetivá-los. À vista disso, União, Estado e Município, por intermédio, respectivamente, do Ministério da Saúde, da Secretária Estadual de Saúde e da Secretária Municipal de Saúde, possuem funções previamente determinadas por lei. Por seu turno, a regionalização vincula-se à proposta de formular e executar políticas de saúde de modo a estabelecer uma rede regionalizada de serviços.

Relativamente ao princípio da hierarquização, é pertinente estabelecer uma ressalva. A hierarquia prevista no contexto de funcionamento do SUS aplica-se somente às atividades concernentes à saúde. Não há hierarquia entre União, Estado, Município e o Distrito Federal. Como apregoado por Hans Kelsen, qualquer ordenamento que condiciona a existência jurídica e política de um Estado-membro à benevolência da Federação é contrário à ideia de Estado federal (Kelsen, 2001: 105). Aqui não incide a ideia de separação "vertical" de poderes entre os três entes federativos, ao contrário da previsão constitucional de separação "horizontal" de poderes e de funções entre o Executivo, o Legislativo e o Judiciário.

Merece destaque, ainda, o princípio da descentralização, previsto no artigo 7º, inciso IX, da Lei 8.080/90, que disciplina a execução descentralizada político-administrativamente dos serviços de saúde, com ênfase nos Municípios. O aludido princípio está intimamente relacionado com a ideia de hierarquização das ações de saúde, que devem ser executadas – num sentido mais amplo que vai do planejamento da política à sua execução – de acordo com o seu nível de complexidade, por cada ente federativo.

3.2.1 – Competências dos entes federativos e financiamento do SUS

No contexto de distribuição de competências entre União, Estado e Município, o papel do Ministério da Saúde, enquanto gestor nacional do SUS, é o de promover orientações gerais sobre o funcionamento do sistema. As competências do órgão estão dispostas no artigo 16, da Lei 8.080/1990, por meio da utilização de verbos tais como: formular, avaliar, apoiar, coordenar, estabelecer critérios, controlar, articular, prestar cooperação técnica, acompanhar, promover a descentralização, identificar e normatizar.

Por seu turno, às Secretarias Estaduais de Saúde atribui-se a tarefa de promover a descentralização dos serviços de saúde aos Municípios; prestar apoio técnico e financeiro às suas unidades federativas; executar em caráter supletivo as ações de saúde; identificar os hospitais de referência e coordenar a rede de alta complexidade; estabelecer normas em caráter suplementar para avaliar e controlar os serviços de saúde ofertados; coordenar a rede estadual e regional de laboratórios e hemocentros.

Quanto aos Municípios, incluem-se no rol de suas competências celebrar contratos/convênios com prestadores de serviços privados; gerir laboratórios públicos de saúde e hemocentros; formar consórcios administrativos com outros municípios; executar a política de insumo e equipamentos de saúde; executar serviços de vigilância epidemiológica e sanitária, de saúde do trabalhador, de saneamento básico e de alimentação e nutrição.

O recurso financeiro destinado a assegurar parte das citadas ações decorre, nos termos dos artigos 31 e 32 da Lei nº 8.080/90, do orçamento da Seguridade Social e de metade de outras fontes de recursos, como ajuda, contribuições, doações e donativos, alienações patrimoniais e rendimentos de capital, taxas, multas, emulumentos e preços públicos arrecadados na esfera do SUS. A distribuição desse montante, a ser transferido aos Estados, Distrito Federal e Municípios, está regrada no artigo 35 da aludida Lei, que preconiza a combinação de diversos critérios.

No âmbito do financiamento do SUS, há que ressaltar a relevância da Lei Complementar n° 141, de 13 de janeiro de 2012, que apresenta detalhadamente não apenas as formas de aplicação dos recursos destinados à promoção do SUS, como também desenha o formato de fiscalização, controle e prestação de contas dos recursos despendidos com a saúde.

É necessário destacar que as legislações citadas acima fazem parte de uma extensa produção normativa, destinada a regulamentar as atividades no campo da saúde. Por outro lado, existem as recomendações e determinações expedidas por órgãos de controle, como Ministério Público, Ministério da Transparência, Fiscalização e Controladoria-Geral da União, Tribunal de Contas, as quais devem ser observadas pelo Poder Executivo.

Esse emaranhado de normas, de determinações e de recomendações comprova o caráter complexo e profundo que reveste as ações dos atores técnico-políticos que trabalham para a promoção da saúde no Brasil. Desse modo, a formulação e execução de políticas públicas, inseridas num enquadramento jurídico próprio, são uma realidade intensa e privativa do Poder Executivo, sobre a qual os demais Poderes não possuem domínio.

IV – A SEPARAÇÃO DE PODERES SOB O OLHAR DA JUDICIALIZAÇÃO DA SAÚDE

Compreender a noção de separação de poderes exige clareza quanto ao entendimento de que cada uma das ramificações do Estado possui um acervo específico de competências, embora tal distribuição horizontal de poderes possa adquirir variações em cada caso concreto. A atuação saudável e responsável desses três Poderes exige, em qualquer hipótese, a observância dos limites impostos pela Carta Magna, sendo válida a utilização do princípio do *ckeks and balances,* de modo a impedir a sobreposição de uma esfera à outra.

No âmbito das políticas públicas, que abrange todo o processo de sua elaboração e análise de resultados, a atuação dos três Poderes pode ser facilmente visualizada e compreendida. O Poder Legislativo responsabiliza-se pela edição de lei através da qual faz surgir o direito do indivíduo, por exemplo. De conseguinte, o Poder Executivo promove as ações necessárias à efetivação de determinado direito, as quais poderão ser apreciadas pelo Poder Judiciário, que dirá da legalidade das medidas adotadas para concretizá-las.

A atuação complexa dessas esferas de poder é cunhada por Lynn como governança, que "do ponto de vista da gestão pública, pode ser definida como um regime de leis, regras, decisões judiciais e práticas administrativas que restringem, prescrevem e implementam o exercício da autoridade pública em prol do interesse público" (Lynn et al., 2001 apud Lynn, 2010: 46-47).

Governança pública[4], portanto, é o termo utilizado para falar sobre os diversos atores, quer da esfera pública quer do âmbito privado, que estão envolvidos, direta ou indiretamente, no cenário de promoção do bem público. O Estado, através do Executivo, é o agente central nesse processo de construção de um ambiente mais seguro e desenvolvido, o que abrange intervenções nas áreas social e econômica (Bresser-Pereira, 2007). É, por assim dizer, no plano ideal, o agente catalisador, articulador e mediador de todas as instituições e sujeitos que interagem no campo público.

Nas últimas décadas, a promoção da governança pública tem se mostrado um processo demasiado complexo, por duas razões. A primeira diz respeito ao rol de políticas que se tornaram prioritárias ao progresso humano. No plano interno, o advento da Constituição Federal de 1988 e a previsão dos direitos fundamentais à dignidade da pessoa humana exemplificam esse argumento (Sierra, 2011: 257). No plano externo, com a proliferação e aprimoramento das instituições e organizações não-governamentais, a garantia dos direitos humanos mostrou-se central na discussão em torno do papel e eficiência do Estado. A segunda razão refere-se à emergência de diversos atores envolvidos nesse processo de assegurar os direitos intrínsecos aos indivíduos.

4. É importante registrar que o conceito de governança nao é pacífico e, portanto, é objeto de amplo debate, que está relacionado à amplitude desse termo. A título de exemplo, diferentemente do que fora pontuado no corpo do texto, Maria Helena de Castro Gomes (1997) cunha o termo capacidade governativa para ilustrar as características operacionais do Estado e a sua dimensão político-institucional.

No Brasil, a promulgação da Carta Magna de 1988 permitiu ao Judiciário construir e sedimentar a sua autonomia em relação aos demais Poderes, ao garantir-lhe papel central no controle de constitucionalidade. No mesmo sentido, atribui-se a essa conquista "a adaptação do direito brasileiro à perspectiva federalista, que adota o sistema de pesos e contrapesos que supõe a existência de um Poder Judiciário mais independente, capaz de exercer um papel ativo, com base numa prática judiciária, que requer a interpreta- ção do texto constitucional" (Sierra, 2011: 257).

Nesse contexto de transformação do cenário interno e externo, do surgimento e aprimoramento das democracias ao redor do globo, de reivindicações aos direitos do homem, de promoção do desenvolvimento pelo Estado, de democratização da justiça, a atuação do Poder Judiciário para intervir nos casos de omissão e falha do poder público, face aos seus cidadãos, ganhou centralidade. Merece destaque a avaliação proposta por Vianna *et al* sobre esse acontecimento:

> "o boom da litigação, desde então, é um fenômeno mundial, convertendo a agenda do acesso à Justiça em política pública de primeira grandeza". Os políticos, diante da perda de eficácia e de abrangência dos mecanismos próprios ao welfare, e igualmente conscientes da distância, nas democracias contemporâneas, entre representantes e representados, passam a estimular, pela via da legislação, os canais da representação funcional. Por meio de suas iniciativas, a Justiça se torna capilar, avizinhando-se da população" (2007: 40).

Consequentemente, tornaram-se frequentes no meio político notícias sobre decisões proferidas pelo Poder Judiciário que extrapolam a sua competência de controlar as atividades dos Poderes Legislativo e Executivo. Relativamente à interferência nas funções do Executivo, cunhou-se esse fenômeno como judicialização das políticas públicas. Howlett *et al* argumentam que o aumento da judicialização das políticas tem sido acompanhado pela ampliação da participação do Judiciário e do Ministério Público no controle de três áreas dos demais poderes, a saber: (i) preservação das regras que resguardam a democracia; (ii) conteúdo das políticas elaboradas e implementadas pelo governo; e (iii) ocupantes de cargo público concernente à sua conduta pública e administrativa (Jacobson *et al*, 2001 apud Howlett *et al*, 2013: 211).

Desse modo, observou-se um aumento expressivo da atuação do Poder Judiciário nessas áreas. Esse protagonismo no campo político, de certo modo, tem contribuído para o aumento dos conflitos entre os três Poderes, em decorrência do desequilíbrio gerado em torno do instituto da governança. Por conseguinte, não seria incorreto concluir que o mecanismo de freios e contrapesos tem se mostrado falho, vez que o avanço do Judiciário sobre as demais esferas de poder não tem sido evitada.

4.1. O Controle da saúde pelo Poder Judiciário

A judicialização das políticas públicas é defendido pelo autor Ran Hirschl como um dos mais importantes fenômenos mundiais do final do Século XX e início do Século XXI. Pode ser ilustrado como a subordinação de quase todo o fórum decisório nos sistemas modernos de império da lei em normas e procedimentos quase judiciais[5] (Hirschl, 2013: s/p)

No entendimento do Conselho Nacional de Justiça, que tem se dedicado a esta matéria no plano doméstico, o tema da judicialização das políticas tem ocupado cada vez mais os espaços de discussão acadêmico e institucional, uma vez que a "progressiva constitucionalização por que os direitos sociais passaram na década de 1980, associada aos desafios de implementação efetiva por parte do Estado, fez que tais direitos fossem cada vez mais submetidos ao crivo das instituições jurídicas para sua efetivação" (CNJ, 2015: 9).

Relativamente à judicialização da saúde, essa pode ser conceituada como *o ato de levar ao exame do poder judiciário demandas relacionadas à promoção da saúde, com o propósito de concretizar o direito fundamental de cada indivíduo nessa área.*

Preliminarmente, é imperioso esclarecer que a judicialização da saúde não é ato unilateral do Judiciário. O processo de ajuizar demanda com o intuito de se obter a tutela jurisdicional do Estado, inicia-se, via de regra, com a negativa das unidades vinculadas ao Poder Executivo em ofertar serviços de saúde. Nesse sentido, o autor da ação pode pleiteiar, como exemplo, a condenação do Poder Executivo à oferta específica de determinado equipamento de saúde para atendimento da população; a dispensação de fármaco, em falta na rede pública ou que não esteja previsto nos Protocolos de Diretrizes Clínicas e Terapêuticas (PCDT); a disponibilização de leito de UTI; a realização de cirurgias eletivas; a suspensão ou edição de instrumento normativo referente à politica/ação de saúde.

---

5. Tradução livre da autora. No original: It is perhaps best illustrated by the subordination of almost every decision-making forum in modern rule-of-law polities to quasi-judicial norms and procedures.

Esses pleitos são submetidos ao representante competente do Poder Judiciário, hábil para julgá-los. Ao analisar cada pedido, o juiz o confronta com o disposto em lei sobre a matéria e posiciona-se, ao proferir decisão judicial, após avaliar se os elementos apresentados ferem a legislação pátria. Esse momento merece atenção especial, porque dele se poderá deduzir se a atividade judicial em apreço caracteriza interferência do Poder Judiciário sobre a atuação do Poder Executivo, ou se, de fato, é um típico caso de ação de controle de uma esfera de poder sobre a outra.

Ultimamente, a veiculação na mídia de reportagens concernentes a decisões emitidas pelo Poder Judiciário, no âmbito da saúde, remete-se, majoritariamente, aos pleitos para disponibilização de leito de UTI e fornecimento de medicamentos de alto custo, sobretudo aqueles necessários aos tratamentos oncológicos e de doenças raras. Isso se explica em virtude da quantidade de ações ajuizadas sobre esses objetos, o que não se observa, na mesma proporção, nos demais pedidos. Portanto, a judicialização da saúde tem sido representada por esses casos que inundam o Poder Judiciário todos os dias.

No cerne desse debate travado no âmbito judicial, entre as partes envolvidas em cada processo, os fundamentos mais recorrentes da justiça referem-se à reserva do possível; à efetivação do direito fundamental do indivíduo de ter acesso à saúde; e à interpretação ou não desse direito como norma programática. Por outro lado, certo é que intrínseca ao julgamento desses pleitos, em grande medida, está a avaliação da autoridade judiciária sobre a eficiência da política de saúde em discussão, na qual se insere o pedido do autor da ação.

O que se pretende mostrar é que as decisões proferidas em sede das ações mais recorrentes, que envolvem o direito à saúde, guardam pouca relação com a atividade de controle que deveria ser exercida pelo Poder Judiciário. Na fundamentação dos magistrados, via de regra, inexiste avaliação sobre a legalidade dos atos administrativos adotados para a construção e implementação de cada política de saúde ou sobre a conduta de um determinado agente público, que tenha concorrido para a negativa do fornecimento de medicamento ou de serviço de saúde ao requerente da ação.

Na prática, vem se observando a interferência manifesta do Judiciário na atuação do Poder Executivo, sobretudo nas situações em que se proferem comandos judiciais sem estabelecer qualquer análise e compreensão mais aprofundada da complexidade do fenômeno em pauta, conforme ilustrado no tópico III deste artigo. Essas ocorrências, que se referem aos pleitos, sobretudo, por medicamentos, procedimentos cirúrgicos, leitos de UTI, órteses, próteses e insumos, refletem os dados apresentados pelo Conselho Nacional e Justiça (2017):

> De 2010 até julho de 2016, os custos da União totalizaram R$ 3,9 bilhões com o cumprimento das sentenças. Só neste ano já foram desembolsados R$ 730,6 milhões. Somados os gastos da União, estados e municípios, a previsão é de que o montante chegue a R$ 7 bilhões em judicialização este ano. Em 2015, foram gastos R$ 5 bilhões.

Defende-se que demandas retratadas no excerto supra, em virtude até mesmo do objeto, raramente recebem o controle do Poder Judiciário como de fato deve ser. Não se busca nessas situações avaliar o contexto no qual se insere o requerimento do autor. Do mesmo modo, não se avalia a legalidade da política de saúde, assim como não se questiona a conduta dos agentes públicos inseridos neste processo. Na prática dos casos mencionados, o que se observa é o desempenho pelo Judiciário de suas típicas funções.

Por outro lado, em que pese à associação entre a judicialização da saúde e o fornecimento e disponibilização dos itens listados acima, é importante registrar a existência de demandas judiciais por meio das quais se busca o posicionamento do Judiciário a respeito, por exemplo, da legalidade de um ato normativo editado pelas Secretarias de Saúde ou Ministério da Saúde. A título de exemplo, tem-se a ação nº 0071823-29.2015.4.01.3400, movida pela Ordem dos Advogados do Brasil, na qual se pugna pela inconstitucionalidade das Portarias nº 844/2012 e 2.132/2013, ambas do Ministério da Saúde, que limita a quantidade de indivíduos autorizados à doação de medula óssea. No caso em apreço, inquestionável que a judicialização dessa normativa da saúde busca o controle do Poder Judiciário da política de saúde impugnada.

Compreende-se, portanto, que a atuação do Poder Judiciário, nas ações que envolvem o acesso ou promoção da saúde, ocorre em dois sentidos: (i) em detrimento da sua função típica de guardião da lei e (ii) como mecanismo de controle das demais esferas de poder, como garantia da separação de poderes.

No tocante à judicialização da saúde, que, neste artigo, é definida como qualquer demanda relacionada à oferta de saúde pelo Estado, percebe-se que boa parte das decisões proferidas em sede dos pleitos por medicamentos, leitos de UTI, procedimentos cirúrgicos e insumos, tem contribuído para uma atuação intervencionista do Poder Judiciário nas políticas de saúde. Ainda que se sustente que esse poder está no cumprimento das suas funções, não há que dissociar o exercício de seu papel com o impacto que dele pode decorrer.

Em busca de um argumento mais aprofundado, sugere-se um paralelo entre (i) os reiterados posicionamentos dos juízes em desfavor do Executivo, nas demandas referentes à saúde, e (ii) as decisões do Supremo Tribunal Federal nas ações de controle de constitucionalidade. À primeira vista, pode-se concluir ser improvável a execução de tal tarefa, por estarem envolvidas matérias tão diversas. Entretanto, quando se visualizas as consequências das decisões proferidas nas situações acima, a sugestão torna-se factível. É justamente pensando nesses resultados que a Suprema Corte vale-se do instituto da modulação de efeitos, compreendida como um instrumento de controle de danos. Em outros termos, a Corte Máxima avalia os impactos da sua decisão e, por conseguinte, delibera sobre o momento em que seu posicionamento deva provocar efeitos.

De igual modo isso ocorre nas ações que versam sobre saúde, mas com uma diferença. A decisão aqui enunciada, sobretudo quando somada a várias outras deste segmento, certamente produz impacto considerável no Poder Executivo, quer no orçamento disponível quer nas políticas de saúde. A diferença, contudo, reside na avaliação do impacto que os juízes, de regra, não realizam ao lançar seu veredito. *Fiat justitia, pereat mundus...*

Isto posto, quando o assunto é judicialização da saúde, tem-se assistido a atuação descontrolada do Poder Judiciário no enfrentamento dessa questão. Em sentido oposto, destaca-se a reação por parte do Poder Executivo, que tem sido demasiado lenta. Mas para isso há uma justificativa. O artifício que pode ser utilizado pelo Executivo, como meio de frear a interferência do Judiciário em seu campo, é a política. Mas a política, sabidamente, não traz certezas e muito menos soluções de imediato, diferente do que ocorre com o simples ato de decidir de um juiz, que, não raro, acredita poder criar coisas com palavras.

V – CONCLUSÃO

Pretendeu-se com este trabalho analisar a judicialização das políticas de saúde, adotando-se como lente de análise o processo de elaboração e implementação de políticas públicas. Buscou-se demonstrar que as decisões judiciais proferidas na maior parte dos pleitos, que envolvem ações e serviços de saúde, pouco se referem ao controle que o Poder Judiciário deve exercer em relação ao Poder Executivo.

Nesse sentido, ao desempenhar a sua função típica de julgar, o Poder Judicário, manifestamente, vem ultrapassando a linha tênue entre a sua liberdade de julgar e a prerrogativa atribuída ao Poder Executivo de implementar políticas públicas. Por essa razão, é indiscutível que o equilíbrio entre esses Poderes tem sido afetado, em razão, sobretudo, dos mecanismos dos quais dispõe o Judiciário para levar a cabo a sua função.

Certamente, o resultado nocivo dessa relação entre os Poderes do Estado brasileiro, em especial entre o Executivo e o Judiciário, é o enfraquecimento da política governamental e, consequentemente, a fragilização da lei. Nesse último caso, nao são apenas os atores técnico-políticos do Executivo que perdem, mas toda a população brasileira, que tem a base da sua democracia diariamente enfraquecida e deformada.

REFERÊNCIAS BIBLIOGRÁFICAS

Albuquerque, J.A.G. "Montesquieu: sociedade e poder" In *Os clássicos da política*. Vol. 1 (Organizador: F.C. Weffort). São Paulo: Ática, 2006.

ALT, J. E., & LASSEN, D. D. "Political and judicial checks on corruption" In *Economics & Politics*. Volume 20 (Issue 1), 2008.

ANDRÉ, J. G. (2012). *Razão e liberdade: o pensamento político de James Madison*. Lisboa, Esfera do Caos.

BRESSER-PEREIRA, Luiz Carlos. "O Modelo Estrutural de Governança Pública" In *Revista Eletrônica sobre a Reforma do Estado*. n. 10. Jun/jul/ago de 2007.

BRUFF, H. H. "The President and Congress: separation of powers in the United States of America" In *The Adelaide Law Review*. Volume 35 (Issue II).

BONAVIDES, P. *Ciência política*. São Paulo, Malheiros, 2005.

CONSELHO NACIONAL DE JUSTIÇA. *Justiça Pesquisa Judicialização da Saúde no Brasil*. Brasília, 2015. Disponível em: http://www.cnj.jus.br/files/conteudo/destaques/arquivo/2015/06/6781486daef02bc6ec8c1e491a565006.pdf. Acesso em 12/04/2017.

DICIONÁRIO PRIBERAM DA LÍNGUA PORTUGUESA, 2008-2013. Diposnível em: https://www.priberam.pt/dlpo/divide+ut+regnes. Acesso em 23/03/2017.

DILTHEY, W. *A construção do mundo histórico nas ciências humanas*. São Paulo: Editora Unesp, 2010.

FUENTES, C. (2011). "Montesquieu: teoría de la distribución social del poder" In *Revista de Ciencia Política*. 31 (1).

HIRSCHL, Ran. "The Judicialization of Politics" In GOODIN, Robert (Ed.) *The Oxford Handbook of Political Science*, 2013 (Online Publication).

HOWLETT, Michael; RAMESH, M.; PERL, Anthony (2013). Política Pública: Seus Ciclos e subsistemas. Rio de Janeiro: Campus, 2013.

JANN, Werner; WEGRICH, Kai. "Theories of the Policy Cycle" In FISCHER, Frank; MILLER, Gerald; SIDNEY, Mara (Orgs) *Handbook of Public Policy Analysis: Theory, Politics and Methods*. Boca Raton: CRC Press, 2007.

KELSEN, Han. *La garantia jurisdicional de la Constitución (La justicia constitucional)*. Universidad Nacional Autónoma de México, 2001.

LIMA, Luciana Leite; D'ASCENZI, Luciano. "Implementação de Políticas Públicas: perspectivas analíticas" In *Revista de Sociologia e Política*. V. 21, n° 48: 101-110, 2013.

LYNN JR, Laurence E. "Gestão Pública" In *Administração Pública: coletânia*. PETERS, B. Guys; PIERRE, Jon (orgs). São Paulo: UNESP, 2010.

MONTESQUIEU. *Do espírito das leis*. São Paulo, Difusão Européia do Livro, 1962.

RAHMAT, Afifa Aisha. "Policy Implementation: process and problems" In *International Journal of Social Science and Humanities Research*. Vol. 3 (3), 2015. p. 306-311.

SANTOS, Maria Helena de Castro. "Governabilidade, Governança e Democracia: Criação de Capacidade Governativa e Relações Executivo-Legislativo no Brasil Pós-Constituinte" In *Revista Scielo*. V.40 (3). (1997).

SAVARD, Jean-François. "Policy Cycles" In CÔTE, L; SAVARD, Jean-François (eds) *Encyclopedic Dictionary of Public Administration*. Disponível em: www.dictionnaire.enap.ca. Acesso em 19.04.2017.

SECCHI, Leonardo. *Políticas Públicas: conceitos, esquemas de análise, casos práticos*. São Paulo: Cengage Learning, 2015.

SECCHI, Leonardo. *Análise de políticas públicas: diagnóstico de problemas, recomendação de soluções*. São Paulo: Cengage Learning, 2016.

SIERRA, Mônica Morales. "A judicialização da política no Brasil e a atuação do assistente social na justiça" In *Revista Katál*. V. 14 (2), 2011. p. 256-264.

VIANNA, Luiz Werneck; BURGOS, Marcelo Baumann; SALLES, Paulo Martins. "Dezessete anos de judicialização da política" In *Tempo Social, Revista de Sociologia da USP*, v. 19, n. 2, pp. 39-85.

WERNER, Jann; WEGRICH, Kai. "Theories of the policy cycle" In Fischer, Frank; Miller, Gerald J.; Sidney, Mara S. (ed) *Handbook of public policy analysis: theory, politics, and methods*. Boca Raton: CRC Press, 2007.

CAPÍTULO 03

Sistema partidário brasileiro: entre o Congresso Nacional e o Supremo Tribunal Federal

André Fellet[1]

Sumário: I. Introdução; II. Pluripartidarismo, multipartidarismo e as tentativas de se instituir cláusulas de desempenho no Brasil; III. O princípio da fidelidade partidária e sua extração do texto da Constituição Federal de 1988; IV. Da "crise dos Parlamentos" às mutações constitucionais; V. Conclusão.

I. INTRODUÇÃO

De acordo com o magistério de Karl Loewenstein[2], todas as constituições antigas e a maior parte das modernas ignoraram a existência dos partidos políticos, que funcionavam num quadro de "completo vazio constitucional". Esse cenário foi alterado após a segunda guerra mundial, "quando já não se pôde ignorar por mais tempo a importância dos partidos políticos na vida da democracia constitucional". Então, "o tabu se rompeu e apareceram diversas referências aos partidos políticos nas constituições".

Como se nota, a disciplina constitucional da matéria decorreu da reafirmação histórica da relação de interdependência entre a democracia política e os direitos fundamentais e do reconhecimento da imprescindibilidade de que o conteúdo da vontade das maiorias fosse vinculado e

1. Assessor técnico de liderança partidária na Câmara dos Deputados (PSDB). Mestre em Direito Constitucional pelo IDP. Advogado.
2. *Teoría de la Constitución.* Traducción y estúdio sobre la obra por Alfredo Gallego Anabitarte. 2. ed. Barcelona: Ariel, 1976, p. 443/444.

limitado de maneira mais efetiva, para que não mais ocorresse a absolutização dessa vontade – expediente empregado pelos líderes autoritários para a supressão da democracia, por meio do uso de métodos que, ao menos na aparência, eram também democráticos.

Com efeito, a supressão, pela maioria, da garantia das liberdades públicas, dos direitos políticos, do pluralismo político[3] (*rectius*, pluralismo na *polis*[4]), da separação de poderes e da representação, é dizer, de todos os mais relevantes corolários do princípio democrático, não constitui uma hipótese acadêmica ou um *argumentum ad terrorem*: no século passado, os próceres do fascismo e do nazismo[5], utilizando-se dos partidos políticos que representavam as suas tendências, apoderaram-se do Poder por vias legais e logo fizeram com que este fosse entregue, "'democrática' e tragicamente" a um chefe que aboliu a democracia[6].

Nessa esteira, partindo-se da dimensão política ou formal de democracia, baseada em regras formais, chegou-se à "democracia constitucional" contemporânea, que agrega à primeira lindes substanciais, relativos "ao *que* não é lícito decidir ou não decidir, como são os impostos nas Constituições atuais pelos direitos fundamentais que aquelas estabelecem"[7]. Como é cediço, o papel de garantidor dessa nova ordem

3. Paulo Otero (in *Direito Constitucional Português.* Volume I. Coimbra: Almedina, 2010, p. 56 e ss.) correlaciona o pluralismo político (um dos fundamentos da República Federativa do Brasil, a teor do artigo 1.º, inciso V, da Constituição Federal) com a democracia e com os direitos fundamentais, ao aduzir (1) que o "Estado de Direito democrático é, antes de tudo, um Estado pluralista, isto no sentido de Estado antitotalitário: sem pluralismo não há democracia e sem democracia não pode existir um Estado de Direito democrático" e (2) que o "pluralismo pressupõe e determina o respeito e a garantia dos direitos fundamentais: não existe pluralismo sem direitos fundamentais, nem direitos fundamentais sem pluralismo".
4. Como bem observado por Inocêncio Coelho, para quem a abrangência do pluralismo político suplanta as "preferências políticas e/ou ideológicas", representando, em realidade, "[...] um direito fundamental 'à diferença' em todos os âmbitos e expressões da convivência humana – tanto nas escolhas de natureza política quanto nas de caráter religioso, econômico, social e cultural, entre outras [...]" (MENDES, Gilmar Ferreira; COELHO, Inocêncio Mártires; BRANCO, Paulo Gustavo Gonet. *Curso de Direito Constitucional.* São Paulo: Saraiva, 2010, p. 220).
5. Os regimes de Adolf Hitler e Benito Mussolini constituíram, indubitavelmente, "forças cuja aceitação da democracia mal esconde[u] a aspiração ao poder puro", "forças dogmáticas" que fizeram "uso 'instrumental' da democracia". Eram, nesse sentido, a "democracia dos hipócritas" (ZAGREBELSKY, Gustavo. *A crucificação e a democracia.* Tradução de Monica de Sanctis Viana. São Paulo: IDP/Saraiva, 2011, p. 108).
6. Cf. FERRAJOLI, Luigi. *Poderes salvages. La crisis de la democracia constitucional.* Prólogo y traducción de Perfecto Andrés Ibañez. Madrid: Trotta, 2011, p. 30 e ss.
7. FERRAJOLI, *op. cit.*, p. 28.

foi atribuído às Cortes Constitucionais, implementadas, na Europa, a partir do período imediatamente posterior à Segunda Guerra Mundial.

Como uma forma de se evitar a repetição das tristes violações ocorridas no período entre-Guerras, no continente europeu, passou-se a vedar, além disso, a formação de agremiações cujos objetivos fossem atentatórios à ordem democrática.

Talvez um dos comandos constitucionais mais citados para exemplificar esse tipo de vedação e ilustrar a preocupação dos constituintes de então com a repetição das funestas ocorrências transatas, seja o comando inserto no item 2 do art. 21 da Lei Fundamental da República Federal da Alemanha, de 23 de maio de 1949, que dispõe:

> "Artigo 21
>
> [Partidos]
>
> (1) Os partidos colaboram na formação da vontade política do povo. A sua fundação é livre. A sua organização interna tem de ser condizente com os princípios democráticos. Eles têm de prestar contas publicamente sobre a origem e a aplicação de seus recursos financeiros, bem como sobre seu patrimônio.
>
> **(2) São inconstitucionais os partidos que, pelos seus objetivos ou pelas atitudes dos seus adeptos, tentarem prejudicar ou eliminar a ordem fundamental livre e democrática ou por em perigo a existência da República Federal da Alemanha. Cabe ao Tribunal Constitucional Federal decidir sobre a questão da inconstitucionalidade.**
>
> (3) A matéria será regulamentada por leis federais." (destacou-se)

Foi nesse mesmo cenário histórico que o prestígio institucionalmente atribuído ao princípio do pluralismo político alcançou patamares antes não cogitados.

Até em razão das inúmeras marchas e contramarchas observáveis no sistema político brasileiro, o reconhecimento da importância do princípio para a manutenção de regimes democráticos fez com que ele fosse alçado à categoria de fundamento da República Federativa do Brasil (art. 1.º, inciso V, da Constituição Federal de 1988).

Mais recentemente, Paulo Otero resumiu a correlação entre o pluralismo político, a democracia e os direitos fundamentais nos seguintes termos: (1) o "Estado de Direito democrático é, antes de tudo, um Estado pluralista, isto no sentido de Estado antitotalitário: sem pluralismo não há democracia e sem democracia não pode existir um Estado de Direito democrático" e (2) o "pluralismo pressupõe e determina o respeito e a garantia dos direitos fundamentais: não existe pluralismo sem direitos fundamentais, nem direitos fundamentais sem pluralismo"[8].

Por outro lado, na esteira de Dieter Grimm[9], a acolhida dos partidos na Constituição significou, além disso, não só o reconhecimento normativo de uma realidade independente, mas, também, sua regulação.

A realidade independente acima referida expressa o exercício da principal função atribuída aos partidos políticos, que é a de promover a mediação entre uma "diversidade não ordenada de opções e de interesses sociais não regulados e uma unidade estatal de decisão e de ação".

Dito de outra forma: como a Constituição situa o poder do Estado no povo, que, via de regra, não pode exercê-lo diretamente, aos partidos é atribuído o papel de aglutinar opiniões e interesses afins que se encontravam dispersos na sociedade, compensando uns com os outros e condensando-os em programas políticos, que deverão ser implementados por agentes previamente selecionados, comprometidos, portanto, com a consecução de seus objetivos programáticos. Daí a iterativa jurisprudência do Tribunal Constitucional alemão no sentido do reconhecimento das agremiações partidárias como "organizações preparadoras de eleições".

A sua função, contudo e conforme já antecipado, não se esgota no exercício do mister de viabilizar as eleições, competindo aos partidos a relevantíssima missão de dirigir o Estado. Este, aliás, é o seu verdadeiro fim.

II. PLURIPARTIDARISMO, MULTIPARTIDARISMO E AS TENTATIVAS DE SE INSTITUIR CLÁUSULAS DE DESEMPENHO NO BRASIL

No âmbito partidário, o pluralismo político traduz-se no pluripartidarismo, adotado pelo Brasil por força de previsão constitucional expressa (*caput* do art. 17 da Constituição Federal), coadunando-se perfeitamente com o caráter pluralista da sociedade que a Constituição reconhece e busca enriquecer.

---

8. OTERO, Paulo. *Direito Constitucional Português.* Volume I. Coimbra: Almedina, 2010, p. 56 e ss.
9. "Los Partidos Políticos" in BENDA, Ernst; MAIHOFER, Werner; VOGEL, Hans-Jochen; HESSE, Konrad e HEYDE, Wolfgang (Orgs.). *Manual de Derecho Constitucional.* Madrid: IVAP/Marcial Pons, 1996, p. 391 e ss.

O subprincípio ressurgiu, no regime da Constituição Federal de 1988, como um nítido contraponto ao bipartidarismo, reinante no Brasil no período compreendido entre a edição do Ato Institucional n.º 2, de 27 de outubro de 1965, que pôs fim ao pluripartidarismo, e o advento do diploma legal que alterou a Lei Orgânica dos Partidos Políticos, a Lei n.º 6.767, de 20 de dezembro de 1979, que o reestabeleceu. Saliente-se, a título de registro, que as sucessivas constituições em vigor no período adotaram, ao menos formalmente, o regime pluripartidarista.

Em seus comentários sobre o art. 152 da Emenda Constitucional n.º 1, de 1969, à Constituição de 1967, Pontes de Miranda[10] assim dispôs sobre o tema:

> "(...) 6) PLURALIDADE DE PARTIDOS E COALIZÕES – Os partidos políticos não podem, hoje em dia, ser apenas dois. Na própria Inglaterra, foi-se o tempo dos partidos que governavam sozinhos; as coalizões surgiram, com a aparição dos pequenos partidos. A existência de pequenos partidos mostra que o Povo já exprime ou quer exprimir vontade que *não cabe* nos dois partidos. O que lhe importa não é mais conservar ou sustentar a liberdade. Já se lhe deu a solução técnica da rigidez constitucional e da segurança das liberdades; e já se proveu à sua interferência a favor ou contra os programas de governo. Mas o Povo quer mais: quer *programas novos*. Não lhe bastam a democracia e a liberdade: quer mais igualdade, o que não está, ou não está suficientemente, nos programas dos grandes partidos. Os pequenos partidos tendem a crescer se os pontos principais dos seus programas não se vão insinuando nos programas dos grandes partidos. Os governos de coalizão são governos que procedem a essa assimilação, antes mesmo de se reformarem os programas dos partidos. Os Presidentes da República têm de ser mentalidades e caracteres com aptidão para a escolha dos Ministros conforme os pontos dos diferentes programas partidários que eles reputam os mais interessantes, ou, pelo menos, os mais urgentes para o Povo."

Observa-se que os anseios externados pelo notável publicista foram atendidos logo após a reforma da Lei Orgânica dos Partidos Políticos, em 1979, quando surgiram seis novos partidos no Brasil, cinco dos quais em oposição ao governo militar.

A partir desse período, observou-se um processo de crescimento vertiginoso do número de agremiações partidárias com registro no Tribunal Superior Eleitoral – TSE. A criação de novos partidos foi tão ex-

10. *Comentários à Constituição de 1967, com a Emenda n.º 1 de 1969.* 3. ed. Tomo IV. Rio de Janeiro: Forense, 1987, p. 611/612.

pressiva, naquela quadra, que, já no curso da Revisão Constitucional, de 1993, o tema cláusula de desempenho foi revisitado no Brasil[11].

O debate, com efeito, surgiu com a edição do Parecer n.º 36, da lavra do então Deputado Nelson Jobim, em que foi relatada a apresentação de nada menos do que vinte propostas revisionais ao art. 17 da Constituição Federal, com o fito de se fixar algum tipo de exigência para a criação e o funcionamento dos partidos políticos.

Malgrado o fato de o relator ter se posicionado no sentido de que o estabelecimento de requisitos expressos e pormenorizados sobre a matéria, conforme pretendido, caberia ao legislador ordinário, não deixou ele de propor a inserção, no texto constitucional, de regra de cláusula de desempenho.

O parecer, que previa que somente teria direito à representação na Câmara dos Deputados o partido que obtivesse o apoio de cinco por

---

11. A palavra "revisitado" foi utilizada em decorrência de sua disciplina pregressa, muito bem contextualizada por Rogério Schmitt (in *Partidos políticos no Brasil (1945-2000)*. Rio de Janeiro: Jorge Zahar Editor, 2000, p. 37/39). Vejamos: "(...) A Constituição de 24.1.1967, de autoria do poder executivo e aprovada de modo relâmpago pelo Congresso Nacional, estipulou uma cláusula ainda mais rigorosa que a estabelecida pela LOPP [Lei Orgânica dos Partidos Políticos] para a existência de partidos políticos. O texto constitucional passou a condicionar o funcionamento dos partidos à obtenção, nas eleições para a Câmara dos Deputados, de votação correspondente a 10% dos eleitores que tivessem comparecido às urnas. A exigência relativa ao caráter nacional das legendas, por sua vez, determinava que esses votos estivessem distribuídos em 2/3 dos estados, com pelo menos 7% em cada um deles [inciso VII do art. 149]. Essa foi a cláusula de desempenho mais rigorosa de toda a história da legislação eleitoral no Brasil, mas, naquele contexto bipartidário, é provável que ela nem tivesse afetado o MDB, servido mais como um obstáculo à organização de terceiros partidos. De qualquer maneira, essa cláusula não chegaria a ser aplicada em nenhuma eleição.

    Com menos de três anos de vida, a Constituição de 1967 foi radicalmente modificada pela Emenda Constitucional n.º 1 (de 17.10.1969), por muitos considerada como uma nova constituição. A reforma constitucional foi feita através de decreto presidencial, pois o Congresso Nacional encontrava-se em recesso compulsório desde a decretação do AI-5 (em 13.12.1968), que inaugurou o período mais repressivo do regime autoritário. (...)

    A Emenda Constitucional n.º 1, por outro lado, suavizou a cláusula de desempenho exigida dos partidos políticos: a votação mínima requerida para o funcionamento dos partidos no legislativo passou a ser de 5% do eleitorado que houvesse votado na mais recente eleição para a Câmara, distribuído em pelo menos sete estados, com não menos de 7% dos votos em cada um deles.

    Essas mesmas exigências foram pouco tempo depois reafirmadas por uma nova Lei Orgânica dos Partidos Políticos, promulgada apenas seis anos após a primeira. Esta segunda versão da LOPP, a Lei n.º 5.682 (de 21.7.1971), que vigoraria até 1995, continha a seguinte determinação: 'Só poderá pleitear sua organização o partido que conte, inicialmente, com 5% do eleitorado que haja votado na última eleição geral para a Câmara dos Deputados, distribuídos em sete ou mais estados, com o mínimo de 7% em cada um deles'."

cento dos votos válidos, excluídos os brancos e os nulos, apurados em eleição geral e distribuídos em pelo menos um terço dos Estados, alcançados dois por cento em cada um deles, não chegou a ser votado pelo Congresso Nacional.

Pouco depois, ainda no ano de 1993, foi editada a Lei n.º 8.713, de 30 de setembro de 1993, cujo artigo 5.º preconizava:

> "(...) Art. 5.º Poderá participar das eleições previstas nesta lei o partido que, até 3 de outubro de 1993, tenha obtido, junto ao Tribunal Superior Eleitoral, registro definitivo ou provisório, desde que, neste último caso, conte com, pelo menos, um representante titular na Câmara dos Deputados, na data da publicação desta lei.
>
> § 1.º Só poderá registrar candidato próprio à eleição para Presidente e Vice-Presidente da República:
>
> I - O partido que tenha obtido, pelo menos, cinco por cento dos votos apurados na eleição de 1990 para a Câmara dos Deputados, não computados os brancos e os nulos, distribuídos em, pelo menos, um terço dos Estados; ou
>
> II - o partido que conte, na data da publicação desta lei, com representantes titulares na Câmara dos Deputados em número equivalente a, no mínimo, três por cento da composição da Casa, desprezada a fração resultante desse percentual; ou
>
> III - coligação integrada por, pelo menos, um partido que preencha condição prevista em um dos incisos anteriores, ou por partidos que, somados, atendam às mesmas condições.
>
> § 2.º Só poderá registrar candidatos a Senador, Governador e Vice-Governador:
>
> I - o partido que tenha atendido a uma das condições indicadas nos incisos I e II do parágrafo anterior; ou
>
> II - o partido que, organizado na circunscrição, tenha obtido na eleição de 1990 para a respectiva Assembléia ou Câmara Legislativa três por cento dos votos apurados, excluídos os brancos e nulos; ou
>
> III - coligação integrada por, pelo menos, um partido que preencha uma das condições previstas nos incisos I e II deste parágrafo, ou por partidos que, somados, atendam às mesmas condições.
>
> § 3.º Até cinco dias a contar da data da publicação desta lei, a Presidência da Câmara dos Deputados informará ao Tribunal Superior Eleitoral o número de Deputados Federais integrantes de cada bancada partidária naquela data.
>
> § 4.º Até 31 de dezembro de 1993, o Tribunal Superior Eleitoral divulgará a relação dos partidos aptos a registrar candidatos próprios às eleições para Presidente e Vice-Presidente da República, e ainda daqueles

> que, em cada Estado e no Distrito Federal, poderão registrar candidatos para Senador, Governador e Vice-Governador."

O dispositivo legal foi objeto de impugnação perante o Supremo Tribunal Federal, por meio das Ações Diretas de Inconstitucionalidade 958 e 966, propostas, respectivamente, pelo Partido da Reedificação da Ordem Nacional – PRONA e pelo Partido Social Cristão – PSC.

Na primeira ADI, sustentou-se a ofensa ao pluralismo político, ao pluripartidarismo e ao direito adquirido – neste último caso, na medida em que o comando inserto em seus §§ 1.º e 2.º impedia que alguns partidos políticos lançassem candidatos a determinados cargos nas eleições de 1994.

Alegou-se ainda violação ao parágrafo 3.º do art. 14 da Constituição Federal, de vez que o legislador ordinário teria fixado critérios que exorbitavam do campo de atuação que lhe foi conferido pelo § 9.º do mesmo art. 14 de nossa Carta Política para a instituição de outros casos de inelegibilidade.

Na exordial da ADI 966, a seu turno, em que foram impugnados os §§ 1.º e 2.º do art. 5.º, com seus respectivos incisos, argumentou-se que aludidos preceitos estariam ferindo os princípios da isonomia, da irretroatividade das normas, do direito adquirido e da coisa julgada.

Como as duas ações versavam sobre o mesmo dispositivo legal, ambas foram apensadas e julgadas, pelo Supremo Tribunal Federal, na sessão plenária realizada em 11 de maio de 1994.

Naquela ocasião, o Tribunal, por maioria de votos, julgou procedente, em parte, as ações, declarando a inconstitucionalidade dos §§ 1.º e 2.º e seus incisos I, II e III, do art. 5.º da Lei e, também por maioria de votos, a constitucionalidade do *caput* do mesmo art. 5.º.

Pouco mais de um ano depois do julgamento do STF, foi promulgada a Lei n.º 9.096, de 19 de setembro de 1995, que instituiu, novamente, cláusulas de desempenho em nosso ordenamento jurídico.

Com efeito, em seu art. 13, o diploma legal acima referido condicionou o funcionamento dos partidos nas Casas Legislativas para as quais tivesse elegido representante ao fato de a agremiação ter obtido apoio, na eleição para a Câmara dos Deputados, de, no mínimo, cinco por cento dos votos apurados, não computados os brancos e os nulos, distribuídos em, pelo menos, um terço dos Estados, com um mínimo de dois por cento do total de cada um deles.

No tocante à distribuição do Fundo Partidário, estabeleceu-se o seguinte regramento: 1% do seu total passaria a ser entregue, em partes iguais, a todos os partidos com Estatuto registrado no Tribunal Superior Eleitoral e 99% seriam divididos entre as agremiações que cumprissem as condições mencionadas no parágrafo anterior, com relação à obtenção de apoio na eleição para a Câmara dos Deputados.

O disposto quanto ao acesso gratuito ao rádio e à televisão seguiu caminho semelhante: os partidos que obtivessem o percentual disposto no art. 13 contariam com a realização de dois programas por semestre, um em cadeia nacional e outro em cadeia estadual, com vinte minutos cada um. Demais disso, poderiam contar com quarenta minutos, por semestre, para veicular inserções de trinta segundos ou um minuto, tanto nas redes nacionais como nas estaduais. Já os que não alcançassem o percentual estipulado só fariam jus à realização de um único programa em cadeia nacional, por semestre, com duração de dois minutos.

Traziam os arts. 56 e 57 da Lei n.º 9.096/95, por fim, cláusulas de transição para a aplicação das regras adrede citadas.

Pouco depois do advento da Lei foram propostas duas Ações Diretas de Inconstitucionalidade, a 1.351 e a 1.354. Oito partidos figuraram como requerentes na primeira ADI, muito embora apenas quatro tenham regularizado sua situação nos autos (Partido Comunista do Brasil – PC do B, Partido Democrático Trabalhista – PDT, Partido Socialista Brasileiro – PSB e Partido Verde – PV). A ADI n.º 1.354, a seu turno, teve como requerente o Partido Social Cristão – PSC.

Na ADI 1.351, pugnou-se pela declaração de inconstitucionalidade do art. 13 da Lei dos Partidos Políticos (funcionamento parlamentar) e dos demais dispositivos a ele atrelados, como era o caso dos arts. 41 (distribuição do Fundo Partidário) e 49 (direito de antena), além dos arts. 56 e 57, das disposições finais e transitórias, notadamente a do inciso II do art. 56 (representação partidária na Câmara dos Deputados), em decorrência de suposta violação aos princípios do pluralismo democrático e do pluralismo político, à liberdade de associação, à liberdade e autonomia partidárias, à soberania popular e à promoção do bem de todos, sem discriminação. As ADIs 958 e 966 foram invocadas como precedentes.

As impugnações levadas a efeito na ADI 1.354 guardam grande similitude com as empreendidas na 1.351, excepcionadas as que se referem aos dispositivos constantes das disposições finais e transitórias e ao art. 48 da Lei.

As Ações Diretas de Inconstitucionalidade foram apensadas e julgadas em conjunto pelo Plenário do Supremo Tribunal Federal, na sessão do dia 07 de dezembro de 2006, exatos dez anos e dez meses após o Tribunal ter decidido pelo indeferimento da medida liminar requerida na ADI 1.354 (em julgamento realizado na data de 07 de fevereiro de 1996). O Acórdão foi assim ementado:

> **PARTIDO POLÍTICO - FUNCIONAMENTO PARLAMENTAR - PROPAGANDA PARTIDÁRIA GRATUITA - FUNDO PARTIDÁRIO.**
>
> Surge conflitante com a Constituição Federal lei que, em face da gradação de votos obtidos por partido político, afasta o funcionamento parlamentar e reduz, substancialmente, o tempo de propaganda partidária gratuita e a participação no rateio do Fundo Partidário. NORMATIZAÇÃO - INCONSTITUCIONALIDADE - VÁCUO. Ante a declaração de inconstitucionalidade de leis, incumbe atentar para a inconveniência do vácuo normativo, projetando-se, no tempo, a vigência de preceito transitório, isso visando a aguardar nova atuação das Casas do Congresso Nacional.
>
> (ADI 1351, Relator(a): Min. MARCO AURÉLIO, Tribunal Pleno, julgado em 07/12/2006, DJ 30-03-2007 PP-00068 EMENT VOL-02270-01 PP-00019 REPUBLICAÇÃO: DJ 29-06-2007 PP-00031 RTJ VOL-00207-01 PP-00116)

Afiguram-se dignas de nota, ainda, algumas decisões do STF a respeito da matéria, como é o caso das proferidas no julgamento das ADIs 4.430 e 4.795 e da ADI 5.105.

As primeiras ADIs mencionadas foram julgadas em conjunto pelo Supremo Tribunal Federal, em decorrência da continência dos respectivos pedidos, na data de 29 de junho de 2012, tendo por Relator o Ministro Dias Toffoli.

Na ADI 4.430, com efeito, o Partido Humanista da Solidariedade – PHS, pleiteou a declaração de inconstitucionalidade dos incisos I e II do § 2.º do art. 47 da Lei n.º 9.504/97 (Lei das Eleições), de forma que a repartição do horário da propaganda eleitoral gratuita se fizesse de forma igualitária entre todos os partidos partícipes da disputa.

Na ADI 4.795, proposta pelo Democratas – DEM, buscava-se emprestar interpretação conforme à Constituição ao inciso II do § 2.º do art. 47 da mesma Lei das Eleições, no sentido de que fosse afastada "qualquer intelecção que venha [viesse] a estender às agremiações político-partidárias que não elegeram representantes na Câmara dos Deputados o direito de participar do rateio proporcional de dois terços do tempo reservado à propaganda eleitoral gratuita no rádio e na TV", pedido que, pela sua abrangência, era, conforme já referido, abarcado pelo estampado na ADI n.º 4.430.

Conforme se nota, na última pretensão encontrava-se imanente a intenção de que fosse instituída uma nítida cláusula de desempenho, pela via interpretativa.

A decisão conjunta, proferida pelo Tribunal nas ADIs, foi ementada nos seguintes termos:

> **"Ações diretas de inconstitucionalidade. Julgamento conjunto da ADI nº 4.430 e da ADI nº 4.795. Artigo 45, § 6º, e art. 47, incisos I e II, da Lei nº 9.504/97 (Lei das Eleições). Conhecimento. Possibilidade jurídica do pedido. Propaganda eleitoral no rádio e na televisão. Inconstitucionalidade da exclusão dos partidos políticos sem representação na Câmara dos Deputados. Violação do art. 17, § 3º, da Constituição Federal. Critérios de repartição do tempo de rádio e TV. Divisão igualitária entre todos os partidos que lançam candidatos ou divisão proporcional ao número de parlamentares eleitos para a Câmara dos Deputados. Possibilidade constitucional de discriminação entre partidos com e sem representação na Câmara dos Deputados. Constitucionalidade da divisão do tempo de rádio e de televisão proporcionalmente à representatividade dos partidos na Câmara Federal. Participação de candidatos ou militantes de partidos integrantes de coligação nacional nas campanhas regionais. Constitucionalidade. Criação de novos partidos políticos e as alterações de representatividade na Câmara dos Deputados. Acesso das novas legendas ao rádio e à TV proporcionalmente ao número de representantes na Câmara dos Deputados (inciso II do § 2º do art. 47 da Lei nº 9.504/97), considerada a representação dos deputados federais que tenham migrado diretamente dos partidos pelos quais foram eleitos para a nova legenda no momento de sua criação. Momento de aferição do número de representantes na Câmara Federal. Não aplicação do § 3.º do art. 47 da Lei 9.504/97, segundo o qual, a representação de cada partido na Câmara Federal é a resultante da última eleição para deputados federais. Critério inaplicável aos novos partidos. Liberdade de criação, fusão e incorporação de partidos políticos (art. 17, caput, CF/88). Equiparação constitucional. Interpretação conforme.**
>
> 1. O não conhecimento da ADI nº 1.822/DF, Relator o Ministro Moreira Alves, por impossibilidade jurídica do pedido, não constitui óbice ao presente juízo de (in) constitucionalidade, em razão da ausência de apreciação de mérito no processo objetivo anterior, bem como em face da falta de juízo definitivo sobre a compatibilidade ou não dos dispositivos atacados com a Constituição Federal. A despeito de o pedido estampado na ADI nº 4.430 se assemelhar com o contido na ação anterior, na

atual dimensão da jurisdição constitucional, a solução ali apontada não mais guarda sintonia com o papel de tutela da Lei Fundamental exercido por esta Corte. O Supremo Tribunal Federal está autorizado a apreciar a inconstitucionalidade de dada norma, ainda que seja para dela extrair interpretação conforme à Constituição Federal, com a finalidade de fazer incidir conteúdo normativo constitucional dotado de carga cogente cuja produção de efeitos independa de intermediação legislativa.

2. A exclusão da propaganda eleitoral gratuita no rádio e na televisão das agremiações partidárias que não tenham representação na Câmara Federal representa atentado ao direito assegurado, expressamente, no § 3º do art. 17 da Lei Maior, direito esse indispensável à existência e ao desenvolvimento desses entes plurais e, sem o qual, fica cerceado o seu direito de voz nas eleições, que deve ser acessível a todos os candidatos e partidos políticos.

3. A solução interpretativa pela repartição do horário da propaganda eleitoral gratuita de forma igualitária entre todos os partidos partícipes da disputa não é suficiente para espelhar a multiplicidade de fatores que influenciam o processo eleitoral. Não há igualdade material entre agremiações partidárias que contam com representantes na Câmara Federal e legendas que, submetidas ao voto popular, não lograram eleger representantes para a Casa do Povo. Embora iguais no plano da legalidade, não são iguais quanto à legitimidade política. Os incisos I e II do § 2º do art. 47 da Lei nº 9.504/97, em consonância com o princípio da democracia e com o sistema proporcional, estabelecem regra de equidade, resguardando o direito de acesso à propaganda eleitoral das minorias partidárias e pondo em situação de privilégio não odioso aquelas agremiações mais lastreadas na legitimidade popular. O critério de divisão adotado – proporcionalidade à representação eleita para a Câmara dos Deputados – adéqua-se à finalidade colimada de divisão proporcional e tem respaldo na própria Constituição Federal, que faz a distinção entre os partidos com e sem representação no Congresso Nacional, concedendo certas prerrogativas, exclusivamente, às agremiações que gozam de representatividade nacional (art. 5º, LXX, a; art. 103, VIII; art. 53, § 3º; art. 55, §§ 2º e 3º; art. 58, § 1º).

4. O conteúdo do art. 45, § 6º, da Lei nº 9.504/97 não afronta a exigência de observância do caráter nacional pelos partidos políticos, reforçando, ao contrário, as diretrizes de tal exigência constitucional, ao possibilitar ao partido político que se utilize, na propaganda eleitoral em âmbito regional, da imagem e da voz de candidato ou militante de partido político que integre a sua coligação em âmbito nacional. Cabe à Justiça Eleitoral ponderar sobre eventuais abusos e excessos na participação de figuras nacionais nas propagandas locais.

5. A história dos partidos políticos no Brasil e a adoção do sistema proporcional de listas abertas demonstram, mais uma vez, a importância do permanente debate entre "elites locais" e "elites nacionais" no desenvolvimento de nossas instituições. O sistema eleitoral brasileiro de representação proporcional de lista aberta surgiu, exatamente, desse

embate, resultado que foi da conjugação de nossa ausência de tradição partidária com a força das nossas bases eleitorais regionais.

6. Extrai-se do princípio da liberdade de criação e transformação de partidos políticos contido no caput do art. 17 da Constituição da República o fundamento constitucional para reputar como legítimo o entendimento de que, na hipótese de criação de um novo partido, a novel legenda, para fins de acesso proporcional ao rádio e à televisão, leva consigo a representatividade dos deputados federais que, quando de sua criação, para ela migrarem diretamente dos partidos pelos quais foram eleitos. Não há razão para se conferir às hipóteses de criação de nova legenda tratamento diverso daquele conferido aos casos de fusão e incorporação de partidos (art. 47, § 4º, Lei das Eleições), já que todas essas hipóteses detêm o mesmo patamar constitucional (art. 17, caput, CF/88), cabendo à lei, e também ao seu intérprete, preservar o sistema. Se se entende que a criação de partido político autoriza a migração dos parlamentares para a novel legenda, sem que se possa falar em infidelidade partidária ou em perda do mandato parlamentar, essa mudança resulta, de igual forma, na alteração da representação política da legenda originária. Note-se que a Lei das Eleições, ao adotar o marco da última eleição para deputados federais para fins de verificação da representação do partido (art. 47, § 3º, da Lei 9.504/97), não considerou a hipótese de criação de nova legenda. Nesse caso, o que deve prevalecer não é o desempenho do partido nas eleições (critério inaplicável aos novos partidos), mas, sim, a representatividade política conferida aos parlamentares que deixaram seus partidos de origem para se filiarem ao novo partido político, recém criado. Essa interpretação prestigia, por um lado, a liberdade constitucional de criação de partidos políticos (art. 17, caput, CF/88) e, por outro, a representatividade do partido que já nasce com representantes parlamentares, tudo em consonância com o sistema de representação proporcional brasileiro.

7. Continência entre os pedidos da ADI nº 4.430 e da ADI nº 4.795. Uma vez que se assenta a constitucionalidade do § 6º do art. 45 da Lei 9.504/97 e que o pedido maior, veiculado na ADI nº 4.430, autoriza o juízo de constitucionalidade sobre os vários sentidos do texto impugnado, inclusive aquele referido na ADI nº 4.795, julga-se parcialmente procedente o pedido da ADI nº 4.430, no sentido de i) declarar a inconstitucionalidade da expressão "e representação na Câmara dos Deputados" contida na cabeça do § 2º do art. 47 da Lei nº 9.504/97 e ii) dar interpretação conforme à Constituição Federal ao inciso II do § 2º do art. 47 da mesma lei, para assegurar aos partidos novos, criados após a realização de eleições para a Câmara dos Deputados, o direito de acesso proporcional aos dois terços do tempo destinado à propaganda eleitoral gratuita no rádio e na televisão, considerada a representação dos deputados federais que migrarem diretamente dos partidos pelos quais foram eleitos para a nova legenda no momento de sua criação. Por conseguinte, fica prejudicado o pedido contido na ADI nº 4.795. (ADI 4430, Relator(a): Min. DIAS TOFFOLI, Tribunal Pleno, julgado em

29/06/2012, PROCESSO ELETRÔNICO DJe-184 DIVULG 18-09-2013 PUBLIC 19-09-2013)

Apesar de extensa, a ementa do Acórdão foi transcrita em sua íntegra por externar relevantes pontos de vista do Tribunal, acerca da matéria objeto de análise.

Nesse sentido, de especial relevo para o presente caso é o reconhecimento de que "não há igualdade material entre agremiações partidárias que contam com representantes na Câmara Federal e legendas que, submetidas ao voto popular, não lograram eleger representantes para a Casa do Povo", de vez que, embora "iguais no plano da legalidade, não são iguais quanto à legitimidade política".

Na mesma linha, colhe-se o seguinte trecho da ementa, no qual o Tribunal considerou que os incisos I e II do art. 47 da Lei dos Partidos Políticos, "em consonância com o princípio da democracia e com o sistema proporcional, estabelecem regra de equidade, **resguardando o direito de acesso à propaganda eleitoral das minorias partidárias e pondo em situação de privilégio não odioso aquelas agremiações mais lastreadas na legitimidade popular**. O **critério de divisão adotado** – proporcionalidade à representação eleita para a Câmara dos Deputados – **adéqua-se à finalidade colimada de divisão proporcional e tem respaldo na própria Constituição Federal, que faz a distinção entre os partidos com e sem representação no Congresso Nacional, concedendo certas prerrogativas, exclusivamente, às agremiações que gozam de representatividade nacional** (art. 5º, LXX, a; art. 103, VIII; art. 53, § 3º; art. 55, §§ 2º e 3º; art. 58, § 1º)." (destacou-se)

No que tange à ADI 5.105, ajuizada pelo Solidariedade – SDD, articulou-se que o art. 1.º da Lei n.º 12.875/2013, que alterou a redação do arts. 29, § 6.º e 41-A, da Lei dos Partidos Políticos (Lei n.º 9.096/95) e do art. 2.º, também da Lei n.º 12.875/2013, na parte que acrescentou o § 7.º ao art. 47 da Lei das Eleições (Lei n.º 9.504/97), ao subtraírem dos novos partidos, criados após a eleição para a Câmara dos Deputados, o direito de antena e o acesso ao Fundo Partidário, incorreriam em fraude ao quanto decidido pelo Tribunal nas ADIs 4.430 e 4.795.

Nota-se que, por meio do Projeto de Lei que se transformou na Lei n.º 12.875/2013, o Congresso Nacional buscou instituir, em mais uma oportunidade, uma cláusula de desempenho que desestimulasse a criação desenfreada de novas agremiações partidárias, o que acarreta ainda mais distorções ao nosso já combalido sistema partidário.

O Supremo Tribunal Federal, filiando-se ao entendimento do Relator do feito, o Ministro Luiz Fux, fixou importantes balizas para a análise de proposições legislativas que busquem reverter posicionamentos adotados pelo Tribunal, em decisões tomadas em sede de controle abstrato de constitucionalidade – pano de fundo do respectivo julgamento –, muito bem lançadas na rica e extensa ementa do Acórdão, a seguir reproduzida:

> **"DIREITO CONSTITUCIONAL E ELEITORAL. DIREITO DE ANTENA E DE ACESSO AOS RECURSOS DO FUNDO PARTIDÁRIO ÀS NOVAS AGREMIAÇÕES PARTIDÁRIAS CRIADAS APÓS A REALIZAÇÃO DAS ELEIÇÕES. REVERSÃO LEGISLATIVA À EXEGESE ESPECÍFICA DA CONSTITUIÇÃO DA REPÚBLICA PELO SUPREMO TRIBUNAL FEDERAL NAS ADIs 4430 E 4795, REL. MIN. DIAS TOFFOLI. INTERPRETAÇÃO CONFORME DO ART. 47, § 2º, II, DA LEI DAS ELEIÇÕES, A FIM DE SALVAGUARDAR AOS PARTIDOS NOVOS, CRIADOS APÓS A REALIZAÇÃO DO PLEITO PARA A CÂMARA DOS DEPUTADOS, O DIREITO DE ACESSO PROPORCIONAL AOS DOIS TERÇOS DO TEMPO DESTINADO À PROPAGANDA ELEITORAL GRATUITA NO RÁDIO E NA TELEVISÃO. LEI Nº 12.875/2013. TEORIA DOS DIÁLOGOS CONSTITUCIONAIS. ARRANJO CONSTITUCIONAL PÁTRIO CONFERIU AO STF A ÚLTIMA PALAVRA PROVISÓRIA (VIÉS FORMAL) ACERCA DAS CONTROVÉRSIAS CONSTITUCIONAIS. AUSÊNCIA DE SUPREMACIA JUDICIAL EM SENTIDO MATERIAL. JUSTIFICATIVAS DESCRITIVAS E NORMATIVAS. PRECEDENTES DA CORTE CHANCELANDO REVERSÕES JURISPRUDENCIAIS (ANÁLISE DESCRITIVA). AUSÊNCIA DE INSTITUIÇÃO QUE DETENHA O MONOPÓLIO DO SENTIDO E DO ALCANCE DAS DISPOSIÇÕES CONSTITUCIONAIS. RECONHECIMENTO *PRIMA FACIE* DE SUPERAÇÃO LEGISLATIVA DA JURISPRUDÊNCIA PELO CONSTITUINTE REFORMADOR OU PELO LEGISLADOR ORDINÁRIO. POSSIBILIDADE DE AS INSTÂNCIAS POLÍTICAS AUTOCORRIGIREM-SE. NECESSIDADE DE A CORTE ENFRENTAR A DISCUSSÃO JURÍDICA *SUB JUDICE* À LUZ DE NOVOS FUNDAMENTOS. PLURALISMO DOS INTÉRPRETES DA LEI FUNDAMENTAL. DIREITO CONSTITUCIONAL FORA DAS CORTES. ESTÍMULO À ADOÇÃO DE POSTURAS RESPONSÁVEIS PELOS LEGISLADORES. *STANDARDS* DE ATUAÇÃO DA CORTE. EMENDAS CONSTITUCIONAIS DESAFIADORAS DA JURISPRUDÊNCIA RECLAMAM MAIOR DEFERÊNCIA POR PARTE DO TRIBUNAL, PODENDO SER INVALIDADAS SOMENTE NAS HIPÓTESES DE ULTRAJE AOS LIMITES INSCULPIDOS NO ART. 60, CRFB/88. LEIS ORDINÁRIAS QUE COLIDAM FRONTALMENTE COM A JURISPRUDÊNCIA DA CORTE (LEIS *IN YOUR FACE*) NASCEM PRESUNÇÃO *IURIS TANTUM* DE INCONSTITUCIONALIDADE, NOTADAMENTE QUANDO A DECISÃO ANCORAR-SE EM CLÁUSULAS SUPERCONSTITUCIONAIS (CLÁUSULAS PÉTREAS). ESCRUTÍNIO MAIS RIGOROSO DE CONSTITUCIONALIDADE. ÔNUS IMPOSTO AO LEGISLADOR PARA DEMONSTRAR A NECESSIDADE DE *CORREÇÃO* DO PRECEDENTE OU QUE OS PRESSUPOSTOS FÁTICOS E**

AXIOLÓGICOS QUE LASTREARAM O POSICIONAMENTO NÃO MAIS SUBSISTEM (HIPÓTESE DE MUTAÇÃO CONSTITUCIONAL PELA VIA LEGISLATIVA).

1. O hodierno marco teórico dos diálogos constitucionais repudia a adoção de concepções *juriscêntricas* no campo da hermenêutica constitucional, na medida em que preconiza, descritiva e normativamente, a inexistência de instituição detentora do monopólio do sentido e do alcance das disposições magnas, além de atrair a gramática constitucional para outros fóruns de discussão, que não as Cortes.

2. O princípio fundamental da separação de poderes, enquanto cânone constitucional interpretativo, reclama a pluralização dos intérpretes da Constituição, mediante a atuação coordenada entre os poderes estatais – Legislativo, Executivo e Judiciário – e os diversos segmentos da sociedade civil organizada, em um processo contínuo, ininterrupto e republicano, em que cada um destes *players* contribua, com suas capacidades específicas, no *embate dialógico*, no afã de avançar os rumos da empreitada constitucional e no aperfeiçoamento das instituições democráticas, sem se arvorarem como intérpretes únicos e exclusivos da Carta da República.

3. O desenho institucional erigido pelo constituinte de 1988, mercê de outorgar à Suprema Corte a tarefa da guarda precípua da Lei Fundamental, não erigiu um sistema de supremacia judicial em sentido material (ou definitiva), de maneira que seus pronunciamentos judiciais devem ser compreendidos como *última palavra provisória*, vinculando formalmente as partes do processo e finalizando uma rodada deliberativa acerca da temática, sem, em consequência, fossilizar o conteúdo constitucional.

4. Os efeitos vinculantes, ínsitos às decisões proferidas em sede de fiscalização abstrata de constitucionalidade, não atingem o Poder Legislativo, *ex vi* do art. 102, § 2º, e art. 103-A, ambos da Carta da República.

5. Consectariamente, a reversão legislativa da jurisprudência da Corte se revela legítima em linha de princípio, seja pela atuação do constituinte reformador (*i.e.*, promulgação de emendas constitucionais), seja por inovação do legislador infraconstitucional (*i.e.*, edição de leis ordinárias e complementares), circunstância que demanda providências distintas por parte deste Supremo Tribunal Federal.

5.1. A emenda constitucional corretiva da jurisprudência modifica formalmente o texto magno, bem como o fundamento de validade último da legislação ordinária, razão pela qual a sua invalidação deve ocorrer nas hipóteses de descumprimento do art. 60 da CRFB/88 (*i.e.*, limites formais, circunstanciais, temporais e materiais), encampando, neste particular, exegese estrita das cláusulas superconstitucionais.

5.2. A legislação infraconstitucional que colida frontalmente com a jurisprudência (leis *in your face*) nasce com presunção *iuris tantum* de *inconstitucionalidade*, de forma que caberá ao legislador ordinário o ônus de demonstrar, argumentativamente, que a *correção* do precedente faz-

-se necessária, ou, ainda, comprovar, lançando mão de novos argumentos, que as premissas fáticas e axiológicas sobre as quais se fundou o posicionamento jurisprudencial não mais subsistem, em exemplo acadêmico de *mutação constitucional pela via legislativa*. Nesse caso, a novel legislação se submete a um escrutínio de constitucionalidade mais rigoroso, nomeadamente quando o precedente superado amparar-se em cláusulas pétreas.

6. O dever de fundamentação das decisões judicial, inserto no art. 93, IX, da Constituição, impõe que o Supremo Tribunal Federal enfrente novamente a questão de fundo anteriormente equacionada sempre que o legislador lançar mão de novos fundamentos.

7. O Congresso Nacional, no caso *sub examine*, ao editar a Lei n.º 12.875/2013, não apresentou, em suas justificações, qualquer argumentação idônea a superar os fundamentos assentados pelo Supremo Tribunal Federal, no julgamento das ADIs nº 4430 e nº 4795, rel. Min. Dias Toffoli, em que restou consignado que o art. 17 da Constituição de 1988 – que consagra o direito político fundamental da liberdade de criação de partidos – tutela, de igual modo, as agremiações que tenham representação no Congresso Nacional, sendo irrelevante perquirir se esta representatividade resulta, ou não, da criação de nova legenda no curso da legislatura.

8. A *criação* de novos partidos, como hipótese caracterizadora de *justa causa* para as migrações partidárias, somada ao direito constitucional de livre criação de novas legendas, impõe a conclusão inescapável de que é defeso privar as prerrogativas inerentes à representatividade política do parlamentar trânsfuga.

9. No caso *sub examine*, a justificação do projeto de lei limitou-se a afirmar, em termos genéricos, que a regulamentação da matéria, excluindo dos partidos criados o direito de antena e o fundo partidário, fortaleceria as agremiações partidárias, sem enfrentar os densos fundamentos aduzidos pelo voto do relator e corroborado pelo Plenário.

10. A postura particularista do Supremo Tribunal Federal, no exercício da *judicial review*, é medida que se impõe nas hipóteses de salvaguarda das condições de funcionamento das instituições democráticas, de sorte *(i)* a corrigir as patologias que desvirtuem o sistema representativo, máxime quando obstruam as vias de expressão e os canais de participação política, e *(ii)* a proteger os interesses e direitos dos grupos políticos minoritários, cujas demandas dificilmente encontram eco nas deliberações majoritárias.

11. In casu, é inobjetável que, com as restrições previstas na Lei n.º 12.875/2013, há uma tentativa obtusa de inviabilizar o funcionamento e o desenvolvimento das novas agremiações, sob o rótulo falacioso de fortalecer os partidos políticos. Uma coisa é criar mecanismos mais rigorosos de criação, fusão e incorporação dos partidos, o que, a meu juízo, encontra assento constitucional. <u>Algo bastante distinto é, uma vez criadas as legendas, formular mecanismos normativos que dificultem</u>

> seu funcionamento, o que não encontra guarida na Lei Maior. Justamente por isso, torna-se legítima a atuação do Supremo Tribunal Federal, no intuito de impedir a obstrução dos canais de participação política e, por via de consequência, fiscalizar os pressupostos ao adequado funcionamento da democracia.
>
> 12. Ação direta de inconstitucionalidade julgada procedente para declarar a inconstitucionalidade dos arts. 1º e 2º, da Lei nº 12.875/2013. (grifou-se)

Atualmente, no contexto brasileiro, existem trinta e cinco partidos políticos com registro no Tribunal Superior Eleitoral. Desses, apenas oito não possuem representação na Câmara dos Deputados (http://www2.camara.leg.br/deputados/liderancas-e-bancadas). Mais de três dezenas de novos partidos aguardam a aprovação do registro de seu estatuto e de seu órgão nacional pelo TSE.

O grande número de agremiações com assento na Casa Legislativa de representação do povo acarreta uma grande fragmentação partidária no âmbito do Congresso Nacional, com efeitos nocivos para o Brasil, o que tem acarretado a apresentação de diversas Propostas de Emenda Constitucional com o fito de se estabelecer cláusulas de desempenho.

São exemplos desse tipo de iniciativa legislativa a PEC n.º 240, de 2016, de autoria da Deputada Shéridan (PSDB/RR) e a PEC 36, de 2016, do Senado Federal, de autoria dos Senadores Ricardo Ferraço (PSDB/ES) e Aécio Neves (PSDB/MG), que recebeu o número 282, de 2016, na Câmara dos Deputados.

Ao discorrer sobre o tema, Ricardo Rodrigues[12] aduz, por exemplo, que

> "(...) Como os sistemas de representação proporcional tendem a fomentar a proliferação extremada de partidos políticos, é muito comum, por exemplo, o problema da fragmentação do sistema pluripartidário. Tal fragmentação, caracterizada pelo pluripartidarismo exacerbado, com um número elevado de partidos pequenos, muitos deles de "legendas de aluguel", traz embutido o potencial de minar o consenso parlamentar e influir negativamente na governabilidade de um país."

Na mesma linha seguem Celso Ribeiro Bastos e Ives Gandra Martins[13], para quem

12. *Barreira legal nos sistemas eleitorais proporcionais.* Revista de Informação Legislativa, Brasília, ano 32, n. 126, p. 47-55, abr./jun. 1995., p. 48.
13. BASTOS, Celso Ribeiro; MARTINS, Ives Gandra. *Comentários à Constituição de 1988: promulgada em 5 de outubro de 1988.* v. 2. Arts. 5o a 17. São Paulo: Saraiva, 1989. p. 605.

> "(...) Nos sistemas multipartidários, não necessariamente, mas quase sempre, o partido vitorioso nas eleições não detém a maioria do Parlamento. Abre-se, então, um complexo jogo de negociações tendentes a aglutinar dois ou mais partidos que venham a possibilitar o exercício do governo. (...) Acontece, entretanto, que estas vantagens têm o seu custo. Em primeiro lugar, aumentam os poderes dos representantes do povo, na medida em que é livre o jogo de coligações por eles levadas a efeito que vai determinar a formação da maioria parlamentar (...). De outra parte, estas coligações vêm muitas vezes acompanhadas de uma indesejável instabilidade, já que, formadas pelos próprios partidos, podem também por eles ser desfeitas a qualquer momento. Esta circunstância é grave tanto no presidencialismo como no parlamentarismo. (...) No presidencialismo, o esfacelamento partidário leva à inevitável fraqueza do órgão legislativo, que pode mais facilmente se ver atingido nas suas imunidades, privilégios e competências. Isto quando não se dá o inverso (...), por falta de maioria no Legislativo, o Executivo se vê a braços com a impossibilidade de exercer plenamente a função governativa em razão da obstrução aos seus projetos de lei."

Mas o "pluripartidarismo exacerbado", na expressão de Ricardo Rodrigues, não apresenta reflexos negativos apenas no tocante à governabilidade. Suas repercussões negativas alcançam também o sistema partidário como um todo.

Eis o que, a esse respeito, dispõem Antônio Octávio Cintra e iriam Campelo de Melo Amorim[14]:

> "(...) Um quadro partidário fragmentado, com inúmeras agremiações, oferece ao eleitor um panorama confuso, que dificulta um dos papéis que se esperam da organização partidária, a saber, uma simplificação do processo de escolha pelo eleitor. Trata-se, na democracia representativa, de ter pessoas que falem pelas outras – os representantes – e se estas se organizam em partidos, mais fácil fica para o eleitor fazer a delegação. Se o monopartidarismo preclui escolha, pois só abre uma opção, demasiada fragmentação partidária, por outro lado, leva ao que os franceses chamam "embarras du choix", a perplexidade na escolha pela superabundância de oferta."

Da sub-representação observável no contexto do bipartidarismo, que vigorou no período compreendido entre 1965 e 1979, no Brasil, chegamos a um cenário de sobre-representação, que também se afigura pernicioso.

Em que pese o entendimento manifestado pelo Supremo Tribunal Federal no julgamento da ADI 5.105, no sentido da incompatibilidade,

14. "A proposta de reforma política: prós e contras". Consultoria Legislativa da Câmara dos Deputados. Disponível em: <www2.camara.leg.br/publicações/estnottec/tema3>.

para com nosso texto magno, da implementação de determinados mecanismos normativos que dificultem o denominado "funcionamento" dos partidos políticos, após sua criação, que é livre, o que constituiria "uma tentativa obtusa de inviabilizar o funcionamento e o desenvolvimento das novas agremiações, sob o rótulo falacioso de fortalecer os partidos políticos", vale rememorar que nossa Carta Política não veda, explícita ou expressamente, a instituição de cláusulas de desempenho.

Se essa fosse efetivamente a intenção do Constituinte Originário, este, indubitavelmente seguiria os termos da Constituição Portuguesa de 1976, que lhe serviu de inspiração. É que, diferentemente do que se observa com relação à Constituição Federal de 1988, as "cláusulas-barreira" são "inequivocamente inconstitucionais na ordem constitucional portuguesa (cfr. arts. 113.º/5 e 152.º/1)", segundo noticia Gomes Canotilho[15]. O último dispositivo citado, a propósito, dispõe expressamente que "a lei não pode estabelecer limites à conversão dos votos em mandatos por exigência de uma percentagem de votos nacional mínima".

Especificamente com relação à suposta violação aos limites materiais de reforma da Constituição, saliente-se que em trechos da decisão que proferiu no julgamento das ADIs 1.351 e 1.354, o Ministro Gilmar Mendes reconheceu a plena constitucionalidade da imposição de uma cláusula de desempenho, bem como posicionou-se pela compatibilidade, em tese, entre a instituição de aludida cláusula de desempenho e o direito fundamental à igualdade, estabelecendo, em seguida, uma baliza que deve nortear a atuação legislativa. Vejamos:

> "(...) **Estou certo de que se o legislador brasileiro tivesse conformado um modelo semelhante ao adotado no direito alemão, por exemplo, tal como explicado anteriormente, talvez não estaríamos aqui a discutir esse tema. É possível, sim, ao legislador pátrio, o estabelecimento de uma cláusula de barreira ou de desempenho que impeça a atribuição de mandatos à agremiação que não obtiver um dado percentual de votos.**
>
> "(...) É preciso ressaltar, por outro lado, que a adoção de critério fundado no desempenho eleitoral dos partidos não é, por si só, abusiva. Em verdade, tal como expressamente reconhecido pela Corte Constitucional alemã, não viola o princípio de igualdade a adoção pela lei do fator de desempenho eleitoral para os fins de definir o grau ou a dimensão de determinadas prerrogativas das agremiações partidárias.

15. CANOTILHO, José Joaquim Gomes. *Direito Constitucional e Teoria da Constituição.* 4. ed. Coimbra: Almedina, 2000, p. 320.

> Não pode, porém, o legislador adotar critério que *congele* o quadro partidário ou que bloqueie a *constituição e desenvolvimento* de novas forças políticas." (grifos no original)

É de se registrar ainda que, em diversos pronunciamentos, o Supremo Tribunal Federal já fez uso do princípio da igualdade de chances como parâmetro de controle de constitucionalidade, como foi o caso, por exemplo, da ADI n.º 3.741, de que foi Relator o Ministro Ricardo Lewandowski (Plenário, *DJ* de 23 de fevereiro de 2007).

O direito relativo à igualdade de chances das agremiações na concorrência democrática vem sendo reconhecido como cláusula pétrea da Constituição de 1988 e como "pilar do próprio regime democrático brasileiro" em diversos dos votos prolatados pelo Ministro Gilmar Mendes, como é o caso, por exemplo, do proferido no Mandado de Segurança n.º 32.033.

Além disso, com fundamento nas lições de Dieter Grimm, o Ministro, no voto que proferiu por ocasião do julgamento das ADIs n.º 1.351 e 1.354, deixou assentado o que se segue:

> "(...) O princípio da igualdade entre os partidos políticos é fundamental para a adequada atuação dessas instituições no complexo processo democrático. Impõe-se, por isso, uma *neutralidade* do Estado em face das instituições partidárias, exigência essa que se revela tão importante quanto difícil de ser implementada. A importância do princípio da igualdade está em que sem a sua observância não haverá possibilidade de estabelecer uma concorrência livre e equilibrada entre os partícipes da vida política, o que acabará por comprometer a essência do próprio processo democrático. A dificuldade está nos aspectos jurídicos e fáticos. Quanto aos aspectos jurídicos, ela reside na diferenciação acentuada do objeto envolvido como consequência das próprias diferenças de uma sociedade livre e aberta. Daí afirmar Dieter Grimm que a neutralidade estatal deve ser entendida como não-influência da desigualdade, o que lhe confere caráter de igualdade formal. Quanto aos aspectos fáticos, afigura-se inegável que o Estado, que há de conduzir-se com neutralidade em relação aos partidos, é também um Estado partidariamente ocupado."

Na Alemanha, o princípio da igualdade de chances teve sua estatura constitucional reconhecida no já longínquo ano de 1952 pelo Tribunal Constitucional, pouco depois de sua efetiva instalação, e desenvolveu-se progressivamente até alcançar os contornos atuais que lhe foram atribuídos pela jurisprudência da Corte.

Como bem anotou o Ministro Gilmar Mendes no voto que proferiu no Mandado de Segurança acima referido, da orientação inicialmente perfilhada pelo Tribunal Constitucional alemão, que preconizava a aplicação estritamente formal do princípio, passou-se ao reconhecimento, pelo 2.º Senado da Corte Constitucional, do conceito de "igualdade de chances gradual", que levava em conta a "**significação do partido**" (destaque nosso), o que diz com a representatividade que cada uma das agremiações tenha alcançado, junto ao eleitorado.

Essa posição consiste no reconhecimento e na aplicação, ao âmbito partidário, da máxima aristotélica de que se deve tratar desigualmente os desiguais, na medida de sua desigualdade e está a repelir que, fora do mínimo necessário para que todos partidos políticos tenham perspectiva, ainda que remota, de poder, o Estado prestigie agremiações fora da justa medida em que contam com o apoio popular.

Nessa esteira, defendo que só a instituição de uma cláusula de desempenho que respeite direitos fundamentais como a isonomia, a igualdade de chances, a proporcionalidade, a segurança jurídica e a liberdade de criação de legendas, poderá equacionar satisfatoriamente a questão.

Contudo, para que a questão seja novamente enfrentada pelo STF, o que possibilitará, inclusive, a eventual mudança de entendimento da maioria de seus membros, fica ela condicionada à aprovação de um dos Projetos de Emenda Constitucional citados ou de outros, sucedida da impugnação de sua constitucionalidade perante o Tribunal.

III. O PRINCÍPIO DA FIDELIDADE PARTIDÁRIA E SUA EXTRAÇÃO DO TEXTO DA CONSTITUIÇÃO FEDERAL DE 1988

A Emenda Constitucional n.º 1, de 1969, à Constituição de 1967, tida pela maioria da doutrina como Constituição autônoma, incorporou expressamente o princípio da fidelidade partidária ao nosso ordenamento jurídico.

Eis, a esse respeito, o que dispunha o parágrafo único de seu art. 152:

> "Art. 152. A organização, o funcionamento e a extinção dos partidos políticos serão regulados em lei federal, observados os seguintes princípios:
>
> (...) Parágrafo único. **Perderá o mandato** no Senado Federal, na Câmara dos Deputados, nas Assembléias Legislativas e nas Câmara Municipais **quem, por atitudes ou pelo voto, se opuser às diretrizes legitimamente estabelecidas pelos órgãos de direção partidária ou deixar o partido sob cuja legenda foi eleito**. A perda do mandato será decre-

> tada pela Justiça Eleitoral, mediante representação do partido, assegurado o direito de ampla defesa." (destacou-se)

O inciso V do art. 35 daquela Carta previa a perda do mandato do Deputado ou Senador que praticassem ato de infidelidade partidária. Referida perda do mandato, a teor do § 4.º do mesmo dispositivo, seria automática e declarada pela Mesa da Câmara dos Deputados ou do Senado Federal, respectivamente[16].

Com a edição da Emenda Constitucional n.º 11, de 1978, o comando originalmente inserto no parágrafo único foi desdobrado em dois e esses passaram a constar dos § 5.º e 6.º do art. 152, com a nova redação que lhe foi atribuída.

Conforme bem observou o Ministro Aldir Passarinho, no voto que proferiu no julgamento do Mandado de Segurança n.º 20.927, de relatoria do Ministro Moreira Alves (*julg.* em 11.10.1989, *DJ* de 15.04.1994), referida Emenda Constitucional "abrandou", porém, a regra da perda do mandato em decorrência de prática de ato de infidelidade partidária, ao estipular que aquele que mudasse de partido dentro de um ano, a contar de sua promulgação, não perderia o mandato (art. 2.º).

A Emenda Constitucional n.º 25, de 1985, a seu turno, revogou, dentre outros, o inciso V do art. 35 da Constituição, que elencava os casos de perda de mandato, fazendo com que a exigência de fidelidade partidária deixasse de vigorar no Brasil.

Esse foi o entendimento manifestado pelo Supremo Tribunal Federal no julgamento do já citado Mandado de Segurança n.º 20.927, proferido, conforme já se referiu, sob a égide da Constituição Federal de 1988.

Reproduz-se, abaixo, trecho do voto condutor do Acórdão, da lavra do Ministro Moreira Alves, que expressa o entendimento firmado pelo Tribunal, naquela oportunidade:

> "(...) Na atual Constituição, também não se adota o princípio da fidelidade partidária, o que se tem permitido a mudança de Partido por parte de Deputados sem qualquer sanção jurídica, e, portanto, sem perda de mandato.
>
> Ora, se a própria Constituição não estabelece a perda de mandato para o Deputado que, eleito pelo sistema de representação proporcional, muda

16. Anota Rogério Schmitt (in *Partidos políticos no Brasil (1945-2000)*. Rio de Janeiro: Jorge Zahar Editor, 2000, p. 39) que "curiosamente, essa penalidade não era extensiva aos ocupantes de postos eletivos no poder executivo (prefeitos, governadores e presidentes)."

> de partido e, com isso, diminui a representação parlamentar do Partido por que se elegeu (e se elegeu muitas vezes graças aos votos de legenda), quer isso dizer que, apesar de a Carta Magna dar acentuado valor à representação partidária (artigos 5º, LXX, "a"; 58, § 1º; 58, § 4º; 103, VIII), não quis preservá-la com a adoção da sanção jurídica da perda do mandato, para impedir a redução da representação de um partido no Parlamento.
>
> Se o quisesse, bastaria ter colocado essa hipótese entre as causas de perda de mandato, a que alude o artigo 55."

Por ocasião do julgamento do Mandado de Segurança n.º 26.602 (*julg.* em 04.10.2007, *DJe* de 17.10.2007), assinalou o Ministro Gilmar Mendes que a não-repetição, pela Constituição de 1988, do texto do parágrafo único do art. 152 da Carta de 167/1969, bem como a taxatividade do atual art. 55 teriam sido os "motivos determinantes" da decisão então proferida.

Como é sabido, o posicionamento adotado pelo Supremo Tribunal Federal em 1989 prevaleceu por pouco menos de vinte anos, quando sobreveio nova manifestação a respeito da matéria, provocada pela mudança de entendimento promovida pelo Tribunal Superior Eleitoral.

Com efeito, na data de 27 de março de 2007, em entendimento exarado na resposta à Consulta n.º 1.398/DF, de que foi relator o Ministro César Asfor Rocha, o Tribunal Superior Eleitoral alterou seu posicionamento anterior e passou a considerar que o mandato pertence ao partido político e não ao parlamentar, de modo que a migração partidária levada a efeito por Deputados Federais, Deputados Estaduais e Vereadores, poderia dar ensejo à perda de mandato. Essa decisão foi veiculada por meio da Resolução n.º 22.526, de 27 de março de 2007[17].

Em trecho conclusivo de seu voto, o Ministro Asfor Rocha manifestou entendimento que acabou por prevalecer, na hipótese:

> "(...) Ora, não há dúvida nenhuma, quer no plano jurídico, quer no plano prático, que o vínculo de um candidato ao Partido pelo qual se registra e disputa uma eleição é o mais forte, se não o único, elemento de sua identidade política, podendo ser afirmado que o candidato não existe fora do Partido Político e nenhuma candidatura é possível fora de uma bandeira partidária.

---

17. A teor do § 3.º do art. 25 do Regimento Interno do TSE – Resolução n.º 4.510, de 29 de setembro de 1952, "(...) as decisões serão lavradas sob o título de acórdão, **reservando-se o termo resolução àquelas decisões decorrentes do poder regulamentar do Tribunal e nas hipóteses em que o Plenário assim o determinar, por proposta do Relator**". (destacou-se)

> Por conseguinte, parece-me equivocada e mesmo injurídica a suposição de que o mandato político eletivo pertence ao indivíduo eleito, pois isso equivaleria a dizer que ele, o candidato eleito, se teria tornado senhor e possuidor de uma parcela da soberania popular (...)".

O único voto discordante foi o externado pelo Ministro Marcelo Ribeiro, que se baseou no entendimento adotado pelo Supremo Tribunal Federal no julgamento do Mandado de Segurança n.º 20.927, para responder negativamente à questão submetida ao TSE.

Pouco antes das decisões, com o assunto em pauta, haviam sido apresentados algumas proposições para disciplinar a matéria, no âmbito do Congresso Nacional. Pode-se citar, a título exemplificativo, o PLP 35, de 2007, de autoria do Deputado Luciano Castro (PR/RR), apresentado em 03.04.2007 e o PL 624, de 2007, de mesma autoria. No Senado Federal, são exemplos desse tipo de iniciativa as PECs 23/07, de autoria dos Senadores Marco Maciel e outros, apresentada em 21 de março de 2007 e a 40/07, apresentada pelos Senadores Antônio Carlos Valadares e outros em 15 de maio de 2007.

Ao se manifestar novamente sobre o tema, na resposta à Consulta n.º 1.423/DF, de relatoria do Ministro José Delgado, a posição anteriormente manifestada pela maioria do Tribunal Superior Eleitoral alcançou a unanimidade de seus membros, em decisão consubstanciada na Resolução n.º 22.563, de 1.º de agosto de 2007. Eis como ficou ementada:

> "CONSULTA. PARLAMENTAR QUE INGRESSA EM NOVO PARTIDO. PERDA DO MANDATO.
>
> 1. O mandato é do partido e, em tese, o parlamentar o perde ao ingressar em novo partido.
>
> 2. Consulta respondida positivamente, nos termos do voto."

Com base nesses precedentes, três partidos de oposição ao governo federal, naquela oportunidade, requereram ao Presidente da Câmara dos Deputados a cassação dos mandatos dos parlamentares que haviam migrado para agremiações que integravam a base de sustentação daquele mesmo governo.

Conforme é de amplo conhecimento público, os requerimentos foram indeferidos, o que deu ensejo à impetração de mandados de segurança perante o Supremo Tribunal Federal (Mandados de Segurança n.º 26.602, 26.603 e 26.604, de relatoria, respectivamente, dos Ministros Eros Grau, Celso de Mello e Cármen Lúcia).

Os feitos foram julgados conjuntamente pelo STF na sessão plenária de 04 de outubro de 2007, e, naquela assentada, por maioria de votos, a posição do Tribunal Superior Eleitoral foi sufragada pelo Tribunal Supremo, com base no entendimento de que as hipóteses de perda de mantado por desfiliação partidária não configuram sanção de ato ilícito, mas, sim, um corolário lógico da adoção do princípio da fidelidade partidária no Brasil.

No bojo do voto condutor do Acórdão que proferiu no Mandado de Segurança n.º 26.603, de sua relatoria, o Ministro Celso de Mello sugeriu que o Tribunal Superior Eleitoral,

> "(...) à semelhança do que se registrou em precedente firmado no caso Mira Estrela/SP (RE 197.917-SP) formule e edite resolução destinada a regulamentar o procedimento (materialmente) administrativo de justificação em referência, instaurável perante órgão competente da própria Justiça Eleitoral, em ordem a estruturar, de modo formal, as fases rituais desse mesmo procedimento".

E assim foi feito. Editara-se, por força da decisão proferida no âmbito do Supremo Tribunal Federal, a Resolução TSE n.º 22.610, de 25 de outubro de 2007, que passou a disciplinar dois procedimentos distintos, quais sejam, o Procedimento Administrativo de Decretação da Perda de Cargo Eletivo por Desfiliação Partidária sem Justa Causa e o Procedimento Administrativo de Justificação de Abandono de Sigla.

Aludida Resolução previu quatro hipóteses de justa causa, na presença das quais a migração partidária será legítima e a desfiliação partidária que a antecede não renderá ensejo à perda do mandato de seu detentor. São elas: (i) incorporação ou fusão partidária; (ii) criação de nova agremiação política; (iii) mudança substancial ou desvio reiterado do programa partidário e (iv) grave discriminação pessoal.

De se observar que apenas as últimas duas hipóteses foram objeto de deliberação pelo Supremo Tribunal Federal, por ocasião do julgamento conjunto dos Mandados de Segurança n.º 26.602, 26.603 e 26.604.

Poucos dias antes da edição da Resolução TSE n.º 22.610, aludido Tribunal havia definido que detentores de cargos majoritários e seus respectivos vices, no caso dos eleitos para as Chefias do Executivo nos diversos âmbitos da federação, também poderiam perder seus mandatos como decorrência de desfiliação partidária sem justa causa. Esse foi o entendimento firmado na Resolução TSE n.º 22.600, de 16 de outubro de 2007, que se originou da Consulta n.º 1.407.

Foi por essa razão que, muito embora as decisões proferidas nos Mandados de Segurança n.º 26.602, 26.603 e 26.604 tivessem como "pano de fundo", como posteriormente reconhecido pelo Ministro Roberto Barroso, o sistema proporcional, adotado para a eleição de vereadores, deputados estaduais e deputados federais, os procedimentos previstos na Resolução TSE n.º 22.610 também tenham se estendido aos eleitos pelo sistema eleitoral majoritário, por decisão daquela Corte.

Desde a sua edição, a constitucionalidade ou não da Resolução TSE n.º 22.610 foi bastante discutida, principalmente em sede doutrinária. Mas o imbróglio não tardou a chegar à Justiça Eleitoral.

De fato, em decisão proferida no mês de março de 2008, o Tribunal Regional Eleitoral da Bahia chegou a considera-la inconstitucional. O Tribunal Regional Eleitoral de Minas Gerais, a seu turno, em decisão extremamente apertada - quatro votos a três - proferida em 1.º de abril de 2008, concluiu pela compatibilidade da norma para com a Constituição.

No julgamento conjunto das Ações Diretas de Inconstitucionalidade n.º 3.999 e 4.086, levado a efeito na data de 12 de novembro de 2008 pelo Supremo Tribunal Federal, reconheceu-se a necessidade de que a Resolução do TSE fosse editada para que o princípio da fidelidade partidária pudesse ser efetivamente observado no Brasil, enquanto o Congresso Nacional não disciplinasse o assunto em lei específica. Diante disso, a Resolução foi reputada constitucional até que a legislação de regência viesse a ser editada.

Dessarte, a disciplina da fidelidade partidária no Brasil permaneceu inalterada até a data de 27 de maio de 2015, ocasião em o Supremo Tribunal Federal decidiu, no julgamento da Ação Direta de Inconstitucionalidade n.º 5.081, de que foi relator o Ministro Roberto Barroso, que a perda do mandato em razão de desfiliação partidária não se aplica aos eleitos pelo sistema majoritário, sob pena de se distorcer a vontade do eleitor e de se violar o princípio da soberania popular.

O Acórdão foi ementado nos seguintes termos:

> DIREITO CONSTITUCIONAL E ELEITORAL. AÇÃO DIRETA DE INCONSTITUCIONALIDADE. RESOLUÇÃO Nº 22.610/2007 DO TSE. INAPLICABILIDADE DA REGRA DE PERDA DO MANDATO POR INFIDELIDADE PARTIDÁRIA AO SISTEMA ELEITORAL MAJORITÁRIO.
>
> 1. Cabimento da ação. Nas ADIs 3.999/DF e 4.086/DF, discutiu-se o alcance do poder regulamentar da Justiça Eleitoral e sua competência para dispor acerca da perda de mandatos eletivos. O ponto central discutido na presente ação é totalmente diverso: saber se é legítima a

> extensão da regra da fidelidade partidária aos candidatos eleitos pelo sistema majoritário.
>
> 2. As decisões nos Mandados de Segurança 26.602, 26.603 e 26.604 tiveram como pano de fundo o sistema proporcional, que é adotado para a eleição de deputados federais, estaduais e vereadores. As características do sistema proporcional, com sua ênfase nos votos obtidos pelos partidos, tornam a fidelidade partidária importante para garantir que as opções políticas feitas pelo eleitor no momento da eleição sejam minimamente preservadas. Daí a legitimidade de se decretar a perda do mandato do candidato que abandona a legenda pela qual se elegeu.
>
> 3. O sistema majoritário, adotado para a eleição de presidente, governador, prefeito e senador, tem lógica e dinâmica diversas da do sistema proporcional. As características do sistema majoritário, com sua ênfase na figura do candidato, fazem com que a perda do mandato, no caso de mudança de partido, frustre a vontade do eleitor e vulnere a soberania popular (CF, art. 1º, parágrafo único; e art. 14, caput).
>
> 4. Procedência do pedido formulado em ação direta de inconstitucionalidade.

A decisão proferida na Ação Direta de Inconstitucionalidade n.º 5.081 teve como pressuposto o fato de que apenas a validade formal da Resolução TSE n.º 22.610 havia sido escrutinada pelo Supremo Tribunal Federal.

Sobre a questão, assim manifestou-se o Ministro Roberto Barroso, em trecho do voto proferido por ocasião do julgamento:

> (...) 3. Como se constata singelamente, o Supremo Tribunal Federal somente se pronunciou sobre a constitucionalidade formal da Resolução, tendo rejeitado a tese da ocorrência de usurpação de competência legislativa. A questão da ilegitimidade constitucional da perda de mandato nas hipóteses de cargos eletivos do sistema majoritário, objeto da presente ação, não foi suscitada em nenhum momento, seja na inicial, seja no voto do Ministro-Relator ou nas demais manifestações proferidas em Plenário. Como a causa de pedir nas ações de controle concentrado de constitucionalidade é aberta, nada impediria que esta questão fosse discutida nas ADIs 3.999/DF e 4.086/DF. Isso, porém, não ocorreu.
>
> 4. Nesses casos, em que esta Corte não se manifestou sobre a questão constitucional específica, entendo ser cabível a reapreciação da norma anteriormente considerada válida pelo Tribunal, sobretudo quando a análise da constitucionalidade do ato normativo ocorreu apenas sob o aspecto formal. A coisa julgada e a causa de pedir aberta no controle abstrato não devem funcionar como mecanismos para impedir a análise de questões constitucionais não apreciadas sobre o respectivo ato normativo. Caso assim não fosse, esta Corte permitiria a manutenção no ordenamento jurídico de dispositivos em aparente desacordo com a Constituição pelo simples fato de a sua validade, sob o ponto de vista formal,

> já haver sido atestada em julgamentos anteriores. A validade formal do diploma legal não garante imunidade a vícios de natureza material, e não se pode realisticamente supor que o Tribunal irá antever todos os possíveis vícios de inconstitucionalidade material nestas hipóteses."

Com o advento da Lei n.º 13.165, de 29 de setembro de 2015, que alterou inúmeros dispositivos da legislação eleitoral e incluiu o art. 22-A à Lei dos Partidos Políticos (Lei n.º 9.096, de 19 de setembro de 1995), duas das hipóteses de justa causa previstas na Resolução TSE n.º 22.610/07, quais sejam, a incorporação ou fusão de partido e a criação de novo partido foram derrogadas tacitamente, na visão de Daniel Gustavo Falcão Pimentel dos Reis[18] ou mesmo suprimidas, não mais subsistindo em nosso ordenamento jurídico, na visão de Clèmerson Merlin Clève e Ana Carolina de Camargo Clève[19].

Diante do fato de que ambas as espécies normativas possuem formas de revogação própria (lei ordinária é revogada por lei ordinária e resolução do TSE por nova resolução daquela Corte eleitoral), perfilho, no ponto, a orientação esposada pelo Ministro Leitão de Abreu em situação jurídica análoga, no voto que proferiu no julgamento do RE n.º 80.004/SE, redator para o acórdão o Ministro Cunha Peixoto (julg. em 1.º/6/1977), no sentido de que a incidência das normas jurídicas constantes da Resolução TSE n.º 22.610/07 foi "**obstada**" pela aplicação do art. 22-A incluído à Lei dos Partidos Políticos, no que este for com aquela conflitante[20].

---

18. Expressa no texto disponível em http://jota.info/colunas/e-leitor/e-leitor-o-tse-e-o-novo-capitulo-da-saga-da-infidelidade-partidaria-17062016.

19. Posição manifestada por Clèmerson Merlin Clève e Ana Carolina de Camargo Clève, em artigo disponível em: https://jus.com.br/artigos/43664.

20. Vale reproduzir aqui a lição do Ministro Leitão de Abreu, que, ao dispor sobre os conflitos entre uma disposição normativa constante de tratado e outra de direito interno, posterior àquela, aduziu: "(...) Como autorização dessa natureza, segundo entendo, não figura em nosso direito positivo, pois que a Constituição não atribui ao judiciário competência, seja para negar aplicação a leis que contradigam tratado internacional, seja para anular, no mesmo caso, tais leis, a consequência, que me parece inevitável, é que os tribunais estão obrigados, na falta de título jurídico para proceder de outro modo, a aplicar as leis incriminadas de incompatibilidade com tratado. Não se diga que isso equivale a admitir que a lei posterior ao tratado e com ele incompatível reveste eficácia revogatória deste, aplicando-se, assim, para dirimir o conflito, o princípio 'lex posterior revogat priori'. **A orientação, que defendo, não chega a esse resultado, pois, fiel à regra de que o tratado possui forma de revogação própria, nega que este seja, em sentido próprio, revogado pela lei. Conquanto não revogado pela lei que o contradiga, a incidência das normas jurídicas constantes do tratado é obstada pela aplicação, que os tribunais são obrigados a fazer, das normas legais com aqueles conflitantes. Logo a lei posterior, em tal caso, não revoga, em sentido técnico, o tratado, senão que lhe afasta a aplicação. A diferença está em que, se a lei revogasse o tratado,**

Por outro lado, o novo diploma legal acrescentou, às duas hipóteses de justa causa remanescentes, uma terceira, constante do inciso III do novel art. 22-A, de forma que a "mudança de partido efetuada durante o período de trinta dias que antecede o prazo de filiação exigido em lei para concorrer à eleição, majoritária ou proporcional, ao término do mandato vigente". Trata-se da hipótese já denominada, em sede doutrinária, como "janela".

Em decorrência de sua periodicidade e com o fito de diferenciá-la da "janela" também prevista na Emenda Constitucional n.º 91, de 18 de fevereiro de 2016[21], prefiro designá-la "janela permanente". Esta possibilita que os candidatos eleitos, tanto pelo sistema majoritário quanto pelo proporcional, após três anos e dois meses[22] no exercício do mandato, possam deixar seu partido de origem e migrar para outra legenda, sem perdê-lo, candidatando-se pela nova agremiação nas eleições subsequentes.

Em 15 de outubro de 2015, a Rede Sustentabilidade interpôs Ação Direta de Inconstitucionalidade com pedido de medida cautelar, por meio da qual pleiteou a declaração de inconstitucionalidade parcial, sem redução de texto, da norma veiculada pelo art. 22-A da Lei dos Partidos Políticos, "na parte em que proíbe, a *contrario sensu*, a desfiliação partidária estribada na justa causa da criação de novo partido político, como também a inconstitucionalidade, a *contrario sensu*, da proibição de ser configurada justa causa a desfiliação fundada para posterior filiação em partidos criados antes da vigência da Lei n.º 13.165/2015 e sem o esgotamento do prazo de 30 (trinta) dias fixados pela interpretação dada pelo Tribunal Superior Eleitoral". A ADI recebeu o número 5.398/DF e foi distribuída ao Ministro Roberto Barroso.

---

este não voltaria a aplicar-se, na parte revogada, pela revogação pura e simples da lei dita revogatória. Mas como, a meu juízo, a lei não o revoga, mas simplesmente afasta, enquanto em vigor, as normas do tratado com ela incompatíveis, voltará ele a aplicar-se, se revogada a lei que impediu a aplicação das prescrições nele consubstanciadas (...)". (destacou-se)

21. Em cujo art. 1.º consta o seguinte comando: "É facultado ao detentor de mandato eletivo desligar-se do partido pelo qual foi eleito nos trinta dias seguintes à promulgação desta Emenda Constitucional, sem prejuízo do mandato, não sendo essa desfiliação considerada para fins de distribuição dos recursos do Fundo Partidário e de acesso gratuito ao tempo de rádio e televisão."

22. Tendo-se em vista que o prazo mínimo para filiação partidária foi reduzido para seis meses, por força da nova redação dada ao art. 9.º da Lei das Eleições (Lei n.º 9.504, de 30 de setembro de 1997), pelo art. 2.º da Lei n.º 13.165/2015.

Ao apreciar o pedido de concessão de medida cautelar, o Relator assim resumiu a fundamentação trazida pelo requerente, bem como seus pedidos em sede cautelar:

> "(...) 4. O requerente defende que tal alteração legislativa seria inconstitucional, valendo-se de duas linhas de argumentação. Em uma primeira linha, mais ampla, alega que a justa causa para a desfiliação de uma legenda visando a filiação em partido novo decorreria diretamente da Constituição Federal, já que o princípio constitucional da liberdade de criação de partidos teria, além de um sentido formal (de não opor obstáculos à sua formação), um sentido material, de efetivamente viabilizar o desenvolvimento das novas agremiações. Segundo aduz, este, inclusive, teria sido o entendimento fixado pelo STF no julgamento da ADI 4.430 (Rel. Min. Dias Toffoli), no qual esta Corte assegurou aos partidos novos fração do fundo partidário e tempo de propaganda eleitoral, considerada a representação dos deputados federais que migrarem diretamente para a nova legenda no momento de sua criação. Assim, o requerente sustenta que, ao suprimir aquela hipótese de justa causa, o dispositivo impugnado ofenderia os princípios democrático (CF/88, art. 1º, caput), do pluralismo político (CF/88, art. 1º, V) e da livre criação de partidos (CF/88, art. 17).
>
> 5. Em uma segunda linha de argumentação, mais restrita, a Rede Sustentabilidade aponta que o dispositivo impugnado traria problemas de direito intertemporal pela retroatividade da norma especificamente em relação aos partidos políticos criados antes da vigência da Lei nº 13.165/2015, mas cujo prazo de 30 dias para as filiações de detentores de mandato eletivo ainda estava transcorrendo. Para o partido, tanto o STF, na ADI 4.430, quanto o TSE, teriam estabilizado as situações jurídicas advindas da criação de novos partidos políticos, "gerando previsibilidade da conduta devida para detentores de mandatos eletivos que desejassem se filiar nas novas agremiações". Contudo, em função da ausência de disposições transitórias, a lei nova teria sujeitado o parlamentar à sanção de perda do mandato eletivo por infidelidade partidária, a qual, inclusive, "alcançaria os fatos submetidos a outra disciplina legal, retroativamente". Como resultado, o partido sustenta que o art. 22-A ofenderia também o princípio da segurança jurídica (CF/88, art. 5º, caput), o direito adquirido (CF/88, art. 5º, XXXVI) e a irretroatividade das normas sancionadoras (CF/88, art. 5º, XXXIX).
>
> 6. Com base nessas alegações, e em sede de medida cautelar, o requerente pede, em primeiro lugar, a suspensão da eficácia do art. 22-A da Lei nº 9.095/96, na parte em que veda, a contrario sensu, a justa causa para a filiação em novo partido político de detentores de mandatos eletivos, até o julgamento do mérito. E, em segundo lugar, requer a reabertura do prazo de 30 (trinta) dias para as filiações em relação aos partidos novos registrados no TSE imediatamente antes da entrada em vigor da Lei nº 13.165/2015, afastando assim a aplicação retroativa do texto do art. 22-A. (...)"

Ao enfrentar a controvérsia jurídica submetida à sua apreciação, no bojo da decisão monocrática que proferiu, o Ministro Roberto Barroso observou que, muito embora a Lei n.º 13.165/2015 tenha mantido a possibilidade de que parlamentares migrassem para novas agremiações sem que perdessem o seu mandato, o fez de uma maneira "substancialmente diversa do regime até então vigente", na medida em que passou a impedir que os partidos recém-criados recebam detentores de mandato eletivo tão logo obtenham seu registro no TSE, "tendo que aguardar a abertura da 'janela', 7 meses antes das eleições seguintes".

Por outro lado, com relação ao pedido mais abrangente, no sentido de que fosse suspensa a eficácia do art. 22-A da Lei n.º 9.095/96, na parte em que este veda, *a contrario sensu*, a justa causa para a filiação em novo partido político de detentores de mandatos eletivos, até o julgamento do mérito, o Relator consignou:

> "(...) 18. Tendo em vista o breve histórico acima, evidencia-se que a primeira controvérsia – a constitucionalidade da exclusão da criação de novo partido político como justa causa para desfiliação – possui grande complexidade e relevância constitucional. **Para sua resolução, é preciso analisar se a norma impugnada nesta ADI representa um efetivo embaraço à livre criação de partidos políticos e se é ou não fruto de legítimo exercício de diálogo institucional com o STF na matéria. Contudo, entendo que não há perigo de demora que justifique a sua apreciação em juízo de cognição sumária típico das cautelares.** Ainda não há partido criado durante a vigência da Lei nº 13.165/ 2015, de modo que, ao menos no presente momento, é suficiente apreciar a constitucionalidade da aplicação retroativa do art. 22-A em relação aos partidos registrados no TSE imediatamente antes da entrada em vigor da nova lei." (destacou-se)

Reputou, por outro lado, que, com relação à "segunda controvérsia", esta preenchia os requisitos que autorizam a concessão da medida cautelar pleiteada, na medida em que haveria "forte plausibilidade jurídica do direito invocado", no que diz respeito à "violação ao princípio da segurança jurídica e, mais especificamente, ao direito adquirido e às legítimas expectativas das agremiações recém-fundadas" e que o *periculum in mora* encontraria-se igualmente configurado, de vez que, "ao não incluir no rol de 'justas causas' para desfiliação a 'criação de novo partido', o art. 22-A inviabiliza a imediata migração de parlamentares eleitos às agremiações recém-fundadas", estabelecendo "obstáculos ao desenvolvimento e fortalecimento das novas agremiações".

Com base no que expôs, o Relator deferiu parcialmente a medida cautelar pleiteada, *ad referendum* do Plenário da Corte, devolvendo integralmente o prazo de trinta dias "para filiações aos partidos registrados no Tribunal Superior Eleitoral até a data da entrada em vigor da Lei n.º 13.165/2015".

Vale registrar que, quando da edição da Lei n.º 13.165, é dizer, em 29 de setembro de 2015, três legendas[23] haviam obtido registro no Tribunal Superior Eleitoral há menos de trinta dias, prazo estabelecido na resposta à Consulta TSE n.º 755-35[24] para que as novas agremiações recebessem detentores de mandato eletivo, de modo a incidir a hipótese de justa causa de desfiliação constante do art. 1.º, § 1.º, inciso II da Resolução TSE n.º 22.610/2007 (criação de novo partido), de sorte que foram tais agremiações beneficiadas pela medida cautelar concedida pelo Ministro Roberto Barroso.

O mérito da ADI 5.398/DF pende de julgamento até a data de fechamento deste trabalho.

IV. DA "CRISE DOS PARLAMENTOS" ÀS MUTAÇÕES CONSTITUCIONAIS

Conforme anotou Manoel Gonçalves Ferreira Filho[25], a identificação entre os Parlamentos e a democracia possui raízes históricas que se ligam (i) desde o medievo, ao Parlamento inglês, protagonista de "boa parte da evolução conducente ao estabelecimento da democracia" e (ii) à Revolução Francesa e aos demais movimentos liberais ocorridos no século XVIII.

O Parlamento inglês, conforme amplamente reconhecido pelos estudiosos da matéria, dedica-se, de há muito, à defesa da autonomia individual, o que o torna um dos mais relevantes "instrumentos históricos" do gradual processo de participação popular no governo.

Traço comum entre a Revolução Francesa e os movimentos acima mencionados, a seu turno, é o fato de que, em ambos os processos, o

23. São elas o Partido Novo, cujo registro do estatuto e do órgão nacional foi aprovado pelo TSE em 15 de setembro de 2015, a Rede Sustentabilidade, que obteve seu registro em 22 de setembro de 2015 e o Partido da Mulher Brasileira, registrado em 29 de setembro de 2015.

24. Para a estipulação desse prazo, foi aplicado, analogicamente, o § 4.º do art. 9.º da Lei n.º 9.096/95, que fixa o prazo para que o Tribunal Superior Eleitoral registre o estatuto do partido pleiteante, caso não haja providências a determinar para que sejam sanadas eventuais falhas no processo, ou após o seu atendimento.

25. FERREIRA FILHO, Manoel Gonçalves. *Do Processo Legislativo*. 6. ed., rev. e atual. São Paulo: Saraiva, 2007, p. 275.

Parlamento figurou como o principal bastião de luta contra o absolutismo e de reforma das instituições então existentes, com vistas à implementação de um "poder mais popular". Isso na medida em que, segundo Ferreira Filho, os Parlamentos, nas monarquias constitucionais, "encarnavam a representação do povo, oposta ao monarca ainda fiado no direito divino dos reis", sendo aquele o único poder efetivamente dotado de legitimação popular.

E foi precisamente a ascensão da burguesia, ocorrida naquela quadra, que trouxe à tona a percepção de que a sociedade só necessitava do direito para garantir a liberdade individual de seus membros. Partindo-se desse pressuposto, o ideal da necessária limitação do poder político foi efetivamente colocado em prática, por intermédio do direito[26].

Contudo, num ambiente plural, a ausência de um parâmetro passível de conformar a política, sendo aceito, senão por todos, pela maciça maioria dos indivíduos – como havia ocorrido com o da "vontade divina", em momento histórico precedente –, colocou a necessidade de se buscar um direito que fosse superior ao já estabelecido, muito embora "não pudesse ser válido como suprapositivo".

E a solução para a questão, como sublinhado por Dieter Grimm, foi oferecida pela Constituição. Esta,

> "[...] Diferentemente do direito natural, [...] era direito positivo. Mas, quando da introdução da Constituição, o direito tornou-se reflexivo[27]

---

26. Cf. GRIMM, Dieter. *Constituição e Política*. Tradução de Geraldo de Carvalho. Belo Horizonte: Del Rey, 2006, p. 04 e ss.

27. Sobre o ponto, aduz Ingeborg Maus (in *O Direito e a Política: Teoria da Democracia*. Tradução de Elisete Antoniuk. Belo Horizonte: Del Rey, 2009, p. 235/236): "[...] Somente o conhecimento iluminista, de que os conteúdos de normas jurídicas não são determinados pela tradição nem por preceitos metafísicos, e sim através de decisão política, direciona a atenção para as condições de surgimento do Direito e leva a exigências com relação aos processos legislativos, também os institucionalizando. Ao contrário das prestações jurídicas, em parte já ensinadas, em parte socialmente difusas, e [das] reformas jurídicas da Idade Média para a centralização de decisões jurídicas no absolutismo, também ao contrário da mística decisória "des-institucionalizadora" do século XX, a instituição do Estado democrático de Direito, fundamentado teoricamente por Kant, extrai uma consequência bem específica a partir da declaração da dependência decisória de todo o Direito. Ela baseia a justiça de conteúdos jurídicos sobre a justiça dos processos decisórios e limita a aleatoriedade das decisões jurídicas através da não aleatoriedade das premissas decisórias. A justiça do "direito" se concretiza na estrutura democrática da legislação; a exclusão da arbitrariedade [,] na reflexibilidade jurídico-estatal de processos decisórios diferenciados e interligados. Com essa forma de institucionalização, também se intenciona aquela auto-referencialidade primitiva em que a política simplesmente se legitima no Direito que ela mesma colocou. [...] A teoria da institucionalização reflexiva, de Kant, compreende instituições políticas em um estágio de desenvolvimento ao qual corres-

> ao ser dividido em dois diferentes complexos de normas, dos quais um regulamentava as condições de surgimento e de validade do outro. A normatização estava, assim, por sua vez, normatizada. A política manteve sua competência de prescrever o direito sobre a sociedade, mas não gozava mais da liberdade dos monarcas absolutistas e era, ela própria, destinatário das condições legais. Por um lado, tratava-se de regulamentações processuais que precisavam ser observadas quando uma decisão política devia ter validade como norma obrigatória para a coletividade. Mas, por outro lado, na forma de direitos constitucionais foram também colocadas exigências de conteúdo para o direito escrito, cuja não-observação implicava sua nulidade."

A fuga do rei Jaime II para o condado inglês de Kent ocorreu nesse contexto[28] e passou para a história como o ato final da Revolução Gloriosa, que culminou com a aprovação, pelo Parlamento da Grã-Bretanha, no ano de 1689, do *Bill of Rights* (*Declaração de Direitos*), que "permanece ainda hoje como um dos mais importantes textos constitucionais do Reino Unido"[29].

Aquele documento jurídico, cujo título era tradicional para os ingleses, possuía conteúdo revolucionário, estipulando os direitos que haviam sido reconhecidos aos cidadãos através dos séculos e sistematicamente violados pela dinastia Stuart, durante os cem anos que antecederam à queda de Jaime II. Estabeleceram-se, ainda, as condições constitucionais "mediante as quais a monarquia podia existir e funcionar"[30].

Como é cediço, o robustecimento do Parlamento, instrumentalizado pelo controle político do Poder Executivo, levou-o à onipotência.

No contexto francês, o ataque dos revolucionários de 1789 ao "absolutismo régio" acabou por derrotá-lo como poder absoluto, e não como

---

ponde um tipo de legitimação que Habermas [in *Legitimationsprobleme im modernen Staat*] determinou, em geral, como aquela da Modernidade" [transcrevendo a autora, em seguida, passagem do filósofo alemão que corrobora sua assertiva: "Para os problemas de legitimação da modernidade é (...) decisivo que o nível de justificação se torne *reflexivo*. Os procedimentos e pressupostos do processo de legitimação são os motivos legitimadores sobre os quais se apoia a validade das legitimações". (grifo da autora)].

28. Jaime II sucedeu, no trono inglês, a Carlos II, seu irmão; este, conforme narra Fábio Konder Comparato in *A Afirmação Histórica dos Direitos Humanos*. 2. ed. rev. e ampl. São Paulo: Saraiva, 2001, p. 87, "**durante os quatro últimos anos de seu reinado, dispensou a convocação do Parlamento para a votação de impostos** [...]". (destacou-se)

29. Cf. COMPARATO. *Op. cit.*, p. 89.

30. Cf. MATTEUCCI, Nicola. *Organización del Poder y Libertad. Historia del constitucionalismo moderno.* Traducción de Francisco Javier Ansuátegui Roig y Manuel Martínez Neira. Presentación de Bartolomé Clavero. Madrid: Trotta, 1998, p. 143 e ss. (todas as traduções empreendidas no presente trabalho o foram de forma livre, pelo seu autor).

poder régio, nos moldes do que ocorrera no Reino Unido[31]. Apesar da constitucionalização empreendida naquele período, o princípio da supremacia do Parlamento só veio a ser mitigado[32], naquele País, muito recentemente.

Observa-se que o ciclo de preponderância do Poder Legislativo, no continente europeu, estendeu-se, em regra, até o primeiro quartel do século XX, ocasião em que a profunda crise econômica que assolou o mundo[33] conduziu a uma crise política de consequências devastadoras, que repercutiu, direta e profundamente, dentre inúmeros outros Países, na Alemanha da República de Weimar[34].

Na realidade, desde a Primeira Guerra Mundial, podia constatar-se a ocorrência de um problema técnico que impactou fortemente na evolução dos regimes parlamentares modernos, que se consubstanciou na extensão dos poderes do Poder Executivo no âmbito Legislativo, por meio da promulgação de decretos e outras disposições, como consequência da delegação contida em leis de "plenos poderes"[35].

Com base na lição de Tingsten, aduz Agambem[36] que, por referidas leis de plenos poderes, atribuía-se ao Poder Executivo um poder de regulamentação excepcionalmente amplo, que incluía o "poder de modifi-

---

31. Cf. ZAGREBELSKI, Gustavo. *El derecho dúctil – Ley, derechos, justicia*. 8. ed. Madrid: Editorial Trotta, 2008, p. 25.
32. Mitigação que se consubstancia na adoção de um controle de constitucionalidade repressivo de disposições legislativas que violem direitos e liberdades garantidos pela Constituição, levada a efeito pela Reforma Constitucional de 23 de julho de 2008, que entrou em vigor em 1.º de março de 2010, introduzindo o artigo 61-1 à Constituição francesa de 1958. A questão foi disciplinada, no âmbito infraconstitucional, pela Lei Orgânica n.º 2009-1523, de 10 de dezembro de 2009, que estabeleceu a denominada "Questão Prioritária de Constitucionalidade", instrumento pelo qual a parte em um processo com trâmite na esfera judicial ou administrativa, qualquer que seja a instância, submete a alegação de inconstitucionalidade de dispositivo legal ao Conselho Constitucional, que, caso a constate, poderá revogá-lo.
Vale mencionar que a própria Constituição francesa de 1958 atribui àquele órgão competências tipicamente jurisdicionais, dispondo, inclusive, que suas decisões possuem força de coisa julgada, impondo-se aos Poderes públicos e a todas as demais autoridades administrativas ou jurisdicionais (art. 62.2).
33. Cf. BERSTEIN, Serge; MILZA, Pierre. *História do Século XX: 1900-1945 – O fim do "mundo europeu"*. Tradução de Fernando Santos. São Paulo: Companhia Editora Nacional, 2007, p. 265 e ss.
34. Cf. BERCOVICI, Gilberto. *Constituição e Estado de Exceção Permanente – atualidade de Weimar.* Rio de Janeiro: Azougue Editorial, 2004, p. 39 e ss.
35. Cf. AGAMBEM, Giorgio. *Estado de exceção.* Tradução de Iraci D. Poleti. 2. ed. São Paulo: Boitempo, 2004, p. 18 e ss.
36. AGAMBEM, Giorgio. *Op. cit.*, p. 18/19.

car e de anular, por decretos, as leis em vigor", realidade experimentada, segundo o autor, por França, Suíça, Bélgica, Inglaterra, Itália, Áustria e Alemanha, entre outros.

Aludidas leis de plenos poderes constituíram nada mais nada menos do que o reconhecimento de uma espécie de "falência" dos Parlamentos, ao menos no que diz respeito à sua capacidade de debelar a crise econômica e suas consequências, naquela oportunidade[37].

As consequências do fenômeno são de todos conhecidas: além da progressiva "erosão" do poder legiferante conferido ao Parlamento – o que conduziu, por sua vez, ao extermínio da democracia, segundo Agamben, o fato acarretou uma profunda e nefanda concentração de poder nas mãos dos chefes do Executivo.

Nota-se que a banalização do Estado de exceção como paradigma de governo, notadamente no âmbito europeu, contribuiu sobremaneira para a perenidade dos regimes totalitários instalados em seu território.

A constitucionalização da disciplina dos partidos políticos, por exemplo, conforme já mencionado, foi uma reação aos inúmeros desmandos praticados no período.

De todo modo, superada aquela fatídica quadra histórica, a Corte Constitucional alemã, logo após a sua instalação, em 1951, passou a promover a materialização do ordenamento jurídico daquele Estado, fazendo com que os "valores" plasmados na Lei Fundamental de Bonn, de 1949, passassem a ser tratados sistematicamente (como um *Wertsystem*) e irradiados para todos os ramos do Direito.

Na base dessa concepção encontrava-se a teoria dos "direitos fundamentais como ordem objetiva de valores", de Rudolf Smend [38] [39]. Pouco

37. No capítulo VII de sua obra *Reforma y mutación de la Constitución*. Traducción de Christian Föster e Pablo Lucas Verdú. Madrid: Centro de Estudios Políticos y Constitucionales, 1991, p. 55/81, Georg Jellinek aborda com proficiência as causas do "desprestígio dos Parlamentos" e o "reforço do poder do governo como resultado do desenvolvimento parlamentar".

38. Em artigo da minha lavra, expus as linhas gerais da teoria do "Estado como Integração", base de toda a construção teórica empreendida por Smend. Ei-lo: "Rudolf Smend e os 'Direitos Fundamentais como Ordem Objetiva de Valores'" in NOVELINO, Marcelo. *Leituras Complementares de Direito Constitucional. Direitos Humanos e Direitos Fundamentais.* 4. ed. rev. amp. e atual. Salvador: Juspodivm, 2010, p. 119 e ss. O artigo também foi publicado na Revista do Instituto do Direito Brasileiro (Ano 1, 2012, n.º 11), da Faculdade de Direito da Universidade de Lisboa.

39. O professor da Universidade de Freiburg e ex-juiz do Tribunal Constitucional alemão Ernst-Wolfgang Böckenförde considera Smend como sendo "um dos grandes arquitetos do Direito

a pouco, a posição sedimentada na "Decisão Lüth" (*BVerfGE*, 7, 198) foi sendo disseminada internacionalmente, por meio do fecundo trabalho dos comparatistas, vindo a repercutir inclusive no Brasil, como é sabido.

Sobre a questão, sustenta Juan Carlos Gavara de Cara[40] que as teses de Smend influenciaram as formulações de Josef M. Wintrich, que veio a se tornar Presidente do Tribunal Constitucional alemão e, sobretudo, no "comentário da Lei Fundamental de Bonn", realizado na primeira edição por von Mangoldt e, na segunda edição, por Friedrich Klein, sendo esta a de maior influência em relação à jurisprudência do Tribunal Constitucional.

Ressalta Gavara de Cara que tais obras constituíram o ponto de partida das discussões posteriores, tendo ambas encontrado enorme acolhida no Tribunal Constitucional alemão, a ponto de, na sentença Lüth (BVerfGE, 7, 198), argumentar-se claramente no sentido de se considerar os direitos fundamentais como uma ordem de valores objetiva.

Segundo o autor, em sua teoria, Smend trata de situar a interpretação dos direitos fundamentais em um contexto "não estritamente jurídico", vinculando-a ao mesmo tempo a critérios normativos e não normativos (filosóficos, sociológicos, de pensamento político etc.).

Vale registrar, na linha do que noticiou Joaquín Brage Camazano, que, após a Segunda Guerra Mundial, teve-se o cuidado de fazer com que só ascendessem ao Tribunal Constitucional alemão as personalidades do direito que haviam se declarado explicitamente contrárias ao regime nacional-socialista, fato que teria produzido relevantes "frutos na jurisprudência constitucional"[41].

E o principal desses frutos teria sido a assunção, pela Corte Constitucional, da "metodologia científico-espiritual de interpretação da Constituição" (ou, para outros, que reputam a expressão fruto de uma

---

constitucional", segundo narrou CAMAZANO, Joaquín Brage. "Estudio preliminar" In SMEND, Rudolf. *Ensayos sobre la Libertad de Expressión, de Ciência y de Cátedra como Derecho Fundamental y Sobre el Tribunal Constitucional Alemán*. Traducción y estudio preliminar de Joaquín Brage Camazano. México: IIJ/UNAM, 2005, p. XVIII.

40. GAVARA DE CARA, Juan Carlos. *Derechos fundamentales y desarrollo legislativo. La garantia del contenido esencial de los derechos fundamentales en la Ley Fundamental de Bonn*. Madrid: Centro de Estudios Constitucionales, 1994, p. 83.

41. SMEND, Rudolf. *Ensayos sobre la libertad de expresión, de ciencia y de cátedra como derecho fundamental y sobre el tribunal constitucional alemán*. Traducción y estúdio preliminar de Joaquín Brage Camazano. México: IIJ/UNAM, 2005, p. XXXVII e ss.

tradução incorreta, de uma metodologia de interpretação própria das ciências do espírito). Para tanto, desempenharam um papel fundamental magistrados como Leibholz (juiz da 2.ª Turma), Drath (juiz da 1.ª Turma) e Wintrich, este Presidente da Corte e Relator do caso Lüth, que perfilhavam a visão de Smend.

Na realidade, já a partir da sentença proferida em 23 de outubro de 1952, sobre a proibição de um partido político, o Partido Socialista do Império (BVerfGE 2,1), em que o Tribunal enfrentou a vedação constitucional aos partidos contrários à "ordem liberal democrática" e entende que isso é uma referência aos "valores fundamentais supremos do Estado constitucional, baseados nas ideias de liberdade e democracia", entre outras questões, é que se reconheceu o rumo que a jurisprudência daquela Corte ia tomando, no sentido da implementação da teoria smendiana.

Essa postura surtiu efeito até mesmo na jurisprudência da Corte Europeia de Direitos Humanos, além de ter sido adotada no âmbito de outras jurisdições constitucionais, muito embora tenha recebido muitas e acerbas críticas, notadamente em seu País de origem.

Com efeito, sobre a decisão proferida em 3 de dezembro de 1968 pelo Tribunal Constitucional alemão, que disse respeito ao parágrafo 18 da Lei dos partidos políticos de 1967, que estabelecia que participariam do financiamento público dos custos da campanha eleitoral os partidos que houvessem recebido, ao menos, 2,5% dos votos, percentual que foi reduzido para 0,5% no julgamento, Ernst Forsthoff[42] aduziu, com razão, que o "Tribunal não substituiu uma regulação legal equivocada, enquanto inconstitucional, por outra conforme à Constituição – a resolução tem realmente eficácia normativa –, mas situou-se no lugar do legislador na medida em que modificou a situação legal segundo suas próprias convicções", numa decisão de cunho valorativo.

Nesse contexto, a Constituição se transforma, de acordo com a célebre frase de Forsthoff, numa espécie de "Ovo de Colombo jurídico, do qual tudo surge, desde o Código Penal até a Lei sobre fabricação de termômetros"[43].

42. FORSTHOFF, Ernst. *El Estado de la Sociedad Industrial*. Traducción de Luís López Guerra y Jaime Nicolás Muñiz. Madrid: Instituto de Estudios Políticos, 1975, p. 230.

43. FORSTHOFF, Ernst. *Op. cit.*, p. 242.

Carl Schmitt, a seu turno, criticou os pressupostos da teoria smendiana e as consequências de sua adoção na Alemanha (em que pesem, como mencionou Verdú[44], os elogios que esse autor fez expressamente à obra de Smend, em sua Teoria da Constituição). Para o jurista de ouro do nazismo, o que seja o valor "fica em suspenso"[45]. Seu sentido concreto deve ser buscado, portanto, "ali onde tem seu lugar", é dizer, no âmbito econômico[46].

Schmitt considera que o interesse da jurisprudência alemã do segundo Pós-Guerra, "por prover-se uma fundamentação baseada na filosofia dos valores", caminhava pari passu com uma revitalização do Direito Natural[47], visando superar a "mera legalidade do positivismo jurídico e conquistar o solo de uma legitimidade reconhecida".

Quanto à pretensão de que a "execução" da Constituição, ou de normas e decisões seja transformada numa "execução de valores"[48], ressalta Schmitt que é preciso que se leve em conta que a "lógica" do valor se distorce "no mesmo instante em que abandona sua esfera de pertinência – a do econômico e a justitia commutativa – e transforma e torna valiosas aquelas coisas que não são bens econômicos, interesses, metas ou ideais". Diante disso, conclui afirmando a plena incapacidade que as doutrinas do valor têm de fundamentar qualquer legitimidade, pela simples razão de que "não podem mais do que tornar valioso".

Autores como Bernhard Schlink[49] e Ernst-Wolfgang Böckenförde[50] também dirigiram severas críticas à posição adotada pelo Tribunal Constitucional alemão.

Sobre a própria ascensão institucional do órgão, no contexto alemão, Schlink[51] destaca que o fenômeno se verificou devido ao descrédito

44. VERDÚ, Pablo Lucas. *La lucha contra el positivismo juridico en la Republica de Weimar: La teoria constitucional de Rudolf Smend.* Madrid: Tecnos, 1987, p. 163.

45. SCHMITT, Carl. *La Tiranía de los Valores.* Prólogo de Jorge E. Dotti. Buenos Aires: Hydra, 2009, p. 95.

46. SCHMITT, Carl. *Op. cit.*, p. 96; p. 100.

47. SCHMITT, Carl. *Op. cit.*, p. 107.

48. SCHMITT, Carl. *Op. cit.*, p. 109-110.

49. SCHLINK, Bernhard. "German Constitutional Culture in Transition". Cardozo Law Review, n. 14, 1992-3, p. 711 e ss.

50. BÖCKENFÖRDE, Ernst Wolfgang. *Escritos sobre derechos fundamentales.* Traducción de Ignácio Villaverde Menéndez. Baden-Baden: Nomos Verlagsgesellschaft, 1993, p. 44 e ss.

51. SCHLINK, Bernhard. *Op. cit.*, p. 724-725.

da política e de seus atores, por sua atuação durante a República de Weimar e o "Terceiro Reich". Enquanto a política passou a ser considerada um negócio "sujo", o Direito passou a ser visto como "limpo", o que gerou um superávit em sua legitimação.

Em uma de suas análises, Böckenförde, por sua vez, aduz que se pode considerar os direitos fundamentais como normas objetivas de princípio ou como valores fundamentais ou, ainda, como direitos liberais clássicos.

A adesão à primeira opção importa na aceitação tanto de um Estado judicial quanto da ideia de uma Constituição como ordem jurídica fundamental da sociedade, que àquele subjaz.

A segunda alternativa, a seu turno, impõe a aceitação de um Estado legislativo parlamentar e da Constituição como "ordem marco", ou seja, de uma Constituição que se limita a organizar a "vida político-estatal" e a regular as relações entre o Estado e os cidadãos[52].

A configuração das funções do Tribunal Constitucional altera-se de acordo com cada uma das escolhas, como expõe o autor nas linhas seguintes:

> "[...] se a Constituição se limita a estabelecer um marco [ou uma moldura – palavra que, a meu ver, melhor expressa a noção externada pelo jurista alemão], ao Tribunal que deve garantir a Constituição está vedada, em princípio, a intervenção no processo de preenchimento de aludido marco, especialmente no que diz respeito à determinação das posições jurídicas singulares. Se a Constituição é a ordem jurídica fundamental da comunidade, se possui uma função dirigente universal, então é também função do Tribunal Constitucional a determinação de posições jurídicas singulares, na medida em que se trate de conteúdos jurídicos substanciais; dado que os preestabelecimentos constitucionais são indeterminados, o Tribunal Constitucional se converte, em seu trabalho de concretização de seu alcance, de maneira específica, no senhor da Constituição."

O Tribunal Constitucional alemão, conforme demonstrou em inúmeras oportunidades, aderiu, majoritariamente, à segunda opção. E contou, para tanto, com um arsenal teórico considerável, expresso nas diversas abordagens já produzidas na Alemanha sobre a temática das "mutações constitucionais" (*Verfassungswandlungs*), que remontam ao século XIX.

---

52. BÖCKENFÖRDE, Ernst Wolfgang. *Op. cit.*, p. 137.

De fato, o texto seminal sobre a matéria, no bojo do qual foi feita pela primeira vez a distinção entre os termos "reforma constitucional" (*Verfassungsänderung*) e "mutação constitucional" e criada a última expressão, é atribuído a Paul Laband, o grande jurista do Império alemão[53].

Conforme narrou Fernández Segado, a obra de Laband, de 1895, procurava dar respostas doutrinárias à preocupação com o desenvolvimento a que certas matérias disciplinadas pela Constituição do Império alemão de 1871 haviam sido submetidas, sem que fossem tivessem sido aprovadas as competentes alterações formais que se pretendia promover no seu texto, frustradas que o foram pelo Parlamento alemão.

Em livro publicado onze anos depois, Georg Jellinek[54], muito embora tenha se limitado a descrever empiricamente casos e tipos importantes de mutações constitucionais, conforme bem observado por Fernández Segado[55] (no que foi o antigo Professor de Heidelberg, inclusive, criticado por Rudolf Smend[56]), veio a concluir, com sua célebre frase no sentido de que as prescrições jurídicas são "incapazes de impor, efetivamente, a distribuição do poder político, porque as autênticas forças políticas movem-se segundo suas próprias leis, atuando independentemente de quaisquer formas jurídicas"[57].

Isso justifica a contraposição notada entre alguns comandos constitucionais e a situação jurídica efetivamente existente, no período histórico de referência.

Com relação aos limites das mutações constitucionais, Jellinek reconheceu, em sua obra, que o "único critério que conta é o da sua imposição de fato, com o resultado de que sobre a juridicidade ou antijuridicidade de uma determinada modificação o que decide é seu êxito ou

53. Sobre a referência, ver SEGADO, Francisco Fernández. "As mutações jurisprudenciais na Constituição" In MENDES, Gilmar Ferreira; MORAIS, Carlos Blanco de (Orgs.). Mutações Constitucionais. São Paulo: Saraiva, 2016, p. 103 e ss.

54. *Verfassungsänderung und Versassungswaandlung. Eine staatsrechtlich – politische Abhandlung von Georg Jellinek*, ou, na tradução ao espanhol, *Reforma y mutación de la Constitución* (obra citada na nota n.º 34, *supra*).

55. SEGADO, Francisco Fernández. *Op. cit.*, p. 105.

56. SMEND, Rudolf. *Constitución y Derecho Constitucional.* Madrid: Centro de Estudios Constitucionales, 1985, p. 131.

57. Trecho da *Teoria Geral do Estado* de Jellinek também citado por HESSE, Konrad. "Limites da mutação constitucional" In *Temas fundamentais do direito constitucional.* Textos selecionados e traduzidos por Carlos dos Santos Almeida, Gilmar Ferreira Mendes e Inocêncio Mártires Coelho. São Paulo: Saraiva, 2009, p. 156/157.

fracasso"[58]. Nessa linha, segundo Konrad Hesse, o fato consumado (*fait accompli*), "disse G. Jellinek – é um fenômeno histórico de potencialidade constituinte em face do qual qualquer oposição por parte das teorias da legitimidade é um intento vão".

Hsü Dau-Lin, discípulo chinês de Rudolf Smend, que dedicou ao mestre sua monografia sobre a temática das mutações constitucionais, "com a máxima veneração"[59], partiu da natureza da Constituição como obra legislativa e de sua posição especial frente a outros campos jurídicos[60] [61], para afirmar que o fundamento último dos processos de mutação constitucional assentam-se na "natureza do Estado como realidade vital", de modo que os influxos que levam ao contínuo desenvolvimento estatal também são sentidos em sua Constituição, texto que veicula a "regulação jurídica de sua forma de existir".

Anotou o autor, a esse respeito:

> "(...) Se de fato cada Constituição é uma espécie de 'recipiente jurídico no qual cada época introduz seu conteúdo, na medida em que sua extensão e forma o permitem' (V. JAGEMANN, *Deustsche Reichsverfassung*, pág. 244), então ocorre isso, sobretudo, na medida em que sua extensão e forma efetivamente o permitam.
>
> O caráter de fim em si mesmo do Estado, que o diferencia enquanto objeto de regulações jurídicas de outras searas do Direito, opera no cumprimento necessário das tarefas impostas ao Estado como realidade vital, cumprimento que amiúde pode não corresponder plenamente às normas estabelecidas pela Constituição, o que produz mutações constitucionais. Isso ocorre na medida em que a realidade do Estado 'depende do efeito conjunto de todas as forças vitais políticas do conjunto do povo' (SMEND, obra citada, pág. 78). Este resultado, sem embargo, não é uma dimensão que se possa calcular com exatidão matemática, que se pode registrar por completo e estipular, com precisão, pela Constituição. Ainda que a Constituição tenha desenhado suficientemente certas diretrizes para a matéria por ela normatizada, estas, apesar de tudo, não

---

58. HESSE, Konrad. *Op. cit.*, p. 155.

59. Confira-se, a esse respeito, DAU-LIN, Hsü. *Mutación de la Constitución*. Traducción de Pablo Lucas Verdú y Christian Föster. Oñati: Instituto Vasco de Administración Pública, 1998. Todas as traduções empreendidas a partir da obra são livres e de responsabilidade do autor deste trabalho.

60. DAU-LIN, Hsü. *Op. cit.*, p. 157 e ss.

61. Consubstanciada (i) na insuficiência de seus comandos frente à necessidade vital do Estado e a elasticidade de sua normação; (ii) no caráter de fim em si mesmo que o Estado apresenta, em sua qualidade de objeto de regulação jurídica pela sua Constituição e (iii) no caráter limitado da Constituição, no que atine à sua eficácia sobre as forças e garantias nela expressas (DAU-LIN, Hsü. *Op. cit.*, p. 158/160).

logram produzir efeito algum tão rapidamente como as relações da vida real sobre a matéria se alteram. O fracasso destas normas jurídicas não se deve à insuficiência do Direito frente à realidade, mas à necessidade categórica das tarefas vitais da realidade estatal, à natureza autofinalista de Estado. Quando se questiona as necessidades vitais do Estado, então as prescrições de uma regulação jurídica só possuem valor secundário, pois o sentido da Constituição se apoia na pretensão de regular o Estado como totalidade vital e não na fixação de preceitos jurídicos rígidos e heterônomos que aspiram por validade. Assim, o cumprimento dessas tarefas ditadas pela necessidade política – apesar de alguns desvios com relação às normas jurídicas escritas –, a adesão fiel às prescrições constitucionais 'corresponde antes ao sentido da Constituição que à observância fiel de seus parágrafos e, por via de consequência, ao déficit de vida constitucional' (SMEND, ob. cit. p. 78)".[62]

Nesse contexto, as mutações constitucionais seriam, segundo o autor chinês, "algo permitido pela intencionalidade da Constituição" e, por isso, não constituiriam rupturas da ordem constitucional nem simples regras convencionais, mas Direito, apesar da não coincidência com os textos normativos.

Seu fundamento jurídico estaria assentado na "singularidade valorativa do direito constitucional", na assim denominada "necessidade política" e, finalmente, "nas exigências e expressões da vitalidade que se realizam no desenvolvimento do Estado".[63]

Sobre a posição de Dau-Lin, assim manifesta-se Konrad Hesse[64] [65]:

"(...) Através dessa teoria e por oposição à do positivismo jurídico-político desenvolve-se uma fundamentação jurídica, em contrato uma fundamentação jurídico-constitucional da mutação constitucional: a mudança da Constituição não se produz através de fatos da 'realidade' que atuam 'de fora' sobre a Constituição nem só através de modificações da 'situação constitucional'; pelo contrário, a 'realidade' é, por assim dizer, incorporada à Constituição sob a forma de 'necessidade política', cujo sentido global é o de responder a essa necessidade. Em virtude da sua vinculação a essa totalidade da Constituição, o conteúdo das distintas normas constitucionais pode mudar, inclusive quando o conteúdo modificado é incompatível com o texto da norma. O conteúdo que até agora possuía não ceda ante a pura facticidade, mas em face desse 'sentido' de

62. DAU-LIN, Hsü. *Op. cit.*, p. 164/165.
63. DAU-LIN, Hsü. *Op. cit.*, p. 166.
64. HESSE, Konrad. *Op. cit.*, p. 161.
65. Autor que é considerado um dos "mais destacados discípulos de Smend", conforme anotou VERDÚ, Pablo Lucas In *La lucha contra el positivismo juridico en la Republica de Weimar: La teoria constitucional de Rudolf Smend*. Madrid: Tecnos, 1987, p. 142.

> nível superior. Entretanto, dado que este sentido pode mudar segundo as 'necessidades vitais do Estado', o resultado é apenas diferente daquele da Teoria do Estado positivista: não há nenhum limite preciso para essa mudança: tanto aqui como ali, o parâmetro é, em termos definitivos, sua imposição de fato."

Passados precisamente oitenta e cinco anos da publicação de sua obra *Die Versassungswandlung*, a tipologia sobre as mutações constitucionais formulada por Hsü Dau-Lin permanece como referência obrigatória[66]. Segundo o autor[67], são quatro as classes de mutação constitucional: (1) a mutação da Constituição mediante uma prática estatal que não viola formalmente a Constituição; (2) a mutação pela impossibilidade de se exercer certas competências constitucionais; (3) a mutação resultante de uma prática estatal contraditória com a Constituição e (4) a mutação gerada por meio da interpretação constitucional.

Herman Heller, outro grande juspublicista alemão da denominada "República de Weimar", período em que se situam as origens da teoria da Constituição[68], também externou uma posição representativa do tratamento que foi conferido ao fenômeno das mutações constitucionais, na Alemanha[69].

Com efeito, partiu Heller[70] da premissa de que o conhecimento do Estado e do Direito não deve olvidar "o caráter dinâmico de seu objeto", para afirmar que só se pode falar em Constituição como um documento dotado de um "caráter relativamente estático" imerso na "dinâmica dos processos de integração constantemente cambiantes". Nas palavras do autor,

> "A Constituição permanece através da mudança dos tempos e das pessoas graças à probabilidade de que se repita no futuro a conduta humana que com ela esteja de acordo. Esta probabilidade se assenta, de uma parte, em uma mera normalidade de fato, conforme à Constituição, da conduta dos membros, porém, além disso, numa normalidade normada

---

66. Conforme reconheceu, por exemplo, Francísco Fernándes Segado (*op. cit.*, p. 119).
67. DAU-LIN, Hsü. *Op. cit.*, p. 31/48.
68. De acordo com GOMES CANOTILHO, José Joaquim. *Direito Constitucional e Teoria da Constituição*. 7. ed. 6. impres. Coimbra: Almedina, 2007, p. 1335.
69. HESSE, Konrad. *Op. cit.*, p. 162.
70. HELLER, Hermann. *Teoría del Estado*. Edición y prólogo de Gerhart Niemeyer. Traducción de Luis Tobío. 2. ed. Cuarta reimpressión. México: FCE, 2010, p. 317 e ss. Todas as traduções são livres e de responsabilidade do autor deste trabalho.

dos mesmos e no mesmo sentido[71]. Cabe, por isso, distinguir em toda Constituição estatal e como conteúdos parciais da Constituição política total, a Constituição não normada e a normada, e, dentro desta, a normada extrajuridicamente e a que o é juridicamente. A Constituição normada pelo direito conscientemente estabelecido e assegurado é a Constituição organizada."

Ato contínuo, Heller entrelaça os conceitos de "normatividade" e de "normalidade", afirmando que, paralelamente à força normativa do fático, que, muitas vezes é considerada como uma via de mão única, a força "normalizadora do normativo" também possui grande importância para o Direito. Em verdade, acentua o autor, é sobre a "infraestrutura" da Constituição não normada, e influenciada de maneira determinante por essa mesma infraestrutura, que se ergue "a Constituição formada por normas sobre as quais, ao lado da tradição e do uso, desempenha papel peculiar a função diretora e a preceptiva, que possuem caráter autônomo e que, frequentemente, decidem contra o tradicional".

Aduz que a relação entre normalidade e normatividade na Constituição aparece como problema fundamental de toda a sociologia do Direito e do Estado, e que a questão, historicamente, diz com as causas do aumento da normalização por normação autoritária e, nessa medida, com as raízes do Estado moderno.

Conclui por afirmar que a Constituição estatal forma um todo no qual aparecem complementando-se reciprocamente a normalidade e a normatividade, assim como a normatividade jurídica e a extrajurídica. E é precisamente nesta "força normalizadora das normas sociais" que se apoia, primordialmente, a própria permanência da Constituição.

Aborda o autor, nesse contexto, a imprescindibilidade dos princípios jurídicos para a estabilidade da Constituição, na medida em que esses expressam a normalidade social[72]. Esta, contudo, transforma-se na

71. Segundo Heller, a normalidade de uma conduta "consiste em sua concordância com uma regra de previsão baseada na observação do que costuma suceder em determinados períodos de tempo. Todas as ordenações sociais que têm validez real consistem em certas esperanças dos membros baseadas no seguinte princípio: pelo fato de que tal homem ou grupamento humano, em tais circunstâncias, de maneira constante e regular, tenha se comportado, em geral, de tal modo, pode-se confiar e contar com que, apesar das exceções que possam se opor à regra, comportar-se-ão da mesma forma, sob as mesmas circunstâncias, no futuro".

72. Sobre o ponto, assim se manifesta Heller (*Op. cit.*, p. 325 e ss.): "o caráter necessário desses princípios para a Constituição aparece reconhecido pelo legislador enquanto costuma referir-se a eles de duas maneiras: ou de um modo material, formulando o conteúdo do princípio jurídico, ou de um modo formal. A Constituição de Weimar, em sua segunda parte, e as listas de direitos fundamentais da maior parte das Constituições escritas fazem remissão, com caráter

"corrente imperceptível da vida diária", acarretando, por via de consequência, uma lenta e gradual evolução dos princípios jurídicos.

Dessarte, pode suceder que, muito embora o texto da prescrição que expressa determinado princípio jurídico permaneça incólume, seu sentido experimente uma "completa revolução", ainda que a continuidade do Direito permaneça intocada na consciência dos membros da comunidade jurídica.

As mudanças de significação dos preceitos jurídicos (regras) realizam-se graças aos princípios jurídicos cambiantes, que constituem a "porta por onde a realidade social valorada positivamente penetra diariamente na normatividade estatal", de forma que se faz possível a estabilidade e a capacidade de acomodação da normatividade em face da normalidade e se pode conceber, assim, a Constituição total do Estado como "forma impressa que, vivendo, se desenvolve".

Nesse processo, com bastante frequência, conforme anota Heller, "o uso social, a realidade social não normada ou normada extrajuridicamente, revelam-se mais fortes do que a norma estatal", de modo que, "em última instância, sempre veremos confirmar-se a tese de que a Constituição real consiste nas relações reais de poder", no sentido lassaliano da expressão.

São precisamente as alterações operadas no sentido das normas constitucionais pelas relações sociais de poder que as contradigam, que expressam o fenômeno das mutações constitucionais.

No Brasil, Anna Cândida da Cunha Ferraz[73] escreveu uma das mais significativas obras sobre o tema, em meados da década de oitenta.

---

material, a princípios éticos do direito. Ao formular, por exemplo, os artigos 119 e 120 daquela Constituição o princípio da monogamia e da educação familiar dos filhos, não estabelecem, todavia, com isso, certamente um preceito jurídico positivo [regra] que pudesse servir ao juiz como norma de decisão; porém, esta formulação contém, sem dúvida, algo que é distinto e superior a uma mera abstração dos preceitos jurídicos vigentes e estabelece também algo mais que uma simples diretriz para o legislador futuro.

(...) É precisamente essa ausência de determinação do conteúdo o que capacita a estes princípios jurídicos para desempenhar uma função perpétua à Constituição. Um preceito jurídico positivo [regra] há de dizer segundo o que hoje se reclama da segurança jurídica, o seguinte: em tais circunstâncias, o homem deve comportar-se de tal modo. Com isso, o preceito jurídico válido [regra] garante uma previsibilidade maior da conduta social que o princípio jurídico, que é menos preciso. Porém, justamente esta precisão do preceito jurídico se opõe à necessária capacidade de acomodação e à continuidade [estabilidade] dos preceitos jurídicos."

73. FERRAZ, Anna Cândida da Cunha. *Processos Informais de Mudança da Constituição*. São Paulo: Max Limonad, 1986.

Tomando por base, essencialmente, a classificação formulada por Paolo Biscaretti di Ruffia[74], a Professora Associada da Universidade de São Paulo examinou os processos de mutação constitucional mais comumente mencionados em sede doutrinária, reunindo-os sob as denominações "interpretação constitucional", em suas diversas modalidades, e os "usos e costumes constitucionais"[75].

Ferindo o tema específico das mutações constitucionais operadas pela via da interpretação constitucional, a autora aponta que o processo se configura na medida em que a interpretação confere à Constituição um novo sentido. Em suas próprias palavras[76], aduz que, ao ser aplicada,

> "(...) a norma constitucional tem caráter mais abrangente, alcançando situações dantes não contempladas por ela ou comportamentos ou fatos não considerados anteriormente disciplinados por ela; sempre que, ao significado da norma, se atribui novo conteúdo, em todas essas situações se está diante do fenômeno da *mutação constitucional*".

Segundo Anna Cândida, são encontradiços na história constitucional de muitos Estados os "processos anômalos" de mudança da Constituição, que a autora designa como "mutações inconstitucionais".

Enquanto as mutações constitucionais devem ser admitidas, qualquer que seja o "veículo adotado", sempre que observem os limites estabelecidos pelo texto constitucional e se prestem a adaptá-lo às novas realidades, pois "nada é mais conforme ao espírito da Constituição do que ser ela aplicada integral e efetivamente", as mutações inconstitucionais, enquanto verdadeiras violações à Carta Política, devem ser coibidas.

E, escorando-se no magistério de Meirelles Teixeira, reforça a autora que tais violações devem ser repelidas

---

74. Eis, resumidamente, a classificação empreendida por Biscaretti di Ruffia, nas palavras da própria autora: "embora a letra da Constituição permaneça inalterada, a realidade constitucional, graças a fatores diversos, sofre modificações consideráveis, que podem ser agrupadas em dois tipos. No primeiro reúnem-se as modificações operadas em virtude de atos elaborados por órgãos estatais: *a)* de caráter normativo (leis, regulamentos, etc.); *b)* de natureza jurisdicional (decisões judiciais, notadamente em matéria de controle de constitucionalidade das leis). No segundo grupo, as operadas em virtude dos fatos: *a)* de caráter jurídico (tais como os costumes); *b)* de natureza político-social (tais como as normas convencionais ou as regras sociais de conduta correta frente à Constituição), ou simplesmente as práticas constitucionais (tais como a inatividade do legislador ordinário que, não elaborando normas de execução, logra, em substância, impedir a realização efetiva de disposições constitucionais)." (FERRAZ, Anna Cândida da Cunha. *Op. cit.*, p. 12).
75. FERRAZ, Anna Cândida da Cunha. *Op. cit.*, p. 13.
76. FERRAZ, Anna Cândida da Cunha. *Op. cit.*, p. 56.

> "(...) venham de onde vierem – seja uma prática constitucional viciosa e sem apoio da opinião pública, seja uma lei ordinária capciosa, de fins escusos, bem ou mal disfarçados, ou mesmo de uma não aplicação que constitua atentado ou desrespeito às expressas finalidades constitucionais".

Reconhece, no entanto, a autora, que os "mecanismos e instrumentos" do direito constitucional não têm sido capazes de fazê-lo, ao menos não com a efetividade recomendável. Daí a sua repetição, "frequente e alarmante", no panorama constitucional dos mais diversos Estados.

Carlos Blanco de Morais opõe-se a Anna Cândida da Cunha Ferraz ao deixar assentado que as interpretações constitucionais não necessariamente constituem mutações constitucionais ou, *ipsis litteris*, que existem "operações interpretativas que evoluindo 'paredes meias' em relação à mutação, não constituem, em bom rigor, genuínas alterações tácitas da Constituição", porquanto derivam do "preceituado constitucional por via de extensão, de subsunção, de atualização teleologicamente fundada, de concretização lógica e axiologicamente justificada ou de ponderação constitucionalmente orientada"[77].

Invocando as lições de Ernst-Wolfgang Böckenförde, o constitucionalista português retrata[78] uma série de situações, de quatro tipos básicos, que não se enquadrariam na "figura das mutações".

O primeiro caso diz com alterações no âmbito da realidade vital regida pelas normas constitucionais que modifiquem a relação de significação destas últimas. Conforme evidenciado por Laurence Tribe, esta seria a hipótese da noção de *free speech*, que não se refere tão somente à expressão verbal, abrangendo também a "expressão escrita, a expressão gestual e a que se encontra inscrita em imagens, *posters* e panfletos".

A segunda situação prende-se, segundo o autor, com a descodificação jurisprudencial de conceitos jurídicos indeterminados por meio de sua elucidação, levada a efeito a partir de uma "zona de clareza pré-definida no texto da Constituição". Exemplifica com o disposto no n.º 2 do art. 229.º da Constituição portuguesa de 1976, cuja noção de questões da competência dos órgãos de soberania *"respeitantes às regiões autónomas"* foi definida, de forma inovadora, pela justiça constitucional, "um

77. MORAIS, Carlos Blanco de. "As mutações constitucionais implícitas e os seus limites jurídicos". In: FELLET, André; NOVELINO, Marcelo (Orgs.). *Constitucionalismo e democracia*. Salvador: JusPodivm, 2013, p. 513/514.

78. Idem. p. 514/515.

pouco à luz da antiga definição de interesse específico", que também havia sido fruto de criação jurisprudencial.

A terceira situação, agrega Blanco de Morais, diz respeito ao desenvolvimento e à concretização de conceitos extrajurídicos como os de "ordem ética", quanto as normas constitucionais para eles explicitamente fazem remissão. Tal sucederia, por exemplo, no caso da elucidação de fórmulas como "moralidade", "probidade", "penas degradantes" e "dignidade da pessoa humana". Cita, ilustrativamente, a decisão proferida pelo STF na ADI 661-MC, sobre a noção de "moralidade administrativa" e a Súmula Vinculante n.º 12, sobre nepotismo e princípio da moralidade administrativa, a qual teria "ficado a meio do caminho entre interpretação concretizadora e mutação, talvez no hemisfério da primeira".

A quarta e última situação toca nas diversas variantes da "construção interpretativa jurisprudencial" que incide sobre normas abertas que "declaram e configuram" direitos fundamentais, sendo este o espaço mais resvaladiço entre mutações informais e "desenvolvimento hermenêutico da Lei Fundamental". Sobre esse domínio é difícil, aprioristicamente, traçar critérios especialmente definidos, na medida em que a construção da eficácia horizontal das normas constitucionais que configuram os direitos para determinado campo jurídico envolve, "em certos casos, autênticas mutações".

Em outra obra de sua lavra[79], Blanco de Morais anota que autores que têm "adubado" o ativismo judicial, sobretudo fora de seu País de origem, como Peter Häberle, procuram negar autonomia dogmática ao fenômeno das mutações, declarando existir apenas e tão somente a interpretação constitucional e que a "mutação é um problema da interpretação", numa "teorética constitucional de 'águas turvas'".

Nessa toada, prossegue o autor português com o seu excurso, concluindo que

> "O esforço subtil de assimilação da mutação pela interpretação coloca, em sede de arquitetura de poderes, o problema da competência e da legitimidade do juiz, quando este, prevalecendo-se do seu *status* de intérprete autorizado da Constituição, transita da sua anterior posição de 'servo' para se converter informalmente em 'senhor' da Lei Fundamen-

79. MORAIS, Carlos Blanco de. "As mutações constitucionais de fonte jurisprudencial: a fronteira crítica entre a interpretação e a mutação". In: MENDES, Gilmar Ferreira; MORAIS, Carlos Blanco de. (Orgs.). *Mutações Constitucionais*. São Paulo: Saraiva, 2016, p. 49/101.

> tal, estabelecendo o que esta significa e impondo esse significado aos poderes e aos cidadãos."

Linhas adiante, imbuído do intuito de definir "mutação constitucional", Blanco de Morais parte da posição de Anna Cândida da Cunha Ferraz[80], que associa classicamente as mutações a processos informais que dão ensejo a alterações no significado e no alcance do texto constitucional, sem que se altere a letra e o espírito e que "ocorrem à margem do poder reformador ou de revisão"[81], completando-a com os atributos da *inovação política* e da *consolidação temporal*.

Apesar de observar que nenhuma definição seria, de fato, "inteiramente segura e confortável", passa fixar a sua compreensão de mutação constitucional como um

> "fenômeno em que normas em sentido material de conteúdo politicamente inovador, geradas e consolidadas gradualmente no tempo à margem do poder de revisão constitucional, alteram o significado de disposições constitucionais vigentes ou desvitalizam a sua eficácia".

O primeiro dos atributos, qual seja, o da *inovação institucional*, envolve, segundo o autor, uma

> "manifestação de vontade primária que implica uma nova conformação conteudística de um preceito constitucional, a qual, tendo ou não amparo no texto, altera constitutivamente o significado preexistente atribuído à mesma disposição, de modo a revelar um critério político de decisão não suscetível de se reconduzir à vontade do legislador."

Sobre a questão, acrescenta que

> "o aditamento de critérios inovadores de decisão e a modificação (transformadora, redutiva, ablativa ou ampliativa) *do sentido objetivo das competências expressas* dos órgãos de soberania e nos seus freios e contrapesos, e a ampliação ou a redução drástica do âmbito de garantia dos direitos de liberdade constituem exemplos de domínios em que a interpretação constitucional, mesmo sob o pretexto de ajustamento da Lei Fundamental ao 'ambiente normativo', ultrapassa os limites pró-

---

80. Para a autora, mutação constitucional significa "alteração, não da letra ou do texto expresso, mas do significado, do sentido e do alcance das disposições constitucionais, através ora da interpretação judicial, ora dos costumes, ora das leis, alterações essas que, em geral, se processam lentamente, e só se tornam claramente perceptíveis quando se compara o entendimento atribuído às cláusulas constitucionais em momentos diferentes, cronologicamente afastados um do outro, ou em épocas distintas e diante de circunstâncias diversas." (FERRAZ, Anna Cândida da Cunha. *Op. cit.*, p. 9)

81. Definição com a qual ele, em linhas gerais, concorda, excetuada a interpretação constitucional evolutiva, nela abrangida, a qual se opõe com base na ressalva já referida de Böckenförde, que elucida que em muitos daquelas hipóteses não se verifica o fenômeno da mutação.

> prios de uma revelação do direito posto, para entrar no universo do direito proposto pela Justiça Constitucional".

No que diz respeito ao "fator tempo", Blanco de Morais aduz que, em determinadas situações, as primícias da alteração informal da Constituição surgem "*one shot*", a partir de uma sentença "normativa referencial de caráter inovador", que, caso seja adotada em casos similares durante tempo considerável e sem oposição relevante, converte-se, de "inovação ou mudança episódica", numa autêntica mutação constitucional.

Isso na medida em que as mutações constitucionais raramente se processam de forma instantânea, porquanto, assim como o costume, carecem

> "(...) de um tempo de maturação e aceitação (em regra tácita, por falta de oposição), bem como de uma reiteração de decisões que se orientem para esse desiderato transformador de modo a potenciar uma consolidação dessa mudança de sentido no poder político, nos tribunais e na doutrina".

Estão as mutações, portanto, sujeitas à "prova do tempo".

V. CONCLUSÃO

Conforme se nota, com base no que se acabou de referir a respeito das mutações constitucionais, a consideração da eventual incompatibilidade, para com a nossa Constituição Federal, da instituição de uma cláusula de desempenho – em que pese a inexistência de vedação explícita, para tanto, em nosso texto magno (na linha do que prevê, como já referido, a Constituição portuguesa de 1976[82]), apesar de ser uma inovação política substancial, tem enfrentado uma sistemática oposição do Congresso Nacional, razão pela qual não pode ser reconhecida como uma mutação constitucional genuína.

Do mesmo modo, a extração do princípio da fidelidade partidária do texto constitucional, muito embora constitua uma inovação política relevante, não conta com a necessária consolidação temporal, não podendo também ser reconhecida como uma autêntica mutação constitucional.

Não bastasse a falta de maturação da questão, pende de análise, conforme mencionado no item III, *supra*, o pedido mais abrangente lançado na inicial da ADI 5.398/DF, de relatoria do Ministro Roberto Barroso, lastreado na compreensão de que o art. 22-A incluído à Lei dos Partidos

82. Em seus artigos 113.º/5 e 152.º/1.

Políticos, ao suprimir a hipótese de justa causa para a desfiliação de uma agremiação partidária, na hipótese de criação de um novo partido, ofenderia os princípios democrático, do pluralismo político e da livre criação de partidos, que teria, "além de um sentido formal (de não opor obstáculos à sua formação), um sentido material, de efetivamente viabilizar o desenvolvimento das novas agremiações".

Caso seja efetivamente reconhecido, pelo Supremo Tribunal Federal, no julgamento da Ação Direta de Inconstitucionalidade adrede mencionada, o sentido material que se pretende atribuir ao princípio da liberdade de criação de partidos, extraído do *caput* do art. 17 da Constituição Federal, inviabilizar-se-ia uma das mudanças mais substantivas entre as que podem ser adotadas para o aperfeiçoamento do sistema partidário brasileiro, que é a adoção de uma cláusula de desempenho partidário.

Constata-se que os desdobramentos do caso se encontram na dependência tanto da atuação do Supremo Tribunal Federal quanto da do Congresso Nacional, a quem compete deliberar sobre as proposições já apresentadas ou sobre novos projetos.

CAPÍTULO 04

Representação argumentativa dos Tribunais Constitucionais

André Rufino do Vale[1]

Sumário: Introdução; I. Repensando a representação democrática; II. A representação argumentativa dos tribunais constitucionais; III. Tribunais constitucionais e seus auditórios; Considerações finais: a representação argumentativa como diretriz para o aperfeiçoamento da prática deliberativa de um Tribunal Constitucional.

INTRODUÇÃO

No âmbito das discussões sobre a justificação do controle de constitucionalidade, tornou-se lugar comum questionar a representatividade democrática dos Tribunais Constitucionais. Em termos mais específicos, discute-se sobre um possível déficit de representação popular desses tribunais no exercício de sua jurisdição constitucional. A questão pode ser sinteticamente apresentada da seguinte forma, numa espécie de raciocínio lógico. Se a fiscalização da constitucionalidade das leis é expressão de um poder estatal, e se numa democracia (representativa) todo poder deve emanar (ainda que indiretamente) do povo – que o exerce por meio de seus representantes eleitos, segundo a dicção literal da grande maioria dos textos constitucionais das democracias contemporâneas –, então o exercício desse poder somente estará legitimado (democraticamente) se for calcado em algum tipo de representação popular (eleitoral).

1. Doutor em Direito pela Universidad de Alicante e pela Universidade de Brasília. Mestre em Direito pela Universidade de Brasília e Mestre em Argumentação Jurídica pela Universidad de Alicante. Professor dos cursos de graduação e pós-graduação do Instituto Brasiliense de Direito Público (IDP). Procurador Federal.

O conceito de representação democrática pressuposto nesse tipo de abordagem concentra-se na exigência de eleições livres e gerais como requisito essencial de legitimação democrática dos poderes estatais. Nesse sentido, apenas as instituições estatais compostas por representantes eleitos diretamente pelo voto popular – mecanismo que também torna possível a destituição desses mesmos representantes do poder – seriam dotadas de representação democrática. Os parlamentos, por esta visão, tornam-se os "representantes do povo" por antonomásia; as instituições ditas "majoritárias" por excelência. Os Tribunais Constitucionais, ao contrário, por serem formados por juízes escolhidos com base em critérios de mérito e que, dessa forma, não se submetem aos mecanismos de eleição e de controle fundados no voto popular, seriam instituições carentes de representação democrática.

O presente artigo está destinado a demonstrar que instituições não majoritárias ou contramajoritárias, como os Tribunais Constitucionais, podem ser dotados de representação democrática, se esta for repensada ou reconfigurada como uma representação de tipo *discursivo* ou *argumentativo*, fundada no requisito da *aceitabilidade racional* das decisões por parte de distintos *auditórios*, tornando, dessa forma, indispensáveis os aportes das teorias da argumentação jurídica para a compreensão desses renovados conceitos no âmbito dos estudos sobre a jurisdição constitucional. O primeiro subtópico pretende (I) *repensar a representação democrática* (política), partindo da resignificação de seu conceito efetivada recentemente por expressivos expoentes da teoria política (especialmente das teorias da democracia) para abordá-la como uma espécie de *representação discursiva* – na linha traçada pela teoria (política) da democracia de John Dryzek[2] – e, no mesmo sentido, como uma "representação argumentativa", dando continuidade à noção esboçada na teoria jurídica de Robert Alexy[3]. O segundo, seguindo nesse raciocínio, destina-se à (II) análise do significado da representação argumentativa dos tribunais constitucionais, o que levará a uma consideração introdutória sobre a noção de *aceitabilidade racional* das decisões, tal como desenvolvida nas teorias da argumentação jurídica (como a de Aulis Aar-

---

2. DRYZEK, John; NIEMEYER, Simon. *Discursive representation*. American Political Science Review, November 2008. DRYZEK, John S. *Deliberative Democracy and Beyond: liberals critics, contestations*. Oxford: Oxford University Press; 2002. Idem. *Rhetoric in Democracy: a systematic appreciation*. Political Theory 38 (3), 2010, pp. 319-339.
3. ALEXY, Robert. *Balancing, constitutional review, and representation*. In: I-CON, Vol. 3, n° 4, Oxford University and NYU School of Law, 2005, p. 572-581.

nio[4]). O terceiro (III) fará uma análise sintética da ideia de *auditórios* dos tribunais constitucionais, com base na obra de Chaïm Perelman[5]. O texto finaliza com algumas breves conclusões sobre a *representatividade discursiva* ou *argumentativa* como uma diretriz de aperfeiçoamento prático da capacidade deliberativa dos Tribunais Constitucionais.

I. REPENSANDO A REPRESENTAÇÃO DEMOCRÁTICA

A representação democrática por muito tempo foi caracterizada pelas teorias políticas da democracia desde o ponto de vista que Hanna Pitkin, em sua já clássica e multicitada obra sobre o "Conceito de Representação" (de 1967)[6], definiu como "formalista". Segundo Pitkin, o conceito moderno "formal" de representação, que possui origem remota em Thomas Hobbes[7], foi construído fundando-se em dois fatores essenciais: a) *autorização* (*authorization*), como ato inicial que confere a autoridade, o mandato ou o poder ao representante para atuar em nome do representado, o que nas democracias representativas modernas se realiza por meio de eleições gerais e periódicas; b) *responsabilidade* (*accountability*), uma espécie de acordo formal que segue o ato constituinte inicial (autorização) e obriga o representante a prestar contas de seus atos[8].

---

4. AARNIO, Aulis. *Lo racional como razonable. Un tratado sobre la justificación jurídica*. Madrid: Centro de Estudios Constitucionales; 1991.

5. PERELMAN, Chaïm; OLBRECHTS-TYTECA, Lucie. *Tratado da argumentação*. Trad. Maria Galvão. São Paulo: Martins Fontes; 2002.

6. PITKIN, Hanna F. *El concepto de representación*. Trad. de Ricardo Montoro Romero. Madrid: Centro de Estudios Constitucionales; 1985.

7. Para maiores detalhes a respeito da análise de H. Pitkin sobre o conceito de representação em Hobbes, vide: PITKIN, Hanna F. *Hobbe's concept of representation*. American Political Science Review, Vol. LVIII, n. 4, December 1964, pp. 328-918.

8. H. Pitkin considera que essa concepção formalista, apesar de captar adequadamente parte do significado da representação, é insuficiente para descrever toda a complexidade do fenômeno da representação política. Para Pitkin, um conceito mais completo (e complexo) de representação deve considerar, além da representação formal, a representação descritiva, a representação simbólica e a representação substantiva. PITKIN, Hanna F. *El concepto de representación*. Trad. de Ricardo Montoro Romero. Madrid: Centro de Estudios Constitucionales; 1985. Idem. *Representação: palavras, instituições e ideias*. In: Revista Lua Nova, São Paulo, 67, 2006, pp. 15-47. Originalmente "Representation", publicado em BALL, Terence, FARR, James; HANSON, Russell (orgs.). *Political innovation and conceptual change*. Cambridge: Cambridge University Press, 1989. Idem. *Representation and Democracy: an uneasy alliance*. In: Scandinavian Political Studies, vol. 27, n. 3, 2004. Uma análise mais profunda do conceito de representação, em especial na obra de Hanna Pitkin, pode ser encontrada em: LIFANTE, Isabel. *Sobre el concepto de representación*. *Doxa* Cuadernos de Filosofía del Derecho, Alicante, vol. 32, 2009, pp. 497-524. GARCÍA GUITIÁN, Elena. *El significado de la representación política*. In: Anuario de la Facultad de Derecho de la Universidad Autónoma de Madrid, 8, 2004, pp. 109-120.

Outra descrição já consagrada na teoria da democracia pode ser encontrada na obra de Giovanni Sartori, segundo a qual a representação política implica: a) receptividade ou responsabilidade (*responsiveness*) por parte dos representantes em relação às demandas de seus eleitores; b) prestação de contas (*accountability*), o que significa que os representantes devem prestar contas ou ser responsáveis por seus atos perante seu eleitorado; c) possibilidade de destituição (*removability)* dos representantes, que se restringe a determinados momentos, como ocorre quando há a aplicação de um "castigo eleitoral"[9]. Nesses termos, a representação política tradicionalmente é qualificada como representação eleitoral, isto é, como fenômeno que se reproduz no seio das complexas relações entre eleitores e seus representantes, uma visão que se encontra enraizada no próprio senso comum que na prática política se construiu em torno desse conceito.

Essa concepção standard da representação política evidentemente tem sido pressionada pela emergência de novos fenômenos políticos já bastante conhecidos no mundo contemporâneo: no plano nacional ou interno, as novas e diferenciadas formas de associativismo e de corporativismo, que ensejam um plexo difuso de centros de decisão e de emanação de poderes políticos, assim como a insurgência de criativos experimentos na promoção de maior participação da sociedade civil na formulação e implementação de políticas públicas, especialmente em países da América Latina[10]; no plano transnacional, a crescente presença de novos entes políticos representativos que ultrapassam qualquer fronteira nacional e regional (organismos supranacionais, organizações não governamentais, associações internacionais, etc.) e a proliferação de uma pluralidade de discursos (econômicos, assistenciais, ambientais, etc.) igualmente representativos, porém despidos de referenciais em algum ente político bem definido[11]. Tais fenômenos têm contribuído decisivamente para o surgimento de modos diferenciados de representação política que ao mesmo tempo não estão necessariamente basea-

9. SARTORI, Giovanni. En defensa de la representación política. In: CARBONELL, Miguel. *Democracia y Representación: un debate contemporáneo*. México: Tribunal Electoral del Poder Judicial de la Federación, 2005.
10. Sobre as formas insurgentes de democracia participativa, especialmente no Brasil, vide: AVRITZER, Leonardo. *Sociedade civil, instituições participativas e representação: da autorização à legitimidade da ação*. In: Dados Revista de Ciências Sociais, Rio de Janeiro, ano/vol. 50, n. 3, 2007.
11. COHEN, Joshua; SABEL, Charles F. *Global Democracy?* In: NYU International Law and Politics, vol. 37, 2004-2005, pp. 763-797.

dos no requisito da *autorização* (eleitoral) e que são carentes de novos enfoques sobre a *accountability* para além da relação estabelecida no mandato eleitoral[12]. O fato, hoje praticamente inconteste, é que a representação política passou, ao longo das últimas décadas, a estar presente em âmbitos completamente alheios às instituições majoritárias (cujas principais figuras são os parlamentos) e, portanto, a significar algo mais do que estabelecido em sua clássica concepção.

A incapacidade da noção standard da representação de abarcar toda a complexidade dos novos fenômenos políticos também tem causado a percepção geral e crescente de uma crise da representação nas democracias contemporâneas, objeto de diversas obras e de instigantes debates no âmbito das teorias políticas da democracia[13]. Não obstante, recentes desenvolvimentos teóricos sobre o significado da representação política nas democracias têm reconhecido que a tão comentada crise atual da democracia representativa pode ser apenas o resultado da insistência em enxergá-la conforme os modelos tradicionais baseados essencialmente nas relações entre eleitores e seus representantes. As soluções para os déficits de representação vivenciados por quase todas as democracias contemporâneas não poderiam advir, ao contrário do que muitos defendem, das tentativas de ressurreição dos referenciais clássicos de democracia direta, mas de uma profunda refundação da própria noção de representação e de novos olhares sobre os complexos vínculos que ela pode manter com a democracia[14]. A representação não seria apenas uma solução de compromisso historicamente estabelecido entre o ideal de democracia direta e a realidade política das democracias modernas (populosas e territorialmente extensas), ou seja, uma alternativa "*se-*

---

12. Como concluem Adam Przeworski, Susan Stokes e Bernard Manin após analisar diversos estudos sobre representação eleitoral e *accountability*, os mecanismos eleitorais são falíveis e insuficientes para produzir *accountability* condizente com o ideal de democracia representativa. PRZEWORSKI, Adam; STOKES, Susan; MANIN, Bernard (ed.). *Democracy, Accountability and Representation.* Cambridge: Cambridge University Press; 1999. Sobre os déficits de *accountability* no contexto da produção de políticas públicas de âmbito global, vide: HELD, David; KOENIG-ARCHIBUGI, Mathais (ed.). *Global Governance and Public Accountability.* Oxford: Blackwell Publishing, 2005.

13. Um interessante debate entre Giovanni Sartori, Francisco Laporta, Roberto Gargarella, Ernesto Garzón e outros, sobre uma possível crise da democracia representativa, foi publicado na revista *Claves de la Razón Práctica*, e pode ser encontrado integralmente na obra: CARBONELL, Miguel. *Democracia y Representación: un debate contemporáneo.* México: Tribunal Electoral del Poder Judicial de la Federación, 2005.

14. BÖCKENFÖRDE, Ernst-Wolfgang. Democracia y representación: crítica a la discusión actual sobre la democracia. In: Idem. *Estudios sobre el Estado de Derecho y la democracia.* Madrid: Trotta; 2000, p. 136 e ss.

cond best" ante a impossibilidade prática dos modelos ideais (fundados no pensamento de Rosseau) de participação direta. A representação é (como sempre o foi) crucial para a constituição e desenvolvimento das democracias e, nessa perspectiva, precisa ser resignificada a ponto de conseguir explicar os complexos fenômenos de emanação dos poderes políticos no mundo contemporâneo, cuja fonte de legitimação não mais se restringe aos mecanismos eleitorais[15].

Nessa perspectiva, diversos são os autores que tem procedido ao intento de repensar a representação democrática, focando em contextos que estão além das tradicionais instituições parlamentares. Michael Saward, por exemplo, destaca o caráter ultrapassado das discussões sobre a representação política que levam em conta apenas as relações entre representantes e seus eleitores e ressalta que a representação acontece em muitos outros lugares e modos além das instituições parlamentares e dos processos eleitorais, o que justifica uma revisão dos antigos conceitos trabalhados pelas tradicionais teorias políticas e a consequente construção de um pensamento democrático que apreenda toda a riqueza da ideia de representação[16]. Jane Mansbridge, em seu importante artigo "Rethinking Representation"[17], propõe uma completa revisão do tradicional modelo de representação (que ela define como *promissory representation*) por outras formas de representação identificadas empiricamente (*anticipatory*, *gyroscopic*, *surrogate representation*) que se fundam em critérios mais deliberativos. Nadia Urbinati considera que o conceito de representação não pode mais ser baseado unicamente nas noções de autorização e *accountability*, que deixaram de ser satisfatórias no atual quadro de profundas transformações nas políticas nacional e internacional, e defende um conceito mais amplo que abarque formas não eleitorais de representação democrática[18]. Em um de seus escritos

15. MANIN, Bernard. *The principles of representative government*. Cambridge: Cambridge University Press; 1997. URBINATI, Nadia. *O que torna a representação democrática?* In: Revista Lua Nova, São Paulo, 67, 2006, pp. 191-228. Artigo originalmente apresentado no Encontro anual da American Political Science Association, Washington (EUA), setembro de 2005.

16. SAWARD, Michael. *Representation*. In: DOBSON, Andrew; ECKERSLEY, Robyn (eds.). *Political Theory and the Ecological Challenge*. Cambridge: Cambridge University Press, pp. 183-199. Idem. *Reconstructing Democracy: current thinking and new directions*. In: Government and Opposition International Journal of Comparative Politics, vol. 36, n. 4, 2001, pp. 559-581.

17. MANSBRIDGE, Jane. *Rethinking Representation*. American Political Science Review, vol. 97, n. 4, November 2003, pp. 515-528.

18. URBINATI, Nadia. *O que torna a representação democrática?* In: Revista Lua Nova, São Paulo, 67, 2006, pp. 191-228. Artigo originalmente apresentado no Encontro anual da American Political Science Association, Washington (EUA), setembro de 2005.

mais importantes, Urbinati defende uma *representação como advocacy*, na qual o representante torna-se um *advocate* de reivindicações e ideias (um defensor "apaixonado" de suas causas) que amplia os espaços de deliberação democrática para além das instituições estatais (o *advocate* é um deliberador), transformando-os em foros de debate público nos quais competem livremente diferentes interesses e visões subjetivas que levam a decisões que permanecem abertas a novas discussões. Com isso, Urbinati sugere um conceito de representação que enfatiza a deliberação e a retórica nos procedimentos de decisão democrática[19]. Também procedendo a uma renovação da noção tradicional de representação com o propósito de explicar a representação política num mundo globalizado, Andrew Rehfeld esboça, de forma bastante interessante, uma teoria geral da representação fundamentalmente baseada no conceito de *audiência*. A representação política, defende Rehfeld, resulta simplesmente da *aceitação* de um representante por parte de uma *audiência*, independentemente do preenchimento dos tradicionais requisitos de autorização, *accountability* e outros utilizados pelas teorias standard da representação[20].

Entre as teorias da democracia que têm procedido a uma reformulação do conceito de representação, aqui merece especial atenção a concepção de *representação discursiva* (*discursive representation*) defendida por John Dryzek[21]. A tese de Dryzek parte de uma necessária distinção entre a representação de pessoas e a representação de discursos. A constatação inicial do raciocínio é que a representação de pessoas, a qual tradicionalmente se baseia na categoria do *demos* como o conjunto agregativo de cidadãos circunscrito numa base política territorialmente delimitada e que elege representantes (tal como classicamente apresentado por Hanna Pitkin), não é mais capaz de apreender as múltiplas facetas da política contemporânea em âmbitos que ultrapassam os limites das entidades políticas soberanas nacionais ou locais (portanto, os limites subjetivos e objetivos do *demos* tradicionalmente considerado), nos quais são produzidos uma pluralidade de discursos (econômi-

19. URBINATI, Nadia. *Representação como advocacy: um estudo sobre deliberação democrática.* Política & Sociedade, Vol. 9, n. 16, abril de 2010. Publicado originalmente em Political Theory, vol. 28, n. 6, 2000, pp. 758-786 (*Representation as advocacy: a study of democratic deliberation*).

20. REHFELD, Andrew. *Towards a General Theory of Political Representation.* Paper prepared for discussion at the Legal Theory Workshop, Columbia University, September 19, 2005.

21. DRYZEK, John; NIEMEYER, Simon. *Discursive representation.* American Political Science Review, November 2008.

cos, ambientais, sociais, assistenciais, etc.) que não mais se expressam unicamente pela via eleitoral. Em um contexto indeterminado em que a autoridade política está cada vez mais difusa em redes informais de atores governamentais e não governamentais, tornam-se insuficientes os mecanismos de *accountability* cuja referência seja um *demos* bem delimitado, conforme os padrões da teoria democrática tradicional[22].

A representação de indivíduos também seria insuficiente em razão de uma premissa básica da psicologia discursiva, segundo a qual a subjetividade é complexa e multifacetária, de modo que cada indivíduo pode estar engajado em múltiplos discursos (algumas vezes concorrentes entre si). Assim, levando em consideração a noção de *multiple self* desenvolvida por Jon Elster, Dryzek conclui que se o *multiple-faceted self* é constituído pela diversidade de discursos, então é necessário e importante que todos esses discursos estejam representados. Uma teoria democrática (deliberativa, defendida por Dryzek) que leve a sério essa complexidade do indivíduo integralmente considerado seria, nesse sentido, moralmente superior em relação às outras (como as de corte liberal) que tratam os indivíduos desconsiderando-a por completo. Assim, mais importante (para uma democracia deliberativa) do que a representação de todos os indivíduos seria a representação de todos os discursos relevantes[23].

A teoria da democracia representativa deveria então fundamentar-se não exatamente em critérios de representatividade popular (baseado em eleições), mas nos discursos relevantes que são produzidos nas sociedades democráticas. Dryzek propõe a criação de "câmaras" ou "foros" de discurso (*Chambers of Discourses*) nos quais os diferentes discursos considerados relevantes pudessem ter expressão e ser amplamente debatidos por indistintos indivíduos (não eleitos) e que, dessa forma, complementassem as formas tradicionais de deliberação política fundadas na representação popular, aproveitando, em muitos casos, sua estrutura institucional. A *accountability* discursiva, para Dryzek, deve ser entendida num sentido comunicativo (*communicative fashion*), de modo que, para ser *accountable* do discurso que representam, os representantes devem comunicar-se em termos que façam sentido no âmbito desse

22. DRYZEK, John S. *Deliberative Democracy and Beyond: liberals critics, contestations*. Oxford: Oxford University Press; 2002.

23. DRYZEK, John; NIEMEYER, Simon. *Discursive representation*. American Political Science Review, November 2008.

discurso, mesmo nas situações em que eles encontrem outros discursos diferentes e mudem de opinião nos foros de discurso[24]. Dryzek destaca, ainda, que nesse tipo de representação discursiva, a *retórica*, que sempre foi tratada com alguma suspeita pelos teóricos da democracia, como um discurso emotivo de manipulação de massas, passa a ter fundamental importância. Uma renovada concepção do importante papel da retórica na política, tal como considerada na antiguidade clássica (Aristóteles, por exemplo, considerava-a como uma técnica racional de argumentação), pode ser vital para a compreensão da representação de discursos perante diferentes audiências e num ambiente de competição entre uma pluralidade de discursos em uma democracia deliberativa[25].

Os elementos que até aqui podem ser colhidos das discussões mais recentes nas teorias políticas em torno da necessária renovação do conceito de representação democrática revelam ao menos o seguinte: a) a representação democrática não mais se associa unicamente a uma concepção específica da representação política, a qual se fundamenta em mecanismos eleitorais por meio dos quais os cidadãos delegam (autorização) poderes a mandatários políticos para que os representem em instituições majoritárias; b) a representação democrática pode ser identificada numa variedade de possíveis instituições e práticas nas quais se produzem diferenciadas manifestações do poder político e que vão muito além das instituições parlamentares; c) as novas faces que a representação política assume nas democracias contemporâneas tornam necessária a revisão e a renovação das concepções tradicionais sobre a *accountability* como um de seus requisitos básicos; d) a representação democrática é cada vez mais reconhecida nos espaços de deliberação, nos foros de debate público nos quais competem livremente diferentes argumentos (onde a retórica pode cumprir um importante papel) que levam a decisões adequadamente fundamentadas e que permanecem abertas a novas discussões; e) a representação democrática pode ocorrer não apenas em relação a pessoas (mandatários políticos regularmente eleitos pelo voto popular), mas igualmente em razão dos discursos que emanam de diferentes pessoas, entes ou instituições (majoritárias ou

24. Neste aspecto, é importante enfatizar que os representantes discursivos não são meros delegados dos discursos que defendem, podendo refletir e mudar de opinião, desde que justifiquem o câmbio com base em termos que façam sentido no âmbito dos discursos que representam.

25. DRYZEK, John. *Rhetoric in Democracy: a systematic appreciation*. Political Theory 38 (3), 2010, pp. 319-339.

não, governamentais ou não) e que reverberam nas sociedades democráticas; f) a representação democrática pode decorrer da aceitação, por parte de uma determinada audiência, de uma pessoa, um grupo, uma instituição ou um discurso como representativo de suas reivindicações, esperanças, interesses, anseios, etc.

Essas premissas têm permitido que alguns autores, também no âmbito da teoria política, reconheçam a representatividade democrática de instituições não majoritárias, entre as quais podem ser inseridos os órgãos judiciais[26] e, também nessa perspectiva, os Tribunais Constitucionais. Essas são as conclusões de Thamy Pogrebinshi, que, no âmbito da teoria política, igualmente propõe uma ressignificação não apenas do conceito de representação, mas também das noções de delegação, legitimidade e *accountability*, que historicamente lhe serviram de corolários, com o intuito de ampliar o significado da representação política, tornando-a abrangente das instituições não majoritárias ou contramajoritárias, cujo melhor exemplo são as Cortes Constitucionais[27].

Na teoria jurídica, conclusões bastante semelhantes podem ser retiradas de trabalhos de Robert Alexy que desenvolvem o conceito de "representação argumentativa" dos Tribunais Constitucionais[28]. Para Alexy,

---

26. CASTIGLIONE, Dario; WARREN, Mark E. *Rethinking democratic representation: eight theoretical issues.* Paper prepared for delivery to Rethinking Democratic Representation, Centre for the Study of Democratic Institutions, University of British Columbia, may 18-19, 2006.

27. Em considerações dignas de nota, Thamy Pogrebinshi assim discorre sobre o tema: "Umas das formas possíveis de fortalecimento da democracia representativa pode encontrar-se no crescimento do papel das cortes constitucionais. Ao contrário de esvaziar o Poder Legislativo em sua função institucional ou de valer-se de um suposto vazio normativo por ele deixado a fim de desenvolverem-se, as cortes constitucionais podem ser tomadas como propulsoras da representação política, ampliando-a para além de sua forma moderna e de suas manifestações tradicionais. Em outras palavras, o crescente papel institucional das cortes constitucionais pode ser concebido não como ameaça à representação, às instituições representativas ou à democracia; mas, ao contrário, como um sinal de que a primeira precisa ser ressignificada, as segundas reconfiguradas e a terceira fortalecida". Mais a frente, também conclui: "Para além de serem compreendidas como instituições políticas representativas, as cortes constitucionais, não obstante seu suposto caráter não majoritário, decorrente do fato de não serem instituições eleitas pelo voto popular, e não obstante seu suposto caráter contramajoritário, decorrente de sua competência para invalidar normas promulgadas pelo Poder Legislativo como expressão soberana da vontade da maioria que o elegeu, devem servir, na democracia contemporânea, como instâncias de fortalecimento da representação política, convalidando e aperfeiçoando o trabalho do Poder Legislativo". POGREBINSCHI, Thamy. *Judicialização ou representação? Política, Direito e Democracia no Brasil.* Rio de Janeiro: Campus Elsevier, Konrad Adenauer Stiftung, 2011, pp. 165-183.

28. ALEXY, Robert. *Balancing, constitutional review, and representation.* In: Oxford University Press, I CON, Vol. 3, nº 4, 2005, p. 572-581.

se é possível considerar a existência de uma tensão entre constitucionalismo e democracia, a única forma de reconciliar a jurisdição constitucional com a democracia é concebê-la como "representativa do povo", e a chave para isso pode ser encontrada no conceito de representação argumentativa. Alexy parte da premissa de que um adequado conceito de democracia não deve estar centrado apenas num sistema de tomada de decisões políticas fundado nas noções de eleição e de regra da maioria (pressuposto básico da relação representativa entre parlamento e eleitores), o que configuraria somente um puro modelo decisório de democracia, mas também deve abarcar a argumentação que se produz em torno dessas decisões. Com a inclusão da argumentação, a democracia deixa de ser meramente formal (regra da maioria) para tornar-se deliberativa, ressalta Alexy, apontando para uma característica fundamental dos modelos de democracia deliberativa, que é a institucionalização dos discursos para justificação dos processos de tomada de decisão pública. Assim, numa democracia deliberativa, a representação do povo pelo parlamento é ao mesmo tempo decisória e argumentativa. Por outro lado, a representação do povo por uma Corte Constitucional é puramente argumentativa.

A tese de Alexy, portanto, é a de que na democracia deliberativa – um modelo de democracia que foi teoricamente concebido no contexto do denominado "giro argumentativo", "discursivo" ou "comunicativo" nas teorias políticas da democracia – a representação democrática pode ser exercida tanto pelo parlamento como pelo Tribunal Constitucional. A diferença entre ambas é a de que a representação do parlamento é ao mesmo tempo decisória (isto é, baseada num modelo decisório que funciona segundo a regra da maioria e se legitima em eleições periódicas) e argumentativa (discursiva ou deliberativa), enquanto a representação por parte dos Tribunais Constitucionais é apenas argumentativa (ou seja, não se baseia em critérios eleitorais ou majoritários e se fundamenta na deliberação ou nos discursos nele produzidos).

Como Alexy reconhece, a ideia de representação argumentativa é normativa. Assim, como toda concepção de representação democrática, a representação argumentativa também possui uma dimensão ideal, que conecta as decisões aos discursos que as fundamentam. Nessa perspectiva, ela fica sujeita a críticas que entendem esse tipo de representação argumentativa uma "quimera" e que, na prática, os Tribunais poderiam declarar qualquer argumento como sendo representativo do povo e que, nesse passo, a jurisdição constitucional poderia livremente se apartar do que as pessoas realmente pensam e anseiam e, ainda assim, considerar-se representativa. Para Alexy, esse tipo de objeção pode ser refutado se for possível demonstrar que a jurisdição constitucional não pode fazer uso de qualquer discurso e que é possível distinguir os bons dos maus argumentos (pelo menos identificar os argumentos plausíveis), de modo que apenas a argumentação racional poderia ser desenvolvida nesse contexto. Assim, é necessário que os Tribunais façam uso de argumentos considerados bons ou pelo menos plausíveis por um número considerável de pessoas as quais, na qualidade de "pessoas racionais", são capacitadas para avaliar e reconhecer um argumento segundo parâmetros de razoabilidade e correção. Existiriam, portanto, duas condições fundamentais para a representação argumentativa das Cortes Constitucionais: a) a existência de argumentos razoáveis ou corretos; b) a existência de "pessoas racionais" (que, por analogia ao conceito de pessoas liberais de John Rawls, poderiam ser qualificadas de "pessoas constitucionais"), isto é, pessoas capazes de aceitar determinados argumentos constitucionais como adequados ou corretos. Enfim, na conclusão de Alexy, a jurisdição constitucional apenas pode ser reconciliada com a democracia se os argumentos apresentados pelas Cortes Constitucionais são adequados, razoáveis ou corretos e se um número suficiente dos membros da comunidade são capazes de exercer suas capacidades racionais para reconhecer e aceitar essa qualidade dos argumentos constitucionais[29].

Como se pode perceber, Alexy desenvolve sua concepção de representação argumentativa como um ideal regulativo para o funcionamento institucional da jurisdição constitucional numa democracia deliberativa, fundando-a na (1) capacidade das Cortes Constitucionais de deliberarem e decidirem com base em argumentos constitucionais racionais ou corretos, o que poderia ser aferido com base nos instrumentos oferecidos pelas teorias da argumentação jurídica; (2) no pressuposto ideal de que os discursos produzidos pelas Cortes Constitucionais podem ser direcionados a uma comunidade de pessoas capazes de reconhecer a racionalidade ou correção dos argumentos constitucionais, o que poderia ser caracterizado como uma espécie de "auditório universal" no conceito construído por Perelman[30].

29. ALEXY, Robert. *Balancing, constitutional review, and representation*. In: Oxford University Press, I CON, Vol. 3, n° 4, 2005, p. 580.

30. PERELMAN, Chaïm; OLBRECHTS-TYTECA, Lucie. *Tratado da argumentação*. Trad. Maria Galvão. São Paulo: Martins Fontes; 2002.

Antes de aprofundar um pouco mais essas ideias, que são fundamentais para o desenvolvimento do conceito de representação discursiva ou argumentativa, é preciso passar à análise do que pode então caracterizar a representação democrática exercida pelos Tribunais Constitucionais, na linha das recentes contribuições das teorias acima apresentadas.

II. A REPRESENTAÇÃO ARGUMENTATIVA DOS TRIBUNAIS CONSTITUCIONAIS

As considerações anteriores parecem evidenciar que a representação democrática exercida pelos Tribunais Constitucionais assume um caráter peculiar em relação àquela presente em instituições majoritárias, cujo melhor exemplo se encontra no parlamento. Ela não se funda diretamente na autorização ou na delegação de poderes que acontece nos momentos eleitorais das democracias contemporâneas, tal como ocorre com a representação política exercida pelos parlamentos. A autorização para o exercício de seus poderes, salvo algumas exceções[31], advém diretamente da própria Constituição e, dessa forma, apenas indiretamente do voto popular[32], de modo que não se observa, neste contexto, a possibilidade de destituição (*removability*) de representantes (no caso, os magistrados), tal como pode ocorrer na representação político-eleitoral dos parlamentos, ante a possibilidade da aplicação de um "castigo eleitoral"[33]. As Cortes Constitucionais, portanto, também não estão obrigadas a exercer algum tipo de receptividade ou responsabilidade (*responsiveness*) em relação às demandas populares, apresentadas nos períodos eleitorais ou fora deles, de modo que a representação por elas exercida não assume um caráter promissório (*promissory representation*), tal como a que se pode verificar nas relações entre eleitores e seus representantes eleitos. Nesse sentido, a *accountability* que exercem as

31. Nas democracias que não possuem Constituição rígida, cujo melhor exemplo é o Reino Unido, e naquelas outras cujas Constituições não preveem competências específicas para as Cortes Constitucionais, como a conhecida Constituição dos Estados Unidos da América, de 1976.

32. Como bem observou Rawls em um de seus melhores escritos, a atuação da Corte Constitucional está sempre guiada pelo povo, que o faz através dos demais Poderes: "A Constituição não é o que o Tribunal Supremo diz que é, mas o que o povo, atuando constitucionalmente através dos demais poderes, permite à Corte Suprema dizer que é". RAWLS, John. *El liberalismo político*. Trad. Antoni Domènech. Barcelona: Crítica; 2006.

33. A inamovibilidade dos magistrados de uma Corte Constitucional (seja nos sistemas que adotam a regra da vitaliciedade ou nos que limitam a permanência no cargo à duração de um mandato preestabelecido) constitui uma garantia da independência judicial e, dessa forma, do adequado exercício das competências constitucionais a eles atribuídas.

Cortes Constitucionais é diferenciada, na medida em que não se estabelece numa relação direta de responsabilidade ou de prestação de contas de seus atos perante o eleitorado. Utilizando a conhecida distinção de Guilhermo O'Donnell entre tipos vertical e horizontal de *accountability*[34], poder-se-ia dizer que os Tribunais Constitucionais exercem uma espécie de *accountability* horizontal (denominada por O'Donnell de "*accountability* horizontal de balance"[35]), a qual é destinada ao controle da constitucionalidade dos atos políticos dos demais poderes estatais (legislativo e executivo), os quais possuem legitimação eleitoral.

Portanto, Tribunais Constitucionais não estabelecem um liame direto de representação com os cidadãos eleitores. Sua legitimidade (representatividade) advém de requisitos de autorização e *accountability* completamente diferenciados daqueles presentes nas concepções tradicionais da representação política, que se originam do plexo de poderes que lhes são conferidos pelas Constituições. O importante a destacar, com isso, é que as Cortes Constitucionais não representam exatamente as pessoas, mas os discursos que são produzidos nas sociedades democráticas contemporâneas (que não podem ser atrelados a pessoas, grupos, instituições específicos), o que faz dessa representação democrática uma espécie de *representação discursiva* ou *argumentativa*. Nesse contexto, a tarefa primordial das Cortes Constitucionais é a de produzir discursos que sejam representativos daqueles que ecoam na comunidade, tomando decisões baseadas em argumentos que sejam reconheci-

34. Para Guilhermo O'Donnell, ao lado da tradicional concepção de *accountability* – a qual poderia ser conceituada como de tipo vertical, na medida em que se estabeleceria no dever dos representantes de prestar contas de seus atos em relação a seus eleitores –, existiria a *accountability* horizontal, consistente na existência de agências estatais que possuam autoridade (legal e constitucional) e estão faticamente dispostas e capacitadas (*empowered*) para empreender ações de controle (desde um controle rotineiro até sanções penais ou inclusive *impeachment*) em relação a atos ou omissões de outros agentes ou agências estatais que possam ser considerados ilícitos, isto é, possam contrariar a lei ou a Constituição. Trata-se, portanto, de um controle mútuo (horizontal) entre poderes e/ou órgãos estatais que visa, em última instância, à proteção da ordem jurídica e democrática. O'DONNELL, Guilhermo. *Horizontal Accountability in New Democracies.* Journal of Democracy 9 (3), 1998, pp. 112-126. Idem. *Accountability Horizontal: la institucionalización legal de la desconfianza política.* In: Isonomía n. 14, abril 2001. Idem. *Horizontal Accountability and New Polyarchies.* Paper prepared for the conference on "Institutionalizing Horizontal Accountability", Institute for Advanced Studies of Vienna and The International Forum for Democratic Studies, Vienna, june 1997.

35. A "*accountability* horizontal de balance" ocorre nas relações de controle mútuo ("freios e contrapesos") entre os poderes (executivo, legislativo e judicial), os quais as Constituições democráticas contemporâneas intentam "balancear". O'DONNELL, Guilhermo. *Accountability Horizontal: la institucionalización legal de la desconfianza política.* Isonomía n. 14, abril 2001.

dos como razoáveis ou plausíveis e que, dessa forma, sejam amplamente aceitos como legitimamente capazes de justificar essas decisões. Quando as Cortes Constitucionais, pela via da argumentação e da deliberação, proferem discursos sobre a efetiva proteção dos direitos, princípios e valores da Constituição, e dessa forma assumem sua condição institucional de relevantes órgãos de salvaguarda da ordem constitucional e democrática (e aqui se verifica a presença do "*trusteeship*"[36]), suas decisões (ou os argumentos que a ela subjazem) podem obter ampla ressonância na comunidade e, desse modo, produzir uma representação democrática. Indispensável é que os cidadãos ou a comunidade como um todo possam identificar-se com os discursos produzidos pela Corte Constitucional, reconhecendo-os como seus próprios discursos, representativos de seus anseios e de suas reivindicações pela efetivação de seus direitos.

Assim, ao invés de se basear em mecanismos de autorização e *accountability* – os quais, ressaltem-se, estão voltados à legitimação *ex ante* dos atos políticos –, a representação democrática (discursiva ou argumentativa) dos Tribunais Constitucionais fundamenta-se na representatividade de seus discursos, na aceitabilidade de sua argumentação, enfim, no reconhecimento positivo (*a posteriori*) de suas decisões por parte da comunidade. Em outros termos, em vez de ser uma representação de tipo formal (concepções formais de autorização e *accountability*), ela é uma representação eminentemente material, que ocorre quando as decisões dos Tribunais Constitucionais são de tal modo produzidas (argumentadas, deliberadas) que os cidadãos, a comunidade em si, ou amplos espectros dos cidadãos e da comunidade, independentemente das diferenças de opinião que em seu interior podem ser verificadas, podem reconhecê-las como decisões corretas, razoáveis ou plausíveis.

---

36. Uma noção de "*trusteeship*" que pretenda sair da antiga dicotomia representante como "delegado" (o representante atua conforme a vontade de seus representados) e representante como "trustee" (confia-se ao representante poderes para atuar conforme suas próprias convicções) pode ser entendida como a confiança depositada nos representantes para que atuem não conforme suas próprias convicções, nem mesmo de acordo com o interesse subjetivo dos representados, mas segundo um dever ou um compromisso público mais elevado (o cumprimento de uma determinação legal ou constitucional, por exemplo). Assim, a "trusteeship" que pode ser verificada nesse tipo de representação democrática (discursiva ou argumentativa) exercida pelas Cortes Constitucionais está relacionada com a orientação dessas instituições para atuar no estrito cumprimento de seus deveres constitucionais (proteção dos direitos fundamentais, da ordem democrática, etc.), independentemente dos interesses subjetivos ou convicções de seus magistrados e, igualmente, dos interesses momentâneos de pessoas ou grupos sociais. A representação argumentativa dos Tribunais Constitucionais não depende, portanto, das convicções pessoais de seus magistrados nem de qualquer compromisso com a satisfação de uma "vontade do povo".

Trata-se de uma representação (material) que, desse modo, se verifica mais *a posteriori*, uma vez produzidos os atos que requerem legitimação, distintamente dos mecanismos eleitorais que fundamentam a representação política (formal), destinados à anterior legitimação dos atos políticos (eventuais e futuros) dos representantes.

Uma definição mais precisa do que seja essa representação democrática de tipo discursivo ou argumentativo dos Tribunais Constitucionais depende, como se pode perceber, de uma construção um pouco mais elaborada de duas noções fundamentais: (1) a necessária *aceitação* das decisões por parte de (2) possíveis e distintas *audiências* ou *auditórios*.

A primeira, portanto, diz respeito à *aceitabilidade racional* das decisões dos Tribunais Constitucionais, a fonte primordial da representatividade argumentativa dessas instituições. O conceito de aceitabilidade racional das decisões judiciais foi bem desenvolvido por Aulis Aarnio[37] como fazendo referência a uma propriedade do resultado final de um procedimento de justificação jurídica, que está cultural e historicamente situado[38]. Para ser aceitável, esse resultado deve corresponder ao sistema de valores da comunidade jurídica[39]. A aceitabilidade racional seria assim um princípio regulativo da argumentação jurídica e, portanto, um guia para o jurista e para o decisor (o juiz ou o tribunal), o qual deve tentar sempre lograr conclusões que possam contar com o apoio racional da maioria dos membros da comunidade jurídica.

É preciso questionar, porém, se essa noção ideal de aceitabilidade racional pode ter alguma correspondência empírica, o que envolve aspectos importantes da prática argumentativa dos tribunais constitucionais.

A segunda noção fundamental tem como foco os possíveis receptores ou avaliadores dos discursos produzidos pelas Cortes Constitucionais, aqueles que têm a capacidade de considerar a razoabilidade, a correção ou a plausibilidade das argumentações que embasam as decisões. São os *auditórios ou audiências* dos tribunais constitucionais, que serão analisados no tópico posterior.

37. AARNIO, Aulis. *Lo racional como razonable. Un tratado sobre la justificación jurídica*. Madrid: Centro de Estudios Constitucionales; 1991.
38. Para Aarnio, a argumentação somente é possível dentro do marco de uma forma de vida.
39. Aarnio adota um "relativismo axiológico moderado", na medida em que defende ser possível lograr um consenso acerca dos critérios de valoração entre os que pertencem a diferentes formas de vida.

III. TRIBUNAIS CONSTITUCIONAIS E SEUS AUDITÓRIOS

A ideia de representação discursiva pressupõe o entendimento da noção de *auditórios* ou de *audiências* dos discursos produzidos pelos tribunais constitucionais.

O conceito de auditório está bem desenvolvido pela "nova retórica" de Chaïm Perelman[40]. O pressuposto fático essencial de sua teoria da argumentação é que *toda argumentação visa à adesão daqueles a quem se dirige* (*adesão dos espíritos*), o que resulta que *toda argumentação é relativa ao auditório que procura influenciar*. A definição e a conceituação do que seja o *auditório* é, dessa forma, o cerne da teoria da argumentação de Perelman. O auditório, em termos gerais, é o *conjunto daqueles que o orador quer influenciar com sua argumentação*. Nesse sentido, *o auditório é uma construção do orador*. Cada orador pensa, de uma forma mais ou menos consciente, naqueles que procura persuadir e que constituem o auditório ao qual se dirigem seus discursos. O conhecimento daqueles que se pretende conquistar é, pois, uma condição prévia de qualquer argumentação eficaz. O grande *orador procura se adaptar ao seu auditório. Todo discurso deve ser adaptado ao auditório ao qual ele se dirige.* É fácil perceber que o fundo e a forma de certos argumentos, apropriados em certas circunstâncias, podem ser inapropriados noutras. É, pois, ao auditório que cabe o papel principal de determinar a qualidade da argumentação e o comportamento dos oradores[41].

A natureza do auditório, ao qual alguns argumentos podem ser submetidos com sucesso, determina as características e a eficácia das argumentações; ou seja, o valor de uma argumentação está estreitamente relacionado ao valor do auditório ao qual se dirige[42]. Assim, na teoria normativa da argumentação – como, no caso, a de Perelman –, é preciso

40. Perelman qualifica sua teoria da argumentação como "nova retórica". A opção terminológica pela *retórica*, além de fazer reviver a tradição secular de um antigo termo filosófico que havia caído em completo desuso, recupera a idéia de *adesão* e de *espíritos* aos quais se dirige um discurso, com a intenção de enfatizar um pressuposto fático essencial da teoria: o de que *qualquer argumentação se desenvolve em função de um auditório.* Assim, ao invés do termo *dialética*, que ao longo dos séculos – e, sobretudo, desde Hegel – adquiriu conotações semânticas completamente diversas de seu primitivo sentido, Perelman utiliza a *retórica* para ressaltar o caráter central que a noção de *auditório* possui em seu tratado da argumentação. Em verdade, a *idéia de auditório* é o que a teoria da argumentação de Perelman conserva da retórica antiga.

41. PERELMAN, Chaïm; OLBRECHTS-TYTECA, Lucie. *Tratado da Argumentação. A Nova Retórica.* Trad. Maria Ermentina Galvão. São Paulo: Martins Fontes; 1996.

42. ALEXY, Robert. *Teoría de la argumentación jurídica.* Trad. Manuel Atienza e Isabel Espejo. 2ª Ed. Madrid: Centro de Estudios Políticos y Constitucionales; 2008, p. 161.

identificar os auditórios aos quais pode ser atribuído o papel normativo que permite definir o caráter racional de uma argumentação, isto é, a sua pretensão de validade a todo ser racional. Com essa finalidade, Perelman distingue três espécies de auditório. O primeiro, denominado *auditório universal*, é constituído pela humanidade inteira ou, em outros termos, por todos os homens adultos e racionais; o segundo é formado unicamente pelo interlocutor ao qual a argumentação se dirige; o terceiro é constituído pelo próprio sujeito, quando delibera sobre as razões de seus próprios atos. O *auditório universal* adquire caráter central numa teoria normativa da argumentação que pretende ser objetiva e racional, na medida em que apenas a argumentação produzida perante um auditório desse tipo (formado por todos os homens de razão) pode ser considerada racional. Na conceituação de Perelman, o auditório universal seria "norma de argumentação objetiva"[43].

Apesar desses aspectos ideais e das ambiguidades que sugere, a noção de auditório pode cumprir um papel fundamental numa teoria sobre a argumentação produzida pelos tribunais constitucionais. Ela realça, sobretudo, o aspecto *retórico* dos discursos tanto dos magistrados como do órgão colegiado considerado em sua totalidade, os quais se dirigem não apenas ao convencimento mútuo em torno da melhor decisão a ser tomada em cada caso, mas igualmente estão destinados à persuasão de múltiplas audiências (particulares), como os demais Poderes (Executivo, Legislativo e Judiciário) e a opinião pública, especialmente a imprensa.

Um dos aspectos mais salientes da prática argumentativa dos tribunais constitucionais está na *dimensão retórica* de seus discursos. Tanto os magistrados individualmente considerados, quando formulam seus votos, ou o tribunal como um todo, quando profere suas decisões, muitas vezes assumem a condição de oradores que constroem cuidadosamente seu discurso com a finalidade de persuadir a diferentes auditórios (a opinião pública, os juízes e tribunais ordinários, o parlamento, o governo, etc.). Nos tribunais que adotam o modelo de deliberação aberta e *seriatim*, como é o caso do Supremo Tribunal Federal brasileiro, a pre-

---

43. Essa conceituação do auditório universal está, dessa forma, vinculada à distinção entre *argumentação persuasiva* e *argumentação convincente*, a qual também ocupa lugar central na teoria da argumentação de Perelman. *Persuasiva* é a argumentação que pretende ser válida apenas para um auditório particular. *Convincente* é a argumentação que pretende obter a adesão de todo ser racional, isto é, válida para um auditório universal. É a natureza do auditório determinando as características da argumentação. PERELMAN, Chaïm; OLBRECHTS-TYTECA, Lucie. *Tratado da Argumentação. A Nova Retórica*. Trad. Maria Ermentina Galvão. São Paulo: Martins Fontes; 1996, p. 34.

sença dos elementos retóricos nos discursos de cada magistrado perante o público (presente ou telespectador) é ainda mais patente.

Assim, não apenas os aspectos dialéticos, mas também os retóricos devem ser objeto da concepção pragmática da teoria da argumentação jurídica a respeito das práticas discursivas de um tribunal constitucional. Se na dimensão dialética adquirem importância os aspectos intersubjetivos da interação argumentativa entre os magistrados, em que o discurso se caracteriza pelo intercâmbio de razões entre participantes que assumem distintas e antagônicas posições (defensor e contraditor, proponente e oponente, etc.), na dimensão retórica o que assume relevo é a posição de cada magistrado ou do colegiado como unidade institucional, na condição de orador, em face de seus diversos auditórios.

Na argumentação retórica, portanto, tem-se apenas uma parte, o orador (cada juiz individualmente considerado ou o próprio tribunal), que formula o discurso com vistas à persuasão de algum auditório. Ademais, as regras que regem a argumentação retórica não são exatamente normas de comportamento, como o são as que guiam a conduta dos participantes da argumentação dialética (as regras do discurso racional, por exemplo), e que no caso da argumentação constitucional podem ser representadas pelas regras processuais e procedimentais que conduzem as deliberações colegiadas nos tribunais. As regras da retórica são de tipo técnico – a retórica é uma técnica, uma *tékhne*, como afirmava Aristóteles[44] –, que demonstram e assim ensinam os melhores meios para se produzir ou para apresentar um discurso que seja efetivamente persuasivo. Mas não são regras que se submetem a algum tipo de controle externo quanto ao seu cumprimento, pois dependem apenas do

44. A retórica, portanto, é a arte de teorizar sobre as causas e os meios adequados de persuasão. Como técnica do saber discursivo (*tékhne rhetoriké*), tal como a dialética, sua finalidade precípua não consiste exatamente em persuadir, mas em buscar os melhores meios para se lograr a persuasão em cada situação específica. Segundo Aristóteles, ao seu tempo, esse tipo de técnica retórica ainda não havia sido devidamente levada em consideração pelos pensadores anteriores a ele que estudaram a arte do discurso. Aristóteles assim criava um novo campo teórico em torno da arte de discursar, que tinha por tarefa principal conhecer e teorizar a respeito dos métodos de persuasão, e que estava desvinculada de qualquer outro ramo do conhecimento (medicina, geometria, aritmética, etc.), podendo ser utilizada em qualquer deles. A retórica, como arte do discurso retórico, passava a ter seu próprio estatuto epistemológico, dotada de estratégias discursivas e métodos lógicos de argumentação. Aristóteles assim esclarece a respeito da retórica: "su tarea no consiste en persuadir, sino en reconocer los médios de convicción más pertinentes para cada caso". Em outro trecho da Retórica, assim afirma: "entendamos por retórica la facultad de teorizar lo que es adecuado en cada caso para convencer". ARISTÓTELES. *Retórica*. Introd., trad. y notas por Quintín Racionero. Madrid: Editorial Gredos; 1990, p. 172.

êxito concreto ou não do discurso; isto é, não são regras que se devem cumprir ou não, mas apenas usar ou não de modo a se produzir a persuasão do auditório[45].

Desse modo, não obstante o caráter normativo do conceito de auditório, é também possível trabalhar com essa noção tendo em vista o seu desenvolvimento prático. Em um sentido mais pragmático, a teoria da argumentação jurídica não precisa se empenhar em construir regras de técnica retórica para os discursos dos tribunais constitucionais, mas deve investigar e estudar os aspectos retóricos desses discursos tal como ocorrem na prática. Entre os principais objetos dessa tarefa teórica devem estar a identificação e a distinção dos oradores e de seus respectivos auditórios no contexto das argumentações constitucionais.

Os *oradores* dos discursos produzidos nos tribunais constitucionais podem ser distinguidos conforme as seguintes categorias:

1. Cada magistrado individualmente considerado, quando profere seus votos (também os votos dissidentes ou concorrentes) visando à persuasão tanto de colegas específicos (quando intenta construir alguma maioria) quanto do colegiado como um todo, ou conquistar o apoio de atores externos ao tribunal (opinião pública etc.);

2. Grupos de magistrados, como as minorias que argumentam tentando persuadir alguns colegas na tentativa de obter a maioria;

3. O colegiado de magistrados, que constrói argumentativamente suas decisões para persuadir a auditórios determinados (partes processuais, juízes e tribunais, poderes executivo e legislativo, opinião pública).

Os possíveis *auditórios* dos discursos produzidos por esses oradores são variados e diversos, mas os principais, que já ficaram indicados acima, podem ser distinguidos da seguinte maneira:

1. As partes do processo, que são os destinatários formais dos argumentos que fundamentam as decisões, que a eles ficam diretamente vinculados;

2. Os Poderes do Estado (Executivo, Legislativo e Judicial), que mantêm com os tribunais constitucionais relações políticas que podem assumir características de típicos jogos de poder e de política e onde o instrumento do discurso retórico persuasivo pode ser um instrumento tático importante;

45. Sobre as diferenças entre os aspectos dialético e retórico da argumentação conforme a concepção pragmática, vide: ATIENZA, Manuel. *El Derecho como Argumentación*. Barcelona: Ariel; 2006, p. 259-263.

> 3. A opinião pública, cujo apoio o tribunal busca constantemente em razão de sua permanente necessidade de obter a legitimidade para suas decisões.

A identificação e distinção de oradores e auditórios e o estudo sobre as características dos discursos produzidos pela via de votos e decisões e os efeitos concretos de persuasão podem sugerir diversas e interessantes perspectivas de análise teórica, que assim se transformam em tarefas fundamentais de uma teoria da argumentação constitucional de caráter pragmático.

CONSIDERAÇÕES FINAIS: A REPRESENTAÇÃO ARGUMENTATIVA COMO DIRETRIZ PARA O APERFEIÇOAMENTO DA PRÁTICA DELIBERATIVA DE UM TRIBUNAL CONSTITUCIONAL

A representação argumentativa, assim como os conceitos de aceitabilidade racional e de auditório que ela pressupõe, possuem um inegável caráter normativo e acabam funcionando como ideais regulativos das práticas argumentativas. Não obstante, como abordado, a teoria da argumentação jurídica pode trabalhar com essas noções em uma perspectiva mais pragmática, a partir da análise de como se desenvolvem na prática os discursos retóricos de um Tribunal Constitucional. Para a teoria da argumentação jurídica, a representação argumentativa ou discursiva pode funcionar como uma diretriz de aperfeiçoamento da prática deliberativa dos tribunais.

Na prática, é possível considerar, nessa perspectiva, que a representatividade discursiva pode ocorrer quando as deliberações do colegiado de magistrados de alguma maneira absorvem os argumentos que circulam na esfera pública e seus resultados são apresentados ao público com uma fundamentação íntegra e inteligível, a qual possa ser compreendida, discutida e *aceita como uma decisão razoável* pelos múltiplos *auditórios* do tribunal.

Essa diretriz assim exige que a prática deliberativa no interior do tribunal reverbere as *razões públicas* que giram em torno das questões constitucionais discutidas e, desse modo, possa ser também o reflexo de uma *deliberação pública* mais ampla, a qual envolve outros poderes, instituições e segmentos sociais. Dessa forma, ela insere a deliberação dos magistrados no contexto da *democracia deliberativa*, fazendo como que o tribunal possa ser também uma *caixa de ressonância dos discursos presentes na comunidade política*, e que suas decisões estejam justificadas por argumentações que possam ser amplamente consideradas como *ra-*

zões plausíveis. Nesse sentido, ela traz duas consequências importantes para o perfil institucional do tribunal.

O primeiro diz respeito à exigência de que os magistrados considerem como objetivo de sua deliberação produzir a "última palavra" sobre a interpretação constitucional somente em termos judiciais autoritativos, com efeitos jurídicos vinculantes em relação aos processos nos âmbitos judicial e administrativo, mas deixando aberta, por outro lado, a possibilidade de que as razões que embasam suas decisões sejam novamente submetidas à deliberação na esfera pública. O tribunal deve ser assim encarado como o "intérprete supremo" da Constituição em termos relativos, na medida em que seu perfil institucional mais acentuado passa a ser o de participante de uma deliberação pública mais ampla, na qual suas decisões, e especialmente as razões que as justificam, têm valor importante e peso decisivo, mas estão sempre sujeitas à serem reavaliadas e rediscutidas.

A segunda consequência diz respeito à compreensão do que seja o dever do colegiado de magistrados de escutar a "vontade popular" em suas deliberações. A exigência de que as deliberações reflitam de alguma forma as razões que circulam na comunidade não significa o dever de incorporar os argumentos da opinião pública e utilizá-los como razões justificadoras das decisões, tentando conseguir com isso a aceitação popular. Responder aos anseios populares não faz parte das funções institucionais de magistrados como deliberadores. Existe, não obstante, um dever de *responsabilidade* e/ou de *responsividade* por parte do colegiado quanto ao debate público em torno das questões constitucionais discutidas, o que significa levar a sério e ter em conta os seus contornos argumentativos e as razões públicas que nele se sobressaem. Em outros termos, os magistrados não podem fechar os olhos para as razões surgidas na opinião pública sobre os temas debatidos em sua deliberação. Não têm obrigação de aceitá-las acriticamente e de usá-las impreterivelmente como *ratio decidendi*, mas devem ser conscientes de sua existência e devem de algum modo incluí-las no contexto deliberativo, colocando-as em jogo com as demais razões nele presentes.

Além das medidas para a justificação e a apresentação pública das decisões, essa diretriz também exige que os tribunais primem pela qualidade e pela eficiência de seus serviços de comunicação social, os quais possibilitem que eles mantenham uma adequada política de relações político-institucionais com as demais instituições, a opinião pública em geral e especialmente a imprensa.

A política institucional de comunicação com o público deve ser uma das principais preocupações dos tribunais constitucionais, na medida em que é ela que estabelece os marcos informativos dentro dos quais ocorre toda a cobertura jornalística e mediática sobre os processos deliberativos no interior do tribunal e que, dessa forma, pode proporcionar as informações adequadas sobre os casos em julgamento e especialmente sobre as razões de decidir do tribunal que circularão na esfera pública. A manutenção de serviços de comunicação de qualidade é assim essencial para que o tribunal possa transmitir de forma correta, fidedigna e explicativa as informações sobre seu labor deliberativo, fazendo com que suas decisões e principalmente suas argumentações possam ser adequadamente conhecidas e compreendidas por amplos espectros da comunidade. O especial cuidado com essa *função institucional informativa* dos tribunais constitucionais é, portanto, uma exigência dessa diretriz de representatividade discursiva, na medida em que é condição fundamental para a manutenção de canais de comunicação que proporcionem as conexões e os influxos entre os discursos nas deliberações internas e na deliberação pública.

CAPÍTULO 05

Direitos econômicos e sociais na América Latina

Carlos Bernal Pulido[1]

Sumário: Convergência na positivação constitucional de direitos econômicos e sociais na América Latina; Circunstâncias comuns no julgamento de direitos constitucionais econômicos e sociais na América Latina; Convergência e divergência sobre padrões de julgamento de direitos econômicos e sociais na América Latina; Em busca de uma explicação; Referências bibliográficas.

Esse artigo visa iluminar uma resposta para duas perguntas: se há convergência na proteção constitucional de direitos econômicos e sociais em países latino-americanos; e o que pode explicar a existência ou ausência de convergência. Dentro desse contexto, o conceito de proteção constitucional irá se referir a somente dois aspectos: o modo como disposições constitucionais positivam direitos econômicos e sociais, e os padrões que os mais altos tribunais empregam para julgar casos de acordo com essas disposições. Além disso, um padrão irá se referir a um conjunto de diretivas que, na forma de uma metodologia, orienta juízes ao longo do processo de julgar casos sob disposições constitucionais que infringem direitos. Juízes usam padrões para avaliar se ações e omissões por parte de portadores de deveres – órgãos governamentais ou indivíduos, ou empresas – violam esses direitos, e, quando esse é o caso, para determinar quais são as medidas adequadas.

Responder a essas perguntas tem uma importância teórica e prática. Entre países latino-americanos, há uma convergência notável sobre o modo como constituições positivam direitos econômicos e sociais, e so-

1. Professor adjunto, Macquarie Law School (Sydney, Austrália). Eu gostaria de agradecer a Rosalind Dixon e David Landau pelas sugestões úteis.

bre as circunstâncias políticas, econômicas e sociais em que esses direitos devem ser implementados. De um ponto de vista teórico, a presente análise mostrará se essa convergência também reflete o modo pelo qual o judiciário interpreta e coloca em vigor direitos econômicos e sociais.

Do ponto de vista prático, comparar o modo como constituições latino-americanas consagram direitos econômicos e sociais, e tribunais usam padrões relevantes, contribuirá para uma reflexão sobre qual seria a "melhor prática normativamente preferível" (ver, Jackson, 2012, 70) da positivação e aplicação desses direitos na região. A escolha do modo de positivação e dos padrões de julgamento não é neutra. O modo de positivação implica em distribuir competências a juízes para que façam valer direitos econômicos e sociais ou recusem essa distribuição. Além disso, a escolha do padrão implica que juízes assumam uma posição definida sobre três questões: racionalidade, deferência e prioridade. Padrões diferentes levam a níveis diferentes de racionalidade no julgamento de direitos (veja, Bernal, 2013, 508). Eles também possibilitam que tribunais sejam mais ou menos deferenciais vis-à-vis os outros poderes do estado – especialmente, o Legislativo e o Executivo – e que concedam um nível maior ou menor de prioridade a direitos sobre outros interesses concorrentes e considerações políticas. Por isso, a escolha do padrão tem um impacto na implementação da democracia representativa e na separação dos poderes, e no nível de cumprimento de direitos econômicos e sociais. Quanto maior é o nível de julgamento, maior será o nível de cumprimento de direitos relevantes, mas, ao mesmo tempo, mais forte será a interferência do judiciário nas competências dos poderes Legislativo e Executivo. Assim, as principais perguntas a serem consideradas de uma perspectiva prática comparativa são: Direitos econômicos e sociais passíveis de julgamento são preferíveis a direitos não passíveis de julgamento na América Latina? Se esse for o caso, um padrão mais forte é preferível a um mais fraco?

Esse capítulo argumentará a favor da seguinte proposição: apesar da convergência das constituições latino-americanas no modo de positivação de direitos econômicos e sociais, e nas circunstâncias legais e econômicas de seus julgamentos, avaliadas do ponto de vista constitucional comparado, uma análise da jurisprudência dos mais altos tribunais latino-americanos mostra que há apenas uma convergência limitada, e, correlativamente, uma divergência estendida sobre o uso de padrões de julgamento de direitos econômicos e sociais. Embora o início de uma prática de migração intrarregional de ideias constitucionais possa explicar a convergência, o papel diferente dos mais altos tribunais e a força distinta do Poder Executivo em cada jurisdição pode explicar a divergência.

CONVERGÊNCIA NA POSITIVAÇÃO CONSTITUCIONAL DE DIREITOS ECONÔMICOS E SOCIAIS NA AMÉRICA LATINA

Direitos econômicos e sociais são considerados um dos maiores avanços do constitucionalismo contemporâneo, especialmente na América Latina. Desde a Constituição Mexicana de Querétaro de 1917, vários instrumentos internacionais e constituições nacionais têm positivado direitos humanos e constitucionais com conteúdo econômico e social. Isso se tornou uma estratégia muito difundida para abordar as questões da pobreza, das necessidades não atendidas, da falta de recursos para garantir uma vida com dignidade, e da distribuição desigual de oportunidades e riqueza. Segundo dados de 2012, 179 constituições do mundo – de 195 – consagram direitos econômicos e sociais. Além disso, em 68 delas, todos os direitos econômicos e sociais são passíveis de julgamento, e em 58, essa natureza foi ao menos concedida a alguns deles. Além disso, conforme revelam Hirschl, Jung, e Rosevear (2014) em uma análise dessas informações, todas as constituições latino-americanas positivam direitos econômicos e sociais, e asseguram um número médio mais alto deles em comparação a outras regiões do mundo.

Existem vários modos pelos quais constituições protegem direitos econômicos e sociais. Constituições que pertencem ao primeiro constitucionalismo liberal incluíram disposições positivando o que Mark Tushnet (2008, 238) chama de "não passíveis de julgamento" ou "direitos meramente declaratórios", isto é, direitos que tribunais não aplicariam. Esse foi o caso de quase todas as constituições latino-americanas na maior parte do século XX (veja Michael Krennerich e Góngora Mera, 2006, 3). Quanto a isso, eles receberam uma clara influência de constituições mais antigas de países europeus continentais. Os artigos 21 e 22 da Constituição Francesa de 24 de junho de 1793, por exemplo, asseguravam o direito a cidadãos desfavorecidos de receberem auxílios públicos para a proteção do emprego ou o fornecimento de bens essenciais, e o direito à educação pública. Esses provimentos não eram aplicáveis pelo judiciário contra autoridades políticas. Isso também era verdadeiro quanto aos direitos econômicos e sociais consagrados na Constituição de Weimar de 1919. A jurisprudência relevante e constitucionalistas alemães notáveis, cujas vozes foram influentes na América Latina, consideraram as provisões prescritas nesses direitos como "declarações programáticas" (*Programmsätze*). Nessa condição, eles também não impuseram que o legislador ou o executivo agissem de forma a torna-las efetivas (veja, Anschütz, 1933, 514 e Huber, 1960, 96). Essa visão foi a interpretação predominante dos artigos relevantes da Constituição de Weimar, a saber, o artigo 151, segundo o qual o alcance da "vida digna para todos" era um objetivo da organização da economia; o artigo 155, que autorizou o estado a supervisionar a distribuição e o uso de imóveis "para garantir habitações saudáveis"; o artigo 161, que instituiu um sistema de seguros para auxiliar mães, idosos e cidadãos menos favorecidos; e o artigo 162, que protegeu direitos sociais mínimos de trabalhadores.

Várias constituições atuais ainda instituem direitos econômicos e sociais da mesma forma, isto é, como direitos meramente declaratórios. O artigo 53.3 da Constituição Espanhola de 1978 estipula que disposições constitucionais de direitos econômicos e sociais "orientarão a legislação, a prática judicial e as ações de autoridades públicas". Essas disposições integram a Parte I, Capítulo 3 da Constituição Espanhola, que é intitulada: "Princípios que conduzem a política econômica e social". As disposições que fazem parte desse capítulo garantem direitos econômicos e sociais de família, crianças e mães (artigo 39), de trabalhadores (artigos 40, 41 e 42), de pessoas portadoras de necessidades especiais (artigo 49) e de idosos (artigo 50), e também os direitos à saúde (artigo 43) e à habitação (artigo 47). Apesar da falta de força vinculante, direitos econômicos e sociais meramente declaratórios têm valor político como ideais a serem alcançados através do exercício de poderes políticos. Além disso, juízes podem usá-los como critério para a interpretação de leis ambíguas. O Legislativo também pode lhes fazer referência como motivos legítimos para justificar limitações a liberdades (veja, Jiménez Campo, 1999, 130, e Parejo Alfonso, 1983, 56). Por fim, em um contexto de governança, não apenas pelo estado, mas também por empresas e outros atores, direitos econômicos e sociais não aplicáveis podem orientar, e gerar pressão sobre a elaboração de políticas executivas e empresariais, e podem direcionar outros tipos de ações relevantes por agências, comissões independentes, organizações não governamentais e movimentos sociais (veja, Young, 2012, 74). Se legisladores e criadores de políticas públicas e privadas os negligenciarem, a opinião pública pode culpá-los ou criticá-los de maneira legítima.

É interessante que, apesar da influência da Constituição Espanhola de 1978 em todas as constituições latino-americanas promulgadas após aquele ano, há uma clara convergência na última quanto à positivação de direitos econômicos ajuizáveis ou passíveis de julgamento. Por exemplo, os artigos 42 a 77 da Constituição Colombiana de 1991 asseguram, entre outros, direitos fundamentais passíveis de julgamento de crianças, mulheres grávidas, adolescentes, idosos, pessoas portadoras de necessidades especiais de qualquer tipo, bem como os direitos de cada cidadão a receber uma pensão, saúde pública, habitação, lazer, condições de trabalho justas, e educação. Os artigos 12 a 55 da Constituição do Equador de 2008 também asseguram todos esses direitos, além de outros de caráter socioeconômico relevante, tais como o direito ao fornecimento de água e ao alimento, e direitos básicos de presidiários e pessoas com doenças trágicas. Além disso, o capítulo II do título II (artigos 6.º ao 11) da Constituição Brasileira de 1988 assegura os direitos à educação, à saúde, à alimentação, ao trabalho, à habitação, ao lazer, à segurança, à previdência social, à proteção da maternidade e à infância, à assistência aos desamparados, e os direitos sociais de trabalhadores. Todos eles são direitos aplicáveis.

A prática constitucional no Chile foi uma exceção notável à essa convergência latino-americana. O capítulo III da Constituição de 1980 consagra alguns direitos econômicos e sociais sem especificar seus caráteres passíveis ou não de julgamento. Em quase 20 anos, a jurisprudência do Tribunal Constitucional lhes concedeu uma natureza meramente declaratória. Não obstante, a introdução de um "mandado de inaplicabilidade" ao artigo 93.6 pela Emenda de 2009 (veja Couso e Coddou, 2010) levou aquele mais alto tribunal a começar a aplicar direitos econômicos e sociais tais como o direito à saúde (veja, por exemplo, o caso *ISAPRES I*: 1. Rol 976 - 2007- INA de 26 de junho de 2008; veja também: Bassa, 2013, 102).

CIRCUNSTÂNCIAS COMUNS NO JULGAMENTO DE DIREITOS CONSTITUCIONAIS ECONÔMICOS E SOCIAIS NA AMÉRICA LATINA

Essa convergência cria certas circunstâncias legais comuns para o julgamento de direitos constitucionais econômicos e sociais por toda a América Latina.

Em primeiro lugar, disposições que instituem direitos constitucionais socioeconômicos passíveis de julgamento suscitam vários tipos de posições jurídicas (veja Alexy, 2002, 120). Conforme Michelman (2008, 667) explica, constituições e cartas de direitos humanos que garantem direitos socioeconômicos procuram atingir um "conjunto desejado de resultados sociais": que "em momento algum, detentores de direitos devem deixar de ter acesso a níveis considerados adequados de subsistência, habitação, saúde pública, educação, e segurança ou aos meios para obtê-los (digamos, através de trabalho remunerado disponível) para si próprios e seus dependentes". Para alcançar esses resultados sociais, essas disposições fundamentam pelo menos três tipos de reivindicações para os detentores de direitos. Em primeiro lugar, reivindicações de não interferência por parte do estado e de outros indivíduos quanto ao acesso e ao gozo de níveis adequados de benefícios que os detentores de direitos já possuam (reivindicações negativas). Em segundo lugar, reivindicações sobre o acesso igualitário e gozo dos detentores de direitos a esses níveis adequados de benefícios, em comparação com outros indivíduos (reivindicações de igualdade). Por fim, reivindicações de viabilização, promoção, proteção ou garantia de acesso por parte de detentores de direitos a níveis adequados de benefícios conferidos por direitos socioeconômicos e o gozo deles (reivindicações positivas). Essas reivindicações são posições jurídicas triádicas, nas quais um detentor de direitos tem um direito de reivindicação contra um portador de deveres, o qual, correlativamente, tem um dever. Os temas de reivindicação e, ao mesmo tempo, de dever, são um modo de ação que o destinatário deve realizar em favor do detentor de direito ou em favor de um terceiro (veja Alexy, 2009, 1). O desempenho da ação causará o cumprimento do direito em um certo nível.

A jurisprudência constitucional latino-americana e estudos têm abordado esses tipos de reivindicações. A reivindicação negativa mais relevante é a proibição de retrocessos relativos a benefícios sociais (veja, Courtis, 2006 – que inclui uma análise crítica da jurisprudência interamericana, argentina, brasileira, colombiana e peruana). No que diz respeito a reivindicações de igualdade, a doutrina delimitou porque direitos econômicos e sociais não estão apenas necessariamente vinculados ao princípio da não discriminação (veja, Gutierrez e Salazar, 2011), mas também podem justificar o oferecimento de tratamento preferencial aos pobres e mais vulneráveis (veja, Salgado, 2015, 75). O restante do artigo abordará somente as questões relacionadas às reivindicações positivas.

Em segundo lugar, casos constitucionais que envolvem a aplicação judicial de disposições constitucionais que consagram direitos econômicos e sociais positivos são às vezes casos difíceis na opinião de Dworkin (veja, Dworkin, 1975, 1057). Esses são casos nos quais a decisão não é claramente orientada pela Constituição. Isso se deve às circunstâncias institucionais e linguísticas nas quais essa aplicação ocorre. Essas circunstâncias incluem os fatos de que disposições constitucionais que positivam direitos econômicos e sociais são vagas, ambíguas, e indeterminadas; que as reivindicações que elas fundamentam podem entrar em conflito com reivindicações fundamentadas em outros direitos e princípios constitucionais (veja Dixon e Ginsbourg, 2011, 3); que podem haver discordâncias sobre o modo apropriado para solucionar esses conflitos (veja Gerstenberg, 2012, 906); que a aplicação de direitos constitucionais econômicos e sociais pode implicar que juízes examinem políticas e ações de autoridades políticas; e que disposições que consagram direitos econômicos e sociais positivos podem não ter determinação sobre, em especial, o portador de deveres, e o nível e o modo de cumprimento.

Quanto à última circunstância, o julgamento de direitos constitucionais econômicos e sociais positivos não seria diferente daquele das obrigações jurídicas, tais como obrigações contratuais de devolver um empréstimo ou de pagar o preço de um terreno, se o destinatário, o nível e o modo de cumprimento do direito foram determinados. Contudo, não é sempre que isso ocorre. Constituições positivam direitos econômicos e sociais ilimitados e abstratos em vez de listas especificadas de ações concretas a serem realizadas por um portador de deveres identificável. Algumas disposições constitucionais protegem direitos sociais de um modo flexível. Elas garantem acesso a benefícios em vez de certos benefícios *per se*. Por exemplo, as seções 26 e 27 da Constituição Sul-africana concedem "acesso" à habitação adequada, serviços de assistência médica, comida e água suficientes, e seguridade social. Outras disposições conferem direitos a certos bens. Por exemplo, o artigo 30 da Constituição do Equador concede à cada pessoa um direito à "habitação adequada". Todavia, até mesmo disposições mais específicas, como a última, descrevem bens aos quais se tem direito de um modo genérico. É incerto o que "adequada" deve significar no contexto do artigo 30 da Constituição do Equador. Ademais, algumas disposições constitucionais não especificam quem são os portadores de deveres do direito, nem o modo pelo qual devem garantir o acesso do detentor do direito aos benefícios relevantes ou ao gozo deles. Algumas disposições exigem a criação de políticas, tais como uma "política de saúde" (artigo 32 da Constituição do Equador) ou um "plano habitacional" (artigo 51 da Constituição Colombiana). Apesar de suas utilidades potenciais, elas não descrevem os detalhes da política nem quando elas devem ser expedidas. Por fim, essas políticas normalmente não especificam como lidar com limitações financeiras e a escassez de recursos para a distribuição de benefícios a uma grande variedade de detentores de direitos.

A maioria das disposições constitucionais de direitos socioeconômicos não determina quem é o portador do dever de cada direito econômico e social. À primeira vista, o estado poderia ser considerado um destinatário universal destes direitos. Quanto a isso, em quase todas as constituições latino-americanas, o estado é caracterizado como um "estado social". No entanto, dentro do estado, às vezes existem várias agências responsáveis em conjunto pela redação e aplicação de um programa com o objetivo de atender a um certo direito. Constituições normalmente não determinam qual agência é responsável por qual tarefa específica. Isto é uma questão legislativa e parlamentares podem deixar "pontos cegos" (veja, Dixon, 2008) no momento da concessão de poderes e recursos a agências para o cumprimento de direitos econômicos e sociais em todos os aspectos relevantes. Além disso, uma análise aprofundada mostrará que, em sociedades neoliberais, às vezes o estado não tem a responsabilidade imediata de atender a esses direitos. No que diz respeito ao direito à água, por exemplo, o mercado de água foi privatizado em muitos países latino-americanos, onde empresas privadas desempenham a função de levar água para indivíduos. Não está claro se essas empresas também são portadoras do dever relacionado ao direito à água e se têm um dever constitucional de atendê-lo (veja, Russell, 2011). Por fim, falta determinação à maioria das disposições de direitos econômicos e sociais no que diz respeito ao nível adequado e ao modo de cumprimento do direito exigido pela Constituição. Enquanto o nível de cumprimento se refere aos objetivos específicos que autoridades políticas e portadores de deveres privados devem cumprir referentes a cada direito, o modo de cumprimento diz respeito aos meios adequados que devem ser implementados para atingir esse nível. Como consequência, é difícil identificar, em casos concretos, o que poderia ser chamado de: o oposto legítimo definido (veja, Lübbe-Wolff, 1998). Para apurar se um direito foi violado, juízes precisam saber qual é a conduta legítima que o destinatário deve realizar. A tarefa de decidir o oposto legítimo definido é bastante fácil no que diz respeito a liberdades. Da perspectiva das liberdades, ações são ilegais se interferirem nas posições jurídicas de liberdade ou de direito. O oposto legítimo definido dessas ações ilegais positivas é a omissão por parte do agente da ação ilegal em jogo. Com relação a direitos positivos, omissões são ilegais se não protegem o direito em jogo de modo adequado. Todavia, devido à indeterminação relacionada ao portador de dever, ao nível e ao modo de cumprimento, uma omissão ilegal não tem um oposto definido. Em vez disso, podem haver tantos opostos quanto possíveis portadores de deveres, níveis, e modos alternativos de cumprimento.

Sob essas circunstâncias, não se pode esperar que cada caso de julgamento de direitos econômicos e sociais produzirá uma resposta capaz de descartar incertezas e discordâncias. As incertezas e discordâncias desapareceriam somente se houvesse uma norma determinando uma solução específica e clara a todos os casos possíveis. O conjunto de todas as normas desse tipo estabeleceria o que direitos econômicos e sociais permitem, proíbem ou exigem em cada situação concebível. Isso não é, todavia, viável - devido às circunstâncias citadas acima - nem desejável. Em uma sociedade que teve tal lista de direitos econômicos e sociais específica e totalmente determinada, sua perspectiva de deliberação política seria notavelmente reduzida. A esfera de ação do parlamento seria reduzida ao mínimo, o Legislativo seria transformado em uma autoridade que é meramente responsável por executar regulamentações constitucionais, e sua importância como um fórum para a deliberação democrática estaria perdida.

Além disso, o julgamento e a implementação de direitos econômicos e sociais na América Latina deveriam ocorrer de acordo com certas circunstâncias sociais, políticas, econômicas e institucionais por todas as diferentes jurisdições relevantes. As Constituições latino-americanas geram um paradoxo que pode ser chamado de: o paradoxo do Estado social. Por um lado, essas constituições positivam princípios econômicos neoliberais que fundamentaram políticas de privatização de órgãos governamentais que fornecem serviços à comunidade. Por outro lado, elas também garantem o princípio do Estado social (transplantado da Lei Básica da Alemanha, e da Constituição Espanhola de 1978), direitos econômicos e sociais aplicados judicialmente, e uma dimensão positiva do direito à igualdade - segundo o qual o estado deve se encarregar de ações positivas para criar oportunidades iguais em toda a população-. Enquanto o primeiro conjunto de princípios é a base para um estado pequeno orientado pela ideologia política e econômica do *laissez-faire*, o último cria um conjunto de direitos cujo cumprimento necessita de fortes intervenções do estado na economia.

Os princípios neoliberais citados acima refletem as necessidades de reforma jurídica impostas a países latino-americanos por parte de agências multilaterais no início dos anos noventa e rotuladas de "Consenso de Washington". Esse conceito, formulado por John Williamson (veja, Williamson, 1990), sugeriu a adoção do livre comércio, taxas de câmbio flutuantes, mercados livres, desregulamentação, privatização de empresas estatais e agências de bem-estar social, e estabilidade macroeconômica (incluindo estabilidade fiscal), como ferramentas necessárias à recuperação de economias latino-americanas das crises financeiras dos anos de 1980. O apoio ao livre comércio através da OMC e do Acordo de Livre Comércio da América do Norte (NAFTA), condicionalmente financeiro – isto é, o fato de que as ajudas financeiras do Fundo Monetário Internacional e os créditos do Banco Mundial exigiram reformas prévias de livre mercado –, e a pressão diplomática dos Estados Unidos foram estratégias úteis para impor a adoção e a implementação do Consenso de Washington. Essa implementação ocorreu principalmente durante os governos de Carlos Menem (Argentina, 1989-1999), Fernando Collor de Mello (Brasil, 1990-1992), César Gaviria (Colômbia, 1990-1994), Carlos Salinas de Gortari (México, 1988-1994), o primeiro mandato de Alan García (Perú, 1985-1990), Júlio María Sanguinetti (Uruguai, 1985-1990 e 1995-2000), e o segundo mandato de Carlos Andrés Pérez (Venezuela, 1989-1993).

A positivação constitucional e legislativa de princípios econômicos neoliberais dificulta o cumprimento adequado de direitos econômicos e sociais pelo estado. A preservação do equilíbrio orçamentário e a privatização de agências de bem-estar social elimina, ou pelo menos reduz, a capacidade de instituições políticas fornecerem serviços correspondentes a reivindicações econômicas e sociais. Deixar o fornecimento destes serviços nas mãos de empresas privadas cria tensões internas entre o lucro privado e o crescimento do capital, de um lado, e o fornecimento satisfatório de serviços de bem-estar social, do outro. Quanto melhor for o fornecimento de um serviço de bem-estar social, menos lucrativo ele será, e vice-versa. Interesses associados ao lucro privado normalmente prevalecem na solução dessa tensão, e os governos não possuem a capacidade ou a vontade – empresas privadas que fornecem serviços sociais normalmente financiam candidatos presidenciais – de garantir um resultado diferente.

CONVERGÊNCIA E DIVERGÊNCIA SOBRE PADRÕES DE JULGAMENTO DE DIREITOS ECONÔMICOS E SOCIAIS NA AMÉRICA LATINA

Sob todas essas circunstâncias, é impossível imaginar que possa haver um padrão objetivo para a aplicação de direitos constitucionais econômicos e sociais. Os mais altos tribunais de todo o mundo usam alguns padrões diferentes. Entre eles, incluem-se: a razoabilidade, o núcleo mínimo e a proporcionalidade.

A jurisprudência desenvolvida pelo Tribunal Constitucional Sul-africano no julgamento de casos com base nas seções 26.2 e 27.2 da Constituição Sul-africana de 1996 é um uso paradigmático da razoabilidade. Essas seções exigem que o estado "tome medidas legislativas razoáveis e outras, dentro de seus recursos disponíveis, para atingir a concretização progressiva" dos direitos à habitação, à assistência médica, ao alimento, à água, e à seguridade social. Compatível com essas disposições, o Tribunal Constitucional Sul-africano julgou que o âmbito de aplicação dos deveres positivos de autoridades políticas para atingir o cumprimento de direitos econômicos e sociais é "definido e limitado" pelo padrão da razoabilidade (veja, *Minister of Health v Treatment Action Campaign (No. 2)* 2002 5 SA 721 (CC), paras. 30—39; também: Liebenberg, 2010, 132). Estudiosos e juízes têm argumentado que o padrão da razoabilidade não é suficiente para uma proteção adequada de direitos econômicos e sociais (veja, Woolman e Bishop, 2013, 56A-12; Pillay, 2013, 599; e Steinberg, 2006, 264). Por esse motivo, alguns autores afirmam que direitos econômicos e sociais devem ser interpretados judicialmente através da identificação de um núcleo mínimo (Bilchitz, 2007, 187). Dentro desse contexto, o núcleo mínimo é um conjunto de direitos específicos que devem ser atendidos sob qualquer circunstância.

Há apenas uma convergência limitada, e, correlativamente, uma divergência estendida sobre padrões usados por várias jurisdições da América Latina. Tribunais constitucionais e supremas cortes de países tais como Argentina, Brasil, Colômbia, Costa Rica e México têm aplicado disposições de direitos econômicos e sociais de um modo mais forte, apelando, em algumas delas, para o núcleo mínimo, e usando técnicas altamente criativas de raciocínio jurídico e adotando medidas versáteis. Em decisões perspicazes, eles têm exortado e imposto que autoridades políticas implementem medidas jurídicas, financeiras e administrativas adequadas para assegurar que o estado, indivíduos e empresas atendam a demandas impostas por direitos fundamentados nessas disposições.

A jurisprudência do Tribunal Constitucional Colombiano oferece uma variedade de exemplos relativos ao uso do padrão do núcleo mínimo. A corte adotou uma doutrina de um mínimo essencial, segundo a qual cada cidadão tem um direito constitucional de desfrutar dos meios necessários a um nível básico de subsistência (veja, os julgamentos: SU-559/1997, T-068/1998, T-153/1998, SU-090/2000, T-068/2010, T-025/2004 e T-760/2008). Quanto a isso, o núcleo mínimo é diferente da razoabilidade. O primeiro justifica que tribunais determinem a quantidade mínima e a qualidade de bens e serviços que autoridades políticas devem fornecer aos indivíduos, o último reconhece que somente o Legislativo e o Executivo têm poder para decidir qual deve ser a quantidade mínima. Juízes devem ser deferenciais para com essa decisão, a menos que ela seja desarrazoada. Por exemplo, quando aplicado para fazer valer o direito constitucional à água, o núcleo mínimo exige que o estado assegure que cada cidadão receba uma quantidade mínima de água limpa diariamente (veja, o julgamento T-740/2011 do Tribunal Constitucional Colombiano). E quando aplicado ao direito à saúde, ele exige que governos garantam um programa mínimo de serviços médicos e medicamentos a todos os indivíduos, independentemente da renda deles (veja o julgamento T-760/2008 do Tribunal Constitucional Colombiano).

Essa prática jurídica suscitou fortes objeções. As críticas abrangem assuntos institucionais relacionados à capacidade de tribunais julgarem reivindicações de direitos econômicos e sociais (Young, 2010). Elas também englobam reservas sobre a compatibilidade entre essa prática jurídica, por um lado, e os princípios do estado de direito e a separação de poderes juntamente com as bases da democracia representativa, por outro lado (Nolan, 2009). Também tem havido uma discussão sobre a efetividade dessa prática do núcleo mínimo no alcance dos objetivos citados acima ligada à redistribuição de riqueza. Provas surpreendentes ressaltam que, pelo menos em alguns países latino-americanos, a aplicação constitucional de direitos econômicos e sociais não têm beneficiado os pobres. Ela tem melhorado as circunstâncias financeiras de cidadãos de classe média que, de alguma forma, são capazes de atender às suas necessidades básicas através de estratégias de mercado comuns (Landau, 2012). Por fim, surgem preocupações sobre o aumento substancial de litígios de direitos econômicos e sociais que criam ineficiências no atendimento final de reivindicações e necessidades dos detentores de direitos (Rodriguez Garavito, 2010-2011).

Não obstante, alguns dos mais altos tribunais da América Latina têm protegido direitos econômicos e sociais em casos estruturais. São processos judiciais em que um grande número de litigantes alega uma violação do mesmo direito, cujo cumprimento implica na ação coordenada de vários órgãos governamentais na formulação e implementação de políticas. Nesses casos, tribunais lançam medidas estruturais obrigatórias que beneficiam toda uma população que vai além dos litigantes (Rodriguez-Garavito, 2010-2011, 1671).

O Tribunal Constitucional Colombiano decidiu casos estruturais notáveis, entre outros, em julgamentos relacionados à falta de cumprimento do dever do estado de afiliar autoridades públicas ao sistema de seguridade social (julgamentos SU-559/97, T-068/98, T-535/99, e SU-090/2000), a presídios superlotados (julgamento T-153/98), e à deficiência da proteção concedida a defensores de direitos humanos (julgamento T-590/98), à direitos constitucionais de refugiados internos (julgamento T-025/2004), e ao direito à saúde (julgamento T-760/2008) (compare, sobre os casos colombianos: Osuna, 2015). A Suprema Corte da Costa Rica expediu liminares estruturais em casos relacionados à proteção de direitos constitucionais no fechamento do aterro sanitário Río Azul (julgamento 1154-96), na proteção do direito à saúde por todo o território do país pela Agência de Seguridade Social (julgamento 2013-4621), e em vários casos relacionados a direitos constitucionais de detentos (compare, Armijo, 2015). O Supremo Tribunal Federal do Brasil tem lidado com casos estruturais relacionados à violação de direitos constitucionais de detentos devido a prisões superlotadas (julgamento de 27 de setembro de 2015). Nos casos estruturais colombianos e brasileiros, os respectivos tribunais declararam a existência de uma situação inconstitucional. Esse padrão se refere a uma grande violação de direitos humanos, que é causada por uma obstrução institucional significativa que deve ser sobrepujada com o engajamento de vários órgãos governamentais (compare, Cardenas, 2011; Do Valle, 2015; e Sombra, 2015).

Por fim, além da declaração de uma situação inconstitucional, em dois casos estruturais, um relacionado à proteção de direitos econômicos e sociais de refugiados internos (T-025/2004), e outro relativo à garantia do direito à saúde – em especial a dos mais vulneráveis – (T-760/2008), o Tribunal Constitucional Colombiano expediu ordens ao Legislativo e ao Executivo relacionadas à elaboração e ao cumprimento de políticas e programas específicos. A corte também se encarregou da competência de supervisionar o cumprimento dessas ordens em audiências públicas anuais. Uma questão atual é quando a Corte deve parar de realizar esse papel supervisor. Uma resposta a essa pergunta envolve um trilema. Em primeiro lugar, a Corte não pode realizar esse papel – não previsto em suas competências constitucionais – eternamente. Contudo, os programas adotados pelas autoridades públicas não protegem os direitos econômicos e sociais violados no nível constitucionalmente legítimo, e não é provável que atinjam esse nível no futuro próximo. Portanto, se a corte parar de realizar seu papel supervisor, deve aceitar a falta de cumprimento de seus julgamentos ou admitir que esse cumprimento é impossível sob as atuais circunstâncias políticas e econômicas. Em qualquer um dos casos, a pergunta permanecerá aberta, se a corte pode então aceitar mais queixas constitucionais relacionadas aos mesmos resultados econômicos e sociais não alcançados.

Essa tendência, relativa a padrões fortes para aplicar direitos econômicos e sociais, desenvolvida pelos mais altos tribunais na Colômbia, Costa Rica e Brasil, diverge de pelo menos duas outras tendências. A aplicação de direitos econômicos e sociais através de padrões mais fracos, por um lado. Um exemplo relevante é a razoabilidade (*razonabilidad*) argentina, que segundo a Suprema Corte, deve ser entendida como um tipo de "teste de proporcionalidade" (veja o julgamento 319:1934, de 12 de setembro de 1996, par. 8; e *Vizzotti*, de 14 de setembro de 2004, par. 7 f.). Na literatura comparada e na jurisprudência, o princípio da proporcionalidade é entendido como um conjunto de três subprincípios vinculados: adequação, necessidade e balanceamento (ou proporcionalidade em sentido estrito). Cada subprincípio estabelece uma exigência de que qualquer limitação sobre um direito constitucional deve cumprir. O subprincípio da adequação requer que a limitação contribua com a conquista de um fim legítimo. O subprincípio da necessidade requer que a limitação seja o menos restritivo de todos os meios que sejam igualmente adequados ao alcance do fim perseguido. O subprincípio da proporcionalidade em sentido estrito requer que a limitação atinja o fim perseguido até um nível que justifique a extensão da restrição ao direito constitucional contraposto (veja Barak, 2012, 3; Stone Sweet e Mathews, 2008, 47).

Certamente, além da possibilidade do emprego do núcleo mínimo e da razoabilidade, alguns comparatistas recentemente sugeriram que o emprego da proporcionalidade poderia melhorar o julgamento de direitos econômicos e sociais (veja: Contiades e Fotiadou, 2012 e 2014). Há convergência na América Latina sobre o uso da proporcionalidade para o julgamento de liberdades constitucionais (veja: Carbonell, 2008). Todavia, os mais altos tribunais da região normalmente não empregam esse padrão para o julgamento de direitos econômicos e sociais. Um motivo que pode explicar essa assimetria é a falta de clareza relacionada à estrutura da proporcionalidade para o julgamento de pretensões relacionadas a direitos positivos. Além disso, há uma discussão em sede doutrinária sobre se a proporcionalidade é diferente da razoabilidade e do núcleo mínimo, e, se firmada a diferença, se seu uso é de fato incompatível com o emprego desses outros padrões. Por exemplo, enquanto Klatt (2015, 357) afirma que a proporcionalidade e a razoabilidade implicam em "conjuntos diferentes de perguntas" a serem feitas no julgamento de causas relacionadas a direitos econômicos e sociais, Liebenberg (2010, 185) parece endossar que a proporcionalidade pode ser incorporada à razoabilidade. Além disso, enquanto o Tribunal Constitucional Sul-africano (no Minister of Health v Treatment Action Campaign 2002 (5) SA 721 (CC)) caracteriza o núcleo mínimo como compatível com a razoabilidade, Bilchitz (2003) o contempla como uma concepção possível de razoabilidade, no qual a prioridade deve ser dada aos direitos econômicos e sociais em seus conflitos com outros interesses e objetivos políticos. Além disso, Bilchitz (2014) também sustenta que tribunais não podem usar a proporcionalidade de modo independente de uma doutrina do núcleo mínimo.

Uma análise aprofundada da jurisprudência dos direitos econômicos e sociais argentinos revela que a razoabilidade argentina envolve apenas um controle da adequação. A Suprema Corte apenas verifica se os meios escolhidos pelas autoridades políticas para implementar o direito social relevante são adequados para contribuir com aquele fim. Segundo a doutrina, o uso desse padrão mais fraco tem levado a uma subaplicação de direitos de grande importância social, tais como o direito à moradia (veja, Etchichury, 2013).

Por outro lado, quase não existem litígios envolvendo direitos econômicos e sociais em países tais como Venezuela, Bolívia, Nicarágua e Equador, nos quais os Presidentes em exercício claramente apoiam ideais socialistas. Nesses países, há uma discordância sobre se políticas e programas sociais têm de fato transformado indicadores relativos ao cumprimento de direitos econômicos e sociais (veja, por exemplo, referente à Venezuela: em elogio: Pereira e Heredia, 2014; isso não é comparável com os dados do Encovi de 2015, segundo os quais 73% da população venezuelana vive abaixo da linha da pobreza, veja: Envovi, 2015).

EM BUSCA DE UMA EXPLICAÇÃO

O que pode explicar tanto a convergência quanto a divergência na aplicação judicial de direitos econômicos e sociais em toda a América Latina?

Por um lado, o início de uma prática de migração intrarregional de ideias constitucionais pode explicar a convergência. Padrões de julgamento podem migrar facilmente de uma jurisdição para outra. Eles dizem respeito a meios de raciocínio que podem resolver problemas comuns para juízes em contextos diferentes. Quanto a isso, existem, pelo menos, dois fatores que podem explicar a migração do uso desses padrões fortes no julgamento de casos relacionados a pleitos envolvendo direitos econômicos e sociais positivos entre algumas jurisdições latino-americanas. O primeiro é a forte proteção de direitos econômicos e sociais dentro do Sistema Interamericano de Direitos Humanos. Essa proteção não apenas provém da positivação de alguns desses direitos na Convenção Americana sobre Direitos Humanos, mas também da aplicação direita da Comissão Interamericana e da Corte de Direitos Humanos (veja, com uma análise de relatórios relevantes feitos pela Comissão e julgamentos pela corte: Bazan, 2005, 568). Nos últimos dez anos, os tribunais constitucionais e supremas cortes latino-americanas cada vez mais citam e adotam conceitos e doutrinas criadas pela Corte Interamericana de Direitos Humanos. Uma doutrina tradicional de monismo que aceita a aplicação interna direta de leis internacionais de direitos humanos explica a criação de um estudo de convencionalidade – que é um estudo de decisões, ações e omissões por autoridades internas do ponto de vista da Convenção Americana sobre Direitos Humanos. Dessa forma, devido ao caráter monista da maioria das jurisdições latino-americanas, essas fontes jurídicas interamericanas são internamente válidas e diretamente aplicáveis por todos os juízes. Com relação ao segundo fator, tribunais, tais como o Tribunal Constitucional Colombiano, têm criado ferramentas metodológicas e conceituais inovadoras que são mais adequadas para a jurisdição constitucional no cenário latino-americano do que doutrinas elaboradas por contrapartes europeias e norte-americanas. Juízes da região tem valorizado essa adequação especial e tem transplantado algumas dessas ferramentas. Um exemplo relevante desse fenômeno é a migração da doutrina colombiana do estado de coisas inconstitucional para a jurisprudência da Suprema Corte Brasileira.

Por outro lado, é verdade que a jurisdição de direitos econômicos e sociais, como todas as questões de Direito constitucional, é, em parte, uma expressão de particularidade nacional. Isso é verdadeiro não apenas para disposições constitucionais, mas também para métodos de jurisdição constitucional. Métodos jurídicos são positivados em atitudes e conhecimentos anteriores de autoridades e advogados em cada cultura constitucional. Eles também dependem do nível de independência do juiz vis-à-vis as autoridades políticas.

Relativamente a essa questão, o hiperpresidencialismo tem sido uma constante em países latino-americanos, desde a independência deles da Espanha. Normalmente, a própria constituição estabelece um desequilíbrio de poderes entre o Presidente e outros poderes em favor do primeiro. Um motivo que explica essa preeminência histórica do Executivo é que o Presidente possui uma legitimidade democrática independente em toda a América Latina, visto que é eleito diretamente pelos cidadãos, em eleições que são independentes das eleições do Congresso. Práticas de corrupção e uma falta de uma oposição bem estruturada têm levado, em alguns países, a um *capitis diminutio* do Legislativo relativamente ao controle político. Nem mesmo a implementação de estratégias para o controle político, derivadas de sistemas parlamentares, tais como o voto de censura ou perguntas ao governo, tem produzido efeito no enfraquecimento do hiperpresidencialismo. Cada governo consegue, de alguma forma, lidar com forças políticas oscilantes no Congresso para evitar freios em políticas públicas.

Dentro desse contexto, os mais altos tribunais, tais como o Tribunal Constitucional Colombiano, o Tribunal Constitucional Peruano, a Suprema Corte da Costa Rica e a atual Suprema Corte Brasileira, que demonstra independência vis-à-vis o Executivo, tem tentado compensar o predomínio do Presidente e o déficit de controle político do Parlamento com um forte freio a políticas e programas econômicos e sociais. Eles também começaram a desempenhar esse papel devido à existência do posicionamento público de indivíduos que levam casos de direitos econômicos e sociais à jurisdição através de *writs*, tais como a *Acción de Tutela* colombiana e o *Mandado de Segurança* brasileiro. Contudo, outros tribunais menos progressistas – tais como o Tribunal Constitucional Chileno – ou tribunais menos independentes – como a Suprema Corte Argentina em alguns anos da era Kirchner, o Tribunal Constitucional do Equador ou a Suprema Corte da Venezuela –, embora motivados por ideologias muito diferentes, se mantêm vinculados à concepção keynesiana do juiz constitucional como um "legislador negativo" (veja, Kelsen, 1929), e se recusam a aplicar direitos econômicos e sociais com padrões fortes contra autoridades políticas.

REFERÊNCIAS BIBLIOGRÁFICAS

Alexy, Robert. 2002. *A Theory of Constitutional Rights*. Oxford: Oxford University Press, 2002.

Alexy, Robert. 2009. "On Constitutional Rights to Protection", *Legisprudence* 3.

Anschütz, Gerhard. 1933. *Die Verfassung des Deutschen Reichs vom 11. August 1919*. Berlin: G. Stilke, 14th ed.

Barak, Aharon. 2012. *Proportionality: Constitutional Rights and their Limitations*. Cambridge: Cambridge University Press.

Bassa, Jaime. 2013. "La evolución en la protección constitucional de los derechos sociales vía interpretación constitucional". In: *Derechos Económicos, Sociales y Culturales en el orden constitucional chileno*, edited by Aguilar Cavallo. Santiago: Librotecnia.

Bazan, Victor. 2005. "Los derechos económicos, sociales y culturales en acción: sus perspectivas protectorias en los ámbitos interno e interamericano" *Anuario de derecho constitucional latinoamericano*.

Bernal, Carlos. 2013. "The Migration of Proportionality Across Europe", *New Zealand Journal of Public and International Law* 11(3).

David Bilchitz, 2003. "Towards a Reasonable Approach to the Minimum Core: Laying the Foundations for Future Socio-Economic Rights Jurisprudence" *South African Journal of Human Rights* 19.

Bilchitz, David. 2007. *Poverty and Fundamental Rights: The Justification and Enforcement of Socio-Economic Rights*. Oxford: Oxford University Press.

Carbonell, Miguel. 2008. *El principio de proporcionalidad y protección de los derechos fundamentales*. Mexico: Comisión Nacional de derechos humanos.

Contiades, Xenophon; and Fotiadou, Almene. 2012. "Social Rights in the Age of Proportionality: Global Economic Crisis and Constitutional Ligitation" *International Journal of Constitutional Law* 10(3).

Contiades, Xenophon; and Fotiadou, Almene. 2014. "Socio-economic rights, economic crisis, and legal doctrine: A reply to David Bilchitz" *International Journal of Constitutional Law* 12(3).

Courtis, Christian. 2006. *Ni un paso atrás. La prohibición de regresividad en materia de derechos sociales*. Buenos Aires: Centro de Asesoría Legal y Centro de Estudios Legales y Sociales.

Couso, Javier and Coddou, Alberto. 2010. "La naturaleza jurídica de la acción de inaplicabilidad en la jurisprudencia del Tribunal Constitucional: un desafío pendiente" *Estudios Constitucionales* 2(8).

Dixon, Rosalind. 2007. "Creating dialogue about socioeconomic rights: Strong-form versus weak-form judicial review revisited" *International Journal of Constitutional Law* 5(3).

Dixon, Rosalind; and Ginsbourg, Tom. 2011. "The South African Constitutional Court and Socio-Economic Rights as 'Insurance Swaps'" *Constitutional Court Review* 4.

Dworkin, Ronald. 1975. "Hard Cases" *Harvard Law Review* 88(6).

Gauri, Varun; and Brinks, Daniel M. 2008. "Introduction: The Elements of Legalization and the Triangular Shape of Social and Economic Rights". Gauri, Varun; and Brinks, Daniel M. (eds.), *Courting Social Justice: Judicial Enforcement of Social and Economic Rights in the Developing World*. Cambridge: Cambridge University Press.

Encovi 2015. National Data on Poverty in Venezuela. Available at: http://www.rectorado.usb.ve/vida/sites/default/files/2015_pobreza_misiones.pdf (31.1.2016).

Etchichury, Horacio. 2013. "Un techo razonable: El derecho a la vivienda en un fallo de la Corte Suprema Argentina" *Estudios constitucionales* 11(2).

Gerstenberg, Oliver. 2012. "Negative/positive constitutionalism, 'fair balance,' and the problem of justiciablity" *International Journal of Constitutional Law* 10(4).

Gutiérrez, Rodrigo and Salazar, Pedro. 2011. *Igualdad, no discriminación y derechos sociales. Una vinculación virtuosa*. Mexico: Consejo Nacional para Prevenir la Discriminación.

Huber, Ernst Rudolf. 1960. *Deutsche Verfassungsgeschichte seit 1789*. Volume VI: Struktur und Krisen des Kaiserreichs. Stuttgart: Kohlhammer.

Jackson, Vicki. 2012. "Comparative Constitutional Law: Methodologies." Pp. 55-72 in *The Oxford Handbook of Comparative Constitutional Law*, edited by Michel Rosenfeld and András Sajó. Oxford: Oxford University Press.

Jiménez Campo, Javier. 1999. *Derechos fundamentales, concepto y garantías*. Madrid: Trotta.

Jung, Courtney; Hirschl, Ran; and Rosevear, Evan. 2014. "Economic and Social Rights in National Constitutions" *American Journal of Comparative Law* 62(4).

Kelsen, Hans. 1929. "Wesen und Entwicklung der Staatsgerichtbarkeit", *VVDStRL* 5.

Klatt, Matthias. 2015. "Positive rights: Who decides? Judicial review in balance" *International Journal of Constitutional Law* 13(2).

Krennerich, Michael and Góngora Mera, Manuel Eduardo. 2006. "Los derechos sociales en América Latina. Desafíos en justicia, política y economía" *Centro de Derechos Humanos de Nuremberg*: 1-16. Available on-line at: http://www.polwiss.uni-erlangen.de/professuren/menschenrechte/them.%20Expertise/MK_Los_Derechos.pdf (4.25.2016).

Landau, David. 2012. "The reality of Social Rights Enforcement" *Harvard International Law Journal* 53.

Liebenberg, Sandra. 2010. *Socio-Economic Rights: Adjudication under a Transformative Constitution*. Cape Town: Juta.

Lübbe-Wolff, Gertrude. 1988. *Die Grundrechte als Eingriffsabwehrrechte. Struktur und Reichweite der Eingriffsdogmatik im Bereich staatlicher Leistungen*. Baden-Baden: Nomos.

Michelman, Frank I. 2008. "Socio-economic Rights in Constitutional Law: Explaining America Away" *International Journal of Constitutional Law* 6.

Nolan, Aoife. 2009. "Ireland: The Separation of Powers Doctrine vs. Socio-Economic Rights". In *Social Rights Jurisprudence: Emerging Trends in International and Comparative Law*, edited by Malcolm Langford. Cambridge: Cambridge University Press.

Parejo Alfonso, Luciano. 1983 *Estado social y administración pública. Los postulados constitucionales de la reforma administrativa*. Madrid: Cívitas.

Pereira, Lourdes; and Heredia, Henny. 2014. "Conjeturas sobre el derecho social y la salud en Venezuela" *Revista Latinoamericana de Derecho Social* 18.

Pillay, Anashri. 2013. "Economic and Social Rights Adjudication: Developing Principles of Judicial Restraint in South African and the United Kingdom" *Public Law*.

Russell, Anna. 2011. "Incorporating Social Rights in Development: Transnational Corporations and the Right to Water" *International Journal of Law in Context* 7.

Rodríguez-Garavito, César. 2010-2011. "Beyond the Courtroom: The Impact of Judicial Activism on Socioeconomic Rights in Latin America" *Texas Law Review* 89.

Salgado, Constanza. 2015. "Derechos sociales e igualdad" *Revista de ciencias sociales*.

Steinberg, Carol. 2006. "Can Reasonableness Protect the Poor? A Review of South Africa's Socio-Economic Rights Jurisprudence" *South African Law Journal* 123.

Stone Sweet, Alec; and Mathews, Jud. 2008. "Proportionality, Balancing and Global Constitutionalism" *Columbia Journal of Transnational law* 47.

Tushnet, Mark. 2008. *Weak Courts, Strong Rights: Judicial Review and Social Welfare Rights in Comparative Constitutional Law.* Princeton: Princeton University Press.

Williamson, John. 1990. "What Washington Means by Policy Reform". In *Latin American Adjustment: How Much Has Happened?*, edited by John Williamson. Washington: Institute for International Economics.

Woolman, Stu; and Bishop, Michael. 2013. *Constitutional Law of South Africa.* Cape Town: Juta. 2nd ed, vol. 5.

Young, Katharine. 2012. *Constituting Economic and Social Rights.* Oxford: Oxford University Press.

CAPÍTULO 06

Os tributos e os direitos fundamentais: limites, objetivos e instrumentos

Celso de Barros Correia Neto[1]

Sumário: 1. Introdução; 2. Das Limitações Constitucionais ao Poder de Tributar aos Direitos Fundamentais do Contribuinte; 3. Direitos Fundamentais do Contribuinte; 4. Direitos do contribuinte como cláusulas pétreas: ADI 939; 4.1. O caso ; 4.2. Importância do julgado; 5. Direitos Fundamentais e os Direitos do Contribuinte; 6. Normas Tributárias e Direitos Humanos: interfaces e relações ; 6.1. Direitos Fundamentais do Contribuinte como direitos de defesa; 6.2. Tributos como instrumentos de financiamento dos direitos fundamentais; 6.3. Extrafiscalidade como meio de efetivação dos direitos fundamentais; 7. Conclusão; 8. Referências .

1. INTRODUÇÃO

Este texto analisa as diferentes interfaces que se estabelecem entre os tributos e os direitos fundamentais na ordem jurídica brasileira, tanto no âmbito da formulação legislativa quanto da sua aplicação concreta em decisões judiciais.

Tomamos aqui "tributo" em sentido amplo para alcançar quaisquer normas jurídicas com conteúdo tributário. Interessa-nos a "legislação tributária", no alcance que a emprega o art. 96 do Código Tributário Nacional – "as leis, os tratados e as convenções internacionais, os decretos e as normas complementares que versem, no todo ou em parte, sobre

1. Doutor em Direito pela USP, Chefe de Gabinete de Ministro do STF e professor da graduação e do Mestrado da Universidade Católica de Brasília e da pós-graduação lato sensu do Instituto Brasiliense de Direito Público.

tributos e relações jurídicas a eles pertinentes" –, bem como as próprias normas constitucionais que se referem à questão fiscal.

A análise destaca a maneira como a cultura dos direitos humanos afeta também o campo tributário e, progressivamente, desloca a atenção dos juristas das limitações à competência tributária para os direitos fundamentais do contribuinte. Não se trata apenas de fazer das vedações ao poder de tributar direitos fundamentais do contribuinte. A relação entre os tributos e os direitos humanos é mais complexa. Inclui também outras formas de relacionamento, que tomam a norma tributária como meio de financiamento de políticas públicas ou mesmo como instrumento extrafiscal imediato para sua concretização.

Em todas elas, fica clara a centralidade do discurso dos direitos fundamentais, no contexto jurídico atual, e a maneira como toca todos os segmentos do ordenamento jurídico, inclusive o tributário.

2. DAS LIMITAÇÕES CONSTITUCIONAIS AO PODER DE TRIBUTAR AOS DIREITOS FUNDAMENTAIS DO CONTRIBUINTE

Todas as constituições brasileiras, desde a Constituição do Império, trouxeram limitações ao poder de tributar: disposições destinadas a demarcar as fronteiras da competência para cobrar impostos e regular seu exercício. Nessas limitações, compreendem-se as imunidades, que demarcam negativamente o espaço de competência impositiva, e os princípios, que orientam a forma, o momento e a intensidade de seu exercício.

A origem desses limites, como bem destaca Aliomar Baleeiro, é anterior ao próprio Direito Tributário. Eram, inicialmente, princípios formulados pela Ciência das Finanças para o bom funcionamento da tributação. Ao depois, à medida que se incorporaram às constituições rígidas dos Estados democráticos, passaram a vigorar como limitações *jurídicas* ao poder tributário, tomado já não como mero poder de fato, mas como aptidão jurídica, competência legislativa.[2]

2. "Nos países de Constituição rígida e de controle judiciário das leis e atos administrativos os princípios que a Ciência das Finanças apurou em sua compósita formação política, moral, econômica ou técnica são integrados em regras estáveis e eficazes. Funcionam como *limitações ao poder de tributar*. Nenhuma Constituição excede a brasileira, a partir de 1946, pelo zelo com que reduziu a disposições jurídicas aqueles princípios tributários. Nenhuma outra contém tantas limitações expressas em matéria financeira." BALEEIRO, Aliomar. **Limitações constitucionais ao poder de tributar**. 7a ed. Atual. por Misabel Abreu Machado Derzi Rio de Janeiro: Forense, 2005.

Mesmo a Constituição do Império de 1824, que não contava com um capítulo específico para o sistema tributário nacional, já previa no art. 15, X, as raízes da legalidade tributária, ao dispor que cabe à Assembleia-Geral "Fixar annualmente as despezas publicas, e repartir a contribuição directa". Estabelecia também as bases para o princípio da capacidade contributiva no art. 179, XV: "Ninguem será exempto de contribuir pera as despezas do Estado em proporção dos seus haveres".

A partir da Constituição de 1967, o texto constitucional passa a contar com um capítulo especificamente dedicado para o "Sistema Tributário Nacional", nele se incluindo as normas atinentes à divisão de competências tributárias e também às vedações ao poder tributário. Na Constituição de 1967, esse capítulo vai do art. 18 ao 28; no texto alterado pela Emenda Constitucional n. 1 de 1969, estende-se do art. 18 ao 26.[3]

É interessante anotar que, na Constituição de 1969 (EC n.1, de 17 de outubro de 1969), os princípios tributários da legalidade e da anterioridade incluíam-se no capítulo dos "Direitos e Garantias Individuais" do Título da "Declaração de Direitos". Dispunha o art. 153, § 29:

> Nenhum tributo será exigido ou aumentado sem que a lei o estabeleça, nem cobrado, em cada exercício, sem que a lei o houver instituído ou aumentado esteja em vigor antes do início do exercício financeiro, ressalvados a tarifa alfandegária e a de transporte, o imposto sobre produtos industrializados e o imposto lançado por motivo de guerra e demais casos previstos nesta Constituição.

O rol atual de direitos do art. 5o da Constituição Federal de 1988 não inclui expressamente legalidade tributária e anterioridade, como no texto anterior, mas a Carta hoje vigente é particularmente detalhada em matéria tributária. Traz um capítulo dedicado ao "Sistema Tributário Nacional" (arts. 145 a 162), a partir do Título VI "Da Tributação e do Orçamento" (arts. 145 a 169), dividido em seis seções, sendo a segunda delas denominada "Das limitações ao poder de tributar" (arts. 150, 151 e 152), na qual se encontram as principais disposições que hoje servem de base para defesa do contribuinte.

Não há na Constituição de 1988, referência textual a "direitos fundamentais dos contribuintes". A ausência, no entanto, não impediu que o tema ganhasse cada vez mais espaço no discurso jurídico contemporâneo, tanto em sede doutrinária quanto nas decisões judiciais. É comum

---

3. A propósito do tema, ver: VALADÃO, Marcos Aurélio Pereira. **Limitações Constitucionais ao Poder de Tributar e Tratados Internacionais**. Belo Horizonte: Del Rey, 2000.

que doutrina e jurisprudência afirmem direitos fundamentais do contribuinte, extraindo das tradicionais limitações constitucionais ao poder de tributar verdadeiros direitos subjetivos em favor do cidadão. O rol desses direitos que compõem o Estatuto do Contribuinte,[4] atualmente, só se amplia e ganha destaque no Direito Tributário brasileiro contemporâneo.

A tendência de aproximação entre estes dois discursos – o dos direitos fundamentais e o do Direito Tributário – é relativamente recente e parece encontrar sua razão de ser no protagonismo dos direitos humanos no contexto jurídico atual e na maneira como eles, em maior ou menor grau, irradiam seus efeitos por todo o ordenamento jurídico. De fato, como destaca Perez Luño, "o constitucionalismo atual não seria o que é sem os direitos fundamentais". Isso porque "as normas que sancionam o estatuto dos direitos fundamentais, junto àquelas que consagram a forma do Estado e as que estabelecem o sistema econômico, são decisivas para definir o modelo constitucional de sociedade".[5]

Ao influenciar o modo de interpretar e aplicar toda e qualquer norma jurídica, posicionando-se como conceito central do ordenamento jurídico, os direitos fundamentais operam verdadeiro deslocamento no Direito Público. Se antes se via o direito a partir do Estado, com a sedimentação do discurso dos direitos fundamentais, muda-se o ponto de vista: tem-se o direito, seja ele público ou privado, pensado do ponto de vista do cidadão. E isso, decerto, traz consequências práticas que não podem ser desprezadas.

É claro que, exclusivamente do ponto de vista da lógica jurídica, a qualquer limitação à competência estatal ou dever imposto ao Poder Público corresponde um direito ao cidadão, como sua contraparte necessária. Em termos estritamente lógicos, direitos e deveres são dois lados da relação jurídica. Só há direito porque há dever, e vice-versa.[6] Afinal,

---

4. "A expressão 'Estatuto do Contribuinte' denota um conjunto de normas que regula a relação entre o contribuinte e o entre tributante. Sua utilização possui conotação tanto *garantista* dos direitos do contribuinte como *limitativa* do poder de tributar". ÁVILA, Humberto. Estatuto do Contribuinte: conteúdo e alcance. **Revista Eletrônica de Direito Administrativo Econômico** (REDAE), Salvador, Instituto Brasileiro de Direito Público, n. 12, novembro/dezembro/janeiro, 2008. Disponível na Internet: <http://www.direitodoestado.com.br/redae.asp>. Acesso em: 27.6.2015. (Grifos originais).

5. PEREZ LUÑO, Antonio E. **Los Derechos Fundamentales**. Madrid: Tecnos, 2007, p. 19.

6. Daí afirmar Kelsen que certos direitos subjetivos não passam de "reflexos" de deveres jurídicos: "a afirmação de que alguém tem um direito (reflexo) a que um outro se conduza em face

o direito, como destaca Miguel Reale, marca-se pela nota de bilateralidade atributiva.[7] No entanto, a questão aqui não é apenas de lógica. Diz respeito ao plano do discurso político. O que se põe em destaque é a mudança de perspectiva, a inversão de posições operada pela afirmação histórica dos direitos humanos.

A propósito, Noberto Bobbio, na conhecida obra "A Era dos Direitos",[8] destaca a maneira como, historicamente, "a afirmação dos direitos do homem deriva de uma inversão radical de perspectiva, característica da formação do Estado moderno, na representação da relação política, ou seja, a relação estado-cidadão ou soberano-súditos".[9] O indivíduo assume o protagonismo, de sorte que se passa a compreender a relação do ponto de vista do direito dos cidadãos, não mais dos poderes do soberano.

A mudança de perspectiva é também assinalada por Gilmar Mendes e Paulo Branco, que destacam a centralidade do conceito de direitos fundamentais na sociedade e no Estado contemporâneos, nos seguintes termos:

> Os direitos fundamentais assumem posição de definitivo realce na sociedade quando se inverte a tradicional relação entre Estado e indivíduo e se reconhece que o indivíduo tem, primeiro, direitos, e, depois, deveres perante o Estado, e que os direitos que o Estado tem em relação ao indivíduo se ordenam ao objetivo de melhor cuidar das necessidades dos cidadãos.[10]

---

dele pela maneira devida não significa senão que este outro é obrigado a conduzir-se em face dele de determinada maneira. Quer isto dizer que o direito reflexo de um é idêntico ao dever do outro de se conduzir em face daquele de determinada maneira, que o conceito de direito reflexo é supérfluo. O direito reflexo é apenas o dever jurídico – visto da posição daquele em face do qual o dever há de ser cumprido. Por isso, não há qualquer relação entre um dever jurídico e o direito reflexo que lhe corresponde." KELSEN, Hans. **Teoria Pura do Direito**. São Paulo: Martins Fontes, 2003, p. 185.

7. Afirma Miguel Reale: "A relação jurídica apresenta sempre a característica de unir duas pessoas entre si, em razão de algo que atribui às duas certo comportamento e certas exigibilidades. *O enlace objetivo de conduta que constitui e delimita exigibilidades entre dois ou mais sujeitos, ambos integrados por algo que os supera, é o que chamamos bilateralidade atributiva.*" REALE, Miguel. **Filosofia do Direito**. São Paulo: Saraiva, 2002, p. 403. (Grifo original).

8. BOBBIO, Noberto. **L'età dei diritti**. Torino: Einaudi, 1997.

9. No original: "In sede storica sostengo che l'affermazione dei diritti dell'uomo deriva da un rovesciamento radicale di prospettiva, caratteristico della formazione dello stato moderno, nella rappresentazione del rapporto politico, cioè nel rapporto stato-cittadini o sovrano-sudditi". BOBBIO, Noberto. **L'età dei diritti**. Torino: Einaudi, 1997, p. XI.

10. MENDES, Gilmar F.; BRANCO, Paulo Gustavo G. **Curso de Direito Constitucional**. 10a ed. São Paulo: Saraiva, 2015, p. 136.

A tributação não fica de fora desse processo de mudança. No discurso tributário, também se nota certa alteração de enfoque, por exemplo, no uso cada vez mais frequente da expressão "direitos fundamentais dos contribuintes", em vez de "limitações constitucionais ao poder de tributar". A comparação entre as expressões registra uma mudança de perspectiva. Em lugar de se tomar a norma constitucional simplesmente do ponto de vista do Estado, representada como limite (ao poder de tributar), passa-se a enxergá-la da perspectiva do contribuinte, a quem confere direitos.

Não afirmarmos, é claro, que ambas as expressões – "limitações ao poder de tributar" e "direitos fundamentais do contribuinte" – tenham, rigorosamente, significado e alcance idênticos. Certamente não têm. Nem todas as limitações constitucionais ao poder de tributar têm como fundamento a proteção do contribuinte. A imunidade recíproca, por exemplo, está fundamentada no princípio federativo. Ademais, há direitos do contribuinte que resultam simplesmente da aplicação das disposições do art. 5o da Constituição em matéria fiscal, como direitos do cidadão-contribuinte – por exemplo, a inviolabilidade de domicílio (fiscal) –, e não decorrem das vedações do art. 150 do texto constitucional.

De toda sorte, ao compararmos as duas expressões – "limites" e "direitos" –, queremos destacar essa mudança de enfoque, que chama a atenção para a posição do contribuinte e sobretudo para a importância do respeito aos seus direitos e garantias individuais em matéria fiscal.

3. DIREITOS FUNDAMENTAIS DO CONTRIBUINTE

A mudança de enfoque e a ênfase no chamado "Estatuto do Contribuinte" não têm apenas valor simbólico. Trazem implicações essencialmente práticas, no plano da eficácia jurídica, e parecem ter relação estreita com a evolução operada no sistema tributário nas últimas décadas.

No caso do Brasil, é provável que, pelo menos, três razões tenham influenciado essa mudança de atitude: (1) o movimento de "publicização", de afirmação dos direitos fundamentais e de constitucionalização de todo o Direito e também do Direito Tributário; (2) o intento de renovação e reforço do discurso das limitações ao poder de tributar, em face do crescimento da carga tributária, especialmente a partir da década de 1990; e (3) as variadas mudanças operadas no texto constitucional em matéria tributária, que obrigaram os contribuintes a se utilizarem do único parâmetro material admissível para enfrentá-las: a violação a cláusulas pétreas, especialmente as do inciso IV, § 4º, do art. 60, da Constituição ("os direitos e garantias individuais").[11]

A atenção conferida às relações entre direitos fundamentais e legislação tributária ganha destaque no contexto de reafirmação do valor e da força das normas constitucionais que se opera no Brasil, mormente após a promulgação da Constituição Federal de 1988. Como é cediço, a constituinte de 1988 caracteriza-se como culminância do processo democrático, interrompido em 1964, e pela reconstrução e expansão das garantias do cidadão, doravante assinalados como a pedra de toque não só do ordenamento constitucional como também de todo o ordenamento jurídico. Daí em diante, o desafio central do direito público está não mais propriamente na declaração dos direitos, mas em assegurar meios de lhes conferir efetividade.[12]

A ideia de "publicização" e constitucionalização a que nos referimos, obviamente, não se limita à positivação constitucional, isto é, à inserção no próprio texto da Constituição de novos direitos, novos programas e de outras funções para o Poder Público. Além disso, diz também com a atitude do intérprete/aplicador diante do texto constitucional, que procura conferir-lhe a máxima eficácia possível – inclusive por meio da atuação do Poder Judiciário, quando preciso –, e com a influência que o texto constitucional irradia por todos os setores do ordenamento jurídico.

Nesse sentido, a aproximação entre o capítulo dos direitos fundamentais e o dos tributos é inevitável, tanto pelo fato de que a centralidade do discurso dos direitos humanos afeta todos os seguimentos do discurso jurídico quanto pelo ganho de eficácia das normas das protetivas do contribuinte contra o Fisco.

No plano do discurso político, o efeito de sentido que se obtém pelo uso da expressão "direitos fundamentais" ou "direitos humanos" não é idêntico ao que se observa no uso da expressão "limites", "limitações" ou "restrições" ao poder de tributar. Ainda que o fundamento constitucional possa ser exatamente o mesmo dispositivo, violar um direito

11. Cf. BRANCO, Paulo Gonet; MEIRA, Liziane Angelotti; CORREIA NETO, Celso de Barros. (Orgs.). **Tributação e Direitos Fundamentais - conforme a jurisprudência do STF e STJ**. São Paulo: Saraiva, 2012.

12. A afirmação não é válida apenas para o cenário nacional, a propósito, ver: BOBBIO, Norberto, **L'età dei diritti**, Torino: Einaudi, 1997, p. 258-259 *et passim*.

fundamental do contribuinte apresenta-se como algo mais grave do que afrontar uma limitação à competência tributária.

Afora o aspecto retórico, a afirmação dos direitos e garantias individuais em matéria tributária implica reforçar as restrições impostas pelo constituinte ao legislador, no que se refere ao exercício da competência tributária. Sim, porque, além de destacar a posição do contribuinte, que faz jus a direito "reflexo", diante da norma de limitação ao poder tributário, a compreensão de tais direitos individuais como "fundamentais" confere-lhes outro *status* jurídico. Eleva à categoria de norma, hierárquica e axiologicamente, mais importante do ordenamento jurídico, protegida pelo manto da imutabilidade, nos termos do art. 60, §4º, IV: "Não será objeto de deliberação a proposta de emenda tendente a abolir: [...] IV - os direitos e garantias individuais.". Há, portanto, também ganho em termos de eficácia jurídica na passagem das limitações ao poder de tributar aos direitos fundamentais do contribuinte.

Tal reforço de eficácia pareceu especialmente oportuno no correr das duas décadas que sucedem à promulgação da Constituição de 1988, período marcado pela majoração da carga fiscal, notadamente por meio dos tributos de destinação constitucional vinculada, as contribuições sociais. À medida que se elevaram os tributos cobrados e aperfeiçoaram-se os mecanismos de fiscalização, aumentaram também a resistência do contribuinte e o desejo de exonerar-se, no todo ou em parte, da carga fiscal. O incentivo ao uso de estratégias de planejamento tributário e o incremento do contencioso tributário se afiguram, por conseguinte, como consequências naturais da elevação da carga fiscal.

Além disso, há ainda outro aspecto a considerar. O incremento da carga fiscal, no Brasil, nos anos que se seguiram à promulgação da Constituição, demandou diversas reformas – ainda que parciais e insuficientes – no sistema tributário brasileiro. E muitas delas foram também reformas constitucionais, na medida em que não prescindiram de mudanças na própria Constituição Federal.[13] Por meio de alterações no texto constitucional, criaram-se novos tributos – como o Imposto Provisório sobre Movimentação Financeira (IPMF), pela Emenda Constitucional n. 3/1993, a Contribuição Provisória sobre Movimentação Financeira (CPMF), pela Emenda Constitucional n. 12/1996 e, anos mais tarde, a

13. Vejam-se, por exemplo, as modificações realizadas no texto constitucional, no plano da tributação e na partilha de recursos arrecadados, por meio das Emendas Constitucionais n. 12/1996, 20/1998, 21/1999, 27/2000, 39/2002, 41/2003, 42/2003 e 44/2004.

Contribuição para o Custeio do Serviço de Iluminação Pública (CONSIP), pela Emenda Constitucional n. 39/2002 –, bem como foram ampliadas competências tributárias já estabelecidas – como no caso da alteração procedida no art. 195 pela EC 20/1998 para efeito de ampliar a base de cálculo da contribuição para a seguridade social.

Nesse quadro, a violação de cláusulas pétreas era o argumento – e o parâmetro material – que restava ao contribuinte para questionar a validade das novas exações impostas com fundamento em emendas constitucionais. Pode-se dizer, então, que a elevação das limitações ao poder de tributar ao patamar de direitos fundamentais do contribuinte e, por conseguinte, de cláusulas pétreas na ordem constitucional de 1988, justificou-se mais por razões práticas do que por conta de elucubrações teóricas. Ganhou espaço diante da necessidade de se discutir a validade de normas introduzidas no sistema tributário nacional por força de emendas constitucionais.

O julgamento da Ação Direta de Inconstitucionalidade n. 939, na qual se discutia a validade do Imposto sobre Movimentações Financeiras (IPMF), acrescido pela EC n. 3/1993, oferece um importante exemplo de como os limites ao poder de tributar podem ser tomados como direitos individuais do contribuinte. A orientação firmada na decisão foi fundamental, na jurisprudência do STF, para afirmar esses direitos como cláusulas pétreas na ordem constitucional de 1988, como veremos a seguir.

4. DIREITOS DO CONTRIBUINTE COMO CLÁUSULAS PÉTREAS: ADI 939

O julgamento da ADI 939 merece lugar de destaque no contexto da jurisprudência do Supremo Tribunal Federal. Dizemos isso por, pelo menos, dois motivo. O primeiro é ter consolidado o entendimento da Corte quanto ao cabimento do controle jurisdicional de constitucionalidade em relação a emendas constitucionais. O segundo é ter estendido às limitações constitucionais ao poder de tributar o manto de imutabilidade, previsto no art. 60, § 4o, IV, da Constituição Federal de 1988.[14]

14. É importante chamar atenção para as relações entre a política fiscal e o desenho institucional do sistema de controle de constitucionalidade. Em grande medida, pode-se dizer que o próprio redesenho institucional do controle abstrato nos anos que se sucederam à promulgação da Carta de 1988 tem relação direta com a necessidade de conferir certeza e segurança ao controle judicial da política fiscal do Governo Federal. Afirma, a propósito, Rafael Thomaz

De certo modo, um e outro motivos estão entrelaçados. O parâmetro restrito de controle deve-se ao objeto: uma emenda à Constituição. Como se sabe, o art. 60 da Constituição Federal estabelece os requisitos para que se possa alterar o texto constitucional e ressalva que não será objeto de deliberação a proposta de emenda tendente a abolir: (I) a forma federativa de Estado; (II) o voto direto, secreto, universal e periódico; (III) a separação dos Poderes; e (IV) os direitos e garantias individuais. Assim, o controle de constitucionalidade material desse tipo de proposição legislativa leva em conta um parâmetro mais estreito, composto essencialmente das cláusulas pétreas, tal como previstas no próprio texto constitucional.

No caso em comento, duas delas mereceram especial atenção, a forma federativa e os direitos e garantias individuais. Vejamos, a seguir, os pormenores da decisão e suas principais implicações para o tema deste estudo.

4.1. O caso

A ação[15] foi proposta pela Confederação Nacional dos Trabalhadores do Comércio (CNTC) contra a criação do Imposto sobre Movimentações Financeiras (IPMF), previsto na Emenda Constitucional n. 3, de 17 março de 1993, e instituído pela Lei Complementar n. 77, de 13 de julho de 1993.

Na elaboração da emenda, o constituinte utilizou-se de técnica legislativa incomum. Em vez de modificar o próprio texto constitucional, pela mudança na redação originária de algum dispositivo ou pela inclusão de novos, a EC 3/1993 previu no seu próprio texto a criação de novo imposto, o Imposto sobre Movimentação ou Transmissão de Valores e de Créditos e Direitos de Natureza Financeira (IPMF).

O art. 2o da Emenda atribuiu à União competência para instituir, nos termos de lei complementar, com vigência até 31 de dezembro de 1994, imposto sobre movimentação ou transmissão de valores e de créditos

Favetti: "A criação da ADC pela EC n.3, que nada tinha a ver com o controle de constitucionalidade, explica-se pela urgência em criar um mecanismo para reduzir os custos transacionais da política fiscal, que começava a se consolidar fundada na centralização fiscal, por meio de contribuições sociais. A ADC n. 1 pedia, por sinal, a declaração de constitucionalidade da COFINS." FAVETTI, Rafael Thomaz. **Controle de Constitucionalidade e Política Fiscal**. Porto Alegre: Sergio António Fabris Editor, 2003, p.136.

15. BRASIL. Supremo Tribunal Federal. **Ação Direta de Inconstitucionalidade n. 939**. Relator: Sydney Sanches. Julgamento em 15.12.1993.

e direitos de natureza financeira, o que se deu por meio da Lei Complementar n. 77/1993, já mencionada. A redação do art. 2o da EC 3 é a seguinte:

> Art. 2.º A União poderá instituir, nos termos de lei complementar, com vigência até 31 de dezembro de 1994, imposto sobre movimentação ou transmissão de valores e de créditos e direitos de natureza financeira.
>
> § 1.º A alíquota do imposto de que trata este artigo não excederá a vinte e cinco centésimos por cento, facultado ao Poder Executivo reduzi-la ou restabelecê-la, total ou parcialmente, nas condições e limites fixados em lei.
>
> **§ 2.º Ao imposto de que trata este artigo não se aplica o art. 150, III, "b", e VI, nem o disposto no § 5.º do art. 153 da Constituição.**
>
> § 3.º O produto da arrecadação do imposto de que trata este artigo não se encontra sujeito a qualquer modalidade de repartição com outra entidade federada.
>
> § 4.º Do produto da arrecadação do imposto de que trata este artigo serão destinados vinte por cento para custeio de programas de habitação popular.

As principais contestações em relação à Emenda diziam respeito às exceções previstas no seu § 2o. A disposição estabelecia que ao novo imposto não deveriam se aplicar as disposições do art. 150, III, "b", e VI, nem o disposto no § 5º do art. 153 da Constituição. Ou seja, o IPMF escaparia à aplicação do princípio da anterioridade e das imunidades recíprocas de templos de qualquer culto, de partidos políticos e suas fundações, de entidades educacionais e de assistência social, bem como de livros, jornais, periódicos e o papel destinado a sua impressão.

Em 15.9.1993, a medida cautelar requerida na ação direta foi deferida pelo Supremo Tribunal Federal para suspender, até 31.12.1993, os efeitos do art. 2º, e seus parágrafos, da EC 03/1993, bem como da Lei Complementar n. 77/1993. A mesma orientação foi adotada, ao depois, na decisão de mérito em 15.12.1993. O Tribunal julgou procedente, em parte, a ação, para declarar a inconstitucionalidade da expressão "o art. 150, III, "b" e VI, nem," contida no § 2o do art. 2o de EC n. 03/93.

4.2. Importância do julgado

Como já mencionamos, o julgamento é particularmente importante tanto pelo seu objeto, uma emenda constitucional, quanto pelos fundamentos adotados na decisão, a violação de cláusulas pétreas.

Quanto ao objeto, é provavelmente este o primeiro caso no qual o Supremo Tribunal Federal discutiu a constitucionalidade de uma emenda ao texto constitucional e, ao fim, julgou-a, ao menos em parte, inconstitucional. Esse aspecto não passou despercebido no julgamento. Há referências ao fato nos votos prolatados, especialmente no do Ministro Paulo Brossard, que registra a primazia do julgamento. Consta do voto o seguinte trecho:

> É a primeira vez que se discutem aspectos constitucionais de uma emenda constitucional. Antes só me recordo que a reforma de 1926 teve sua validade questionada, porque processada e promulgada sob estado de sítio.[...] Pela primeira vez, a constitucionalidade de uma emenda constitucional ou de aspectos de uma emenda constitucional chega até o Supremo Tribunal e é por ele enfrentada, discutida e decidida.

Antes desse julgamento, a controvérsia quanto ao cabimento de controle de constitucionalidade de emendas à Constituição havia sido ventilada no HC 18.178/DF, Rel. Min. Hermenegildo de Barros, julgado em 1o.10.1926. Mas nem o alcance da decisão nem os contornos do caso eram semelhantes aos da ADI 939. Foi no julgamento dessa ação que se consolidou, na jurisprudência do STF, a possibilidade de o Tribunal conhecer de ações diretas ajuizadas contra emendas constitucionais. [16]

Quanto aos fundamentos, ao decidir pela inconstitucionalidade, o Tribunal reconheceu que o princípio da anterioridade e as imunidades previstas no inciso IV, "b", "c" e "d" do art. 150 são garantias individuais do contribuinte e, portanto, cláusulas pétreas, na ordem constitucional de 1988. A imunidade prevista no art. 150, VI, "a" (a imunidade recípro-

16. Nesse sentido, veja-se o que afirma Luciano Felício Fuck: "a ADI 939 constitui a primeira vez que o STF examinou a constitucionalidade material e declarou a inconstitucionalidade da mais alta e nobre espécie normativa concedida ao Poder Legislativo: a emenda constitucional. É certo que o STF já havia examinado a compatibilidade de emenda constitucional com o texto original no famoso caso da Emenda Constitucional de 1926 (HC 18.178/DF, Rel. Min. Hermenegildo de Barros, Pleno, julgado em 1o.10.1926). Já naquela oportunidade, o Tribunal demonstrou grande desenvoltura na análise de constitucionalidade formal em relação às regras dispostas na Constituição de 1891, afirmando sua competência para verificar a legitimidade da reforma constitucional, nada obstante o grande debate a propósito no direito comparado. No entanto, na ADI 939, o STF não só examina a constitucionalidade material de emenda constitucional devidamente aprovada pelo Congresso Nacional, como também, ao fazê-lo, reconhece a incompatibilidade de parte de suas disposições com cláusulas pétreas. Nesse ponto, o STF pacificou a possibilidade de controle jurisdicional de constitucionalidade de emendas constitucionais pouco mais de cinco anos após a promulgação da Carta Magna, dando segurança às disposições fundamentais e inibindo aventuras institucionais." FUCK, Luciano Felício. Tributação e cláusulas pétreas: ADI 939. In: Beatriz Bastide Horbach; Luciano Felício Fuck. (Org.). **O Supremo por seus Assessores**. São Paulo: Almedina Brasil, 2014, p. 17-18.

ca), é exceção, uma vez que está protegida pela hipótese do inciso I do § 4º, do art. 60 (forma federativa de Estado), e não pela do inciso IV do mesmo artigo (direitos e garantias individuais).

Tomar a anterioridade e as imunidades tributárias como direitos individuais do contribuinte tem evidente sentido prático no contexto do julgamento. Significa reconhecer que tais prescrições não podem ser afastadas nem mesmo por força de emenda constitucional, como pretendido pelo art. 2o, § 2o, da Emenda. Por isso, mais do que apenas reforçar a importância dessas disposições, o reconhecimento das limitações constitucionais ao poder de tributar como direito do contribuinte representou uma etapa necessária do raciocínio - isto é, da *ratio decidendi* -, que conduziu à declaração de inconstitucionalidade da EC 3/1993.

Com maior ou menor clareza e intensidade, o fundamento é suscitado em todos os votos proferidos. Contra a possibilidade de se estabelecerem novas exceções ao princípio da anterioridade, além das que já constam do texto originário da Constituição Federal, aduz o relator do caso, Ministro Sydney Sanches, o seguinte:

> 12. Nem me parece que, além das exceções ao princípio da anterioridade, previstas expressamente no § 1º do art. 150, pela Constituição originária, outras pudessem ser estabelecidas por emenda constitucional, ou seja, pela Constituição derivada.
>
> 13. Se não se entender assim, o princípio e a garantia individual, que ele encerra, ficariam esvaziados, mediantes novas e sucessivas emendas constitucionais, alargando as exceções, seja para impostos previstos no texto originário, seja para os não previstos.[17]

Na mesma linha, o Ministro Carlos Velloso destaca a importância do princípio da anterioridade como garantia do contribuinte, ao afirmar que "as garantias dos contribuintes, inscritas no art. 150 da Constituição, são intangíveis à mão do constituinte derivado, tendo em vista o disposto no art. 160, § 4º, IV, da Constituição". E reconhece que "as imunidades inscritas no inciso VI do art. 150 são, também, garantais que o constituinte derivado não pode suprimir".[18]

O Ministro Celso de Mello, por sua vez, enfatiza a importância das cláusulas pétreas no contexto da Constituição Federal de 1988. Sublinha

---

17. BRASIL. Supremo Tribunal Federal. **Ação Direta de Inconstitucionalidade n. 939**. Relator: Sydney Sanches. Julgamento em 15.12.1993.

18. BRASIL. Supremo Tribunal Federal. **Ação Direta de Inconstitucionalidade n. 939**. Relator: Sydney Sanches. Julgamento em 15.12.1993.

o papel da anterioridade, de um lado, como "limitação constitucional ao poder impositivo das pessoas políticas" e, de outro, como "direito público subjetivo oponível ao Estado pelos contribuintes que dela se beneficiam". Daí concluir que "o ato normativo em causa efetivamente agride e afronta o regime dos direitos fundamentais dos contribuintes".

Fica também clara, no mesmo voto, a relação entre as imunidades – das entidades sindicais, dos templos, dos partidos políticos, das instituições de educação e assistência social e dos livros – e os valores que lhe são subjacentes – liberdade de consciência, liberdade de manifestação do pensamento, liberdade de associação –, de modo que suprimi-las acabaria por comprometer os "valores em função dos quais essa prerrogativa de índole tributária foi conferida", aduz o Ministro Celso de Mello.

A orientação[19] firmada nesse julgamento – de que as vedações previstas no art. 150 da Constituição conferem direitos fundamentais aos contribuintes – influenciou decisivamente a jurisprudência do Supremo Tribunal Federal e foi, depois, aplicada em outros casos enfrentados pela Corte. Citem-se, como exemplo, o Recurso Extraordinário n. 587.008, de relatoria do Ministro Dias Toffoli, julgado em 6.5.2011, e a Medida Cautelar na Ação Direta de Inconstitucionalidade n. 4.661, de relatoria do Ministro Marco Aurélio, julgada em 20.10.2011.

5. DIREITOS FUNDAMENTAIS E OS DIREITOS DO CONTRIBUINTE

Até aqui falamos de direitos fundamentais do contribuinte sem grande preocupação em explicar ou definir o conteúdo da expressão. Mas o que, afinal, são direitos fundamentais? E, em especial, quais deles podem ser tomados como direitos *dos contribuintes* especificamente?

Não é novidade que os direitos fundamentais designam-se por diferentes nomes: "direitos humanos", "direitos do homem", "direitos fundamentais", "direitos humanos fundamentais", "direitos fundamentais do homem", "direitos e garantias individuais", "liberdades públicas", entre outros. É fato que nem todas têm exatamente o mesmo alcance ou significado, mas a preferência por este ou aquele nome justifica-se mais por

19. O teor e o alcance da decisão não estão livres de crítica na doutrina. Veja-se, por exemplo, Ricardo Ribeiro Lodi, para quem a decisão "estabeleceu uma diretriz por demais exagerada, a partir da ideia de que todos esses direitos dos contribuintes [previstos no art. 150, VI] são cláusulas pétreas e que por isso não podem ser abolidos, restringidos e sequer excepcionados por emendas constitucionais". RIBEIRO, Ricardo Lodi. As Cláusulas Pétreas Tributárias. **Revista de Direito do Estado** (RDE), v. 21, p. 625-647, 2011.

razões práticas ou histórico-geográficas do que por motivos estritamente lógicos.

O Supremo Tribunal Federal e o Superior Tribunal de Justiça usam indistintamente as expressões acima apontadas. Há, no entanto, clara preferência pelas expressões "direitos e garantias fundamentais" e "direitos humanos", adotadas no próprio texto constitucional em vigor, no Título II ("Dos Direitos e Garantias Fundamentais") e nos art.5º, §3º, e 109, V-A da Constituição, respectivamente.

Além de muitos nomes, também não há apenas uma definição doutrinária do tema. Costuma-se demarcar a noção por meio dos seguintes atributos: universalidade, essencialidade, aplicabilidade imediata, indisponibilidade, previsão constitucional e capacidade de vinculação os três poderes. Já se sabe, no entanto, que rigorosamente nem todas essas características estão presentes em alguns dos direitos fundamentais. Os direitos sociais do trabalhador, por exemplo, não são exatamente universais, tendo em vista que se destinam a uma categoria específica; mas nem por isso perdem seu *status* de direitos fundamentais.

Ingo W. Sarlet distingue duas perspectivas para demarcar a noção de direitos fundamentais – a formal e a material. Diz o autor:

> Direitos Fundamentais são, portanto, aquelas posições jurídicas concernentes às pessoas, que, do ponto de vista do direito constitucional positivos, foram, por seu conteúdo e importância (fundamentalidade em sentido material), integradas ao texto da Constituição e, portanto, retiradas da esfera de disponibilidade dos poderes constituídos (fundamentalidade formal), bem como as que, por seu conteúdo e seu significado, possam ser equiparados, agregando-se à Constituição material, tendo, ou não, assento na Constituição formal (aqui considerada a abertura material do catálogo).[20]

A preocupação deste estudo, obviamente, não é de conceituar "direitos fundamentais". A controvérsia a esse respeito, todavia, parece útil também para a matéria aqui enfrentada, tanto para delimitar quais seriam os direitos fundamentais do contribuinte quanto para compreender as diferentes interfaces entre tributos e direitos humanos.

Como se sabe, os direitos fundamentais não são apenas aqueles listados no art. 5o da Constituição Federal. O catálogo é aberto. Existem outros no texto constitucional e há permissão para que novos sejam in-

20. SARLET, Ingo W. A **Eficácia dos Direitos Fundamentais**. 7ª ed. Porto Alegre: Livraria do Adv., 2007, p. 91.

corporados. A disposição do § 2o do art. 5o não deixa dúvidas a esse respeito, ao prescrever que "Os direitos e garantias expressos nesta Constituição não excluem outros decorrentes do regime e dos princípios por ela adotados". Em matéria fiscal, a prescrição do art. 5o, § 2o, combina-se com a do *caput* do art. 150 que, ao consignar que as vedações dos incisos I a VI, determina que se apliquem "sem prejuízo de *outras garantias* asseguradas ao contribuinte".

Nesse quadro normativo, haveria, então, pelo menos, dois fundamentos para os direitos e garantias do contribuinte na Constituição Federal de 1988: (1) os que decorrem da aplicação, no campo tributário, dos direitos fundamentais genéricos, previstos no texto constitucional, principalmente no art. 5o da Constituição e (2) os que resultam de limitações constitucionais ao poder de tributar. No primeiro grupo, incluem-se, por exemplo, o sigilo fiscal (art. 5o, XII) e a inviolabilidade de domicílio (art. 5o, XIII), por exemplo, e, no segundo, a proibição do confisco (art. 150, IV) e a anterioridade (art. 150, III, "b").

A classificação certamente não é rigorosa. Vem aqui a título meramente ilustrativo. A bem da verdade, mesmo os direitos fundamentais do contribuinte, que se baseiam em disposições específicas do sistema tributário, não raro podem ser tomados como especificações de outros já previstos no texto constitucional. É o caso da isonomia e legalidade, que têm previsão genérica na Constituição (art. 5o, *caput*, e incisos I e II) e específica no campo tributário (art. 150, II e I, entre outros). Em outras situações, a norma tributária constitucional assume a forma de meio ou garantia a serviço de um direito previsto fora do capítulo tributário: por exemplo, a imunidade dos templos religiosos (art. 150, VI, "b") em relação à liberdade de culto (art. 5o, VI) ou a imunidade do livro em relação à liberdade de expressão (art. 5o, IX) e ao direito à cultura (art. 215).

Ainda que não seja rigorosa, essa forma de apresentar o tema já deixa claro que a influência dos direitos fundamentais em matéria de tributação não se reduz à função de limite à legislação tributária. A inter-relação entre direitos e tributos é mais ampla e pode assumir diferentes contornos, como veremos a seguir.

6. NORMAS TRIBUTÁRIAS E DIREITOS HUMANOS: INTERFACES E RELAÇÕES

Embora a defesa dos chamados "direitos fundamentais do contribuinte" seja a forma mais usual de relacionar a tributação com a temática dos direitos fundamentais, não é essa a única aproximação possível entre os direitos fundamentais e os tributos.[21]

Há, pelo menos, três interfaces possíveis entre direitos fundamentais e tributos, considerando a aplicação da legislação tributária e a efetivação dos direitos envolvidos. São elas: (1) os direitos fundamentais como limites à cobrança de tributos e à edição de normas tributárias; (2) a tributação como fonte de recursos para custeio de políticas públicas voltadas à implementação de direitos fundamentais e (3) as normas tributárias como instrumentos extrafiscais de efetivação de direitos fundamentais.

A primeira interface toma os direitos fundamentais como típicos direitos de defesa. Essa abordagem refere-se especialmente aos ditos direitos de primeira geração ou dimensão, isto é, àqueles que se identificam com as liberdades públicas e impõem fundamentalmente limites negativos à atuação estatal. É o caso, por exemplo, da legalidade, da anterioridade (segurança jurídica) e do não confisco, utilizados pelo contribuinte contra a exigência de tributo indevido, extemporâneo ou desproporcional.

A segunda forma de relacionamento a que nos referimos é a que enxerga nas normas tributárias meios de financiamento – fonte de custeio – de medidas voltadas à efetivação de direitos fundamentais. Ganham especial destaque, nesse contexto, os direitos de segunda geração, como saúde, educação, previdência e assistência social, que demandam prestações positivas por parte do Poder Público, em geral, bastante dispendiosas.

Para custeá-los, a Constituição Federal de 1988 (art. 149) estabeleceu tributos específicos que se caracterizam pela destinação vinculada de sua arrecadação. É o caso do art. 195 da Constituição Federal, que prescreve que a seguridade social será financiada por meio de contribuições sociais, deixando clara a relação entre os direitos que compõem

21. No mesmo sentido, afirma Fernando Facury Scaff: "Entendo que o debate sobre os direitos humanos e tributação não pode ficar cingido ao estudo dos direitos fundamentais dos contribuintes, que traduzem tão somente a primeira dimensão dos direitos humanos, mas deve ser abordada também sob o ângulo da segunda e terceira dimensão dos direitos." SCAFF, Fernando F. A Desvinculação de Receitas da União (DRU) e a Supremacia da Constituição. IN: SCAFF, Fernando; MAUÉS, Antonio G. Moreira. **Justiça Constituição e Tributação**. São Paulo: Dialética, 2005, p. 96.

o conceito de seguridade social – saúde, assistência e previdência – e o tributo encarregado de financiá-los, as contribuições.

A terceira possibilidade a que nos referimos é a que toma as próprias normas tributárias como instrumentos para efetivação de direitos fundamentais, notadamente os de terceira geração. Nessa acepção, já não há confronto entre tributos e direitos fundamentais, nem a tributação serve apenas como meio de financiamento. A legislação tributária, na verdade, contribui diretamente para a concretização dos direitos fundamentais, tomados agora como objetivos a serem perseguidos. A título de exemplo, cite-se o uso de "normas tributárias indutoras"[22] – na forma de agravamentos ou desonerações – voltadas à proteção do meio ambiente (art. 225 da Constituição).

Apontar essas três interfaces serve para ilustrar as diferentes relações possíveis entre direitos fundamentais e tributos. Vale dizer, na atividade tributária, o Poder Público pode encontrar nos direitos fundamentais limites à sua ação, objetivos a serem perseguidos ou fundamentos para instituição do tributo.

A proposta de levar em conta as gerações dos direitos não é rigorosa, tem evidente intuito ilustrativo. Na verdade, como se sabe, nem mesmo a ideia de "gerações" ou, como preferem outros, "dimensões" dos direitos humanos pode ser tomada em termos absolutos. As dimensões não se superam cronologicamente, sobrepõem-se. Os direitos – das diferentes gerações – formam, no seu conjunto, o arcabouço normativo do Estado Social de Direito. Nas palavras de Jairo Schäfer, "as diversas gerações, em verdade, são diferentes dimensões do mesmo fenômeno, cuja magnitude somente é perceptível em seu conjunto".[23]

Ademais, nem mesmo a identificação entre os usos do tributo e os direitos fundamentais é precisa. Tome-se como exemplo o caso da tributação ambiental: usa-se o tributo com fins extrafiscais, não para arrecadar, mas para assegurar a proteção do meio ambiente, típico direito difuso, enquadrado como de terceira geração. Contudo, a invocação do regime extrafiscal não justifica o afastamento das limitações constitucionais ao poder de tributar e, portanto, dos direitos fundamentais do

22. SCHOUERI, Luís Eduardo. **Normas Tributárias Indutoras e Intervenção Econômica.** Rio de Janeiro: Forense, 2005, p. 30 e ss.

23. SCHÄFER, Jairo. **Classificação dos Direitos Fundamentais**: do sistema geracional ao sistema unitário: uma proposta de compreensão. 2a ed. Porto Alegre: Livraria do Advogado, 2013, p. 61.

contribuinte, aqui empregados como direitos individuais e de defesa, tipicamente enquadrados como de primeira geração. Afinal, como afirma Geraldo Ataliba, "Não pode a extrafiscalidade servir de invocação mágica que arrede o conjunto de restrições que – em nome da organização estatal, moralidade política e direitos individuais – constitui o regime tributário".[24]

Assim, têm-se, numa mesma situação, interfaces diferentes entre a tributação e o discurso dos direitos fundamentais. De um lado, está o direito ao meio ambiente equilibrado como fundamento e escopo da legislação tributária ambiental e, de outro, o conjunto de garantias que forma o Estatuto do Contribuinte como parâmetros da validade dos tributos e das derrogações instituídas pelo regime extrafiscal.

De todo modo, ainda que não seja rigorosa, a classificação serve à finalidade didática. Faz ver que existem as diferentes formas de relacionamento entre as normas tributárias e as que asseguram direitos fundamentais no ordenamento brasileiro, muito além dos direitos fundamentais do contribuinte.

6.1. Direitos Fundamentais do Contribuinte como direitos de defesa

Entender os direitos fundamentais como direitos do contribuinte é a forma mais usual de relacioná-los com o sistema tributário. Nessa acepção, os direitos fundamentais do contribuinte podem ser descritos essencialmente como direitos de defesa, isto é, garantias do cidadão-contribuinte, pessoa física ou jurídica, contra o Estado-Fisco, destinados a assegurar-lhe espaço à margem da intervenção estatal. Operam, assim, como normas de competência negativa e impõem ao Poder Público obrigações de abstenção, isto é, omissões.[25]

Os fundamentos, como já dissemos, encontram-se nas disposições que formam o sistema tributário nacional, no rol do art. 5o e, grosso modo, em todo o texto constitucional em vigor. O exemplo mais eviden-

24. ATALIBA, Geraldo. **Apontamentos de Ciência das Finanças, Direito Financeiro e Direito Tributário**. São Paulo: Revista dos Tribunais, 1969, p. 149.

25. A propósito da distinção entre direitos de defesa e direitos a prestações, especialmente os de proteção, explica Robert Alexy: "Para seus destinatários, direitos de defesa são, dentre outras, proibições de destruir ou afetar negativamente algo. Já os direitos a prestações são, para seus destinatários, dentre outras, obrigações de proteger ou fomentar algo." ALEXY, Robert. **Teoria dos Direitos Fundamentais**. 2a ed. Trad. Virgílio Afonso da Silva. São Paulo: Malheiros, 2012, p.461.

te é o das limitações constitucionais ao poder de tributar, previstas nos arts. 150 a 152 da Constituição Federal, de que já cuidamos suficientemente ao examinar a decisão proferida na ADI 939.

As vedações previstas nos arts. 150 a 152 da Constituição, ao mesmo tempo em que estabelecem limites à competência impositiva estatal, resguardam a esfera da autonomia individual do cidadão (função defensiva). Ou seja, conferem a todos os contribuintes ou a algumas categorias em especial típicos direitos de defesa. Trata-se de assegurar ao indivíduo uma esfera de liberdade" e outorgar-lhe "um direito subjetivo que lhe permita evitar interferências indevidas no âmbito de proteção do direito fundamental ou mesmo a eliminação de agressões que esteja sofrendo em sua esfera de autonomia pessoal".[26]

Assim, tais disposições garantem ao contribuinte que a cobrança de tributos não lhe tolha a liberdade, não se dê sem lei, não lhe confisque o patrimônio, não afete o mínimo necessário a sua subsistência e não se faça senão a partir do próximo exercício financeiro, nem antes de decorridos noventa dias. Não se trata aqui de propor um rol de direitos do contribuinte. A lista é exemplificativa. Pretende-se apontar apenas este traço comum: o fato de serem postulados de abstenção, obrigações de não fazer, impostas em favor do indivíduo e contra o Estado-Fisco. Em todas essas hipóteses – entre outras – o discurso da proteção dos direitos fundamentais serve ao contribuinte como meio de defesa e limite contra o Fisco. Ou seja, a atividade do Fisco é restringida por esse tipo de disposição, por ocasião da elaboração da lei (atividade legislativa) e também de sua aplicação (atividade administrativa).

Grosso modo, pode-se dizer que a maior parte das limitações constitucionais ao poder de tributar tem como cerne, direta ou indiretamente, a proteção da propriedade privada. Isso, aliás, não é de se estranhar. Afinal, a tensão entre propriedade e os impostos marca a própria essência do Direito Tributário – o tributo em si mesmo pode ser definido como uma restrição à propriedade. Mas existem outros valores e bens jurídicos afetados pela atividade impositiva.[27] É o caso das limitações

26. SARLET, Ingo W. A **Eficácia dos Direitos Fundamentais**. 7ª ed. Porto Alegre: Livraria do Adv., 2007, p. 197.

27. Manoel Cavalcante de Lima Neto propõe classificar os direitos fundamentais do contribuinte entre quatro grupos, com base no critério do bem jurídico protegido: *liberdade* (imunidades, liberdade de tráfego, unidade tributária e livre exercício de atividade econômica); *igualdade* (isonomia tributária, tributação federal uniforme, isonomia da tributação dos títulos da dívida pública e dos vencimentos dos servidores públicos e a vedação da concessão de isenções

previstas no art. 150, VI, "c" e "d", por exemplo, que se voltam à proteção de outros bens jurídicos. Vale dizer, as imunidades estabelecidas para os templos de qualquer culto e para o livro podem ser compreendidas como garantias em favor das liberdades de crença e de expressão, respectivamente.

De qualquer sorte, em todos esses casos, os direitos individuais do contribuinte são opostos ao fisco. Atuam como de forma a limitar o Poder Público, no exercício da atividade fiscal, como típicos direitos de defesa.

6.2. Tributos como instrumentos de financiamento dos direitos fundamentais

A segunda forma de relacionamento que destacamos é a que compreende os tributos como instrumentos de financiamento da ação estatal e, em particular, das ações voltadas à concretização dos direitos fundamentais. Nessa hipótese, já não se trata de opor vedações ao Estado nem de impor abstenções. O tributo é instrumento de financiamento da ação estatal voltada à realização dos direitos fundamentais.

A bem da verdade, essa relação ocorre de forma indireta, isto é, pelo gasto público, não pela norma tributária em si. Ou seja, os recursos públicos arrecadados por meio do sistema tributário são, ao depois, direcionados pelo orçamento para o financiamento de diversas formas. Sob esse viés, cabe considerar a vinculação entre direitos e seus custos, seja de forma genérica, no dever geral de pagar impostos, seja de forma específica, nas formas de vinculação de receitas tributárias previstas na legislação em vigor.

A efetivação dos direitos do homem – todos eles, qualquer que seja sua geração ou natureza (defesa, participação ou prestacional) – tem custos econômicos, e a cobrança de tributos é a principal forma de obtenção dos recursos necessários para supri-los. Mesmo as liberdades públicas, o direito de votar e o direito de ir e vir, por exemplo, demandam prestações públicas e exigem o estabelecimento de um aparato institucional para que possam ser exercidos.

---

heterônomas por parte da União; *segurança* (legalidade tributária, irretroatividade, anterioridade e transparência na tributação do consumo) e *propriedade* (vedação do confisco). LIMA NETO, Manoel Cavalcante de. **Direitos Fundamentais dos Contribuintes**. Recife: Nossa Livraria, 2005, p. 146-147.

É preciso construir e manter prédios públicos, adquirir equipamentos e contratar servidores. Há sempre alguma forma de atuação Estatal necessária. "Nenhum direito é simplesmente um direito de ser deixado sozinho por funcionários públicos. Todos os direitos são reivindicações de uma resposta governamental afirmativa.", como afirmam Holmes e Sustein.[28]

Por isso, não basta dizer que são "sagrados", "invioláveis" ou "absolutos".[29] Proteger e assegurar os direitos fundamentais requer que se considerem também seus custos e a maneira de obtenção dos recursos econômicos necessários à sua satisfação. E, como fonte primeva de recursos estatais, os tributos têm um papel destacado nessa tarefa.

No Estado moderno, os tributos e, particularmente, os impostos são o principal meio pelo qual o Estado obtém recursos para o atendimento das competências institucionais – encargos ou atribuições – a que é vinculado pela Constituição. Pelo instrumento fiscal, "o Estado supre-se das economias privadas a fim de atender às carências públicas".[30]

Não se trata de mera constatação de ordem econômica ou justificativa metajurídica. O sistema constitucional assinala para o tributo a função primordial de financiamento das atividades públicas, ao passo que restringe a exploração econômica por parte do Estado e relega a papel secundário os demais instrumentos de captação de receitas públicas.

A doutrina chama de "Estado Fiscal"[31] o modelo de "estado cujas necessidades financeiras são essencialmente cobertas por impostos".[32] A

28. No original: "No right is simply a right to be left alone by public officials. All rights are claims to an affirmative governmental response." HOLMES, Stephen; SUNSTEIN, Cass. **The Cost of Rights**: why liberty depends on taxes. New York: Norton &Co., 1999, p. 44.

29. "Rights are familiarly described as inviolable, preemptory, and conclusive. But these are plainly rhetorical flourishes. Nothing that costs money can be an absolute". HOLMES, Stephen; SUNSTEIN, Cass. **The Cost of Rights**: why liberty depends on taxes. New York: Norton &Co., 1999, p.97.

30. QUIROGA, Roberto. **Tributação e Política Fiscal**. In: Segurança Jurídica na Tributação e Estado de Direito, São Paulo: Noeses, 2005, p.560.

31. José Casalta Nabais distingue o conceito de "Estado Fiscal" do conceito de "Estado Tributário", que define como "um estado predominantemente assente em termos financeiros, não em tributos unilaterais – impostos –, mas sim em tributos bilaterais – taxas, contribuições especiais, etc." Segundo o autor, o Estado contemporâneo poderia assumir uma ou outra feição. NABAIS, José Casalta. **O Dever Fundamental de Pagar Impostos**. Coimbra: Almedina, 2004, p.199.

32. NABAIS, José Casalta. **O Dever Fundamental de Pagar Impostos**, Coimbra: Almedina, 2004, p.192.

referência a impostos em particular, e não a quaisquer tributos em geral, explica-se porque "o imposto, como meio de financiamento geral, independente de prestações estatais concretas, permite ao Estado a necessária mobilidade e independência no financiamento das tarefas públicas", como salienta Juan Manuel Barquero Estevan.[33]

A ausência de bilateralidade cria certa independência nas escolhas (orçamentárias) do Estado, em relação aos contribuintes individualmente considerados, e assim "permite assegurar a racionalidade das decisões financeiras e facilitar a execução de medidas [...] necessárias, embora impopulares".[34] Ademais, a vinculação, na hipótese de incidência, a prestações estatais concretas pressupõe decisão prévia, a respeito das despesas públicas, e não possibilita realizar rigorosamente a distribuição equitativa de cargas fiscais a serem suportadas pelos cidadãos[35] nem o custeio de serviços ou tarefas prestadas difusamente à sociedade.

A ideia de Estado Fiscal pode ser entendida como a "projeção financeira do Estado de Direito".[36] O dever geral de pagar tributo[37] é um elemento basilar da forma de Estado hoje vigente: "pressuposto geral da existência e funcionamento do estado e consequente reconhecimento e garantia dos direitos fundamentais em seu conjunto".[38]

33. ESTEVAN, Juan Manuel Barquero. **La Función del Tributo em el Estado Social e Democrático de Derecho**. Madrid: Centro de Estudios Políticos y Constitucionales, 2002, p. 110.

34. ESTEVAN, Juan Manuel Barquero. **La Función del Tributo em el Estado Social e Democrático de Derecho**. Madrid: Centro de Estudios Políticos y Constitucionales, 2002, p. 111.

35. ESTEVAN, Juan Manuel Barquero. **La Función del Tributo em el Estado Social e Democrático de Derecho**. Madrid: Centro de Estudios Políticos y Constitucionales, 2002, p. 113.

36. TORRES, Ricardo Lobo. **Curso de Direito Financeiro e Tributário**. 17a ed. Rio de Janeiro: Renovar, 2010, p.8.

37. A ideia de que existiria um dever fundamental de pagar impostos ganha destaque especial na doutrina brasileira a partir da divulgação dos trabalhos de José Casalta Nabais (NABAIS, José Casalta. **O Dever Fundamental de Pagar Impostos**. Coimbra: Almedina, 1998, e NABAIS, José Casalta. **Direito Fiscal**. Coimbra: Livraria Almedina, 1998). É de se reconhecer, no entanto, que o conceito de Estado Fiscal já havia sido explorado anos antes na doutrina nacional por Ricardo Lobo Torres, em sua tese de doutorado, publicada em 1991. TORRES. Ricardo Lobo. **A Ideia de Liberdade no Estado Patrimonial e no Estado Fiscal**, Rio de Janeiro: Renovar, 1991. Sobre o mesmo tema, vale conferir também: IVO, Gabriel. O Princípio da Tipologia Tributária e o Dever Fundamental de Pagar Tributos. In: ALENCAR, Rosmar Antonni Rodrigues Cavalcanti de. (Coord.). **Direitos Fundamentais na Constituição de 1988 - Estudos Comemorativos aos seus Vinte Anos**. Porto alegre: Nuria Fabris, 2008.

38. NABAIS, José Casalta. **O Dever Fundamental de Pagar Impostos**. Coimbra: Almedina, 1998, p.59.

Algumas Constituições – por exemplo, a espanhola[39] e a italiana[40] – albergam previsões que estabelecem, de forma clara, o dever de todo cidadão contribuir, por meio do tributo, para a despesa pública. Na Constituição de 1988, não há disposição semelhante. Ainda assim, não se nega a existência de um dever fundamental de pagar impostos também em nosso texto constitucional.

Na Constituição de 1988, tal princípio encontra fundamento assim na demarcação de competências que compõem o sistema tributário nacional (*e.g.* do art. 145 a 155) como nas disposições que compõem a ordem econômica, especialmente os arts. 173 e 174. Lidas em conjunto, essas disposições não deixam dúvida quanto à função do tributo no Estado brasileiro, como meio preferencial de financiamento das contas públicas, bem como quanto à atuação subsidiária do Poder Público no domínio econômico. A propósito, consta do art. 173 da Constituição Federal: "a exploração direta de atividade econômica pelo Estado só será permitida quando necessária aos imperativos da segurança nacional ou a relevante interesse coletivo".

Nesse quadro, a ligação entre o sistema tributário e o discurso dos direitos fundamentais evidencia-se na perspectiva dos custos. Vale dizer, "para se garantir os direitos humanos, positivos ou negativos, é imprescindível o pagamento de tributos, pois são eles que sustentam o Estado", como aponta Marcos Valadão.[41] O autor chega a propor, teoricamente, a formulação de um "*direito* fundamental de pagar", em vez de um *dever*, como afirma Casalta Nabais.[42]

Há situações nas quais a relação entre os direitos e seus custos torna-se ainda mais específica. É que, para o financiamento de certos direitos, o constituinte reservou instrumentos tributários específicos. As contribuições têm sua arrecadação vinculada a gastos com presta-

39. Constituição Espanhola: "**Artículo 31**. 1. Todos contribuirán al sostenimiento de los gastos públicos de acuerdo con su capacidad económica mediante un sistema tributario justo inspirado en los principios de igualdad y progresividad que, en ningún caso, tendrá alcance confiscatorio. 2. El gasto público realizará una asignación equitativa de los recursos públicos y su programación y ejecución responderán a los criterios de eficiencia y economía. 3. Sólo podrán establecerse prestaciones personales o patrimoniales de carácter público con arreglo a la ley."

40. Constituição italiana: "**Art. 53**. Tutti sono tenuti a concorrere alle spese pubbliche in ragione della loro capacità contributiva. Il sistema tributario à informato a criteri di progressività."

41. VALADÃO, Marcos Aurélio Pereira. Direitos Humanos e Tributação: Uma concepção Integradora. **Direito em Ação**, Brasília, v. 2, n.1, p. 221-241, 2001.

42. NABAIS, José Casalta. **O Dever Fundamental de Pagar Impostos**. Coimbra: Almedina, 1998.

ções específicas, como as relativas à educação, saúde, assistência social e previdência – *e.g.* o salário-educação (art. 212) e a contribuição para a seguridade social (arts. 149 e 195).

A diferença explica-se porque esses são, grosso modo, direitos sociais, direito a prestação em sentido estrito.[43] Exigem uma postura especialmente ativa por parte dos poderes públicos, uma vez que demandam mais intensamente prestações fáticas, na forma de bens e serviços públicos (*e.g.* medicamentos, tratamentos, consultas médicas, internações, aulas, etc), com custos orçamentários significativos.

Por isso, ao reservar-lhes um instrumento de financiamento específico e vinculado, o constituinte procurou, ao menos em princípio,[44] assegurar-lhes fontes prioritárias de financiamento e, por conseguinte, recursos financeiros suficientes. Ou seja, os tributos vinculados representam, até certo ponto, garantias constitucionais em favor dos direitos à prestação que financiam.[45] Fernando Scaff chega a afirmar que "as contribuições se configuram como uma expressão dos direitos humanos de segunda dimensão".[46]

Nessa hipótese, é ainda mais evidente a relação de essencialidade entre os direitos e os meios necessários para seu financiamento situ-

43. A doutrina costuma dividir os direitos a prestação em direitos a prestação em sentido amplo e em sentido estrito. Em sentido amplo, como salienta Robert Alexy, todo direito a uma ação positiva do Estado é direito a uma prestação. Aí, estariam incluídas desde ações voltadas à proteção do cidadão contra outros cidadão, por meio da tutela penal, o estabelecimento de normas de organização e procedimento e também os direitos às prestação em sentido restrito. Daí o autor dividir o direito a prestações em três grupos: (1) direito a proteção; (2) direito a organização e procedimento; e (3) direito à prestação em sentido estrito. No último grupo, estão os "direitos do indivíduo em face do Estado, a algo que o indivíduo, se dispusesse de meios financeiros suficientes e se houvesse uma oferta suficiente no mercado, poderia obter de particulares". ALEXY, Robert. **Teoria dos Direitos Fundamentais**. 2a ed. Trad. Virgílio Afonso da Silva. São Paulo: Malheiros, 2012, p. 499.

44. Na prática, como se sabe, as vinculações orçamentárias e os tributos vinculados nem sempre implicam ganho de eficiência. A doutrina econômica costuma tecer duras críticas a esses instrumentos.

45. Daí afirmar Fernando Scaff: "para além dos direitos fundamentais do contribuinte, existem outros direitos, de segunda dimensão, que necessariamente obrigam o Estado a agir em decorrência, e vinculado, às finalidades que ensejaram esta arrecadação." SCAFF, Fernando Facury. Para além dos direitos fundamentais do contribuinte: o STF e a vinculação das contribuições. In: Luís Eduardo Schoueri. (Org.). **Direito Tributário** - Homenagem a Alcides Jorge Costa. São Paulo: Quartier Latin, 2003, v. 2, p. 1125-1146.

46. SCAFF, Fernando F. A Desvinculação de Receitas da União (DRU) e a Supremacia da Constituição. IN: SCAFF, Fernando; MAUÉS, Antonio G. Moreira. **Justiça Constituição e Tributação**. São Paulo: Dialética, 2005, p. 96.

ados no sistema tributário. Em todo caso, seja de forma geral, com os impostos, seja de forma específica, com as contribuições, é fundamental perceber que a realização das promessas constitucionais passa inexoravelmente também pela consideração dos recursos necessários para essa tarefa e dos meios para obtê-los.

6.3 Extrafiscalidade como meio de efetivação dos direitos fundamentais

A terceira perspectiva que destacamos é a que enxerga nos direitos fundamentais objetivos a serem atingidos e, nos tributos, instrumentos para lográ-los. Agora, já não se trata de tomá-los como fonte de financiamento de políticas públicas, mas de ver na norma tributária em si uma ferramenta para sua realização. Trata-se da função extrafiscal do tributo, ou seja, a utilização das normas tributárias com vistas a outros objetivos diversos da arrecadação.

A extrafiscalidade, como se sabe, é palavra com diversos sentidos.[47] E muitos podem ser os efeitos não fiscais dos tributos – isto é, extrafiscais.[48] Destacamos aqui particularmente o chamado "efeito de indução": a capacidade que as normas tributárias têm de influenciar o comportamento dos contribuintes. A indução pode ser positiva, quando se estimulam os comportamentos consentâneos ao interesse público, normalmente por meio da redução da carga fiscal (*e.g.* preservação do patrimônio histórico-cultural), ou negativa, quando o instrumento fiscal serve de desestímulo a condutas indesejadas (*e.g.* atividades poluidoras).

O exemplo do direito ao meio ambiente é o mais ilustrativo. Podemos citar os incentivos fiscais concedidos em favor de atividades de relevância ambiental ou, em sentido oposto, a utilização de tributação agravada em desfavor de atividades poluidoras. Em tais casos, "as políticas públicas que versam matéria ambiental podem ser conjugadas aos

---

47. Luís Eduardo Schoueri, com base nos estudos de Klaus Vogel, defende que as imposições tributárias, ao lado de seu típico objetivo de arrecadar, podem desempenhar outras três funções: 1) distribuir a carga tributária e, assim, interferir na distribuição de riqueza numa sociedade; 2) induzir comportamentos e 3) simplificar o sistema tributário. A palavra "extrafiscalidade" poderia, então, ser empregada para designar tanto gênero, que compreende todas as funções tributárias diversas da arrecadação, quanto uma de suas espécies, a função indutora. Tal ambiguidade, a seu ver, recomendaria seu abandono do termo, substituindo-o pela expressão normas tributárias indutoras, de manifesta preferência do autor. SCHOUERI, Luís Eduardo. **Normas Tributárias Indutoras e Intervenção Econômica.** Rio de Janeiro: Forense, 2005, p. 27.
48. Cf. CORREIA NETO, Celso de Barros. **O Avesso do Tributo**. São Paulo: Almedina, 2014.

tributos, e as ações governamentais podem-se valer do viés econômico-financeiro da extrafiscalidade na busca de seu desiderato".[49]

O direito tributário – leia-se: a legislação tributária – apresenta-se, nesse contexto, como um instrumento de tutela ambiental, valendo-se o legislador de normas tributárias com o objetivo de estimular condutas ecologicamente desejáveis e/ou desestimular comportamentos que acarretam degradação ambiental. Ou seja, os fins estão no direito ambiental; os instrumentos, no direito tributário. O regime jurídico permanece o da tributação, mas inspirado por diretrizes outras, que não a de arrecadar.[50]

É também o caso da utilização de estímulos de natureza tributária em favor da inclusão no mercado de trabalho de pessoas com deficiência física ou com idade avançada. O último dos exemplos já foi inclusive examinado pelo Supremo Tribunal Federal.[51]

No direito brasileiro hoje, há diversas leis de benefício fiscal que, com maior ou menor eficiência, podem ser concebidas como ferramentas de implementação de políticas públicas no Brasil. Entre as mais conhecidas, no plano federal, vale mencionar: a Lei Rouanet (Lei n. 8.313, de 1991), voltada ao fomento dos "meios para o livre acesso às fontes da cultura e o pleno exercício dos direitos culturais" (art. 1o, I); a Lei n. 11.438, de 2006, que se destina a incentivar atividades de caráter desportivo; e a Lei n. 11.096, de 2005, que institui o Programa Universidade para Todos – PROUNI, destinado à concessão de bolsas de estudo para estudantes de cursos de graduação e sequenciais de formação específica.[52]

Enfim, em todas essas situações, pode-se dizer que a política pública é realizada por intermédio do sistema tributário. Há uma clara relação de meio e fim entre tributos e direitos a serem concretizados. As leis tributárias são instrumentos voltados a um objetivo que se insere no rol dos direitos fundamentais.

---

49. TRENNEPOHL, Terence Dornelles. **Incentivos Fiscais no Direito Ambiental**. São Paulo: Saraiva, 2008, p.115.

50. SCHOUERI, Luis Eduardo. **Normas Tributárias Indutoras e Intervenção Econômica.** Rio de Janeiro: Forense, 2005, p.231.

51. BRASIL, Supremo Tribunal Federal. **Ação Direta de Inconstitucionalidade n. 429**. Relator Ministro Luiz Fux. Julgamento em 20.11.2014.

52. Sobre o tema dos benefícios fiscais, ver: CORREIA NETO, Celso de Barros. **O Avesso do Tributo.** São Paulo: Almedina, 2014.

7. CONCLUSÃO

O debate em torno da efetividade dos direitos fundamentais passa pela criação de condições concretas que permitam pôr em prática as promessas constitucionalizadas em 1988. Suas implicações atravessam todos os setores normativos do ordenamento jurídico brasileiro, inclusive o sistema tributário nacional.

Em matéria tributária, a cultura dos direitos fundamentais altera a maneira como são percebidas as vedações ao poder de tributar, agora tomadas da perspectiva do cidadão-contribuinte, como direitos e garantias individuais – cláusulas pétreas na ordem constitucional de 1988. O contribuinte é titular de direitos fundamentais, sejam aqueles contidos no rol do artigo 5o da Constituição, que se aplicam também no contexto da cobrança de tributos, sejam os que lhe são especificamente assegurados na forma de limitações ao poder de tributar (art. 150 e ss.).

As interfaces entre tributos e direitos fundamentais são várias. Os direitos fundamentais impõem restrições às normas tributárias, mas também podem encontrar nelas meios para sua efetivação. Isso se dá, diretamente, no emprego dos instrumentos extrafiscais e, indiretamente, no uso da arrecadação tributária como fonte de financiamento das políticas públicas.

São, aos menos, três as formas de relacionamento entre as normas tributárias e as disposições concernentes aos direitos fundamentais: (1) os direitos fundamentais representam limites à tributação, como nos direitos de defesa; (2) as normais tributárias são meio de financiamento das políticas públicas para efetivação dos direitos fundamentais, especialmente os direitos sociais à prestação, e (3) e os direitos fundamentais configuram ainda objetivos a serem atingidos por meio da legislação tributária, notadamente nas hipóteses de extrafiscalidade.

No campo dos tributos, espaço marcado pela tensão fisco-contribuinte e pela constrição necessária do direito (fundamental) de propriedade, o discurso dos direitos fundamentais apresenta tanto um limite quanto um objetivo a perseguir, direta ou indiretamente, pelas normas tributárias. E, em qualquer desses sentidos, o papel da tributação no desenvolvimento do Estado Social de Direito não pode ser ignorado.

8. REFERÊNCIAS

ALEXY, Robert. **Teoria dos Direitos Fundamentais**. 2a ed. Trad. Virgílio Afonso da Silva. São Paulo: Malheiros, 2012.

ÁVILA, Humberto. Estatuto do Contribuinte: conteúdo e alcance. **Revista Eletrônica de Direito Administrativo Econômico (REDAE)**, Salvador, Instituto Brasileiro de Direito Público, n. 12, novembro/dezembro/janeiro, 2008. Disponível na Internet: <http://www.direitodoestado.com.br/redae.asp>. Acesso em: 27.6.2015.

BALEEIRO, Aliomar. **Limitações constitucionais ao poder de tributar**. 7a ed. Atual. por Misabel Abreu Machado Derzi Rio de Janeiro: Forense, 2005.

BOBBIO, Noberto. **L'età dei diritti**. Torino: Einaudi, 1997.

BRASIL. Supremo Tribunal Federal. **Ação Direta de Inconstitucionalidade n. 939**. Relator Sydney Sanches. Julgamento em 15.12.1993.

CORREIA NETO, Celso de Barros. **O Avesso do Tributo**. São Paulo: Almedina, 2014.

ESTEVAN, Juan Manuel Barquero. **La Función del Tributo em el Estado Social e Democrático de Derecho**. Madrid: Centro de Estudios Políticos y Constitucionales, 2002.

FAVETTI, Rafael Thomaz. **Controle de Constitucionalidade e Política Fiscal**. Porto Alegre: Sergio António Fabris Editor, 2003, p.136.

FUCK, Luciano Felício. Tributação e cláusulas pétreas: ADI 939. In: Beatriz Bastide Horbach; Luciano Felício Fuck. (Org.). **O Supremo por seus Assessores**. São Paulo: Almedina Brasil, 2014, p. 17-18.

HOLMES, Stephen; SUNSTEIN, Cass. **The Cost of Rights**: why liberty depends on taxes. New York: Norton &Co., 1999.

IVO, Gabriel. O Princípio da Tipologia Tributária e o Dever Fundamental de Pagar Tributos. In: ALENCAR, Rosmar A. R. C. de. (Coord.). **Direitos Fundamentais na Constituição de 1988**: estudos comemorativos aos seus vinte anos. Porto alegre: Nuria Fabris, 2008.

LIMA NETO, Manoel Cavalcante de. **Direitos Fundamentais dos Contribuintes**: limitações ao poder de tributar. Recife: Nossa Livraria, 2005.

MACHADO, Hugo. **Direitos Fundamentais dos Contribuintes e a Efetividade da Jurisdição**. São Paulo: Atlas, 2009.

MENDES, Gilmar F.; BRANCO, Paulo Gustavo G. **Curso de Direito Constitucional**. 10a ed. São Paulo: Saraiva, 2015.

NABAIS, José Casalta. **O Dever Fundamental de Pagar Impostos**. Coimbra: Almedina, 1998.

_____. **Direito Fiscal**. Coimbra: Livraria Almedina, 1998.

PEREZ LUÑO, Antonio E. **Los Derechos Fundamentales**. Madrid: Tecnos, 2007.

QUIROGA, Roberto. **Tributação e Política Fiscal**. In: Segurança Jurídica na Tributação e Estado de Direito, São Paulo: Noeses, 2005.

REALE, Miguel. **Filosofia do Direito**. 20a ed. São Paulo: Saraiva, 2002.

RIBEIRO, Ricardo Lodi. As Cláusulas Pétreas Tributárias. **Revista de Direito do Estado**, v. 21, p. 625-647, 2011.

SARLET, Ingo Wolfgang. **A Eficácia dos Direitos Fundamentais**. 12a ed. Porto Alegre: Livraria do Advogado, 2015.

SCAFF, Fernando F. A Desvinculação de Receitas da União (DRU) e a Supremacia da Constituição. IN: SCAFF, Fernando; MAUÉS, Antonio G. Moreira. **Justiça Constituição e Tributação**. São Paulo: Dialética, 2005.

SCHÄFER, Jairo. **Classificação dos Direitos Fundamentais**: do sistema geracional ao sistema unitário: uma proposta de compreensão. 2a ed. Porto Alegre: Livraria do Advogado, 2013.

SCHOUERI, Luís Eduardo. **Normas Tributárias Indutoras e Intervenção Econômica.** Rio de Janeiro: Forense, 2005.

TRENNEPOHL, Terence Dornelles. **Incentivos Fiscais no Direito Ambiental**. São Paulo: Saraiva, 2008.

TORRES, Ricardo Lobo. **Curso de Direito Financeiro e Tributário**. 17a ed. Rio de Janeiro: Renovar, 2010.

_____. **A Ideia de Liberdade no Estado Patrimonial e no Estado Fiscal**, Rio de Janeiro: Renovar, 1991

VALADÃO, Marcos Aurélio Pereira. Direitos humanos e tributação uma concepção integradora. **Direito em Ação**. Brasília, v. 2, n. 1, p. 222, setembro 2001.

_____. **Limitações Constitucionais ao Poder de Tributar e Tratados Internacionais.** Belo Horizonte: Del Rey, 2000.

CAPÍTULO 07

O uso de medidas cautelares no controle abstrato de constitucionalidade

Gilmar Ferreira Mendes[1]

Sumário: I. Considerações preliminares; II. A reserva de plenário para decidir sobre medida cautelar em ação direta de inconstitucionalidade; III. Conversão do julgamento da medida cautelar em julgamento definitivo de mérito; IV. Problemática atual quanto à (in)eficácia do rito do art. 12 da Lei 9.868/99; V. Fungibilidade entre procedimentos cautelares nas ações do controle abstrato de constitucionalidade.

I. CONSIDERAÇÕES PRELIMINARES

A possibilidade de provimentos cautelares no âmbito do controle abstrato de normas nunca chegou a enfrentar sérios obstáculos.

Inicialmente, o Supremo Tribunal Federal viu-se confrontado com pedido de suspensão provisória de ato normativo no julgamento da Representação n. 94, de 17 de julho de 1947, atinente às disposições parlamentaristas constantes da Constituição do Estado do Rio Grande do Sul. Naquela oportunidade, deixou assente o eminente relator, Castro Nunes, *verbis*:

> *"Devo informar ao Tribunal que o Exmo. Sr. Procurador encaminhou-me por petição o pedido formulado pelo Governador do Estado para que fosse*

1. Ministro do Supremo Tribunal Federal. Doutor em Direito pela Universidade de Münster, Alemanha. Professor de Direito Constitucional nos cursos de graduação e pós-graduação da Faculdade de Direito da Universidade de Brasília-UnB e do Instituto Brasiliense de Direito Público-IDP.

> *suspensa provisoriamente a Constituição, até o pronunciamento provocado. Mandei juntar aos autos a petição, sem a despachar.*
>
> *"O pedido de suspensão provisória não poderia ser deferido por analogia com o que se prescreve no processamento do mandado de segurança. A atribuição ora conferida ao Supremo Tribunal é sui generis, não tem por objeto ato governamental ou administrativo, senão ato constituinte ou legislativo; não está regulada em lei, que, aliás, não poderia dispor para estabelecer uma tramitação que entorpecesse a solução, de seu natural expedita, da crise institucional prefigurada. Acresce por sobre tudo isso que o poder de suspender o ato arguido de inconstitucional pertence ao Congresso, nos termos expressos do art. 13, como sanção articulada com a declaração da inconstitucionalidade[2]".*

A Lei n. 2.271, de 1954, que regulamentou o processo da representação interventiva, prevista no art. 8º, parágrafo único, da Constituição de 1946, fixou, em seu art. 4º, a seguinte regra: "*Aplica-se ao Supremo Tribunal Federal o rito do processo do mandado de segurança, de cuja decisão caberão embargos caso não haja unanimidade*".

Essa disposição permitiu que o Supremo Tribunal, ainda que com alguma resistência, passasse a deferir o pedido de liminar, suspendendo a aplicação do ato normativo impugnado, em consonância com a orientação consagrada na Lei do Mandado de Segurança[3].

Na Rp nº 933-RJ, de 5 de junho de 1975, o Supremo Tribunal reafirmou essa orientação, desta feita, em controle abstrato de normas, deferindo pedido de medida cautelar requerido pelo Procurador-Geral da República, nos termos do art. 175 c/c o art. 22, inciso IV, do Regimento Interno. Cuidava-se de pedido de *suspensão de execução* formulado pelo então Procurador-Geral da República Moreira Alves, assim fundamentado: "*Tendo em vista a faculdade contida no art. 175, combinado com o art. 22, inciso IV, do Regimento Interno, e por se cuidar de acesso aos Tribunais e promoções, remoções e permutas na Magistratura, o representante requer, para garantir a eficácia da ulterior decisão da causa, que seja suspensa a execução dos artigos que são objeto da presente representação*" (RTJ 76: 343).

O Relator, Thompson Flores, manifestou-se, expressamente, a favor da admissibilidade da medida cautelar nos seguintes termos:

---

2. Rp. nº 94, rel. Min. Castro Nunes, Archivo Judiciario 85:31 (32).
3. Rp. 466, rel. Min. Ari Franco, RTJ 23, p. 1 (8); Rp. 467, rel. Min. Victor Nunes, RTJ 19, p. 5.

> *"Embora reconheça que a concessão de medida preventiva, em processo de representação possa suscitar discussão, estou convencido do acerto de nosso Regimento Interno ao admiti-la, em seu art. 175 c/c o art. 22, IV.*
>
> *2. Em princípio, atribuo-lhe plena eficácia, face a expressa prerrogativa atribuída pela Constituição, em seu art. 120, parágrafo único, 'c', verbis:*
>
> *'Art. 120.....................*
>
> *Par. único - O regimento interno estabelecerá:*
>
> *c) o processo e o julgamento dos feitos de sua competência originária ou de recurso;'*
>
> *E entre tais processos, inclui-se a representação, por expressa determinação daquela Carta, artigo 119, I, l.*
>
> *3. Forte, pois, no próprio texto constitucional, proporcionando ele que regulasse o Supremo Tribunal o respectivo processo, permitiu-lhe, como sua natural decorrência jurídica, a adoção de medidas cautelares adequadas à garantia de plena eficácia de sua decisão.*
>
> *4. Dir-se-á que, dada a índole do procedimento meramente declaratório, sem qualquer força executória, descaberia a antecipação da providência, a qual o próprio julgamento final não teria força. Penso, todavia, que assim não é.*
>
> *5. De fato. Atribui a Magna Carta, privativamente, ao Supremo Tribunal Federal a declaração de inconstitucionalidade de lei estadual, através da representação. Caso venha julgá-la procedente, a declaração de inconstitucionalidade é terminante, inalterável e irreversível. Tanto a Lei 4.337/64, que disciplinava o processo, como o Regimento Interno, art. 180, declaram que do julgamento se faça comunicação às autoridades interessadas, e que, transitado ele em julgado, se transmita o seu teor ao Senado Federal. Certo são duas providências distintas e para fins diversos. Esta tem efeito erga omnes; aquela entre os que figuraram na lide"*[4].

Contra esse entendimento manifestou-se Xavier Albuquerque, articulando as seguintes objeções:

> *"(...) Reconheço que o Regimento, induvidosamente, permite ao relator submeter ao Plenário ou à Turma, nos processos da sua competência, medidas preventivas necessárias à proteção de quaisquer direitos suscetíveis de grave dano de incerta reparação ou, ainda, medidas destinadas a garantir a eficácia da ulterior decisão da causa. Ao pedir a suspensão liminar da execução das disposições impugnadas, o eminente Procurador-Geral, ao que ouvi, invocou o segundo fundamento do preceito regimental. Destinar-se-ia essa providência a garantir a eficácia da ulterior decisão da causa.*
>
> *A meu ver, ainda que o Regimento possa ser entendido no sentido de permitir que o Tribunal suspenda liminarmente a execução de ato normativo*

4. Rp. nº 933 (liminar), Rel. Ministro Thompson Flores, RTJ 76:342 (343).

> *ou de lei, quando objeto de representação de inconstitucionalidade, ainda que assim possa ser, não se desenha, no caso, a hipótese figurada no Regimento. Se o Tribunal houver de declarar inconstitucionais esses preceitos, ao julgar a Representação em definitivo, a suspensão liminar ou a falta de suspensão liminar de sua execução não alterará em nada, a meu ver, a eficácia do julgado. As normas serão tidas por inconstitucionais, com o que não se haverão constituído direitos de nenhuma espécie com base nelas. Se atos administrativos houverem sido praticados, poderão ser desfeitos, porque fundados em lei declarada inconstitucional.*
>
> *O que me parece, ao fim e ao cabo, é que a decisão do STF limitar-se-á, eventualmente, a declarar a inconstitucionalidade da lei, mas o fará num processo de cognição abstrata, com inteiro desconhecimento de eventuais direitos subjetivos envolvidos.*
>
> *A suspensão da execução de lei declarada inconstitucional é, pela Constituição, prerrogativa do Senado. A meu ver, portanto, o Supremo não pode antecipar prestação jurisdicional que não lhe compete dar em definitivo"*[5].

A controvérsia sobre a admissibilidade de medidas cautelares em representação de inconstitucionalidade ficou superada com o advento da Emenda nº 7, de 1977, que acrescentou ao elenco das competências originárias do Supremo Tribunal o julgamento do "*pedido de medida cautelar nas representações oferecidas pelo Procurador-Geral da República*" (CF 1967/69, art. 119, I, "p").

A Constituição de 1988 manteve inalterada essa orientação, prevendo, no art. 102, I, "p", a competência originária do Supremo Tribunal para julgar "*o pedido de medida cautelar das ações diretas de inconstitucionalidade*".

Portanto, a sistemática consagrada pelo direito brasileiro não suscita, do prisma formal, maiores obstáculos, pois eventuais providências cautelares encontram fundamento direto e imediato no próprio texto constitucional.

Não obstante, se essa constatação se mostra elementar quanto à possibilidade de provimentos cautelares no âmbito do controle abstrato de normas, o mesmo já não ocorre em relação ao procedimento e às

5. Rp. nº 933 (liminar), Rel. Ministro Thompson Flores, RTJ 76:342 (345-6)). Deve-se notar que somente a partir de resolução – Parecer do Min. Moreira Alves, *DJ* 16 de maio de 1977, p. 3123-3124 – passou a Corte, efetivamente, a emprestar tratamento diferenciado às decisões proferidas nas diferentes formas de arguição de inconstitucionalidade, reconhecendo a eficácia *erga omnes* da pronúncia de inconstitucionalidade proferida no controle abstrato de normas.

técnicas de decisão aplicáveis às medidas cautelares, cuja prática tem suscitado questões diversas e deveras importantes para o sistema como um todo.

Recentes decisões cautelares proferidas no Supremo Tribunal Federal vêm suscitando problemas que requerem melhor análise e reflexão. Entre outros, o presente artigo foca os temas da (1) reserva de plenário para decidir sobre medida cautelar em ação direta de inconstitucionalidade, (2) da conversão do julgamento da medida cautelar em julgamento definitivo de mérito, (3) da problemática atual quanto à (in)eficácia do rito art. 12 da Lei 9.868/99, (4) da fungibilidade entre os procedimentos das ações do controle abstrato de normas.

II. A RESERVA DE PLENÁRIO PARA DECIDIR SOBRE MEDIDA CAUTELAR EM AÇÃO DIRETA DE INCONSTITUCIONALIDADE

A medida cautelar em ação direta de inconstitucionalidade é da competência exclusiva do Plenário do Supremo Tribunal Federal. A decisão liminar nessas ações diretas está submetida à *reserva de plenário*, regra esta que decorre do art. 97 da Constituição e do art. 10 da Lei 9.868/99 (*"a medida cautelar na ação direta será concedida pela maioria absoluta dos membros do Tribunal"*) e também está expressamente prevista no Regimento Interno do Supremo Tribunal Federal (art. 5º, X).

A submissão à reserva de plenário tanto da decisão de mérito quanto da decisão cautelar baseia-se no fato de que ambas produzem efeitos diretos sobre a *vigência* das normas.

Ninguém ignora que a teoria do direito procede à diferenciação entre a *vigência normativa* e a *vigência fática* (*normative Geltung* e *faktische Geltung*) ou entre *validade* e *eficácia* (*Geltung* e *Wirksamkeit*). Não se pode negar, igualmente, a existência de uma relação de influência recíproca entre *validade* e *eficácia*[6]. Evidentemente, uma ordem jurídica já não mais pode ser qualificada como ordem normativa válida se ela deixa de ser observada ou aplicada[7].

---

6. Ipsen, Jörn, *Rechtsfolgen der Verfassungswidrigkeit von Norm und Einzelakt*, Baden-Baden, 1980, p. 157.

7. Kelsen, Hans. *Teoria Pura do Direito*, trad. de João Baptista Machado, Coimbra, 1974, p. 298-299.

Todavia, cabe indagar se o eventual deferimento de medida cautelar por Corte Constitucional, em processo de controle de normas, afeta, propriamente, a *validade* da lei ou, tão somente, a sua *eficácia*.

No direito alemão, o *Bundesverfassungsgericht* tem-se utilizado da competência para expedir providências cautelares (*einstweilige Anordnung*) (§ 32 da Lei de Organização do Tribunal), suspendendo, provisoriamente, a execução da lei questionada[8]. Sempre afirmou-se, porém, que a decisão proferida na medida cautelar não contemplava as razões eventuais que permitiam ao requerente sustentar a nulidade da lei, até porque, nesse processo, não se poderia proceder a um juízo de validade[9]. Pareceria correto, portanto, supor que a suspensão liminar se refere aqui, tão somente, à execução ou à aplicação da lei, restando incólume a lei propriamente no plano da *validade*[10]. Não havia dúvida, outrossim, de que o *efeito vinculante* (*Bindungswirkung* -- § 31, (1), da Lei de Organização do Tribunal) das decisões do *Bundesverfassungsgericht* era suficiente para assegurar a não aplicação de uma norma pelos órgãos constitucionais, autoridades administrativas e tribunais, suspendendo, assim, a sua *vigência fática* ou a sua *eficácia*[11].

Entretanto, essa questão ganhou novos desenvolvimentos com a medida liminar deferida pelo *Bundesverfassungsgericht*, em 21.6.1974, nos termos do § 32 da Lei de Organização do Tribunal, para: *(a) suspender a vigência do § 218 a, do Código Penal, na sua nova redação; (b) determinar que o disposto nos §§ 218 b e 219, do Código Penal, na sua nova versão, se aplicasse, igualmente, aos casos de aborto praticados nas primeiras doze semanas desde a concepção; (c) estabelecer que o aborto praticado por médico com o assentimento da gestante, nas primeiras doze semanas, não seria punível se a gestante houvesse sido vítima de crimes previstos nos §§ 176, 177 ou 179, I, e houvesse fortes razões para admitir que a gravidez resultara desse fato (BVerfGE 37, 324, 325).* Posteriormente, a Corte Constitucional alemã concedeu medida cautelar para: *(a) suspender a execução da lei que emprestava nova redação ao estatuto sobre o serviço militar obrigatório (Wehrpflichtgesetz), a partir de 16 de dezembro de 1977, até a pronúncia de decisão definitiva; (b) determinar, a partir*

8. BVerfGE 1, 1 (2); 7, 367 (373); 14, 153, 43, 47 (51).
9. BVerfGE 3, 34 (37); 6, 1 (4); 43, 198 (200); Ipsen, *Rechtsfolgen der Verfassungswidrigkeit von Norm und Einzelakt*, Baden-Baden, 1980, p. 227.
10. Ipsen, *Rechtsfolgen der Verfassungswidrigkeit von Norm und Einzelakt*, cit., p. 227.
11. Ipsen, *Rechtsfolgen der Verfassungswidrigkeit von Norm und Einzelakt*, cit., p. 229.

de 16 de dezembro de 1977, a aplicação das leis sobre o serviço militar obrigatório (Wehrpflichtgesetz) e sobre o serviço civil (Zivildienstgesetz), nas versões vigentes em 31 de julho de 1977, até a publicação da decisão definitiva; (c) reconhecer a subsistência das relações jurídicas do serviço civil (Zivildienst) estabelecidas até 15 de dezembro de 1977 (BVerfGE 46, 337 (338)).

Essas decisões suscitaram novas indagações, pois já não se tratava apenas de expedir ordem para que as autoridades administrativas e os juízes se abstivessem de aplicar, temporariamente, determinada norma. Como justificar a autorização, contida expressamente na medida cautelar, para que fosse aplicado o direito anterior? Essa autorização somente poderia ser aceita se se afigurasse possível admitir que as providências cautelares, previstas no § 32 da Lei do *Bundesverfassungsgericht*, afetam, eventualmente, não só a chamada *vigência fática* (*faktische Geltung*), mas também a *vigência normativa* (*normative Geltung*)[12]. Do contrário, ter-se-ia de presumir que, na primeira hipótese, a punibilidade do aborto praticado nas primeiras doze semanas decorreria não da lei propriamente, tal como exigido pela Constituição (art. 103, II), mas da medida cautelar deferida pelo Tribunal[13]. Da mesma forma, o reconhecimento das razões de consciência para prestar o serviço militar não teria fundamento na lei, tal como exigido pelo art. 4º, III, da Lei Fundamental, mas na medida cautelar[14].

Ademais, situado o problema apenas no plano da *eficácia*, surgiria, inevitavelmente, a possibilidade de conflito por demais embaraçoso, no plano estrito da *validade*, entre o direito anterior, que passa a ser aplicado temporariamente, por força da medida cautelar, e a norma superveniente, que teve a sua eficácia suspensa em decorrência da mesma medida. É que, de uma perspectiva estritamente *normativa*, subsistiriam, ainda que por lapso de tempo limitado, duas normas *válidas* regulando a mesma situação fática. Em outros termos, o aborto praticado nas doze primeiras semanas não constituiria crime, segundo a regra contida no art. 219 do Código Penal alemão.

Aparentemente, o dilema somente pode ser solvido se se puder admitir que a medida cautelar suspensiva diz respeito não só à *eficácia* mas também à *validade*, afetando a vigência da lei, tanto no plano *fáti-*

---

12. Ipsen, *Rechtsfolgen der Verfassungswidrigkeit von Norm und Einzelakt*, cit., p. 230.
13. Ipsen, *Rechtsfolgen der Verfassungswidrigkeit von Norm und Einzelakt*, cit., p. 230.
14. Ipsen, *Rechtsfolgen der Verfassungswidrigkeit von Norm und Einzelakt*, cit., p. 230-231.

co, quanto no plano *normativo*. A decisão proferida na medida cautelar mostrar-se-ia, assim, hábil a suspender, temporariamente, a própria *validade* da norma questionada, dando ensejo, eventualmente, à *repristinação* do direito anterior.

A questão é delicada no direito alemão, tendo em vista que a cautelar, em princípio, tem sustentação exclusivamente legal. Tal como se poderá constatar, entre nós o tema não oferece as mesmas dificuldades verificadas no direito processual constitucional tedesco, especialmente porque, desde 1977, o texto constitucional brasileiro (CF 1967/69, com Emenda n. 7/77, art. 119, I, "p", e CF 1988, art. 102, I, "p") atribui competência originária ao Supremo Tribunal Federal para julgar o pedido de medida cautelar nas representações e nas ações diretas de inconstitucionalidade, respectivamente.

Portanto, se a decisão cautelar, tal qual a decisão de mérito, produz efeitos sobre a vigência normativa, justifica-se que também o julgamento da medida cautelar seja atribuído à competência exclusiva do Plenário da Corte Constitucional. Esse é o *ethos* da regra da reserva de plenário também para as medidas cautelares no direito brasileiro.

Por isso, mesmo nos casos de "excepcional urgência", a Lei n. 9.868/99 reserva exclusivamente ao Plenário do Tribunal a competência para apreciar a medida cautelar. Nessas hipóteses, dispõe o art. 10, § 3º, da referida lei, que "*o Tribunal poderá deferir a medida cautelar sem a audiência dos órgãos ou das autoridades das quais emanou a lei ou o ato normativo impugnado*".

A reserva de plenário para a decisão cautelar admite uma única exceção, precisamente definida no art. 10, *caput*, da Lei 9.868/99, a qual decorre não do caráter urgente de eventual medida, mas da impossibilidade de reunião de todos os membros do Tribunal nos períodos de recesso. Assim, obviamente, ante a impraticável reunião dos magistrados em sessão plenária nos períodos de recesso do Tribunal, o Regimento Interno da Corte confere poderes ao Ministro Presidente para decidir sobre questões urgentes (art. 13, VIII), o que envolve também os pedidos de medida cautelar nas ações diretas de inconstitucionalidade. E ressalte-se que, apesar de a Lei 9.868/99 mencionar apenas a palavra "recesso", ela aplica-se também aos períodos de "férias" do Tribunal. A palavra "recesso" foi empregada na Lei 9.868/99 (art. 10, *caput*) com sentido amplo, abarcando tanto o recesso propriamente dito como as férias forenses. Ademais, é preciso reconhecer que a distinção entre o recesso e as férias é realizada no Regimento Interno do STF para fins administrativos internos.

Portanto, a única exceção à reserva de plenário prevista pela lei encontra-se no excepcional poder conferido ao Presidente do Supremo Tribunal Federal para decidir cautelarmente nos períodos de recesso e de férias. De toda forma, mesmo nessa hipótese excepcional, deverá a medida cautelar ser levada ao referendo do Tribunal Pleno tão logo termine o período de recesso ou de férias (art. 21, IV e V, RI-STF). Caberá ao Relator do processo (designado com a regular distribuição da ação, após o término do período de férias) levar ao referendo do Plenário a medida cautelar decidida pela Presidência. Em hipóteses excepcionais, poderá o próprio Presidente levar sua decisão ao referendo do Pleno, tal como já ocorreu no julgamento da ADI 3.929-MC-QO, Rel. Min. Ellen Gracie (julgamento em 29-8-07, *DJ* de 11-10-07[15]).

É claro que a lei não pode prever todas as possíveis hipóteses que possam configurar a urgência da pretensão cautelar. Podem naturalmente ocorrer casos em que a espera pelo julgamento da Sessão Plenária seguinte ao pedido de medida cautelar leve à completa perda de sua utilidade. Assim, não se pode deixar de considerar que possa o Relator, fazendo uso do poder geral de cautela, decidir monocraticamente sobre o pedido de medida cautelar na ação direta. Aqui, poder-se-ia considerar, igualmente, a possibilidade de aplicação analógica do § 1º do art. 5º da Lei 9.882/99, referente à arguição de descumprimento de preceito fundamental, que permite a decisão cautelar monocrática "em caso de extrema urgência ou perigo de lesão grave". Nessa hipótese, é imprescindível a submissão imediata, na Sessão Plenária seguinte, da decisão cautelar ao referendo do Tribunal (art. 21, V, RI-STF).

---

15. "Questão de ordem. Ação direta de inconstitucionalidade. Pedido de medida cautelar. Deferimento, pela presidência, no período de férias forenses do tribunal. Artigos 10, *caput,* da Lei 9.868/99, e 13, VIII, do RISTF. Relatoria do referendo plenário atribuída à própria Presidente, por força da excepcionalidade do caso concreto. Possibilidade. O *caput* do art. 10 da Lei 9.868/99 autoriza, nos períodos de recesso da Corte, a excepcional concessão monocrática da medida cautelar em ação direta de inconstitucionalidade. Por imposição do artigo 21, incisos IV e V, do Regimento Interno, as decisões liminares concedidas pela Presidência nessas circunstâncias são depois submetidas à referendo do Colegiado, normalmente após a distribuição dos autos da ação direta a um determinado relator superveniente. Peculiaridades presentes que recomendam a exposição do caso pelo próprio órgão prolator da decisão trazida a referendo do Plenário do Supremo Tribunal Federal. Questão de ordem resolvida no sentido de autorizar a Presidência, excepcionalmente, a relatar o referendo da decisão cautelar monocrática proferida nos autos da presente ação direta." (ADI 3.929-MC-QO, Rel. Min. Ellen Gracie, julgamento em 29-8-07, *DJ* de 11-10-07).

Não obstante, é preciso reconhecer que tais casos serão excepcionalíssimos, pois a própria Lei 9.868/99 prevê mecanismo para se evitar perecimento de direito e assegurar o futuro pronunciamento definitivo do Tribunal, que é a possibilidade de concessão da medida liminar com efeitos *ex tunc*, suspendendo-se a vigência da norma questionada desde a sua publicação. Portanto, o sistema definido pela Lei 9.868/99 para a concessão de medidas cautelares deixa pouco espaço para a ocorrência de casos em que seja necessária uma decisão monocrática fora dos períodos de recesso e de férias. A técnica da modulação dos efeitos, posta à disposição do Tribunal no julgamento da medida cautelar, é instrumento hábil para se assegurar a decisão de mérito na ação direta e, dessa forma, ela praticamente elimina as hipóteses em que seja necessária uma urgente decisão monocrática do Relator. Ficam abertas apenas as hipóteses em que a suspensão da vigência da norma seja imprescindível para estancar imediatamente a produção de seus efeitos sobre fatos e estados de coisas que, de outra forma, não poderiam ser revertidos.

Observe-se que a decisão cautelar monocrática em ação direta, fora dos períodos de recesso e férias, é fato raro no Supremo Tribunal Federal, o que atesta ainda mais a sua excepcionalidade. Em rápido levantamento (não exaustivo), após o advento da Lei 9.868/99, identificam-se apenas as seguintes decisões:

1) a decisão proferida em 28 de março de 2003 pelo Ministro Sepúlveda Pertence na ADI 2.849 (ADI-MC 2.849, Rel. Min. Sepúlveda Pertence, *DJ* 3.4.2003). Registre-se que não houve referendo do Plenário e, em 15 de maio de 2010, o processo foi extinto por perda superveniente de objeto, devido à revogação da lei impugnada;

2) a decisão proferida em 16 de agosto de 2004 pelo Ministro Carlos Britto na ADI 3.273 (ADI 3.273-MC, Rel. Min. Carlos Britto, julgamento em 16-8-04, *DJ* de 23-8-04). Ressalte-se que essa decisão foi logo suspensa por decisão do Presidente, Ministro Nelson Jobim, no MS 25.024. Naquela ocasião, considerou-se que a decisão monocrática violava a reserva de plenário estabelecida pelo art. 10 da Lei 9.868/99 (MS 25.024-MC, Rel. Min. Eros Grau, decisão monocrática proferida pelo presidente Min. Nelson Jobim, julgamento em 17-8-04, *DJ* de 23-8-04)[16];

16. "A decisão sobre medida cautelar é da competência do Tribunal Pleno e sua concessão depende do voto da maioria absoluta de seus membros, ouvidos, previamente, os 'órgãos ou autoridades dos quais emanou a lei' (Lei 9.868/99, art. 10). A lei abre uma única exceção à regra: 'Salvo no período de recesso' (Lei 9.868/99, art. 10). Em nenhum momento, salvo o recesso, a

3) a decisão proferida em 19.5.2009 pelo Ministro Menezes Direito na ADI 4.232 (ADI-MC 4.232, Rel. Min. Dias Toffoli, *DJe* 25.5.2009). A referida liminar monocrática não chegou a ser referendada pelo Plenário, ante o falecimento do Ministro Menezes Direito pouco tempo depois. Atualmente, ela encontra-se incluída em pauta para julgamento (desde 22.2.2010), sob a Relatoria do Ministro Dias Toffoli, que sucedeu o Ministro Menezes Direito;

4) a decisão proferida em 1º de julho 2009 pelo Ministro Celso de Mello na ADI 4.190, referendada pelo Plenário do STF somente no ano posterior, em 10.03.2010 (ADI 4.190-MC, Rel. Min. Celso de Mello, decisão monocrática, julgamento em 1º-7-09, *DJE* de 4-8-09);

5) a decisão proferida em 2.10.2009 pela Ministra Cármen Lúcia na ADI 4.307, referendada pelo Plenário do STF em 11.11.2009 (ADI 4.307-MC, Rel. Min. Cármen Lúcia, decisão monocrática, julgamento em 2-10-09, *DJE* de 8-10-09). Neste caso, é preciso registrar que se tratava da Emenda Constitucional n. 58, de 23.09.2009, que alterou a forma de recomposição das Câmaras Municipais, fixando os limites dos números de vereadores nos Municípios brasileiros. Em 29.09.2009, o Procurador-Geral da República ajuizou a ação direta e, em 2.10.2009, veio a liminar da Ministra Cármen Lúcia. Na ocasião, a decisão monocrática justificou-se com base na urgente necessidade de se impedir a imediata recomposição das Câmaras Municipais, com a consequente diplomação e posse de milhares de vereadores e alteração dos cálculos eleitorais de votação com efeitos retroativos ao período eleitoral anterior (do ano de 2008), antes mesmo da realização da Sessão Plenária do STF seguinte à publicação da Emenda Constitucional. Naquela ocasião, a petição inicial do Procurador-Geral da República dava notícia da efetiva posse de alguns vereadores. Havia o risco iminente de que, ante a posse, pudessem ser produzidas, inclusive, novas leis municipais, com graves danos à segurança jurídica.

---

lei autoriza a decisão de cautelar pelo relator. Mesmo nos casos de 'excepcional urgência', a lei mantém a competência da decisão com o Tribunal. Autoriza que tal decisão possa ser tomada 'sem a audiência dos órgãos ou das autoridades das quais emanou a lei ...' (Lei 9.868/99, art. 10, § 3º). Possibilita, ainda, a lei que o Tribunal afaste a regra geral do efeito *ex nunc* da cautelar e a conceda com 'eficácia retroativa' (Lei 9.868/99, art. 11, § 1º). Com esta última regra completa-se o tratamento legal da excepcionalidade. Em momento algum, 'salvo no período de recesso', é possível decisão monocrática. (...)"(MS 25.024-MC, Rel. Min. Eros Grau, decisão monocrática proferida pelo Presidente Min. Nelson Jobim, julgamento em 17-8-04, *DJ* de 23-8-04).

6) a decisão proferida em 26 de agosto de 2010 pelo Ministro Carlos Britto na ADI 4.451, referendada pelo Plenário do STF em 2.9.2010 (ADI-MC 4.451, Rel. Min. Carlos Britto, *DJe* 1.09.2010).

7) a decisão proferida em 1º de julho de 2011 pelo Ministro Luiz Fux na ADI 4.598, a qual ainda não foi submetida pelo referido Relator ao referendo do Plenário do Tribunal (ADI-MC 4.598, Rel. Min. Luiz Fux, *DJe* 2.8.2011).

8) a decisão proferida em 15 de dezembro de 2011 pelo Min. Luiz Fux na ADI 4.663, a qual foi trazida à apreciação do Plenário em 7 de março de 2012;

9) a decisão proferida em 19 de dezembro de 2011 pelo Ministro Marco Aurélio na ADI 4.638, trazida ao referendo do Plenário do Tribunal em 1º de fevereiro de 2012;

10) a decisão proferida em 19 de dezembro de 2011 pelo Ministro Joaquim Barbosa na ADI 4.705, referendada na Sessão Plenária de 23 de fevereiro de 2012.

Além desses casos, todos proferidos em ações diretas de inconstitucionalidade, não se pode deixar de citar a medida cautelar proferida monocraticamente pelo Ministro Marco Aurélio no conhecido caso do "aborto de fetos anencéfalos". A medida liminar na ADPF 54, proferida em 1º de julho de 2004, autorizou as gestantes a, mediante laudo médico comprovador da anomalia, realizar a operação de parto de fetos anencéfalos, e determinou o sobrestamento de todos os processos judiciais que discutissem a questão. A liminar monocrática foi cassada pelo Plenário na Sessão de 20 de outubro de 2004, na parte em que reconhecia às gestantes o direito ao aborto.

A análise desses poucos casos permite verificar que, apesar da existência de processos em que a decisão monocrática estava plenamente justificada – como claramente ocorreu, por exemplo, na decisão proferida pela Ministra Cármen Lúcia na ADI-MC 4.307 acima citada –, na maioria das vezes a decisão monocrática era dispensável, seja em virtude da proximidade da realização de Sessão Plenária, do longo tempo de vigência da norma impugnada, seja em razão da sempre possível modulação dos efeitos da medida liminar.

Verifica-se também que, das 10 (dez) decisões acima citadas, 8 (oito) foram proferidas a partir do ano de 2009, o que revela um crescente aumento de liminares monocráticas nos últimos três anos. A análise demonstra, ainda, que na maioria dos casos as decisões monocráticas são proferidas na véspera do período de recesso (no dia 19 de dezembro) ou de férias (no dia 1º de julho) do Tribunal. Ressalte-se, nessa hipótese, que no dia 19 de dezembro o Tribunal realiza a Sessão Plenária de encerramento dos trabalhos do ano judiciário.

O fato é que o quadro atual revela um perceptível crescimento do número de decisões cautelares monocráticas em ações diretas de inconstitucionalidade, muitas delas cabalmente descabidas, o que demonstra a necessidade de regras regimentais mais claras e incisivas sobre o tema.

Faça-se esse registro da questão, portanto, para que fique bem claro que medidas liminares decididas de forma monocrática são em regra ilegais, por violação à Lei 9.868/99 (art. 10), e inconstitucionais, por afronta ao art. 97 da Constituição. As hipóteses excepcionalíssimas deveriam ser bem delimitadas e definidas no Regimento Interno do Tribunal. O quadro atual assim o exige e, dessa forma, é preciso regulamentar o uso do poder geral de cautela pelo Relator nas ações do controle abstrato de constitucionalidade.

III. CONVERSÃO DO JULGAMENTO DA MEDIDA CAUTELAR EM JULGAMENTO DEFINITIVO DE MÉRITO

No recente julgamento da medida cautelar na ADI 4.638 (Rel. Min. Marco Aurélio, julgada em 8.2.2012), o Plenário do Supremo Tribunal Federal suscitou importante questão sobre a possibilidade de conversão do julgamento de medida cautelar em julgamento definitivo de mérito. O tema foi levantado em momento oportuno. Na ocasião, o Tribunal encontrava-se na terceira Sessão Plenária seguida envolvido com o julgamento da referida medida cautelar, na qual se discutia a respeito dos poderes disciplinar e correcional do Conselho Nacional de Justiça (CNJ), especificamente sobre a constitucionalidade da Resolução-CNJ n. 135/2011, que regulamenta os procedimentos administrativos disciplinares aplicáveis aos magistrados. A extensão e a profundidade dos votos proferidos e dos debates ocorridos nas três sessões deixaram patente tratar-se praticamente de julgamento de cognição exauriente sobre o mérito das questões constitucionais suscitadas na ação. Ao final das longas horas de deliberação, a sensação de todos era de que o futuro julgamento definitivo de mérito pouco poderia acrescentar aos entendimentos ali assentados. Apesar de não realizar efetivamente a conversão do julgamento cautelar em definitivo de mérito, o Tribunal deixou ali evidenciada a necessidade da adoção desse procedimento em casos futuros.

Passadas poucas semanas do referido julgamento, o Tribunal voltou a se deparar com a necessidade prática da conversão do julgamento cautelar em definitivo de mérito. Na ADI 4.163 (Rel. Min. Cezar Peluso, julgada em 29.2.2012) – na qual se discutia sobre a importante questão a respeito da realização de convênios pela Defensoria Pública para prestação adequada da assistência judiciária gratuita –, verificou-se que o processo, apesar de ter tramitado pelo rito do art. 10, *caput*, da Lei 9.868/99, estava completamente instruído com as informações dos órgãos legislativos, a manifestação do Advogado-Geral da União e o parecer do Procurador-Geral da República, todos contendo análises não apenas voltadas para o julgamento da medida cautelar, mas com incursões sobre o mérito da ação direta. Levantada a questão, o Plenário, rememorando o julgamento da ADI 4.638, e constatando a relevância prática da medida, decidiu converter o julgamento da cautelar em definitivo de mérito, considerando suficientes, para tanto, os documentos, manifestações e pareceres presentes nos autos.

A nova medida adotada no julgamento da ADI 4.163 constitui, indubitavelmente, um importante avanço quanto às técnicas de decisão e aos procedimentos próprios das ações do controle abstrato de constitucionalidade. Presentes determinadas circunstâncias, a conversão do julgamento torna-se praticamente inevitável. Algumas dessas circunstâncias são evidentes. A principal delas é atinente à amplitude e à profundidade da cognição das questões constitucionais suscitadas na ação. Quando o Tribunal, por razões diversas (a maioria das vezes essas razões estão fundadas na importância do tema debatido), passa a realizar, ainda que em julgamento preliminar, a cognição ampla e exauriente das questões presentes no processo, a conversão do julgamento torna-se medida necessária para se consolidar o entendimento fixado naquele momento e evitar que, por vários fatores (o principal é, obviamente, a constante mudança de composição), ele venha a ser modificado tempos (às vezes muito tempo) depois, com graves consequências para a segurança jurídica.

Alguns casos da jurisprudência da Corte demonstram essa tese. Pense-se, por exemplo, no julgamento da medida cautelar na ADI 1.354, na qual se discutiu sobre a denominada "cláusula de barreira" nas eleições proporcionais (art. 13 da Lei 9.096/95). O pedido de medida liminar foi indeferido na Sessão Plenária de 7 de fevereiro de 1996 e, naquela ocasião, o Tribunal emitiu claro posicionamento a respeito da plena constitucionalidade da norma impugnada, com afirmações peremptórias no sentido de que tal norma "não ofende o princípio consagrado no artigo 17" da Constituição e de que ela "não é atentatória ao princípio da igualdade" [17]; em suma, um típico julgamento de mérito. As normas impugnadas permaneceram vigentes por mais de 10 anos e, em 7 de dezembro de 2006, por ocasião do julgamento de mérito, o Tribunal, com a composição substancialmente alterada (permaneceram no julgamento de mérito apenas três ministros – Sepúlveda Pertence, Celso de Mello e Marco Aurélio – que participaram do julgamento da medida cautelar), modificou radicalmente o entendimento anteriormente fixado e decidiu declarar a inconstitucionalidade das normas impugnadas. As circunstâncias especiais exigiram que o Tribunal determinasse a manutenção da vigência das normas inconstitucionais até que sobreviesse a atuação legislativa no sentido de alterá-las.

Outro caso da jurisprudência da Corte também configura um bom exemplo para o argumento aqui desenvolvido. A ADI 1.805 impugna a Emenda Constitucional n. 16/1997, na parte em que alterou o art. 14, § 5º, da Constituição, para permitir a reeleição dos Chefes do Poder Executivo, bem como dos que os hajam sucedido ou substituído no curso do mandato, para um único período subsequente. A ação foi proposta em 18 de março de 1998 e, poucos dias depois, exatamente em 26 de março, o pedido de medida cautelar foi levado ao julgamento do Plenário pelo então Relator, Ministro Neri da Silveira, tendo em vista a proximidade das eleições gerais de 1998, na qual a nova norma constitucional seria aplicada pela primeira vez. Apesar de não haver instrução completa dos autos, e mesmo ante o curto espaço de tempo para a análi-

---

17. Alguns trechos da ementa do acordão são exemplares nesse sentido: "(...) . O artigo 13 da Lei n 9.096, de 19 de novembro de 1995, que exclui do funcionamento parlamentar o partido político que em cada eleição para a Câmara dos Deputados, não obtenha o apoio de no mínimo cinco por cento dos votos válidos distribuídos em, pelo menos, um terço dos Estados, com um mínimo de dois por cento do total de cada um deles, não ofende o princípio consagrado no artigo 17, seus incisos e parágrafos, da Constituição Federal. 3. Os parâmetros traçados pelos dispositivos impugnados constituem-se em mecanismos de proteção para a própria convivência partidária, não podendo a abstração da igualdade chegar ao ponto do estabelecimento de verdadeira balbúrdia na realização democrática do processo eleitoral. 4. Os limites legais impostos e definidos nas normas atacadas não estão no conceito do artigo 13 da Lei nº 9096/95, mas sim no do próprio artigo 17, seus incisos e parágrafos, da Constituição Federal, sobretudo ao assentar o inciso IV desse artigo, que o funcionamento parlamentar ficará condicionado ao que disciplinar a lei. 5. A norma contida no artigo 13 da Lei nº 9.096/95 não é atentatória ao princípio da igualdade; qualquer partido, grande ou pequeno, desde que habilitado perante a Justiça Eleitoral, pode participar da disputa eleitoral, em igualdade de condições, ressalvados o rateio dos recursos do fundo partidário e a utilização do horário gratuito de rádio e televisão - o chamado "direito de antena" -,ressalvas essas que o comando constitucional inscrito no artigo 17, § 3º, também reserva à legislação ordinária a sua regulamentação. 6. Pedido de medida liminar indeferido."

se do pedido e de seus fundamentos, o Ministro Neri da Silveira fez um profundo estudo sobre as questões constitucionais suscitadas na ação, com considerações teóricas sobre condições de elegibilidade e causas de inelegibilidade que até hoje são referência tanto na jurisprudência como na doutrina especializada sobre o tema. Seu voto de 57 páginas foi amplamente debatido e finalmente acolhido pelo Plenário da Corte. Julgado o pedido de medida cautelar, o mérito da ação continua pendente de apreciação até os dias de hoje (ano de 2012). Após a aposentadoria do Ministro Neri da Silveira, houve substituição de Relator por três vezes e a ação encontra-se atualmente sob a Relatoria da Ministra Rosa Weber. Passados quatorze anos desde o julgamento da medida cautelar, realizadas quatro eleições gerais (1998, 2002, 2006, 2010) e três eleições municipais (2000, 2004, 2008) sob a égide da norma introduzida pela EC n. 16/1997, e, sobretudo, ante a profundidade e solidez das teses fixadas na decisão cautelar, parece praticamente impensável um julgamento de mérito que traga novos argumentos e modifique o resultado da medida cautelar, mesmo com a composição do Tribunal completamente modificada. Ante todo esse quadro, poder-se-ia dizer que o julgamento de mérito tornou-se praticamente desnecessário.

Em verdade, todos esses fatores já eram bem conhecidos do legislador quando se editou a Lei 9.868/99 e nela se previu o rito abreviado do art. 12, para se permitir o julgamento definitivo do mérito. O art. 12, dessa forma, reduz os prazos (10 dias para informações e 5 dias de vista dos autos, sucessivamente, ao AGU e ao PGR) do rito ordinário (art. 6º e 8º, que fixam 30 dias para informações e 15 dias para AGU e PGR) e torna possível que, com celeridade semelhante a um julgamento de medida cautelar, o Tribunal passe logo ao julgamento definitivo do mérito da ação, quando a matéria nela discutida for patentemente relevante e tiver especial significado para a ordem social e a segurança jurídica.

A aplicação do rito do art. 12, todavia, encontra limite em algumas situações. A primeira delas ocorre quando o Relator, ao receber a petição inicial, já aplica o rito do art. 10, *caput*, prenunciando o julgamento da medida cautelar e, dessa forma, separando-o do julgamento posterior do mérito da ação. Com a atual quantidade elevada de processos na pauta do Plenário – em torno de seiscentos processos –, não é incomum que a medida cautelar, na ação direta que tramita conforme o rito do art. 10, demore muito tempo (algumas vezes pode durar meses ou até mais de um ano) para ser definitivamente apregoada para julgamento. Nessa hipótese, é certo que o Relator poderá converter o rito do art. 10 para o procedimento próprio do art. 12 e, colhendo as informações e pareceres definitivos, incluir em pauta para julgamento definitivo de mérito. Não obstante, essa conversão de ritos, na medida em que requer a colheita de novas informações e novos pareceres, tem o indesejado efeito de atrasar ainda mais o julgamento de uma questão cuja urgência já fora atestada pelo Relator. Ante esse quadro, já houve casos em que o Relator fez a conversão para o rito do art. 12 e, em vez de abrir prazo para a instrução completa do processo, considerou suficientes as peças e documentos apresentados conforme o rito do art. 10, tornando possível o julgamento definitivo de mérito. Esta, sem dúvida, é uma possibilidade de se enfrentar o problema do julgamento tardio (e, portanto, muitas vezes ineficaz) da medida cautelar; mas ela afigura-se visivelmente desnecessária ante a possibilidade – agora definitivamente adotada na citada ADI 4.163 – da conversão direta do julgamento da cautelar em definitivo de mérito, o que será feito pelo próprio Plenário, por sugestão de qualquer de seus membros, por ocasião da apreciação da ação que tramitou apenas pelo art. 10, *caput*, da Lei 9.868/99. Assim, nessas hipóteses, a solução da *conversão direta de julgamentos* (de cautelar em mérito) mostra-se mais adequada do que a *conversão de ritos* (do art. 10 em art. 12).

Ademais – e aqui se encontra uma segunda limitação à aplicação do art. 12 –, a conversão de julgamentos torna desnecessária a utilização do art. 12 com finalidades para as quais ele não está destinado. Como será analisado no próximo tópico, a teleologia do art. 12 é a redução do prazo de tramitação do processo para permitir o julgamento direto do mérito de forma célere e, dessa forma, eficaz, quando a matéria discutida for relevante e tiver especial significado para a ordem social e a segurança jurídica.

IV. PROBLEMÁTICA ATUAL QUANTO À (IN)EFICÁCIA DO RITO DO ART. 12 DA LEI 9.868/99

Como se sabe, o art. 12 da Lei 9.868/99 dispõe que "havendo pedido de medida cautelar, o relator, em face da relevância da matéria e de seu especial significado para a ordem social e a segurança jurídica, poderá, após a prestação das informações, no prazo de 10 (dez) dias, e a manifestação do Advogado-Geral da União e do Procurador-Geral da República, sucessivamente, no prazo de 5 (cinco) dias, submeter o processo diretamente ao Tribunal, que terá a faculdade de julgar definitivamente a ação".

O dispositivo corresponde a uma inovação salutar trazida pela Lei 9.868/99 para permitir que matérias especialmente relevantes para a ordem social e a segurança jurídica sejam julgadas de forma célere e definitiva. Reduziu-se, portanto, o tempo de tramitação da ação, fixando-se prazos processuais mais curtos, com apenas 10 (dez) dias para as informações das autoridades das quais emanou o ato normativo impugnado, e 5 (cinco) dias de vista dos autos, sucessivamente, ao Advogado-Geral da União e ao Procurador-Geral da República. Tais prazos representam uma diminuição expressiva em relação àqueles próprios do rito ordinário fixado pelos artigos 6º e 8º da referida lei, que estabelecem 30 dias para as informações das autoridades legislativas, 15 dias para a manifestação do Advogado-Geral da União e mais 15 dias para o parecer do Procurador-Geral da República. Não chegam, por outro lado, a ser tão curtos como os do rito cautelar previsto no art. 10, *caput* e § 1º, fixados em 5 (cinco) dias para informações e 3 (três) dias (prazo comum) para o Advogado-Geral da União e para o Procurador-Geral da República. Estabeleceu o legislador, portanto, um rito mais célere do que o de tipo ordinário, porém mais alongado do que o de tipo eminentemente cautelar, fixando um denominador comum que conjuga a rapidez de trâmite processual com a possibilidade de cognição ampla e exauriente da matéria discutida na ação.

Como se vê, a teleologia do art. 12 é permitir ao Tribunal o julgamento definitivo de mérito de forma célere. Sua aplicação, portanto, deve estar condicionada ao efetivo cumprimento dessa finalidade exigida pela norma. Todos os que de alguma forma atuam e participam no processo (Ministro Relator, servidores do Supremo Tribunal Federal, advogados das partes, autoridades legislativas, a Advocacia-Geral da União e a Procuradoria-Geral da República) devem estar constantemente empenhados no cumprimento dos prazos processuais.

A prática processual no âmbito das ações diretas de inconstitucionalidade, porém, tem demonstrado que a aplicação do artigo 12 nem sempre vem acompanhada desse necessário empenho ou desse *fair trial* que deve nortear a conduta de todos aqueles que de alguma forma participam do processo. As causas da ineficácia do art. 12 são variadas. A primeira, e talvez a principal, decorre da condução do processo que realiza o próprio Relator. Tem sido recorrente a aplicação do art. 12 para toda e qualquer matéria. Se a ação contém pedido de medida cautelar, o Relator tende a recorrer ao procedimento do art. 12, e o faz muitas vezes por dois motivos: a) em razão do já crônico congestionamento da pauta do Plenário, que torna muito difícil o julgamento célere de medidas cautelares pela via do rito do art. 10; b) quando constata que não há a especial urgência alegada pelo requerente da ação, mas, não podendo indeferir o pedido de medida cautelar de forma monocrática (devido à reserva absoluta de Plenário para indeferimentos), e ante a dificuldade de levar tal indeferimento ao Plenário, encontra no art. 12 a solução para fazer a instrução completa do processo e levá-lo a julgamento definitivo do mérito. Como, atualmente, a grande maioria das ações diretas de inconstitucionalidade contém pedido de medida cautelar – poder-se-ia dizer que, hoje, é muito raro o pedido inicial de tramitação pela via do rito ordinário do art. 6º e 8º –, independentemente da real necessidade da decisão liminar – mesmo porque é compreensível que o requerente tenda a crer que seu pedido sempre é urgente –, a aplicação do art. 12 tem se firmado como a solução (enviesada) para se determinar o julgamento definitivo do mérito da ação, sem a necessidade de se pronunciar liminarmente sobre o pedido de medida cautelar.

A segunda causa de ineficácia do art. 12 diz respeito, obviamente, ao descumprimento dos prazos nele estabelecidos. As informações muitas vezes não são prestadas em 10 (dez) dias e a vista dos autos à Advocacia-Geral da União e à Procuradoria-Geral da República raramente dura apenas 5 (cinco) dias. Assim, a instrução dos autos de acordo com o art. 12 comumente leva o mesmo tempo que a tramitação pelo rito ordinário. E, uma vez instruídos os autos, lançado o Relatório e incluído o processo na pauta, passa-se a enfrentar a longa fila de espera para o julgamento no Plenário.

Todos esses fatores tem ultimamente contribuído para o que se poderia denominar de *"ordinarização"* do procedimento do art. 12 nas ações diretas de inconstitucionalidade, um patente desvirtuamento de sua finalidade primordial. Medidas devem ser adotadas para a correção desse indesejado quadro de ineficácia da norma. Tais medidas, porém, não passam, de nenhuma maneira, pela atuação legislativa no sentido de se modificar um dispositivo que se mostra fundamental para o controle abstrato da constitucionalidade das leis no âmbito do Supremo Tribunal Federal. Elas devem se concretizar na prática processual em torno do art. 12, mediante, principalmente, o efetivo cumprimento dos prazos nele estabelecidos.

V. FUNGIBILIDADE ENTRE PROCEDIMENTOS CAUTELARES NAS AÇÕES DO CONTROLE ABSTRATO DE CONSTITUCIONALIDADE

No julgamento das ADI 875, 1987, 2727 e 3243[18], o Supremo Tribunal Federal, modificando sua anterior jurisprudência, decidiu que entre as ações diretas de inconstitucionalidade por ação (ADI) e por omissão (ADO) deve existir a fungibilidade processual.

Tal como ficou consignado nos fundamentos daquela decisão, em nosso sistema abstrato de controle de constitucionalidade deve existir uma natural fungibilidade entre os diversos tipos de ação. A ação direta de inconstitucionalidade (ADI) e a ação declaratória de constitucionalidade (ADC) já possuem um claro caráter dúplice ou ambivalente, que as tornam, praticamente, uma mesma ação com sinal trocado. Quanto à arguição de descumprimento de preceito fundamental (ADPF), o Tribunal tem reconhecido sua fungibilidade com a ação direta de inconstitucionalidade, até mesmo tendo em vista a relação de subsidiariedade entre essas ações[19].

É certo que isso não significa negar a natureza distinta, o rito próprio e as especificidades de cada ação. A Lei n.° 9.868/99 possui capítulos específicos para a ação direta de inconstitucionalidade (Capítulo II) e para a ação declaratória de constitucionalidade (Capítulo III). Com a Lei n.° 12.063, de 22 de outubro de 2009, a Lei n.° 9.868/99 passou a contar com o capítulo II-A, que estabelece rito procedimental e medidas cautelares específicas para a ação direta de inconstitucionalidade por omissão. A Lei n.° 9.882/99, por seu turno, trata da arguição de descumprimento de preceito fundamental. No Supremo Tribunal Federal, atualmente, todas as ações possuem uma classe específica de autuação: Ação Direta de Inconstitucionalidade (ADI); Ação Declaratória de Constitucionalidade (ADC); Ação Direta de Inconstitucionalidade por Omissão (ADO) e Arguição de Descumprimento de Preceito Fundamental (ADPF).

Não obstante, a natural fungibilidade entre as ações pode constituir um importante fundamento para que, em circunstâncias específicas, se reconheça a fungibilidade entre os diversos tipos de procedimento. No campo das medidas cautelares, essa fungibilidade de ritos procedimentais, ou mesmo de técnicas de decisão, é uma necessidade prática inegável. O Tribunal, por exemplo, já aplica, para a medida cautelar em

18. ADI 875, 1987, 2727 e 3243, Rel. Min. Gilmar Mendes, julgamento em 24.02.2010.
19. ADPF-QO n.° 72, Rel. Min. Ellen Gracie, *DJ* 2.12.2005.

ADPF que determine a suspensão de processos judiciais que envolvam a aplicação da lei impugnada, o prazo de 180 dias para o julgamento definitivo do mérito da ação, previsto para a ADC no art. 21, parágrafo único, da Lei 9.868/99.

Aspecto relevante, nesse contexto, diz respeito à aplicação do procedimento do art. 12 da Lei 9.868/99, que rege a ADI, também à ADPF, a qual se submete ao rito estabelecido na Lei 9.882/99. Também na ADPF, surgida a necessidade prática de um célere julgamento definitivo de mérito (finalidade precípua da norma do art. 12), ante a urgência e a relevância da matéria, é possível aplicar, por analogia, o procedimento definido no art. 12 da Lei 9.868/99 para o julgamento da ADPF. E, ressalte-se que, na prática, os Ministros do Supremo Tribunal Federal já vêm realizando essa aplicação por analogia do art. 12 ao rito cautelar da ADPF[20].

20. Confiram-se as seguintes ações: ADPF 137, Rel. Min. Cármen Lúcia, 20.10.2008; ADPF 154, Rel. Min. Cármen Lúcia, 30.11.2008; ADPF 156, Rel. Min. Cármen Lúcia, 19.12.2008; ADPF 177, Rel. Min. Ayres Britto, 02.11.2009; ADPF 179, Rel. Min. Cármen Lúcia, 04.08.2009; ADPF 183, Rel. Min. Ayres Britto, 04.08.2099; ADPF 193, Rel. Min. Cármen Lúcia, 09.10.2009; ADPF 235, Rel. Min. Luiz Fux, 10.06.2011.

CAPÍTULO 08

A separação dos poderes e a atividade legislativa no Estado de Direito contemporâneo: tópicos

Inocêncio Mártires Coelho[1]

Sumário: I – Introdução; II – Separação dos poderes e atividade legislativa; III – Conclusão.

I – INTRODUÇÃO

Compreendido o sistema jurídico como um sistema normativo *complexo*, como um sistema autopoiético, no qual são regulados pelo direito também os atos que produzem direito, e entendido o Estado como a própria ordem jurídica (Kelsen), quando o poder se legaliza completamente (Weber), pode-se dizer que o Estado contemporâneo é um Estado de *legalidade*, um Estado *jurificador*, no sentido de que é uma instituição que tudo legaliza e se regula pelas próprias normas que edita.[2] Qual um novo rei *Midas*, esse Estado transforma em direito tudo aquilo em que põe suas mãos, o que desde logo levanta a questão sobre os limites dessa ação *normalizadora*[3], sabido que "legislar

1. Doutor em Direito. Professor Titular (Aposentado) da Universidade de Brasília. Professor do Programa de Mestrado e Doutorado do Centro Universitário de Brasília — UniCEUB; Subprocurador-Geral da República (Aposentado); ex-Procurador-Geral da República.
2. Norberto Bobbio. *Max Weber e Hans Kelsen*, in Norberto Bobbio: O filósofo e a política. (Antologia). Rio de Janeiro: Contraponto, 2003, 1ª reimpressão, 2007, p. 133.
3. Hermann Heller. Teoria do Estado. São Paulo, Mestre Jou, 1968, p. 306/307.

é fazer experiências com o destino humano" (Jahrreiss)[4] e que toda regulação, embora limitada por natureza (Soler)[5], é sempre limitante do espaço de livre movimentação dos indivíduos, numa palavra, limitadora daquela ontológica *abertura para o mundo*, que a um só tempo possibilita e estimula o pleno desenvolvimento da personalidade. Daí que não seja indiferente enunciar-se a plenitude do ordenamento jurídico segundo as fórmulas *tudo o que não está proibido, está permitido* ou *tudo que não está permitido, está proibido*, porque só o primeira locução expressa a ontológica liberdade de que, originariamente, nós somos dotados. Seres para a liberdade e não os seres para a morte, da inexorável sentença heideggeriana – *nascer é começar a morrer* [6] –, a nossa existência constitui-se e se desenvolve num contínuo de liberdade e num descontínuo de limitações/proibições — tendo a liberdade, portanto, como um *prius* —, pois o inverso seria lógica e axiologicamente impensável. [7]

Traduzindo essa preocupação com os efeitos perversos do *excesso de leis* sobre a vida das pessoas, na medida em que fazer leis é como acondicionar explosivos, atividade em que todo o cuidado é pouco e todo o descuido, via de regra, é simplesmente fatal (Victor Nunes Leal)[8], inúmeros juristas e cientistas políticos vêm censurando a proliferação normativa dos dias atuais, por se constituir em fator de crescente *insegurança jurídica*, embora todos saibam que esse excesso de leis decorre do fato de que, para o bem ou para o mal, não se pode viver *fora* do Estado[9] ou *à margem da lei* ; ninguém será obrigado a fazer ou deixar de fazer alguma coisa senão em virtude de lei; as tarefas e funções estatais não se desempenham senão em conformidade com a lei – o administrador só pode fazer o que a lei permite e nos termos em que ela o permite (Lei n. 9.784/99); e que, enfim, sob pena de se comprometer a própria vida social – porque para subsistir, como tal,

---

4. Cf. Gilmar Ferreira Mendes. *Teoria da legislação e controle de constitucionalidade: algumas notas*, in Direitos Fundamentais e Controle de Constitucionalidade. São Paulo: Celso Bastos Editor/Instituto Brasileiro de Direito Constitucional, 2ª ed., 1999, p. 293.

5. Sebastián Soler. Interpretación de la Ley. Barcelona: Ariel, 1962, p. 95/96.

6. Martin Heidegger. Ser e Tempo. Petrópolis-RJ: Vozes, Parte II, 1989, p. 179.

7. Kelsen-Cossio. Problemas escogidos de la teoría egológica del derecho. Buenos Aires: Guillermo Kraft, 1952, p. 88/89.

8. Victor Nunes Leal. *Técnica Legislativa*, in Estudos de Direito Público. Rio de Janeiro: Forense, 1960, p.7/8.

9. Georges Burdeau. El Estado. Madrid: Seminarios y Ediciones, S.A., 1975, p. 9; Traité de Science Politique. Paris: L.G.D.J., 1980, tomo II, p. 180/183.

toda comunidade precisa de um mínimo de direção e de ordem[10] –, a ninguém é dado escusar-se de cumprir a lei, alegando que não a conhece. (LINDB, art. 3°; CPB, art. 21)[11].

Em poucas palavras, todos criticam a *inflação legislativa*, mas até hoje ninguém descobriu remédio específico para essa doença crônica do Estado de direito contemporâneo, não propondo senão fórmulas vazias, do tipo *desconstitucionalização, deslegalização, desregulamentação, autorregulação* ou *direito sem Estado*, por exemplo, que não acabam com as drogas condenadas, antes apenas lhes enfraquecem a dosagem, mantendo, assim, o seu *princípio ativo* - a substância conhecida pelo nome de *normatividade* ou *pretensão de injuntividade.*[12] O excesso de normas é objeto de reclamação geral, mas pouco se muda, tendo mesmo se tornado usual responder-se a todo escândalo e a toda crise clamando por leis novas ou mais rigorosas, sendo fato que, por outro lado, embora cada pessoa possa lembrar-se rapidamente de leis que julgue supérfluas, de forma alguma essas leis são as mesmas em todos os casos. Por isso o maior entrave para que vingue a exigência por menos leis é o seu caráter global, dado que da maioria das leis saem não apenas limitações de ação, mas também efeitos protetores, sendo certo que, frequentemente, na limitação de um reside a proteção do outro. Em suma, "ninguém se sente, no geral, impedido, por meio de sua reclamação sobre leis em demasia, de exigir esta ou aquela lei em especial quando espera vantagens dela." [13]

Por oportuno, registre-se que, apesar de se tratar de uma realidade inegável, não trataremos, aqui, da chamada *legislação judicial*, "promulgada" pelos tribunais superiores — em especial pelas cortes constitucionais —, sob a forma de súmulas ou enunciados normativos dotados de *repercussão geral, efeito vinculante* e *eficácia contra todos*, num cenário em que juristas do porte de um Elías Díaz, por exemplo, se perguntam, entre críticos e apreensivos, se o atual Estado constitucional de Direito não é uma simples *máscara ideológica*, com que se disfarça um verdadeiro Estado *judicial* de Direito.[14]

10. José Afonso da Silva. Princípios do processo de formação das leis no direito constitucional. São Paulo: RT, 1964, p. 14.

11. A Lei de Introdução ao Código Civil (Decreto-Lei 4.657, de 4/9/42) teve a sua ementa alterada pela Lei nº12.376, de 30/12/10, passando a ter a seguinte redação: *Lei de Introdução às Normas do Direito Brasileiro.*

12. Karl Larenz. Metodologia da Ciência do Direito. Lisboa: Gulbenkian, 7ª edição, 2014, p. 262.

13. Dieter Grimm. Constituição e Política. Belo Horizonte: Del Rey, 2006, p. 137.

14. Elias Díaz. Curso de Filosofía del Derecho. Madrid: Marcial Pons, 1998, p. 110.

Delineado esse panorama geral, acreditamos que seria viável e de proveitoso ordenarmos esta exposição sob a forma de *tópicos*, ainda que alguns deles sejam relativamente extensos, porque achamos que isso não dificulta a compreensão do texto nem banaliza o exame dos problemas tratados, até porque as obras de que nos utilizamos estão indicadas no texto, podendo ser consultadas pelos interessados. De outra parte, em favor da escolha desse modelo de exposição — se *parva licet componere magnis* —, registre-se que na história das ideias, da antiguidade aos nossos dias, existem exemplos de filósofos e de juristas que exprimiram muitos dos seus pensamentos sob a forma de aforismos, brocardos ou apotegmas, afora os catálogos de tópicos e as obras destinadas, especificamente, ao estudo da Tópica, em geral, e da Tópica Jurídica, em particular.[15]

II – SEPARAÇÃO DOS PODERES E ATIVIDADE LEGISLATIVA

Passemos, então, aos nossos tópicos sobre a separação dos poderes e a atividade legislativa no Estado de Direito contemporâneo, começando — *et pour cause* — "verdades eternas" primeiramente vislumbradas por Montesquieu.[16]

- Há, em cada Estado, três espécies de poderes: o poder legislativo, o poder executivo das coisas que dependem do direito das gentes, e o executivo das que dependem do direito civil.
- Para que não se possa abusar do poder é preciso que, pela disposição das coisas, o poder freie o poder.
- Quando na mesma pessoa ou no mesmo corpo de magistratura, o poder legislativo está reunido ao poder executivo, não existe liberdade, pois se pode temer que o mesmo monarca ou o mesmo

15. Aristóteles. Órganon/Tópicos. São Paulo: Edipro, 2005; Friedrich Schlegel. O Dialeto dos Fragmentos. São Paulo: Iluminuras, 1997; Friedrich Nietzsche. Fragmentos Finais. Brasília: Editora UnB, 2002; Francisco Puy. Tópica Jurídica. México: Porrúa, 2006; Theodor Viehweg. Tópica e Jurisprudência. Brasília: Departamento de Imprensa Nacional, 1979; Juan García Amado. Teorías de la Tópica Jurídica. Madrid: Civitas, 1988; R. Limongi França. Brocardos Jurídicos. São Paulo: Revista dos Tribunais; Eros Roberto Grau. Ensaio e discurso sobre a interpretação/aplicação do direito. São Paulo: Malheiros, 2002, e Porque tenho medo dos juízes. São Paulo: Malheiros, 2013.

16. Montesquieu, Do Espírito das Leis. São Paulo: Difusão Européia do Livro, 1º vol., 1962, p. 180/181; Bruce Ackerman. A nova separação dos poderes. Rio de Janeiro: Lúmen Juris, 2009, p. 116.

senado apenas estabeleçam leis tirânicas para executá-las tiranicamente.

- Não haverá também liberdade se o poder de julgar não estiver separado do poder legislativo e do poder executivo. Se estivesse ligado ao poder legislativo, o poder sobre a vida e a liberdade dos cidadãos seria arbitrário, pois o juiz seria legislador. Se estivesse ligado ao poder executivo, o juiz poderia ter a força de um opressor.
- Tudo estaria perdido se o mesmo homem ou o mesmo corpo dos principais ou dos nobres, ou do povo, exercesse esses três poderes: o de fazer as leis, o de executar as resoluções públicas, e o de julgar os crimes ou as divergências dos indivíduos.
- A distinção entre função legislativa, função executiva e função judicial não surgiu originariamente marcada pela pretensão de compreender e descrever exaustivamente as funções do Estado, mas com um intuito claramente prescritivo e garantístico: a separação orgânico-pessoal daquelas funções era imposta em nome da liberdade e da segurança individuais.[17]
- Deveriam existir três poderes — *nem mais nem menos* — separados, porque um poder único acabaria necessariamente devorando tudo. Dois se combateriam até que um liquidasse o outro. Mas três se manteriam em perfeito equilíbrio, de maneira que se dois lutassem, o terceiro, igualmente interessado na manutenção de ambos, juntar-se-ia ao que estivesse sendo oprimido contra o que oprimia, e restabeleceria a paz entre todos. [18]
- Já no Estado de Direito do século XX, foi a ideia de controle, fiscalização e coordenação interinstitucionais que se tornou o centro de gravidade do princípio da separação dos poderes, a ponto de se cogitar de lhe conferir o status de função autônoma do Estado.[19]

---

17. Nuno Piçarra. A separação dos poderes como doutrina e princípio constitucional. Coimbra: Coimbra Editora, 1989, p. 247.

18. Lally-Tollendal, membro da Assembleia Nacional Constituinte francesa, na sessão de 31 de agosto de 1789, *in* Jules Laferrière. Manuel de Droit Constitutionnel. Paris: Éditions Domat Monchrestient, 1947, p. 630, Nota 1.

19. Nuno Piçarra. A separação dos poderes como doutrina e princípio constitucional, cit., p. 258/259; Karl Loewenstein. Teoría de la Constitución. Barcelona: Ariel, 1979, 2ª Parte, capítulos VI/IX, p. 232/349.

- Fazer a lei é prescrever as normas, os preceitos que devem reger os homens e as coisas, as autoridades e a sociedade em todas as suas relações; é exercer a alta faculdade de regular todas as forças sociais, seu desenvolvimento, os destinos públicos, de fazer a prosperidade ou a desgraça do país, pois que a sorte do Estado depende mais que muito de sua legislação. [20]
- A exigência de *generalidade* da lei repousa em considerações de ordem racional, constituindo imperativo dos tempos modernos, ligado à ideia de Estado de direito, à qual pareceu indispensável que o direito aplicável aos cidadãos fosse criado não por meio de medidas atuais e individualizadas – que poderiam ser arbitrárias ou parciais –, mas através de prescrições pré-estabelecidas, comuns a todos os membros do corpo nacional, e que, por isso mesmo, lhes ofereceriam garantia de imparcialidade.[21]
- A época atual está marcada pela "pulverização" do direito legislado, provocada pela multiplicação de leis de caráter setorial e temporal, quer dizer, "de reduzida generalidade ou de baixo grau de abstração", até ao extremo das *leis-medida* e das meramente *retroativas*, nas quais não existe uma intenção "reguladora" em sentido próprio: em lugar de normas, apenas *medidas*. [22]
- O legislador dos nossos dias deixou de ser o discreto e ponderado formulador de regras gerais, destinadas a disciplinar questões essenciais, para se converter num incontinente e desordenado fabricante de receitas normativas – quase sempre efêmeras –, que ele intenta aplicar a todos e a cada um dos problemas gerados pela convivência nas sociedades economicamente avançadas. [23]
- No processo de transformação radical do Direito a primeira vítima foi a lei – a lei entendida em sentido tradicional –, tornada irreconhecível a partir do momento em que foi perdendo seu ca-

20. José Antonio Pimenta Bueno. Direito Público Brazileiro e Analyse da Constituição do Império. Rio de Janeiro: Typographia Imp. E Const. De J. Villeneuve EC., 1857, p. 68.
21. Raymond Carré de Malberg. La Loi, expression de la volonté générale. Paris: Econômica, 1984, p. 5.
22. Gustavo Zagrebelsky. El derecho dúctil. Madrid: Trotta, 1999, p. 37. Para uma visão sintética do tema da legiferação contemporânea, ver, por todos, J.J. Gomes Canotilho. *Relatório sobre programa, conteúdos e métodos de um curso de teoria da legislação.* Separata do vol. LXIII (1987) do Boletim da Faculdade de Direito da Universidade de Coimbra. Coimbra: 1990.
23. Alejandro Nieto. Crítica de la razón jurídica, cit., p. 206. No Brasil, por exemplo, a Leí nº 9.394, de 20 de dezembro de 1996, estabelece as diretrizes e bases da educação nacional.

ráter *geral* e *abstrato*. Essa situação teve início na segunda metade do século XX, com o aparecimento das chamadas *leis-medida* e *leis de plano*. As primeiras abandonavam, deliberadamente, a intenção de estabelecer regulações universais para limitar-se a resolver questões concretas e atuais, o que significa dizer que desaparecia o seu sentido tão logo se alcançavam os objetivos previstos. As segundas, as *leis de plano* — *e.g.* a legislação do *Plano Real* no Brasil — materializavam as intenções socioeconômicas dos governos, durante o tempo em que estiveram em moda os planos, vinculantes ou meramente indicativos: uma variante prematura das leis de diretrizes que, a partir de então, cresceram significativamente. [24]

- Sinteticamente, as razões do atual desaparecimento das características "clássicas" da lei podem buscar-se, sobretudo, nos traços da nossa sociedade, ora condicionada por uma ampla diversificação de grupos e estratos sociais que participam no "mercado das leis", ao qual impõem a fabricação de produtos legislativos específicos ou ao gosto do freguês.[25]

- Neste momento da sua história, a lei já não é a expressão pacífica de uma sociedade política internamente coerente, e sim manifestação e instrumento de competição e de enfrentamento social; não é o fim, mas o começo de um conflito; não é um ato impessoal, geral e abstrato, expressão de interesses objetivos, coerentes, racionalmente justificáveis e generalizáveis ou, se quisermos, de interesses "constitucionalizados" no ordenamento jurídico. É, pelo contrário, um ato personalizado – no sentido de que provém de grupos identificáveis de pessoas e se dirige a outros grupos de indivíduos igualmente identificáveis –, que persegue interesses particulares. Em suma, a lei já não é garantia absoluta e última de estabilidade, antes se converte em instrumento e causa de instabilidade, mesmo que a razão desse *imbróglio* seja da maior valia, a saber, *o fato do pluralismo* – político, econômico, social, cultural

24. Alejandro Nieto. Crítica de la razón jurídica, cit., p. 204/205.
25. Entre essas leis "especiais" estão as que regulamentam profissões, como a Lei nº 3.857, de 22 de dezembro de 1960, que cria a Ordem dos Músicos do Brasil e dispõe a regulamentação do exercício da profissão de músico, e a Lei nº 8.906, de 4 de julho de 1994, que dispõe sobre o Estatuto da Advocacia e a Ordem dos Advogados do Brasil.

etc. –, a cuja luz são legítimas todas as pretensões que se contenham nos limites do pacto constitucional.[26]

- No século passado, o papel do Estado era, antes de tudo, negativo: intervir o menos possível. A legislação se limitava a regular questões gerais e simples. A legislação perdeu o seu caráter exclusivamente político de quando se cingia apenas às questões gerais ou de princípios, para assumir um caráter eminentemente técnico. A legislação é hoje uma imensa técnica de controle da vida nacional em todas as suas manifestações. Consequência desse tecnicismo, de resto imposto pela crescente complexidade da vida social, o Parlamento, por sua própria natureza, composição e modo de funcionamento, foi se tornando incapaz de legislar diretamente, do que restou transferida para o Executivo a iniciativa das leis mais relevantes. Não há no mundo de hoje nenhuma obra legislativa importante que não tenha sido iniciativa do governo ou que não seja o resultado de uma delegação do poder legislativo.[27]

- No Estado de Direito intervencionista dos nossos dias, em que, além dos direitos civis e políticos, os indivíduos passaram a ter direitos igualmente a prestações positivas do Estado — obrigação de dar ou de fazer —, plasmou-se um novo sentido e estilo de governar, que prima pelo poderio e pela *superpresença* do Poder Executivo, com o crescimento e fortalecimento da Administração Pública, sob a compreensão, nas diferentes latitudes ideológicas, de que o Executivo é o departamento da soberania melhor voca-

---

26. Paul Ricoeur. *Etapa atual do pensamento sobre a intolerância*, in Per Ahlmark *et al*. A Intolerância. Rio de Janeiro: Bertrand Brasil, 2000, p. 21: "Para as democracias liberais constitucionais, a prática da tolerância é a confirmação do fato maior predominante na cultura dessas sociedades, isto é, *o fato do pluralismo* das crenças e das convicções, digamos, das visões do bem" e Vivo Até a Morte. São Paulo: Martins Fontes, 2012, p. 59: "O tipo de cristianismo a que adiro se deixa distinguir como uma religião entre outras no mapa da 'dispersão' e [da] 'confusão sucessivas a Babel; depois de Babel, não designa nenhuma catástrofe, mas a simples constatação da pluralidade característica de todos os fenômenos humanos"; Hugo Aznar. *Pluralismo y participación ciudadana: la reaparición de la sociedad civil*, in Pluralismo. Perspectivas políticas y desarollos normativos. Valencia: Universidad Cardenal Herrera. CEU/ Tirant lo blanch, 2004, p. 158/159; Jürgen Habermas. Entre naturalismo e religião. Rio de Janeiro: Tempo Brasileiro, 2007, p. 300; e Gustavo Zagrebelsky. El derecho dúctil. Madrid: Trotta, 1999, p. 37/38.

27. Francisco Campos. Direito Constitucional. Rio de Janeiro: Forense, 1942, p. 304/306.

cionado para o trato dos inúmeros e cambiantes aspectos da vida moderna.[28]

- Nesse contexto, associada à tão criticada inflação normativa ou dela decorrente, fala-se também de uma *hipostenia legislativa*, a significar um enfraquecimento da *força de lei*, com o deslocamento do poder das instâncias legislativas para as instâncias governamentais, o que, de resto, parece traduzir uma espécie de *lei de gravidade política* – legítima, vigente e eficaz –, do Estado *social* de Direito dos nossos dias. Como a lei não é um instrumento normativo adequado para o desempenho das novas tarefas estatais, até porque o modelo da instituição parlamentar não foi concebido para regular essas tarefas, as normas produzidas pela Administração assumiram, *naturalmente*, as funções reguladoras que antes se consideravam privativas do Poder Legislativo. [29]

- Nesse panorama, é significativo o exemplo da França, que, tendo servido de berço a Montesquieu – o mais famoso pregador da separação dos Poderes –, vive hoje sob uma Carta Política, a Constituição de 4 de outubro de 1958, que enumera, para restringir, as matérias de competência legislativa do Parlamento — art. 34 — considerando todas as demais como de caráter regulamentar — art. 37 — e, assim, entregues a disciplinamento exclusivo pelo Executivo.[30]

- No Brasil, diversamente, a Constituição estabelece – art. 48 – que cabe ao Congresso Nacional, com a sanção do Presidente da República, dispor sobre todas as matérias da competência legislativa da União, em especial aquelas expressamente enumeradas nesse dispositivo.

- Na prática, o que se verifica é tratar-se de uma regra de competência meramente *simbólica*[31], porque se confrontarmos esse dispositivo com aquele que permite ao Presidente da República –

28. Carlos Roberto de Siqueira Castro. O Congresso e as delegações legislativas. Rio de Janeiro: Forense, 1986, p. 17; Clèmerson Merlin Clève. Atividade legislativa do Poder Executivo no Estado contemporâneo e na Constituição de 1988. São Paulo: RT, 1993, p. 34.

29. Gema Marcilla Córdoba. Racionalidad legislativa. Crisis de la ley y nueva ciencia de la legislación. Madrid: Centro de Estudios Políticos y Constitucionales, 2005, p. 186; Luis Prieto Sanchís. Ley, principios, derechos. Madrid: Dykinson, 1998, p.27.

30. Guy Carcassonne. La Constitution. Paris: Éditions du Seuil, 2011, p. 184.

31. Marcelo Neves. A constitucionalização simbólica. São Paulo: Acadêmica, 1994.

em caso de relevância e urgência –, adotar medidas provisórias, com força de lei (art. 62); com o preceito que lhe confere, privativamente, a iniciativa de determinados projetos de lei (art. 61, § 1º); e, tudo somado, se tivermos presentes as estatísticas, comprovaremos que a participação do Poder Executivo no processo legislativo tem sido substancialmente mais relevante do que a do Congresso Nacional.

- Assim, no Brasil, como de resto na maioria dos Estados constitucionais contemporâneos, o quadro é o mesmo e idêntica é a forma de condução dos problemas de interesse nacional, invariavelmente com a prevalência do Executivo como formulador e executor das políticas públicas em todos os setores da vida social. Mesmo dispondo, usualmente, de sólida maioria parlamentar, que lhe facilita as coisas no Congresso Nacional – atualmente, em nosso País, esse numeroso bloco parlamentar atende pelo nome de *base aliada* –, ainda assim o Executivo não estimula nem prestigia a apresentação de projetos de lei pelos deputados ou senadores que integram o seu bloco de apoio, mesmo que eles se mostrem dispostos a fazê-lo sob orientação do Governo, razão por que é pequeno, quase inexpressivo, o número de leis originárias do Legislativo em comparação com as oriundas de iniciativa governamental. Noutras palavras, embora contando com parlamentares dispostos a apresentar projetos do seu "agrado", o Governo prefere suas propostas legislativas, as quais, se o solicitar, tramitarão em regime de *urgência*, nos termos do art. 64, da Constituição.

- Essa situação, que não constitui característica exclusiva do Estado brasileiro, também se verifica na França, conforme narrado por Pierre Laroque, ao analisar a repartição das iniciativas e o exercício do poder legislativo sob a Constituição de 1958. [32]

- Em primeiro lugar no domínio legislativo, se o número das proposições de leis devidas à iniciativa dos membros do Parlamento é considerável, a proporção dessas proposições que se concretizam e se transformam em leis é, pelo contrário, fraca. Os projetos governamentais, muito menos numerosos, têm oportunidades muito mais consideráveis de aprovação. Muitos fatores concor-

32. Pierre Laroque. O Papel do Executivo no Estado Moderno, cit., p. 94/95.

rem para isso: primeiramente, os parlamentares nem sempre dispõem de todos os elementos de informação, da competência técnica e jurídica que lhes permita estabelecer o texto duma proposição viável; em segundo lugar, porque o governo, ainda que fraco, dispõe no plano parlamentar de meios de pressão, em virtude de regulamentos de assembleias e da possibilidade de pôr em jogo sua própria existência – ou, em todo caso, o peso dessas responsabilidades políticas –, seja para opor obstáculo à discussão de uma proposição que não lhe convenha, seja para apressar a discussão e favorecer a adoção de seus próprios projetos. É, entretanto, muito mais fácil opor-se a uma proposição do que fazer votar um de seus projetos, pois que nas assembleias compósitas, as maiorias negativas se constituem mais frequente e facilmente do que as maiorias positivas.

- O quadro brasileiro, semelhante ao francês e a tantos outros, não deve levar o observador menos arguto a concluir, sem maior exame, que se tornou obsoleta ou até mesmo dispensável a participação do Poder Legislativo no esforço pela emancipação econômica e social do País.
- É que, sendo o Legislativo – pelas suas origens –, o órgão mais apto a legitimar as opções adotadas para se alcançarem os "objetivos fundamentais" da nossa República (CF —art. 3º), ele ocupará sempre uma posição de insubstituível relevo na concretização das políticas públicas, sobretudo porque o preço a ser pago para a consecução desses objetivos não se poderá impor à sociedade civil se não contar com a aquiescência de todos os seus segmentos.
- Apesar disso, se o parlamento, por motivos que escapam à sua alçada, não pode legislar sobre determinadas matérias com a urgência, a minúcia, a propriedade e a técnica que elas requerem, é necessário que outro poder tome a seu cargo essa tarefa, cuja realização o bem público exige. [33]
- Daí a proliferação das *agências reguladoras*, órgãos governamentais que, para o bem ou para o mal, respondem às demandas sociais com mais agilidade do que os parlamentos democráticos.
- Por certo que a criação deste tipo de Estado deveu-se na origem, principalmente, à atividade do próprio *legislador*. No entanto,

33. Francisco Campos. Direito Constitucional. Rio de Janeiro: Forense, 1942, p. 346.

em razão do enorme aumento dos encargos da intervenção legislativa, verificou-se o fenômeno de obstrução (*overload*) da função legislativa, e este *overload*, que representa tema central da ciência política atual, tornou-se uma característica, na verdade uma "praga", dos Estados modernos, pelo menos daqueles com regime não autoritário e pluralístico-liberal. Nesses Estados, os parlamentos, amiúde, são excessivamente empenhados em questões e discussões de política geral e partidária, o que lhes impede de responder, com a rapidez necessária, à demanda, desmedidamente aumentada, por legislação específica. Paradoxalmente, os parlamentos atribuíram-se "tarefas tão numerosas e diversas" que, para evitar sua paralisia, viram-se obrigados a transferir a outrem grande parte da sua atividade, de maneira que suas ambições terminaram em abdicação. E esses "outros" a quem a atividade foi transferida são, principalmente, "o executivo" e os seus órgãos e derivados", com toda uma série de entidades e agências, a que foram confiadas tarefas normativas e administrativas. Como, por outro lado, essa *legislação social* – ao contrário da legislação clássica, que escolhe entre o "certo" e o "errado", entre o "justo" e o "injusto" –, como essa legislação do *welfare state* limita-se, não raro, a definir finalidades e enunciar princípios gerais, expandem-se os espaços para a *atividade regulamentar* e a *criatividade judicial*, pela simples razão de que quanto mais vaga for a lei e mais imprecisos os enunciados normativos, mais amplo se torna também o espaço deixado/exposto à discricionariedade nas decisões administrativas e judiciárias.[34]

- O Estado de Direito busca submeter todas as relações ao regime da lei. É da essência do sistema democrático — saliente-se, mais uma vez — que as decisões fundamentais para a vida da sociedade sejam tomadas pelo Poder Legislativo, instituição fundamental e insubstituível do regime democrático representativo. [35]

- Mesmo assim, tornou-se caduca a concepção de Executivo que faz dos governantes agentes sem imaginação de uma lei que se elabora sem eles; só se governa dando ordens, publicando regras obrigatórias para os governados, e essas ordens e regras são, es-

34. Mauro Cappelletti. Juízes Legisladores? Porto Alegre: Sergio A. Fabris Editor, 1993, p. 42/43.

35. Gilmar Ferreira Mendes. *Questões fundamentais de técnica legislativa*, in Manual de Redação da Presidência da República. Brasília: Imprensa Nacional, 1991, p. 183.

sencialmente, expressas pela lei; de outro lado, governar é legiferar, mas como entender que possa *governar* um órgão que deva esperar de outra autoridade, simultaneamente, a apreciação de situações de fato e a emissão de regras, cuja observação essa mesma autoridade torna obrigatória? *No contexto de uma democracia efetiva, a lei é um procedimento do governo.* [36]

- Como a expansão das tarefas estatais solicita, cada vez mais, a intervenção do legislador na preparação/desobstrução do caminho necessário para que o governo alcance os objetivos do seu programa, a lei passou a desempenhar também um papel de instrumento de atuação de programas políticos, de onde é fácil compreender a importância da ideologia política predominante no processo legislativo. [37]
- O Estado de Direito pretendeu submeter a produção do direito à vontade geral; por isso, o direito passou a ser editado sob a forma de lei, à qual se atribui, com exclusividade, o poder de inovar a ordem jurídica. Apesar de se constituir na fonte de direito, por excelência, nem por isso a lei esgota todo o direito — *o direito é maior do que a regra de direito* [38] —, havendo outras fontes de produção normativa independente, como a atividade negocial, expressiva da autonomia da vontade para instaurar relações jurídicas[39]; em verdade, o Estado reservou para si apenas o monopólio da produção normativa heterônoma. [40]
- Mesmo assim, a lei é reconhecida como o instrumento institucional de maior relevância no controle social, já que é também um meio de dominação política, o que postula atuação e controle democráticos na sua elaboração. [41]

---

36. Georges Burdeau. O Poder Executivo na França. Belo Horizonte: Edições da Revista Brasileira de Estudos Políticos, 1961, p. 19/21.
37. José Afonso da Silva. *A Lei*, in Revista de Direito Administrativo. Rio de Janeiro, 215: 9-18, p.17, jan./mar.1999.
38. Jean Carbonnier. Flexible Droit. Paris: L.G.D.J, 1969, p. 17.
39. Miguel Reale. Lições Preliminares de Direito. São Paulo: Saraiva, 2006, p. 141, e Fontes e modelos do direito: Para um novo paradigma hermenêutico. São Paulo: Saraiva, 1994, p. 12.
40. Clèmerson Merlin Clève. Atividade legislativa do Poder Executivo no Estado contemporâneo e na Constituição de 1988, cit., p. 72/73.
41. José Afonso da Silva. *A Lei*, in Revista de Direito Administrativo. Rio de Janeiro, 215: 9-18, p.17, jan./mar.1999

- Uma coisa é certa, porém: o conceito de lei, como aquele comando normativo estatal proveniente do Legislativo e dotado das características de generalidade (abstração e impessoalidade) e permanência não se adapta mais a estes tempos do Estado Providência e da sociedade técnica. [42]

- O abandono dos clássicos atributos da lei – *abstração*, *generalidade* e *impessoalidade* –, evidencia que não passa de atitude metafísica, a esconder posições ideológicas em matéria de política jurídica ou de conteúdos contingentes de regras jurídicas, dizer-se que somente determinados modelos ou certas fórmulas encarnam o *verdadeiro* direito, permitindo, inclusive, identificarem-se, entre as regras editadas pelos poderes públicos aquelas que seriam e as que não seriam *autenticamente* jurídicas. Em verdade, assim como *qualquer conteúdo pode ser Direito*, também *qualquer recipiente pode conter direito*, o que, de resto, corresponde às necessidades do comércio jurídico atual, em que a validade das declarações de vontade não depende de forma especial, senão quando a lei expressamente a exigir, dando-se mais valor à intenção *nelas consubstanciada* do que ao sentido literal da linguagem. (CCB, artigos. 107 e 112).[43]

- As intensas mudanças pelas quais passou o Estado no último século contribuíram sobremaneira para o avanço das, assim denominadas, crises da lei, do direito e, pois, também do Parlamento, figurando, entre outros, como fatores que contribuíram para a queda de prestígio da lei a emergência do Estado social e da sociedade técnica. [44]

- Nesse contexto, apontam-se como fatores determinantes desse desprestígio a *inflação legislativa*, decorrente do crescimento do número de intervenções do Estado na vida privada; o desenvolvimento das relações internacionais, com a consequente vinculação dos Estados a tratados e convenções internacionais ou su-

42. Clèmerson Merlin Clève. Atividade legislativa do Poder Executivo no Estado contemporâneo e na Constituição de 1988, cit., p. 53.

43. Hans Kelsen. Teoria Pura do Direito. Coimbra: Arménio Amado, vol. 2, 1962, p. 10; Paul Amselek. *La phénoménologie et le droit*, in L'Interprétation dans le Droit. Archives de Philosophie du Droit. Paris: Sirey, nº 17, 1972, p. 223.

44. Clèmerson Merlin Clève. Atividade legislativa do Poder Executivo no Estado contemporâneo e na Constituição de 1988. São Paulo: RT, 1993, p. 49/50.

pranacionais; a descentralização e a desconcentração das fontes de produção normativa; e, afinal, a pressão de certos segmentos sociais para a edição de normas de seu particular interesse. [45]

- O direito contratual do início do século XIX forneceu os meios simples e seguros de dar eficácia jurídica a todas as combinações de interesses; aumentou, pela eliminação quase completa do formalismo, o coeficiente de segurança das transações; abriu espaço à lei da oferta e da procura, levantando as restrições legais à liberdade de estipular; e se é certo que deixou de proteger os socialmente fracos, criou oportunidades amplas para os socialmente fortes, que emergiram de todas as camadas sociais, aceitando riscos e fundando novas riquezas. [46]

- Por mais que isso possa incomodar os jusnaturalistas e os garantistas dos mais diversos matizes, a verdade é que *todo e qualquer conteúdo pode ser Direito* — direito posto, positivo ou positivado —, se assim o quiser a classe dominante, isto é, o Poder Social.[47]

- A maior garantia que oferecem as leis *gerais* e *abstratas* é que, sendo *normas*, deverão aplicar-se indistintamente tanto aos cidadãos quanto àqueles que as criam e aplicam, ou seja, tanto aos governantes quanto aos governados, sem que ninguém possa abrir exceções. Se tudo que está ordenado ou proibido, está ordenado ou proibido para todos, sem exceções - salvo se tais exceções decorrerem de outra norma igualmente *geral* e *abstrata* –, e se nem autoridades dispõem de outro poder senão o de tornar efetivo o Direito, então é pouco provável que alguém esteja impedido de fazer razoavelmente alguma coisa.[48]

- A *generalidade* da lei, ao contrário do que usualmente se afirma, não é condição suficiente, embora necessária, para que se dispense tratamento igual aos seus destinatários. Com leis *únicas*,

45. José Luis Palma Fernández. La seguridad jurídica ante la abundancia de normas. Madrid: Centro de Estudios Políticos y Constitucionales, 1997, p. 27; Clèmerson Merlin Clève. Atividade legislativa do Poder Executivo no Estado contemporâneo e na Constituição de 1988. São Paulo: RT, 1993, p. 72/91.

46. F.C. de San Tiago Dantas. Problemas de Direito Positivo. Rio de Janeiro: Forense, 1953, p. 14.

47. Miguel Reale. Filosofia do Direito. São Paulo: Saraiva, 9ª ed., 1982, p. 546/557, e Fontes e Modelos do Direito. São Paulo: Saraiva, 1994, p. 51/53; Ferdinand Lassalle. A essência da Constituição. Rio de Janeiro: Liber Juris1988, p. 48.

48. Federico Arcos Ramírez. La seguridad jurídica: una teoría formal. Madrid:Dykinson: 2000, p. 222, Nota 70.

claras, *abstratas* e *gerais* é óbvio que se possa cometer qualquer atrocidade.[49]

- De igual modo, a lei pode discriminar pessoas ou grupos de pessoas — positiva ou negativamente —, se o tratamento diverso outorgado a uns for justificável, por existir uma *correlação lógica* entre o fator erigido em critério de discrímen e a discriminação legal decidida em função dele.[50]
- Sob duplo aspecto, as leis *abstratas* e *gerais* são de capital importância para a segurança jurídica. De um lado, porque combatem a arbitrariedade na criação e na aplicação do Direito, controlando legisladores e juízes; de outro, porque constituem, fundamentalmente, uma garantia de certeza no Direito. Enquanto universais e formais, elas fornecem aos seus destinatários um parâmetro fixo e seguro com que avaliar não apenas as consequências jurídicas das suas próprias ações, mas também o comportamento das outras pessoas.[51]
- Na medida em que os requisitos de *generalidade* e de *abstração* da lei não representam autênticos limites jurídico-constitucionais impostos à atividade legislativa, mas apenas construções doutrinárias ou postulados políticos, nada impede a sua ultrapassagem por legisladores descomprometidos com a legitimidade dos seus atos, cada vez mais céleres e numerosos.
- Num cenário de *pulverização legislativa*, em que se editam leis para tudo e para todos, a depender do poder de pressão dos segmentos sociais interessados, tem-se como efeito colateral *perverso* a instauração de um estado de *despotismo legislativo*, gerador de *insegurança geral*, porque em decorrência dessa proliferação de normas, os indivíduos veem reduzirem-se os seus *oásis de anomia*, os seus indispensáveis *espaços livres do direito*. Afinal, se a vida é um contínuo de liberdade e um descontínuo de regulações, a autonomia dos indivíduos contrai-se na medida em que

49. Luis Prieto Sanchís. Ley, principios, derechos. Madrid: Dykinson, 1998, p.9; Ignacio de Otto. Derecho Constitucional. Sistema de fuentes. Barcelona: Ariel, 1995, p. 181.
50. Celso Antônio Bandeira de Mello. Conteúdo jurídico do princípio da igualdade. São Paulo: Malheiros, 1993, p. 37.
51. Federico Arcos Ramírez. La seguridad jurídica: una teoría formal, cit., p. 222/223.

vão se tornando vítimas de crescentes intervenções legislativas, sejam elas devidas, abusivas ou simplesmente desnecessárias. [52]

- Desde antes da 2ª Guerra Mundial, a crítica à noção de lei tornou-se, ao mesmo tempo, uma crítica à prática legislativa, mas, enquanto a crítica conceitual da lei concluía pela sua insuficiência como fonte do direito, a análise da produção legislativa denunciava a sua demasia. Assim, por vezes simultaneamente, a lei era acusada de pecar por falta e também por excesso. Mas o paradoxo era só aparente. Para os adversários de todo legalismo, a lei embora fundamentalmente impotente para exprimir o direito, mostra-se perigosa ao multiplicar suas intervenções. Para os que se aferravam à concepção clássica da lei, as leis modernas violariam os princípios básicos da técnica legislativa – *raridade, generalidade* e *permanência* –, que permitem à lei realizar o seu objetivo, que é a garantia da liberdade individual. [53]

- O Estado social e democrático de direito apresenta uma fisionomia peculiar sob a perspectiva da produção do direito e do papel atribuído à lei. Em particular, esse *novo* Estado parece envolver alguns riscos importantes para o que foi o nosso conceito ilustrado de lei: a inflação legislativa e a deterioração das qualidades de *durabilidade, generalidade* e *abstração* da lei. [54]

- Ironicamente, esses bem intencionados *furacões normativos* atingem, sobretudo, os mais pobres, que não têm recursos para se instruir e, tampouco, para contratar especialistas que os orientem, muito embora seja em nome deles que se intensificou a intervenção do Estado no domínio econômico e, por via de consequência, a produção de normas para *legalizar* essa intervenção, cada vez mais avassaladora, no intuito de modificar as estruturas socioeconômicas a bem dos menos favorecidos. [55]

---

52. Alejandro Nieto. La crítica de la razón jurídica, cit., p. 204/206; José Luis Palma Fernández. La seguridad jurídica ante la abundancia de normas, cit., p. 24/33; Federico Arcos Ramírez. La seguridad jurídica: una teoría formal, cit., p. 222/223.

53. Jean-Claude Bécane & Michel Couderc. La Loi. Paris: Dalloz, 1994, p. 81.

54. Gema Marcilla Córdoba. Racionalidad legislativa. Crisis de la ley y nueva ciencia de la legislación. Madrid: Centro de Estudios Políticos y Constitucionales, 2005, p. 177.

55. José Luis Palma Fernández. La seguridad jurídica ante la abundancia de normas, cit., p. 14 e 25; Gema Marcilla Córdoba. Racionalidad legislativa. Crisis de la ley y nueva ciencia de la legislación. Madrid: Centro de Estudios Políticos y Constitucionales, 2005, p. 181.

- O desenvolvimento da democracia, no que esta aspira à igualdade, estaria na raiz do fenômeno da *inflação legislativa*. A lei protegeria menos a liberdade dos indivíduos se ela não reinasse sobre eles como "um poder imenso e tutelar, absoluto, detalhado, regular, previdente e suave, que trabalha para a sua felicidade, garante a sua segurança, provê às suas necessidades e ao seu prazer, dirige os seus negócios, tornando, assim, a cada dia, menos necessário, mais raro, o emprego do livre arbítrio e cobrindo a sociedade inteira com uma rede de pequenas regras complicadas, minuciosas, uniformes".[56]
- Por isso, no outro lado do balcão legislativo, no "mercado das leis", quase todos os governantes, acima das ideologias, ou mesmo abrindo mão delas, vivem a suplicar por "mais leis", e por leis que se façam "o mais depressa possível" – leis que sejam aviadas por "legisladores motorizados" –, porque, segundo dizem esses gestores ocasionais da coisa pública, os interesses da sociedade, que eles acreditam encarnar como ninguém, não podem ser prejudicados pela *crise de deliberação* que tomou conta dos parlamentos. Leis, mais leis, ainda que desnecessárias, parece ser a palavra de ordem. [57]

- A pretexto de se combater o que alguns juristas e cientistas políticos chamam de *inércia legislativa*, *morosidade* do processo legislativo ou *crise de deliberação* dos parlamentos — críticas que, a seu ver, seriam justificadas em nome de um suposto *estado de necessidade legislativa*—, abandona-se a *sábia lentidão da lei*, isto é, das assembleias deliberativas no estudo e reflexão sobre as leis e, num clima de *frenesi normativo* e de *pulveriza-*

---

56. Jean-Claude Bécane & Michel Couderc. La Loi. Paris: Dalloz, 1994, p. 82.

57. Gustavo Zagrebelsky. El derecho dúctil, cit., p. 39. Nesse contexto é que se deve *compreender* o desabafo do ex-Presidente Lula, quando afirmou, entre outras considerações sobre a inércia do Congresso Nacional, que seria "humanamente impossível" governar sem *medidas provisórias* ou que a ineficiência na estrutura legislativa era um "problema crônico" que emperrava a máquina pública, dando a impressão de que tudo é feito para não permitir que as coisas aconteçam. (Jornal "O Globo", edição de 20/3/08, 1º caderno, p. 5; edição de 21/3/08, 1º caderno, p. 8). Em sentido oposto, o Senador Marco Maciel, que foi Vice-Presidente da República por dois mandatos consecutivos (01/01/95 a 01/01/99; 01/01/99 a 01/01/03) e Presidente da Comissão de Constituição e Justiça do Senado Federal, disse não ter dúvida de que dá para governar sem essa legislação excepcional, até porque se formos observar as MPs, verificaremos que muitas delas não satisfazem os pressupostos de urgência e relevância. (Entrevista ao jornal "Correio Braziliense", edição de 25/3/08, 1º caderno, p. 4).

ção do direito, legisla-se depressa, legisla-se muito e legisla-se mal, provocando a mais grave das formas de insegurança, que é precisamente aquela insegurança causada pelo próprio Direito. [58]

- Por tudo isso, o Estado contemporâneo, do ponto de vista da atividade normativa — produção de leis ou de sucedâneos — converteu-se em um aranhol de regras e princípios, que invadem os espaços livres do direito e mais estorvam do que facilitam a vida dos cidadãos.

- *De multitudo legum, unum ius*. Esse velho *ius* material é o que os juristas devem a todo o custo procurar manter intacto e vitorioso, sobrenadando, talvez penosamente, mas resolutos, no mar normativo incessante a que o nosso tempo parece nos ter condenado totalmente. [59]

- Leis em excesso, na medida em que não garantem, antes perturbam a paz social, acabam por reforçar a crítica irônica de que até o conceito de *segurança jurídica* tornou-se um conceito juridicamente inseguro. [60]

III - CONCLUSÃO

Originariamente uma *fórmula* concebida para fracionar o poder e, assim, impedir os seus naturais abusos; depois, uma *substância*, identificada com a própria ideia de Constituição — *toda sociedade na qual os direitos dos indivíduos não estejam assegurados e os poderes do Estado não forem separados, não tem Constituição* [61]; por fim, igualmente, um modelo traçado *em face da lei* como expressão da vontade geral — *um poder faz as leis, outro executa as resoluções públicas e um terceiro julga os crimes ou as divergências dos indivíduos* —, a separação de poderes, desde a sua primitiva formulação até os diais atuais, tem assumido configurações distintas, ao sabor das transformações políticas e

58. Maurice Hauriou, *apud* Eduardo García de Enterría. Justicia y seguridad en un mundo de leyes desbocadas. Madrid: Civitas, 1999, p.48; Gustavo Zagrebelsky. El derecho dúctil. Madrid: 1999, p. 37/39.

59. Eduardo García de Enterría. Justicia y seguridad en un mundo de leyes desbocadas. Madrid: Thomson/Civitas, 1999, p. 108.

60. Antonio–Enrique Pérez Luño. La seguridad jurídica. Barcelona: Ariel, 2ª edição, p. 28/30.

61. Declaração dos Direitos do Homem e do Cidadão, de 1789 — art.16.

sociais. Ora ela expressa o predomínio do Legislativo, ora o do Executivo e, mais recentemente, nas democracias ocidentais, um acentuado *protagonismo* do Judiciário, que deixou de ser o "ente inanimado" e "de certa maneira nulo" ou, enfim, "a boca que pronuncia as palavras da lei" — como dizia Montesquieu —, para se assumir como *poder político*, defensor da Constituição, árbitro dos conflitos institucionais e fiador direitos fundamentais.

CAPÍTULO 09

Divisão do poder e partidos políticos

Jorge Miranda[1]

1. Ao considerar-se o tema da separação de poderes, defrontamo-nos sempre com dois postulados de base, que, nem por serem por demais conhecidos e objeto de análise, convém deixar de repetir e reiterar.

Primeiro postulado: nenhum Estado existe sem um mínimo de limitação do poder pelo Direito – porque é sempre o Direito que o constitui e legitima e porque a própria lei decretada pelos governantes obriga-os enquanto estiver em vigor e pode adquirir um dinamismo próprio que o ultrapassa. Mas Estado de Direito é muito mais do que isso: é limitação material, e não apenas formal; é limitação para garantia de direitos fundamentais; é expressão de institucionalização e de racionalidade máximas.

Segundo postulado: a experiência histórica demonstra que esta limitação material é inseparável da divisão de poder, pois contra o poder só o poder. Montesquieu continua actual; só existe liberdade onde o poder aparece distribuído por vários centros ou sujeitos. E, sobretudo, Montesquieu é actual pela sua análise de um *pouvoir d'empêcher* a par de um *pouvoir de statuer*.

Daí – independentemente das disputas doutrinais – as grandes aquisições do constitucionalismo moderno, do Estado de Direito ou do *rule of law*. Recordem-se:

- o princípio representativo, por envolver dissociação entre titularidade e exercício do poder (ao contrário do que se verifica na democracia directa e na monarquia absoluta);
- a pluralidade de órgãos da função política;

1. Professor Catedrático Jubilado da Faculdade de Direito de Lisboa e Professor Catedrático da Universidade Católica Portuguesa.

- a independência dos tribunais e a sua reserva da função jurisdicional;
- a atribuição das grandes decisões legislativas ao Parlamento – tanto pelo seu caráter eletivo e pluralista quanto pelo seu procedimento;
- o controlo jurisdicional da legalidade dos actos administrativos e da constitucionalidade das leis.

Assim como:

- a divisão territorial de poder, através do federalismo, do regionalismo político e até da simples descentralização administrativa local;
- a divisão pessoal, através de incompatibilidade entre cargos públicos;
- a divisão temporal, através da fixação de tempo de exercício dos cargos e de limitações à renovação de mandatos;
- a divisão político-temporal do poder, através da previsão de durações diferentes de mandatos dos titulares dos órgãos representativos e da não cumulação das datas das respectivas eleições;
- a divisão jurídico-administrativa, através de formas variadas de descentralização (autarquias locais, associações públicas, Universidades e institutos públicos).

2. Restam não poucos problemas, uns vindos desde há muito, outros da nossa época ou, nesta, com maior projecção e importância.

Refiro-me, como não podia deixar de ser:

- às zonas de fronteira entre política e administração, às leis-medidas e às leis individuais e ao controlo jurisdicional desses actos e dos actos de governo;
- às zonas de fronteira também entre administração e jurisdição, à distinção de poderes de instrução do juiz e os das comissões parlamentares de inquérito e às funções, ditas de regulação, das autoridades ou entidades públicas independentes;
- às fronteiras ainda entre a justiça constitucional e a liberdade de conformação do legislador, à interpretação conforme com a Constituição, às sentenças aditivas e apelativas dos tribunais

constitucionais, à fiscalização da inconstitucionalidade por omissão.

E, mais amplamente, mais no plano da realidade constitucional do que das normas, penso:

- na estrutura interna e na limitação dos poderes dos partidos enquanto associações de Direito Constitucional;
- na afirmação da autoridade democrática perante os diversos e pujantes corporativismos, especialmente os dos grandes corpos do próprio Estado (como a magistratura, os militares ou os dirigentes da função pública) assim como perante os grupos de interesses da sociedade civil (sejam económicos, sejam sindicais, desportivos, culturais e clericais);
- nos limites à concentração oligopolista da comunicação social;
- na emergência da sociedade da informação e daquilo a que se vai chamando democracia electrónica;
- no controlo democrático do poder económico, seja dos privados, seja dos gestores públicos;
- em geral, enquanto liberdade e poder aí se interpenetram, na eficácia de direitos, liberdades e garantias nas relações de desigualdade entre particulares;
- enfim, na era da integração comunitária e da globalização, na necessidade – em nome ou não de um princípio de subsidiariedade – de se deixar espaço ao poder do Estado no cotejo dos poderes supra e transnacionais.

3. De todas estas questões, imensas e complexas, as únicas (tendo de escolher) a que vou dedicar um pouco mais de atenção vão ser as concernentes aos partidos políticos.

Uma divisão de poder autêntica e efectiva passa por eles – não só na dialéctica maioria-minoria e Governo-oposição mas também na perspectiva da divisão de poder entre partidos e cidadãos e entre partidos e Estado. E passa igualmente por eles, em múltiplos aspectos, a revitalização da democracia representativa, de modo a vencer-se a crise que a vai corroendo entre Portugal e noutros países.

Cabe aqui referir especificamente:

- a aplicação dos princípios constitucionais no enquadramento interno dos partidos;
- o exclusivo ou não do impulso político, nomeadamente propositura de candidaturas, dos partidos;
- a relação entre o Parlamento e o referendo, ou entre democracia representativa e democracia semidirecta;
- a separação entre Governo ou partido de Governo e Administração, à luz das exigências de institucionalização e isenção desta;
- a relação entre as direcções partidárias (eleitas, pressupondo que seja observado o método democrático, pelos militantes) e os Deputados (eleitos por todos os cidadãos).

4. Em democracia pluralista, os partidos não são seguramente órgãos de Estado, não lhes compete praticar actos imputáveis ao Estado; concorrem, sim, para a formação da vontade popular e, por meio desta para a designação de titulares daqueles órgãos. Mas tão pouco se reduzem a meras entidades privadas. Pelo relevo que adquirem e pelos direitos e poderes que, da Constituição formal ou da lei recebem, o seu estatuto não pode deixar de ser um estatuto de Direito público.

Por isso justifica-se inteiramente que se lhes estendam os grandes princípios constitucionais de organização política, desde os relativos às eleições até aos respeitantes à divisão do poder. Não faria sentido que a tantos direitos e poderes não correspondessem deveres e ónus, nem que a democraticidade fosse exigida para o Estado e não também para os partidos, sujeitos determinantes do contraditório político em sufrágio universal.

Não se trata, evidentemente, de uma rígida predefinição uniformizadora da vida interna dos partidos. Trata-se, apenas, de uma transposição de certos princípios como o do voto individual, directo, secreto e periódico, o da liberdade e igualdade das candidaturas, o da pluralidade dos órgãos partidários, ou o do controlo dos seus actos. Trata-se de impedir o culto da personalidade, o domínio dos aparelhos e a corrupção.

Em Portugal, na revisão constitucional de 1997 não só se estabeleceu que os partidos deveriam reger-se pelos princípios da transparência, da organização e da gestão democrática e da participação de todos os seus membros (artigo 51.º, n.º 5) como se atribui ao Tribunal Constitucional competência para julgar as acções de impugnação de eleições e deliberações de órgãos de partidos políticos [artigo 223.º, n.º 2, alínea *h*]. Não tem sido grande o impacto destes preceitos.

5. Só os partidos são capazes de gerar Governos e programas de Governo e, por conseguinte, com ou sem previsão constitucional, cabe-lhes o essencial das iniciativas políticas a nível nacional e local.

Não quer isto dizer que não possa ou que não deva existir impulso político por parte dos cidadãos. Ele decorre, pelo menos, do exercício da liberdade de expressão, da liberdade de reunião e das demais liberdades públicas; e decorre da actividade dos grupos que se constituam por causa destes ou daqueles problemas colectivos; e quando admitidos, da petição colectiva e da iniciativa popular. Tudo está em saber em que grau os grupos de cidadãos conseguem influenciar as decisões governativas e qual a independência que conseguem preservar diante dos próprios partidos e de outras organizações.

Problemática delicada vem a ser a das candidaturas. Há Constituições, como a portuguesa, que procuram reparti-las: candidaturas para o Parlamento reservadas aos partidos, candidaturas para a Presidência da República reservadas a grupos de cidadãos, candidaturas para os órgãos do poder local provenientes de uns e outros. Na prática, o papel dos partidos apresenta-se prevalecente (se bem que nas eleições presidenciais e nas municipais surjam factores de ordem pessoal que se repercutem, muitas vezes, nos resultados).

Naturalmente, certos sistemas eleitorais poderão depois conferir aos eleitores em geral um maior ou menor poder de escolha: assim, quando se estabeleça lista não bloqueada, ou voto cumulativo, ou voto único transferível, ou círculos uninominais ou circunscrição de candidatura. Tal como poder ser preconizada a adaptação nos países europeus do modelo norte-americano de eleições primárias abertas tanto aos militantes quanto aos simpatizantes dos partidos. Mas de todo o modo, parece ineliminável alguma desigualdade entre cidadãos inscritos em partidos – que se supõe mais envolvidos na intervenção e na responsabilidade política permanente – e os demais cidadãos.

6. O referendo é uma instância de decisão que só faz sentido desde que seja um complemento – de propulsão ou de correcção – da decisão do Parlamento, e não uma instância de repetição ou de substituição. Ora, para assim ser, o referendo tem de repousar nos cidadãos, directa e livremente, e poderá revelar-se um excelente estímulo a diferentes e

novos movimentos sociais, utilíssimos também para o arejamento da democracia.

A lei portuguesa assegura a grupos de cidadãos, em número não inferior, cada um, a 5000, a participação nas campanhas referendarias, com os correspondentes direitos de propaganda. Os partidos não ficam excluídos, mas deveriam aceitar certa autocontenção, não constrangendo, nem instrumentalizando aqueles grupos. Nos três referendos nacionais até agora efectuados, infelizmente, tal não se verificou.

Mais ainda: o referendo não deveria incidir sobre questões inerentes a um programa de Governo ou de cuja resolução dependesse a subsistência do Governo (até porque também cabe aqui salvaguardar a separação de poderes – a separação de poderes entre o povo e o Parlamento). Senão, a não aceitar-se esta tese, um Governo derrotado em votação referendaria terá de demitir-se ou o Parlamento terá de ser dissolvido.

7. Muito haveria a dizer acerca da isenção político-partidária da Administração pública. Um Estado de Direito democrático pressupõe-na.

A meu ver, mesmo os escalões mais elevados devem estar-lhe vinculados, o que implica, por um lado, um acesso exclusivamente por carreira e garantia de estabilidade (ou até de inamovibilidade) dos dirigentes; e, por outro lado, em contrapartida, uma estrita neutralidade político-partidária, sem que esses dirigentes possam pertencer a qualquer partido. Há países (Portugal, por exemplo) que não têm alcançado este nível de exigência, com as consequências negativas que se conhecem.

Outra coisa é a designação pelo Governo ou Poder Executivo para cargos de natureza política ou de confiança política fora da Administração. Aí, toda a identificação partidária é legítima. A única restrição – a defender com rigor, em virtude ainda do princípio da separação de poderes – refere-se a Deputados e, por maioria de razão, a juízes: um Deputado que aceite um desses cargos, ainda que não remunerado, deve perder ou renunciar ao mandato e um Juiz deve sair da magistratura.

8. Adopte-se a representação proporcional ou a maioritária, reserve-se ou não aos partidos o exclusivo de apresentação de candidaturas, em todos os países democráticos são os candidatos propostos por partidos que ocupam a totalidade ou a quase totalidade dos lugares dos Parlamentos. E, ainda que em círculos uninominais o contacto eleitor-Parlamento seja muito mais forte do que aquele que pode dar-se em círculos plurinominais com sufrágio por lista, mesmo ali os Deputados aparecem enquadrados por organizações partidárias – tal como, em contrapartida,

não deixa nunca de ser relevante o factor pessoal na escolha dos candidatos e na sua colocação nas listas nos países de representação proporcional.

Que relação deve haver, contudo, entre Deputados ou Senadores e partidos? Qual o grau de autonomia de cada Deputado ou Senador enquanto membro do Parlamento? Como inserir os Deputados e Senadores eleitos pelos diversos partidos uns em face dos outros, formando todos uma mesma câmara? E como proceder em caso de conflito?

Uma tese radical tenderia a afirmar que a representação política se converteu em representação partidária, que o mandato verdadeiramente é conferido aos partidos e não aos Parlamentares e que os sujeitos da acção parlamentar acabam por ser não os Deputados e Senadores, mas os partidos ou quem aja em nome destes. Deveriam ser pois, os órgãos dos partidos a decidir, (com maior ou menor democraticidade ou com maior ou menos centralismo democrático) sobre as orientações de voto dos deputados, sujeitos estes a uma obrigação de fidelidade a que não poderiam escusar-se senão em casos-limite de consciência.

Esta concepção ignora que, embora propostos pelos partidos, os Deputados e Senadores são eleitos por todos os cidadãos e não apenas pelos militantes ou pelas bases activistas dos partidos e que juridicamente representam todo o povo. Levada às últimas consequências, com as comissões políticas ou os secretariados, exteriores ao Parlamento, a dizer como os seus membros haveriam de votar, essa concepção transformaria a assembleia política em câmara corporativa de partidos e retirar-lhe-ia a própria qualidade de órgão da soberania, por afinal ela deixar de ter capacidade de livre decisão. Porque, se a democracia assenta na liberdade política e na participação, como admitir que nos órgãos dela mais expressivos, os Parlamentos, os Deputados e Senadores ficassem privados de uma e outra coisa?

O entendimento mais correcto, dentro do espírito do sistema, parece dever ser outro. A representação política hoje não pode deixar de estar ligada aos partidos, mas não converte os Parlamentares em meros porta-vozes dos seus aparelhos. Pode dizer-se que o mandato parlamentar é (salvo em situações marginais) conferido tanto a eles quanto aos partidos; não é aceitável substituir a representação dos eleitores através dos eleitos pela representação através dos dirigentes partidários, seja qual for o modo por que estes são escolhidos. E, se em partidos fortemente ideológicos correspondentes a bem identificadas minorias políticas como os colocados em extremos do espectro político, não será muito grande o desfasamento entre eleitores e militantes, já nos restantes partidos ele será acentuado; e cabe perguntar se os Deputados e Senadores eleitos pelas listas de um partido estão mais vinculados aos militantes do que os cidadãos eleitores, ou se têm mais base de apoio os órgãos representativos de 100 000 ou os Deputados votados por um ou mais milhões.

Não por acaso, por isso, mesmo quando há reserva constitucional de candidatura aos partidos um pouco por toda a parte, garante-se aos Deputados a subsistência dos seus mandatos independentemente dos partidos. Uma vez feita a verificação de poderes, eles não podem ser substituídos contra a sua vontade. E, no limite, se deixarem de pertencer aos respectivos partidos, por decisão sua ou por expulsão, não perderão o mandato – pelo menos, como sucede em Portugal, se não se inscreverem em partido diverso daquele por que foram propostos ao eleitorado [artigo 160.º, n.º 1, alínea *c)*, da Constituição].

Uma democracia representativa autêntica exclui tanto a circulação livre de Representantes deste para aquele partido como uma *fidelidade partidária cega*, contrária à liberdade e à responsabilidade dos eleitos pelo povo.

Por conseguinte, dando como certo o carácter bivalente da representação política, é preciso procurar o enlace, o ponto de encontro específico dos Deputados e Senadores e partidos. Ora, esse enlace não pode ser senão o que oferecem os grupos ou bancadas parlamentares como conjuntos dos Deputados e Senadores eleitos pelos diversos partidos (em que, de resto, nem sempre é obrigatória a inscrição dos Deputados e Senadores). São os grupos parlamentares que exercem as faculdades de que depende a actuação dos partidos nas assembleias políticas e só eles têm legitimidade democrática para deliberar sobre o sentido do seu exercício, não quaisquer outras instâncias ou centros de decisão extraparlamentares. E por aqui se afastam quer uma pura concepção individualista vendo o Parlamentar isolado ou desinserido de uma estrutura colectiva quer uma pura concepção partitocrática em que os homens dos aparelhos ou as "bases" se sobrepusessem aos Deputados e aos seus eleitores.

Nem se excluem, assim, os corolários mais importantes do regime de eleição mediatizada pelos partidos, designadamente quanto à disciplina de voto ou à perda de mandato do Deputado ou Senador que mudar de partido. Pelo contrário, eles ficam colocados à sua verdadeira luz, que em sistema democrático, só pode ser a da liberdade e da responsabilidade políticas. Pois, se os grupos parlamentares implicam uma avançada institucionalização dos partidos, são, ao mesmo tempo um anteparo ou um reduto da autonomia individual e colectiva dos Parlamentares - dos Parlamentares que, por serem eles a deliberar, mais obrigados ficam a votar, salvo objecção de consciência, conforme a maioria se pronunciar.

Que, não obstante, possam surgir divergências entre os grupos parlamentares e outros órgãos do partido, não se exclui *a priori*. Mas serão pontuais e não degenerarão em conflitos, desde que se verifiquem autenticidade na vida interna dos partidos e constante diálogo (eventualmente, por meio de comissões mistas ou de reuniões alargadas) e desde que os principais dirigentes partidários sejam também Deputados ou Senadores - como deverão ser, se quiserem prestigiar a instituição parlamentar - e participem nos trabalhos dos grupos parlamentares (mesmo se não escolhidos directamente pelos Deputados ou Senadores dos respectivos partidos). Só um partido em crise conhecerá oposição permanente entre o *partido oficial* e o *partido parlamentar*.

CAPÍTULO 10

A razão sem voto: o Supremo Tribunal Federal e o governo da maioria

Luís Roberto Barroso[1]

Sumário: I. Introdução; Capítulo I – A evolução da teoria constitucional e a ascensão do Poder Judiciário: I. O direito constitucional na ditadura: entre a teoria crítica e o constitucionalismo chapa branca; II. A construção de um direito constitucional democrático: a busca pela efetividade da Constituição e de suas normas; III. Neoconstitucionalismo, constitucionalização do Direito e a ascensão do Judiciário; Capítulo II – Indeterminação do direito e discricionariedade judicial; I. As transformações do direito contemporâneo; II. Sociedades complexas, diversidade e pluralismo: os limites da lei no mundo contemporâneo; III. Discricionariedade judicial e resposta correta; Capítulo III – O STF e sua função majoritária e representativa; I. O papel contramajoritário do Supremo Tribunal Federal; II. A crise da representação política; III. O papel representativo do Supremo Tribunal Federal; Conclusão.

I. Introdução

"A história é um carro alegre,
cheio de um povo contente
Que atropela indiferente
Todo aquele que a negue".
Chico Buarque

Dois professores debatiam acerca do papel do Poder Judiciário e das cortes supremas nas democracias, em uma das mais renomadas univer-

1. Ministro do Supremo Tribunal Federal. Professor Titular de Direito Constitucional da Universidade do Estado do Rio de Janeiro – UERJ. Professor do Centro Universitário de Brasília (UniCeub). Mestre em Direito pela Universidade de Yale. Doutor e Livre-Docente pela UERJ. Conferencista Visitante na Universidade de Poitiers, França (2010). *Visiting Scholar* na Universidade de Harvard (2011).

sidades do mundo. Ambos eram progressistas e tinham compromissos com o avanço social. O primeiro achava que só o Legislativo poderia consagrar direitos e conquistas. O segundo achava que o Legislativo deveria ter preferência em atuar. Mas se não agisse, a atribuição se transferia para o Judiciário. Eis o diálogo entre ambos:

– Professor 1: "A longo prazo as pessoas, por meio do Poder Legislativo, farão as escolhas certas, assegurando os direitos fundamentais de todos, aí incluídos o direito de uma mulher interromper a gestação que não deseja ou de casais homossexuais poderem expressar livremente o seu amor. É só uma questão de esperar a hora certa".

– Professor 2: "E, até lá, o que se deve dizer a dois parceiros do mesmo sexo que desejam viver o seu afeto e seu projeto de vida em comum agora? Ou à mulher que deseja interromper uma gestação inviável que lhe causa grande sofrimento? Ou a um pai negro que deseja que seu filho tenha acesso a uma educação que ele nunca pôde ter? Desculpe, a história está um pouco atrasada; volte daqui a uma ou duas gerações?"[2].

O texto que se segue lida, precisamente, com essa dualidade de perspectivas. Nele se explora o tema do papel representativo das cortes supremas, sua função iluminista e as situações em que elas podem, legitimamente, *empurrar a história*. Para construir o argumento, são analisados os processos históricos que levaram à ascensão do Poder Judiciário no mundo e no Brasil, o fenômeno da indeterminação do direito e da discricionariedade judicial, bem como a extrapolação da função puramente contramajoritária das cortes constitucionais. A conclusão é bastante simples e facilmente demonstrável, apesar de contrariar em alguma medida o conhecimento convencional: em alguns cenários, em razão das múltiplas circunstâncias que paralisam o processo político majoritário, cabe ao Supremo Tribunal Federal assegurar o governo da maioria e a igual dignidade de todos os cidadãos.

A premissa subjacente a esse raciocínio tampouco é difícil de se enunciar: a política majoritária, conduzida por representantes eleitos, é

2. O debate foi na Universidade de Harvard entre o Professor Mark Tushnet e o autor desse texto, realizado em 7 nov. 2011. Intitulado *Politics and the Judiciary*, encontra-se disponível em vídeo em https://www.youtube.com/watch?v=giC_vOBn-bc. Sobre o tema, v., de autoria de Mark Tushnet, *Taking the constitution away from the courts*, 1999; e *Weak courts, strong rights:* judicial review and social welfare rights in comparative constitutional law, 2008. De autoria de Luís Roberto Barroso, v. Constituição, democracia e supremacia judicial: direito e política no Brasil contemporâneo, in *O novo direito constitucional brasileiro:* contribuições para a construção teórica e prática da jurisdição constitucional no Brasil, 2012.

um componente vital para a democracia. Mas a democracia é muito mais do que a mera expressão numérica de uma maior quantidade de votos. Para além desse aspecto puramente formal, ela possui uma dimensão substantiva, que abrange a preservação de valores e direitos fundamentais. A essas duas dimensões - formal e substantiva - soma-se, ainda, uma dimensão deliberativa, feita de debate público, argumentos e persuasão. A democracia contemporânea, portanto, exige votos, direitos e razões. Esse é o tema do presente ensaio.

CAPÍTULO I

A EVOLUÇÃO DA TEORIA CONSTITUCIONAL NO BRASIL E A ASCENSÃO DO PODER JUDICIÁRIO

I. O DIREITO CONSTITUCIONAL NA DITADURA: ENTRE A TEORIA CRÍTICA E O CONSTITUCIONALISMO CHAPA BRANCA[3]

O regime militar se estendeu de 1º de abril de 1964, com o início do golpe que destituiria o Presidente João Goulart do poder, até 15 de março de 1985, quando o General João Baptista Figueiredo saiu pela porta dos fundos do Palácio do Planalto, recusando-se a passar a faixa presidencial a seu sucessor. Foram pouco mais de vinte anos de regime de exceção, com fases de maior ou menor repressão política, que incluíram censura, prisões ilegais, tortura e mortes. Vigoraram no período as Constituições de 1946 e de 1967, assim como a Emenda Constitucional nº 1, de 1969, considerada uma nova Constituição do ponto de vista material. Simultaneamente à ordem constitucional, já por si autoritária, foram editados diversos atos institucionais, que criavam a legalidade paralela dos governos militares, cujo símbolo maior foi o Ato Institucional nº 5, de 15.12.1968. Com base nele, era facultado ao Presidente, ao lado de outras arbitrariedades, decretar o recesso do Congresso Nacional, cassar mandatos parlamentares, suspender direitos políticos e aposentar compulsoriamente servidores públicos[4].

---

3. A expressão "constitucionalismo chapa-branca" foi utilizada por Carlos Ari Sundfeld em outro contexto e com outro sentido, referindo-se ao excesso de proteção dado pela Constituição de 1988 "às posições de poder de corporações e organismos estatais ou paraestatais". V. Carlos Ari Sundfeld, O fenômeno constitucional e suas três forças, *in* Cláudio Pereira de Souza Neto, Daniel Sarmento e Gustavo Binenbojm, *Vinte anos da Constituição Federal de 1988*, 2008, p. 14-15.

4. Para um rico e documentado relato do período militar, indo da deposição de João Goulart ao final do governo de Ernesto Geisel, v. os quatro volumes escritos por Elio Gaspari: *A ditadura envergonhada*, 2002; *A ditadura escancarada*, 2002; *A ditadura derrotada*, 2003; e *A ditadura*

Ao longo desse período, a teoria e o direito constitucional oscilaram entre dois extremos, ambos destituídos de normatividade. De um lado, o pensamento constitucional tradicional, capturado pela ditadura, acomodava-se a uma perspectiva historicista, puramente descritiva das instituições vigentes, incapaz de reagir ao poder autoritário e ao silêncio forçado das ruas[5]. De outro lado, parte da academia e da juventude haviam migrado para a teoria crítica do direito, um misto de ciência política e sociologismo jurídico, de forte influência marxista[6]. A teoria crítica enfatizava o caráter ideológico da ordem jurídica, vista como uma superestrutura voltada para a dominação de classe, e denunciava a natureza violenta e ilegítima do poder militar no Brasil. O discurso crítico, como intuitivo, fundava-se em um propósito de *desconstrução* do sistema vigente, e não considerava o direito um espaço capaz de promover o avanço social. Disso resultou que o mundo jurídico tornou-se um feudo do pensamento conservador ou, no mínimo, tradicional. Porém, a visão crítica foi decisiva para o surgimento de uma geração menos dogmática, mais permeável a outros conhecimentos teóricos e sem os mesmos compromissos com o *status quo*. A redemocratização e a reconstitucionalização do país, no final da década de 80, impulsionaram uma volta ao direito.

II. A construção de um direito constitucional democrático: a busca pela efetividade da Constituição e de suas normas

Na antevéspera da convocação da constituinte de 1988, era possível identificar um dos fatores crônicos do fracasso na realização do Estado de direito no país: a falta de seriedade em relação à lei fundamental, a indiferença para com a distância entre o texto e a realidade, entre o ser e o dever-ser previsto na norma. Dois exemplos emblemáticos: a Carta de 1824 estabelecia que "a lei será igual para todos", dispositivo que conviveu, sem que se assinalassem perplexidade ou constrangimento, com os privilégios da nobreza, o voto censitário e o regime escravocrata. Outro: a

---

encurralada, 2004. Sobre o processo de redemocratização, v. a obra coletiva Alfred Stepan (org.), *Democratizando o Brasil*, 1985, com textos de autores que viriam a ter papel relevante após a redemocratização, como Fernando Henrique Cardoso, Edmar Bacha, Pedro Malan e Francisco Weffort.

5. V., *e.g.*, Afonso Arinos de Melo Franco, *Curso de direito constitucional*, 1968; e Paulino Jacques, *Curso de direito constitucional*, 1970.

6. V., *e.g.*, Luiz Alberto Warat, A produção crítica do saber jurídico, in Carlos Alberto Plastino (org.), *Crítica do direito e do Estado*, 1984; Luiz Fernando Coelho, *Teoria crítica do direito*, 1991 (a 1a ed. é de 1986); e Plauto Faraco de Azevedo, *Crítica à dogmática e hermenêutica jurídica*, 1989. V. tb., Michel Miaille, *Introdução crítica ao direito*, 1989 (a 1 ed. é de 1979).

Carta de 1969, outorgada pelos Ministros da Marinha de Guerra, do Exército e da Aeronáutica Militar, assegurava um amplo elenco de liberdades públicas inexistentes e prometia aos trabalhadores um pitoresco conjunto de direitos sociais não desfrutáveis, que incluíam "colônias de férias e clínicas de repouso"[7]. Além das complexidades e sutilezas inerentes à concretização de qualquer ordem jurídica, havia no país uma patologia persistente, representada pela insinceridade constitucional. A Constituição, nesse contexto, tornava-se uma mistificação, um instrumento de dominação ideológica[8], repleta de promessas que não seriam honradas. Nela se buscava, não o caminho, mas o desvio; não a verdade, mas o disfarce[9].

A disfunção mais grave do constitucionalismo brasileiro, naquele final de regime militar, encontrava-se na não aquiescência ao sentido mais profundo e consequente da lei maior por parte dos estamentos perenemente dominantes, que sempre construíram uma realidade própria de poder, refratária a uma real democratização da sociedade e do Estado. Com a promulgação da Constituição de 1988, teve início a luta teórica e judicial pela conquista de efetividade pelas normas constitucionais[10]. Os primeiros anos de vigência da Constituição de 1988 envolveram o esforço da teoria constitucional para que o Judiciário assumisse o seu papel e desse concretização efetiva aos princípios, regras e direitos inscritos na Constituição. Pode parecer óbvio hoje, mas o Judiciário, mesmo o Supremo Tribunal Federal, relutava em aceitar esse papel[11]. No início dos anos 2000, essa disfunção foi

---

7. Sobre o tema, v. o trabalho marcante de Celso Antonio Bandeira de Mello, *Eficácia das normas constitucionais sobre justiça social*, tese apresentada à IX Conferência Nacional da OAB, 1982. Autores precursores no domínio da eficácia das normas constitucionais foram J.H. Meirelles Teixeira, *Curso de direito constitucional*, 1991 (o texto é o de anotações de aulas do início da década de 60, orgnizado por Maria Garcia); e José Afonso da Silva, *Aplicabilidade das normas constitucionais*, 1998 (a 1a edição é de 1968).

8. Eros Roberto Grau, *A constituinte e a Constituição que teremos*, 1985, p. 44.

9. Sobre o tema da falta de efetividade, v. Luís Roberto Barroso, *O direito constitucional e a efetividade de suas normas*, 2009 (a 1a ed. é de 1990).

10. Nessa linha, v. Clemerson Merlin Cleve, A teoria constitucional e o direito alternativo (para uma dogmática constitucional emancipatória), *in Uma vida dedicada ao direito:* homenagem a Carlos Henrique de Carvalho, 1995.

11. De fato, no início da vigência da Constituição de 1988, o STF – cujos integrantes deviam o seu título de investidura ao regime militar –, empenhou-se em uma interpretação retrospectiva da nova ordem constitucional, fazendo-a ficar tão parecida quanto possível com a anterior. Nessa linha, tornou a figura da medida provisória quase idêntica ao velho decreto-lei; frustrou as potencialidades do mandado de injunção, que só foi ressuscitado na segunda metade dos anos 2000; e criou um conjunto de restrições ao direito de propositura de ações diretas pelas entidades de classe de âmbito nacional e confederações sindicais. Sobre o tema, v. a densa tese de doutorado apresentada à Universidade de Yale por Diego Werneck Arguelhes,

sendo progressivamente superada e o STF foi se tornando, verdadeiramente, um intérprete da Constituição. A partir daí, houve demanda por maior sofisticação teórica na interpretação constitucional, superadora da visão tradicional de que se tratava apenas de mais um caso de interpretação jurídica, a ser feita com base nos elementos gramatical, histórico, sistemático e teleológico. Foi o início da superação do positivismo normativista e de sua crença de que a decisão judicial é um ato de escolha política[12].

III. Neoconstitucionalismo, constitucionalização do direito e a ascensão do Judiciário

"A mente que se abre a uma nova ideia jamais voltará ao seu tamanho original".
Albert Einstein

Ao final da Segunda Guerra Mundial, países da Europa continental passaram por um importante redesenho institucional, com repercussões de curto, médio e longo prazo sobre o mundo romano-germânico em geral. O direito constitucional saiu do conflito inteiramente reconfigurado, tanto quanto ao seu objeto (novas constituições foram promulgadas), quanto no tocante ao seu papel (centralidade da Constituição em lugar da lei), como, ainda, com relação aos meios e modos de interpretar e aplicar as suas normas (surgimento da nova hermenêutica constitucional). Ao lado dessas transformações dogmáticas, ocorreu igualmente uma notável mudança institucional, representada pela criação de tribunais constitucionais e uma progressiva ascensão do Poder Judiciário. No lugar do Estado legislativo de direito, que se consolidara no século XIX, surge o Estado constitucional de direito, com todas as suas implicações[13]. Esse novo modelo tem sido identificado como constitucionalismo do pós-guerra, novo direito constitucional ou neoconstitucionalismo[14].

Old courts, new beginnings: judicial continuity and constitutional transformation in Argentina and Brazil, mimeografado, 2014, p. 110-128.

12. Sobre o surgimento de uma nova interpretação constitucional, v. Luís Roberto Barroso, *Intepretação e aplicação da Constituição*, 2014 (a 1a ed. é de 1995).

13. Sobre o tema, v. Luigi Ferrajoli, Pasado y futuro del Estado de derecho. In: Miguel Carbonell (org.), *Neoconstitucionalismo(s)*, 2003.

14. Para duas coletâneas importantes sobre o tema, em língua espanhola, v. Miguel Carbonell, *Neoconstitucionalismo(s)*, 2003, e *Teoría del neoconstitucionalismo:* ensayos escogidos, 2007. Para uma valiosa coletânea de textos em português, v. Regina Quaresma, Maria Lúcia de Paula

O neoconstitucionalismo identifica uma série de transformações ocorridas no Estado e no direito constitucional, nas últimas décadas, que tem (i) como marco *filosófico*, o pós-positivismo, que será objeto de comentário adiante; (ii) como marco *histórico*, a formação do Estado constitucional de direito, após a 2a. Guerra Mundial, e, no caso brasileiro, a redemocratização institucionalizada pela Constituição de 1988; e (iii) como marco *teórico*, o conjunto de novas percepções e de novas práticas, que incluem o reconhecimento de força normativa à Constituição (inclusive, e sobretudo, aos princípios constitucionais), a expansão da jurisdição constitucional e o desenvolvimento de uma nova dogmática da interpretação constitucional, envolvendo novas categorias, como os princípios, as colisões de direitos fundamentais, a ponderação e a argumentação. O termo neoconstitucionalismo, portanto, tem um caráter *descritivo* de uma nova realidade. Mas conserva, também, uma dimensão *normativa*, isto é, há um endosso a essas transformações. Trata-se, assim, não apenas de uma forma de descrever o direito atual, mas também de desejá-lo. Um direito que deixa a sua zona de conforto tradicional, que é o da conservação de conquistas políticas relevantes, e passa a ter, também, uma função promocional, constituindo-se em instrumento de avanço social. Tão intenso foi o ímpeto das transformações, que tem sido necessário reavivar as virtudes da moderação e da mediania, em busca de equilíbrio entre valores tradicionais e novas concepções[15].

A constitucionalização do Direito, por sua vez, está associada a um efeito expansivo das normas constitucionais, cujo conteúdo material e axiológico se irradia, com força normativa, por todo o sistema jurídico.

Oliveira e Farlei Martins Riccio de Oliveira, *Neoconstitucionalismo*, 2009. As ideias desenvolvidas nos dois parágrafos seguintes foram sistematizadas, originariamente, em Luís Roberto Barroso, Neoconstitucionalismo e constitucionalização do Direito, *Revista de Direito Administrativo 240:*1, 2005.

15. Para uma tentativa de demarcação dos espaços entre o Poder Legislativo e a deliberação democrática, de um lado, e o Poder Judiciário e a atuação criativa do juiz, de outro, v. Luís Roberto Barroso, *Temas de direito constitucional*, t. III, p. 308-21. Sobre a contenção da "euforia dos princípios" e do voluntarismo judicial, v. Ana Paula de Barcellos, *Ponderação, racionalidade e atividade jurisdicional*, 2005. Para uma advertência sobre os riscos de "judiciocracia", "oba-oba constitucional" e "panconstitucionalização", v. Daniel Sarmento, O neoconstitucionalismo no Brasil: riscos e possibilidades, in *Filosofia e teoria constitucional contemporânea*, 2009, p. 132 e s, onde se faz o registro da existência de múltiplas vertentes neoconstitucionalistas. Para uma visão divergente em relação ao tema, v. Jorge Octavio Lavocat Galvão, *O neoconstitucionalismo e o fim do Estado de direito?*, 2014; Dimitri Dimoulis, Uma visão crítica do neoconstitucionalismo, *in* George Leite Salomão e Glauco Leite Salomão (coord.), *Constituição e efetividade*, 2008; e Manoel Gonçalves Ferreira Filho, Notas sobre o direito constitucional pós-moderno, em particular sobre certo neoconstitucionalismo à brasileira, *Revista de Direito Administrativo 250:* 151, 2009.

Os valores, fins públicos e os comportamentos contemplados nos princípios e regras da Constituição passam a condicionar a validade e o sentido de todas as normas do direito infraconstitucional. Nesse ambiente, a Constituição passa a ser não apenas um sistema em si – com sua ordem, unidade e harmonia –, mas também um modo de olhar e interpretar todos os ramos do Direito. A constitucionalização do direito infraconstitucional não tem como sua principal marca a inclusão na Lei Maior de normas próprias de outros domínios, mas, sobretudo, a reinterpretação de seus institutos sob uma ótica constitucional[16].

Por fim, simultaneamente a esses novos desenvolvimentos teóricos, verificou-se, também, uma vertiginosa ascensão do Poder Judiciário. O fenômeno é universal e também está conectado ao final da Segunda Grande Guerra. A partir daí, o mundo deu-se conta de que a existência de um Poder Judiciário independente e forte é um importante fator de preservação das instituições democráticas e dos direitos fundamentais[17]. No Brasil, sob a vigência da Constituição de 1988, o Judiciário, paulatinamente, deixou de ser um departamento técnico especializado do governo para se tornar um verdadeiro poder político. Com a redemocratização, aumentou a demanda por justiça na sociedade e, consequentemente, juízes e tribunais foram crescentemente chamados a atuar, gerando uma judicialização ampla das relações sociais no país. Este fato é potencializado pela existência, entre nós, de uma Constituição abrangente, que cuida de uma ampla variedade de temas. No fluxo desses desenvolvimentos teóricos e alterações institucionais, e em parte como consequência deles, houve um importante incremento na subjetividade judicial. A este tema se dedica o próximo capítulo.

---

16. Sobre o tema, v. importante coletânea coligida por Cláudio Pereira de Souza Neto e Daniel Sarmento (coords.), *A constitucionalização do direito:* fundamentos teóricos e aplicações específicas, 2007.

17. Sobre o tema da ascensão do Judiciário, v., na literatura estrangeira, em meio a muitos títulos, C. Neal Tate e Torbjörn Vallinder (eds.), *The global expansion of judicial power*, 1995, p. 117, e Alec Stone Sweet, *Governing with judges: constitutional politics in Europe*, 2000, p. 35-36 e 130. Na literatura nacional, v. o trabalho pioneiro de Luiz Werneck Vianna, Maria Alice Resende de Carvalho, Manuel Palacios Cunha Melo e Marcelo Baumann Burgos, *A judicialização da política e das relações sociais no Brasil*, 1999. V. tb., Giselle Cittadino, Judicialização da política, constitucionalismo democrático e separação de Poderes. In: Luiz Werneck Vianna (org.), *A democracia e os três Poderes no Brasil*, 2002. E, também, Luís Roberto Barroso, Constituição, democracia e supremacia judicial: direito e política no Brasil contemporâneo, in *O novo direito constitucional brasileiro:* contribuições para a construção teórica e prática da jurisdição constitucional no Brasil, 2012.

CAPÍTULO II

INDETERMINAÇÃO DO DIREITO E DISCRICIONARIEDADE JUDICIAL

I. AS TRANSFORMAÇÕES DO DIREITO CONTEMPORÂNEO

O constitucionalismo democrático foi a ideologia vitoriosa do século XX. Nesse arranjo institucional se condensam duas ideias que percorreram trajetórias diferentes: o *constitucionalismo*, herdeiro da tradição liberal que remonta ao final do século XVII, expressa a ideia de poder limitado pelo Direito e respeito aos direitos fundamentais. A *democracia* traduz a ideia de soberania popular, de governo da maioria, que somente se consolida, verdadeiramente, ao longo do século XX. Para arbitrar as tensões que muitas vezes existem entre ambos - entre direitos fundamentais e soberania popular -, a maior parte das democracias contemporâneas instituem tribunais constitucionais ou cortes supremas[18]. Portanto, o pano de fundo no qual se desenvolve a presente narrativa inclui: (i) uma Constituição que garanta direitos fundamentais, (ii) um regime democrático e (iii) a existência de uma jurisdição constitucional.

O século XX foi cenário da superação de algumas concepções do pensamento jurídico clássico, que haviam se consolidado no final do século XIX. Ideias que eram ligadas ao formalismo, ao positivismo e ao legalismo. Essas transformações chegaram ao Brasil no quarto final do século, sobretudo após a redemocratização. Novos ventos passaram a soprar por aqui, tanto na academia quanto na jurisprudência dos tribunais, especialmente do Supremo Tribunal Federal. Identifico, a seguir, três dessas transformações, que afetaram o modo como se pensa e se pratica o Direito no mundo contemporâneo, em geral, e no Brasil das últimas décadas, em particular:

1. *Superação do formalismo jurídico.* O pensamento jurídico clássico alimentava duas ficções: a) a de que o Direito, a norma jurídica, era a expressão da razão, de uma justiça imanente; e b) que o Direito se concretizava mediante uma operação lógica e dedutiva, em que o juiz fazia a subsunção dos fatos à norma, meramente pronunciando a consequência jurídica que nela já se continha. Tais premissas metodológicas - na verdade, ideológicas - não resistiram ao tempo. Ao longo do século XX,

---

18. Este tema da tensão entre constitucionalismo e democracia é recorrente na teoria constitucional. Para uma valiosa reflexão sobre ele, v. Frank I. Michelman, *Brennan and democracy*, 1999.

consolidou-se a convicção de que: a) o Direito é, frequentemente, não a expressão de uma justiça imanente, mas de interesses que se tornam dominantes em um dado momento e lugar; e b) em uma grande quantidade de situações, a solução para os problemas jurídicos não se encontrará pré-pronta no ordenamento jurídico. Ela terá de ser construída argumentativamente pelo intérprete.

2. *Advento de uma cultura jurídica pós-positivista*. Nesse ambiente em que a solução dos problemas jurídicos não se encontra integralmente na norma jurídica, surge uma cultura jurídica pós-positivista. Se a solução não está toda na norma, é preciso procurá-la em outro lugar. E, assim, supera-se a separação profunda que o positivismo jurídico havia imposto entre o Direito e a Moral, entre o Direito e outros domínios do conhecimento. Para construir a solução que não está pronta na norma, o Direito precisa se aproximar da filosofia moral – em busca da justiça e de outros valores –, da filosofia política – em busca de legitimidade democrática e da realização de fins públicos que promovam o bem comum e, de certa forma, também das ciências sociais aplicadas, como a economia e a psicologia.

A doutrina pós-positivista se inspira na revalorização da razão prática[19], na teoria da justiça[20] e na legitimação democrática. Nesse contexto, busca ir além da legalidade estrita, mas não despreza o direito posto; procura empreender uma leitura moral da Constituição e das leis, mas sem recorrer a categorias metafísicas. No conjunto de ideias ricas e heterogêneas que procuram abrigo nesse paradigma em construção, incluem-se a reentronização dos valores na interpretação jurídica, com

19. O termo ficou indissociavelmente ligado à obra de Kant, notadamente à *Fundamentação da metafísica dos costumes*, de 1785 e à *Crítica da razão prática*, de 1788. De forma sumária e simplificadora, a razão prática cuida da fundamentação racional – mas não matemática – de princípios de moralidade e justiça, opondo-se à razão cientificista, que enxerga nesse discurso a mera formulação de opiniões pessoais insuscetíveis de controle. De forma um pouco mais analítica: trata-se de um uso da razão voltado para o estabelecimento de padrões racionais para a ação humana. A razão prática é concebida em contraste com a razão teórica. Um uso teórico da razão se caracteriza pelo conhecimento de objetos, não pela criação de normas. O positivismo só acreditava na possibilidade da razão teórica. Por isso, as teorias positivistas do direito entendiam ser papel da ciência do direito apenas descrever o direito tal qual posto pelo Estado, não justificar normas, operação que não seria passível de racionalização metodológica. É por isso que, por exemplo, para Kelsen, não caberia à ciência do direito dizer qual a melhor interpretação dentre as que são facultadas por determinado texto normativo. Tal atividade exibiria natureza eminentemente política, e sempre demandaria uma escolha não passível de justificação em termos racionais. O pós-positivismo, ao reabilitar o uso prático da razão na metodologia jurídica, propõe justamente a possibilidade de se definir racionalmente a norma do caso concreto através de artifícios racionais construtivos, que não se limitam à mera atividade de conhecer textos normativos.

o reconhecimento de normatividade aos princípios e de sua diferença qualitativa em relação às regras; a reabilitação da razão prática e da argumentação jurídica; a formação de uma nova hermenêutica; e o desenvolvimento de uma teoria dos direitos fundamentais edificada sobre a dignidade da pessoa humana. Nesse ambiente, promove-se uma reaproximação entre o Direito e a ética.[21]

3. *Ascensão do direito público e centralidade da Constituição.* Por fim, o século XX assiste a ascensão do direito público[22]. A teoria jurídica do século XIX havia sido construída predominantemente sobre as categorias do direito privado. O Século, que começara com o Código Civil francês, o Código Napoleão, de 1804, termina com a promulgação do Código Civil alemão, de 1900. Os protagonistas do Direito eram o contratante e o proprietário. Ao longo do século XX assiste-se a uma progressiva publicização do Direito, com a proliferação de normas de ordem pública. Não apenas em matéria de direito de família, como era tradicional, mas em áreas tipicamente privadas como o contrato – com a proteção do polo mais fraco das relações jurídicas, como o trabalhador, o locatário, o consumidor – e a propriedade, com a previsão de sua função social[23].

Ao final do século XX, essa publicização do Direito resulta na centralidade da Constituição. Toda interpretação jurídica deve ser feita à luz da Constituição, dos seus valores e dos seus princípios. Toda interpretação jurídica é, direta ou indiretamente, interpretação constitucional. Interpreta-se a Constituição *diretamente* quando uma pretensão se

---

20. Como assinalado por Ricardo Lobo Torres na nota seguinte, o livro de John Rawls, *A theory of justice*, de 1971, foi emblemático para a filosofia política e para a ética, ao tratar do tema da justiça distributiva dentro do marco teórico do contrato social.

21. V. Ricardo Lobo Torres, *Tratado de direito constitucional, financeiro e tributário*: *valores e princípios constitucionais tributários*, 2005, p. 41: "De uns trinta anos para cá assiste-se ao retorno aos valores como caminho para a superação dos positivismos. A partir do que se convencionou chamar de 'virada kantiana' (*kantische Wende*), isto é, a volta à influência da filosofia de Kant, deu-se a reaproximação entre ética e direito, com a fundamentação moral dos direitos humanos e com a busca da justiça fundada no imperativo categórico. O livro *A Theory of Justice* de John Rawls, publicado em 1971, constitui a certidão do renascimento dessas ideias".

22. Sobre o tema, v. a valiosa tese de doutorado apresentada à Universidade de Harvard por Gonçalo de Almeida Ribeiro, *The decline of private law:* a philosofophic history of liberal legalism, mimeografado, 2012.

23. Sobre a constitucionalização do direito civil, vejam-se, por todos, Pietro Perlingieri, *Perfis do direito civil*, 1997; Maria Celina Bodin de Moraes, Perspectivas a partir do direito civil-constitucional, in Pastora do Socorro Teixeira Leal (coord.), *Direito civil constitucional e outros etudos em homenagem ao Prof. Zeno Veloso*, 2014; e Gustavo Tepedino, *Temas de direito civil*, 2004.

baseia no texto constitucional (uma imunidade tributária, a preservação do direito de privacidade); e interpreta-se a Constituição *indiretamente* quando se aplica o direito ordinário, porque antes de aplicá-lo é preciso verificar sua compatibilidade com a Constituição e, ademais, o sentido e o alcance das normas infraconstitucionais devem ser fixados à luz da Constituição.

II. Sociedades complexas, diversidade e pluralismo: os limites da lei no mundo contemporâneo

A sociedade contemporânea tem a marca da complexidade. Fenômenos positivos e negativos se entrelaçam, produzindo uma globalização a um tempo do bem e do mal. De um lado, há a rede mundial de computadores, o aumento do comércio internacional e o maior acesso aos meios de transporte intercontinentais, potencializando as relações entre pessoas, empresas e países. De outro, mazelas como o tráfico de drogas e de armas, o terrorismo e a multiplicação de conflitos internos e regionais, consumindo vidas, sonhos e projetos de um mundo melhor. Uma era desencantada, em que a civilização do desperdício, do imediatismo e da superficialidade convive com outra, feita de bolsões de pobreza, fome e violência. Paradoxalmente, houve avanço da democracia e dos direitos humanos em muitas partes do globo, com redução da mortalidade infantil e aumento significativo da expectativa de vida. Um mundo fragmentado e heterogêneo, com dificuldade de compartilhar valores unificadores. Os próprios organismos internacionais multilaterais, surgidos após a Segunda Guerra Mundial, já não conseguem produzir consensos relevantes e impedir conflitos que proliferam pelas causas mais diversas, do expansionismo ao sectarismo religioso.

No plano doméstico, os países procuram administrar, da forma possível, a diversidade que caracteriza a sociedade contemporânea, marcada pela multiplicidade cultural, étnica e religiosa. O respeito e a valorização das diferenças encontram-se no topo da agenda dos Estados democráticos e pluralistas. Buscam-se arranjos institucionais e regimes jurídicos que permitam a convivência harmoniosa entre diferentes, fomentando a tolerância e regras que permitam que cada um viva, de maneira não excludente, as suas próprias convicções. Ainda assim, não são poucas as questões suscetíveis de gerar conflitos entre visões de mundo antagônicas. No plano internacional, elas vão de mutilações sexuais à imposição de religiões oficiais e conversões forçadas. No plano doméstico, em numerosos países, as controvérsias incluem o casamento de pessoas do mesmo sexo, a interrupção da gestação e o ensino religioso em escolas públicas. Quase tudo transmitido ao vivo, em tempo real. A vida transformada em *reality show*.

Sem surpresa, as relações institucionais, sociais e interpessoais enredam-se nos desvãos dessa sociedade complexa e plural, sem certezas plenas, verdades seguras ou consensos apaziguadores. E, num mundo em que tudo se judicializa mais cedo ou mais tarde, tribunais e cortes constitucionais defrontam-se com situações para as quais não há respostas fáceis ou eticamente simples. Alguns exemplos:

a) pode um casal surdo-mudo utilizar a engenharia genética para gerar um filho surdo-mudo e, assim, habitar o mesmo universo existencial que os pais?

b) uma pessoa que se encontrava no primeiro lugar da fila, submeteu-se a um transplante de fígado. Quando surgiu um novo fígado, destinado ao paciente seguinte, o paciente que se submetera ao transplante anterior sofreu uma rejeição e reivindicava o novo fígado. Quem deveria recebê-lo?

c) pode um adepto da religião Testemunha de Jeová recusar terminantemente uma transfusão de sangue, mesmo que indispensável para salvar-lhe a vida, por ser tal procedimento contrário à sua convicção religiosa?

d) pode uma mulher pretender engravidar do marido que já morreu, mas deixou o seu sêmen em um banco de esperma?

e) pode uma pessoa, nascida fisiologicamente homem, mas considerando-se uma transexual feminina, celebrar um casamento entre pessoas do mesmo sexo com outra mulher?

Nenhuma dessas questões é teórica. Todas elas correspondem a casos concretos ocorridos no Brasil e no exterior, e levados aos tribunais. Nenhuma delas tinha uma resposta pré-pronta e segura que pudesse ser colhida na legislação. A razão é simples: nem o constituinte nem o legislador são capazes de prever todas as situações da vida, formulando respostas claras e objetivas. Além do que, na moderna interpretação jurídica, a norma já não corresponde apenas ao enunciado abstrato do texto, mas é produto da interação entre texto e realidade. Daí a crescente promulgação de constituições compromissórias, com princípios que tutelam interesses contrapostos, bem como o recurso a normas de textura aberta, cujo sentido concreto somente poderá ser estabelecido em interação com os fatos subjacentes. Vale dizer: por decisão do constituinte ou do legislador, muitas questões têm a sua decisão final transferida ao juízo valorativo do julgador. Como consequência inevitável, tornou-se menos definida a fronteira entre legislação e jurisdição, entre política e direito[24].

As hipóteses referidas acima constituem *casos difíceis*[25], isto é, casos para os quais não existem respostas pré-prontas à disposição do intérprete. A solução, portanto, terá de ser construída logica e argumentativamente pelo juiz, à luz dos elementos do caso concreto, dos parâmetros fixados na norma, dos precedentes e de aspectos externos ao ordenamento jurídico. Daí se fazer referência a essa atuação, por vezes, como sendo criação judicial do direito. Em rigor, porém, o que o juiz faz, de verdade, é colher no sistema jurídico o fundamento normativo que servirá de fio condutor do seu argumento. Toda decisão judicial precisa ser reconduzida a uma norma jurídica. Trata-se de um trabalho de construção de sentido, e não de invenção de um Direito novo. Casos difíceis podem resultar da vagueza da linguagem (dignidade humana, moralidade administrativa), de desacordos morais razoáveis (existência ou não de um direito à morte digna, sem prolongamentos artificiais) e colisões de normas constitucionais (livre iniciativa *versus* proteção do consumidor, liberdade de expressão *versus* direito de privacidade). Para lidar com uma sociedade complexa e plural, em cujo âmbito surgem casos difíceis, é que se criaram ou se refinaram diversas categorias jurídicas novas, como a normatividade dos princípios, a colisão de normas constitucionais, o uso da técnica da ponderação e a reabilitação da argumentação jurídica.

Não é o caso de voltar a explorar o tema, já objeto de outros estudos meus[26]. Faz-se apenas breve menção às situações de colisão entre prin-

24. Sobre o ponto, v. Celso Fernandes Campilongo, *Política, sistema jurídico e decisão judicial*, 2001, p. 48: "Se, nos chamados "casos difíceis", o juiz é obrigado a fazer escolhas politicas – muitas vezes por delegação do próprio legislador –, essa criatividade é exercida nos limites da legitimidade legal-racional. O legislador pode rever a delegação ou fixar a opção política. Entretanto, até que isso aconteça, a determinação de uma linha política por parte do juiz – desde que em conformidade com os valores fundamentais positivados pelo ordenamento – não significa, necessariamente, um comportamento antidemocrático, contrário à divisão de poderes ou ofensivo ao Estado de Direito".

25. Sobre a ideia de casos difíceis, v., entre muitos, Ronald Dworkin, Hard cases, *Harvard Law Review 88:*1057, 1995; e Aharon Barak, *The judge in a democracy*, 2006, p. xiii e s.

26. V. Luís Roberto Barroso, *Curso de direito constitucional contemporâneo*, 2013, cap. IV ("Novos paradigmas e categorias da interpretação constitucional"), p. 330.

cípios constitucionais ou de direitos fundamentais. Para lidar com elas, boa parte dos tribunais constitucionais do mundo se utiliza da técnica da ponderação[27], que envolve a valoração de elementos do caso concreto com vistas à produção da solução que melhor realiza a vontade constitucional naquela situação. As diversas soluções possíveis vão disputar a escolha pelo intérprete. Como a solução não está pré-pronta na norma, a decisão judicial não se sustentará mais na fórmula tradicional da separação de Poderes, em que o juiz se limita a aplicar, ao litígio em exame, a solução que já se encontrava inscrita na norma, elaborada pelo constituinte ou pelo legislador. Como este juiz se tornou coparticipante da criação do Direito, a legitimação da sua decisão passará para a argumentação jurídica, para sua capacidade de demonstrar a racionalidade, a justiça e a adequação constitucional da solução que construiu. Surge aqui o conceito interessante de *auditório*[28]. A legitimidade da decisão vai depender da capacidade do intérprete convencer o auditório a que se dirige de que aquela é a solução correta e justa[29]. O tema apresenta grande fascínio, mas não será possível fazer o desvio aqui.

III. Discricionariedade judicial e resposta correta

"Creia nos que procuram a verdade.
Duvide dos que a encontram".
André Gide

Em relação a inúmeras questões, como ficou assentado, a solução dos problemas não se encontra pré-pronta no sistema jurídico.

27. Para um estudo relativamente recente e abrangente sobre a ponderação e, particularmente sobre a ideia de proporcionalidade, v. Aharon Barak, *Proportionality:* constitutional rights and their limitations, 2012. Para uma visão crítica do tema, em uma visão comparativa entre Alemanha e Brasil, v. Juliano Zaiden Benvindo, *On the limits of constitutional adjudication*, 2010.

28. V. Chaim Perelman e Lucie Olbrechts-Tyteca, *Tratado da argumentação:* a nova retórica, 1996, p. 22: "É por essa razão que, em matéria de retórica, parece preferível definir o auditório como *o conjunto daqueles que o orador quer influenciar com sua argumentação*. Cada orador pensa, de uma forma mais ou menos consciente, naqueles que procuram persuadir e que constituem o auditório ao qual se dirigem seus discursos".

29. Tribunais, em geral, e cortes constitucionais, em particular, precisam ser capazes de convencer os demais atores políticos, nos outros Poderes e na sociedade, do acerto de seus pronunciamentos. V. Mark C. Miller, *The view of the courts from the hill:* interactions between Congress and the Federal Judiciary, 2009, p. 7.

Ela precisará ser construída argumentativamente pelo juiz, a quem caberá formular juízos de valor e optar por uma das soluções comportadas pelo ordenamento. Não é incomum referir-se a essa maior participação subjetiva do juiz como *discricionariedade judicial*[30]. Não haverá maior problema na utilização da expressão, desde que seu sentido seja previamente convencionado. Discricionariedade judicial é um conceito que se desenvolve em um novo ambiente de interpretação jurídica, no qual se deu a superação da crença em um juiz que realizaria apenas subsunções mecânicas dos fatos às normas, lenda cultivada pelo pensamento jurídico clássico[31]. O juiz contemporâneo, sobretudo o juiz constitucional, não se ajusta a esse papel, para desalento de muitos. Mas de nada adianta quebrar o espelho por não gostar da imagem.

O fato inafastável é que a interpretação jurídica, nos dias atuais, reserva para o juiz um papel muito mais proativo, que inclui a atribuição de sentido a princípios abstratos e conceitos jurídicos indeterminados, bem como a realização de ponderações. Para além de uma função puramente técnica de conhecimento, o intérprete judicial integra o ordenamento jurídico com suas próprias valorações, sempre acompanhadas do dever de justificação. Discricionariedade judicial, portanto, traduz o reconhecimento de que o juiz não é apenas a boca da lei, um mero exegeta que realiza operações formais. Existe uma dimensão subjetiva na sua atuação. Não a subjetividade da vontade política própria – que fique bem claro –, mas a que inequivocamente decorre da compreensão dos institutos jurídicos, da captação do sentimento social e do espírito de sua época.

Discricionariedade, porém, é um conceito tradicional do direito administrativo, no qual está embutido o juízo de conveniência e oportuni-

30. Um dos primeiros estudos abrangentes e sistemáticos nessa matéria foi do ex-Presidente da Suprema Corte de Israel Aharon Barak, *Judicial discretion*, 1989.

31. O conjunto de ideias que ficou conhecido como Pensamento Jurídico Clássico, como descrito por Duncan Kennedy em uma obra magnífica, teve diferentes protagonistas ao longo do tempo e produziu um "método transnacional". De acordo com ele, o Pensamento Jurídico Clássico enxergava o direito como um sistema e tinha como características principais a distinção entre direito público e privado, individualismo e um compromisso com a lógica formal, com o abuso da dedução como método jurídico. V. Duncan Kennedy, Three Globalizations of Law and Legal Thought: 1850-2000. In: David Trubek & Alvaro Santos, (eds.), *The New Law and Development: A Critical Appraisal*, 2006, p. 23 ("O pensamento jurídico alemão foi, nesse sentido, hegemônico entre 1850 e 1900, o pensamento jurídico francês entre 1900 e meados da década de 1930, e o pensamento jurídico estadunidense após 1950").

dade a ser feito pelo agente público[32]. Nessa acepção, discricionariedade significa liberdade de escolha entre diferentes possibilidades legítimas de atuação, uma opção entre "indiferentes jurídicos"[33]. Ora bem: nesse sentido, inexiste discricionariedade judicial. O juiz não faz escolhas livres nem suas decisões são estritamente políticas. Esta é uma das distinções mais cruciais entre o positivismo e o não-positivismo. Para Kelsen, principal referência do positivismo normativista romano-germânico, o ordenamento jurídico forneceria, em muitos casos, apenas uma moldura, um conjunto de possibilidades decisórias legítimas. A escolha de uma dessas possibilidades, continua ele, seria um ato político, isto é, plenamente discricionário[34]. A concepção não-positivista aqui sustentada afasta-se desse ponto de vista. Com efeito, o Direito é informado por uma pretensão de *correção moral*[35], pela busca de justiça, da solução constitucionalmente adequada. Essa ideia de justiça, em sentido amplo, é delimitada por coordenadas específicas, que incluem a justiça do caso concreto, a segurança jurídica[36] e a dignidade humana[37]. Vale dizer: juízes não fazem escolhas livres, pois são pautados por esses valores, todos eles com lastro constitucional.

Surge aqui uma questão interessante e complexa. Ronald Dworkin, no seu estilo ousado e provocativo, sustentou, em diferentes textos, a

32. No conceito clássico formulado por Hely Lopes Meirelles, *Direito administrativo brasileiro*, 1995, p. 143, os atos discricionários são os que "a Administração pode praticar com liberdade de escolha do seu conteúdo, de seu destinatário, de sua conveniência, de sua oportunidade e do modo de sua realização". É certo que, mesmo no âmbito do direito administrativo, essa visão vem sendo significativamente atenuada. V. Gustavo Binenbojm, *Uma teoria do direito administrativo*, 2008, p. 38 e s.

33. V. Eros Roberto Grau, *Ensaio e discurso sobre a interpretação/aplicação do direito*, 2009, p. 283.

34. Hans Kelsen, *Teoria pura do direito*, 1979, p. 466-73.

35. Robert Alexy, *Begriff und Geltung des Rechts*, 4.ed., 2005, p. 29 e s. A remissão a esse texto é feito pelo próprio Alexy, em artigo publicado em português, com tradução de Fernando Leal, que apresenta um excelente resumo da concepção jurídica do grande jusfilósofo alemão: v. Robert Alexy, Principais elementos de uma teoria da dupla natureza do direito, *Revista de Direito Administrativo 253:*9, 2010, p. 18-19: "(...) [A] pretensão de correção envolve ambos os princípios (...). O princípio da segurança jurídica exige a vinculação às leis formalmente corretas e socialmente eficazes; o da justiça reclama a correção moral das decisões".

36. Para um relevante estudo sobre a segurança jurídica, v. Humberto Ávila, *Segurança jurídica:* entre permanência, mudança e realização no direito tributário, 2011.

37. Sobre o tema da dignidade humana, v. Ingo Wolfgang Sarlet, *Dignidade da pessoa humana e direitos fundamentais*, 2010; e Luís Roberto Barroso, *A dignidade da pessoa humana no direito constitucional contemporâneo:* a construção de um conceito jurídico à luz da jurisprudência mundial, 2012.

tese da existência de uma única resposta correta, mesmo nos casos difíceis, isto é, em questões complexas de direito e moralidade política[38]. Trata-se de uma construção que se situa no âmbito de sua crítica geral ao positivismo jurídico e ao uso que dois dos seus maiores expoentes – Kelsen e Hart – deram à discricionariedade judicial. A tese sempre foi extremamente controvertida, tendo produzido um rico debate pelo mundo afora, com repercussões no Brasil[39]. Não tenho a pretensão de reeditá-lo, embora creia que a minha visão do tema ofereça uma solução na qual não há vencedores nem vencidos. A discussão em torno da existência de uma única resposta correta remete à imemorial questão acerca da *verdade*, sua existência em toda e qualquer situação e os métodos para revelá-la. Se existe uma única resposta correta – e não diferentes pretensões de resposta correta –, é porque existiria, então, uma verdade ao alcance do intérprete. Mas quem tem o poder de validar a verdade proclamada pelo intérprete? Se houver uma força externa ao intérprete, com o poder de chancelar a verdade proclamada, será inevitável reconhecer que ela é filha da autoridade. Portanto, a questão deixa de ser acerca da efetiva existência de uma verdade ou de uma única resposta correta, e passa a ser a de quem tem autoridade para proclamá-la. Cuida-se de saber, em última análise, quem é o dono da verdade[40].

Dois exemplos, um literário e outro real, exibem as dificuldades na matéria. O primeiro. Dois amigos estão sentados em um bar no Alaska, tomando uma cerveja. Começam, como previsível, conversando sobre mulheres. Depois falam de esportes diversos. E na medida em que a cerveja acumulava, passam a falar sobre religião. Um deles é ateu. O outro é um homem religioso. Passam a discutir sobre a existência de Deus. O

38. V. Ronald Dworkin, *Taking rights seriously*, 1997, p. 279 e s; *A matter of principle*, 2000, p. 119 e s; e *Justice in robes*, 2006, p. 41 e s.

39. V. , *e.g.*, Álvaro Ricardo de Souza Cruz, *A resposta correta:* incursões jurídicas e filosóficas sobre as teorias da justiça, 2011; Lenio Luiz Streck, *Verdade e consenso*, 2012, p. 327 e s.; Flávio Quinaud Pedron, Esclarecimentos sobre a tese da única "resposta correta", de Ronald Dworkin, *Revista CEJ 45:*102, 2009; e Juarez Freitas, A melhor interpretação constitucional *versus* a única resposta correta, in Virgílio Afonso da Silva (org.), *Interpretação constitucional*, 2005.

40. Merece registro, a esse propósito, o antológico poema de Carlos Drummond de Andrade intitulado *Verdade*: "A porta da verdade estava aberta, mas só deixava passar meia pessoa de cada vez. Assim não era possível atingir toda a verdade, porque a meia pessoa que entrava só trazia o perfil de meia verdade. E sua segunda metade voltava igualmente com meio perfil. E os meios perfis não coincidiam. Arrebentaram a porta. Derrubaram a porta. Chegaram ao lugar luminoso onde a verdade esplendia seus fogos. Era dividida em metades diferentes uma da outra. Chegou-se a discutir qual a metade mais bela. Nenhuma das duas era totalmente bela. E carecia optar. Cada um optou conforme seu capricho, sua ilusão, sua miopia".

ateu fala: "Não é que eu nunca tenha tentado acreditar, não. Eu tentei. Ainda recentemente. Eu havia me perdido em uma tempestade de neve em um lugar ermo, comecei a congelar, percebi que ia morrer ali. Aí, me ajoelhei no chão e disse, bem alto: Deus, se você existe, me tire dessa situação, salve a minha vida". Diante de tal depoimento, o religioso disse: "Bom, mas você foi salvo, você está aqui, deveria ter passado a acreditar". E o ateu responde: "Nada disso! Deus não deu nem sinal. A sorte que eu tive é que vinha passando um casal de esquimós. Eles me resgataram, me aqueceram e me mostraram o caminho de volta. É a eles que eu devo a minha vida".[41] Note-se que não há aqui qualquer dúvida quanto aos fatos, apenas sobre como interpretá-los.

O segundo exemplo envolve uma questão de largo alcance político e moral, relacionado à chamada justiça de transição. Há uma recorrente discussão acerca do tratamento a ser dado aos crimes que foram praticados por agentes do Estado durante o regime militar no Brasil, aí incluídos homicídios, tortura e sequestros. Como se sabe, a Lei de Anistia, de 1979, tornou impossível a responsabilização de todos quantos houvessem cometido crimes políticos ou conexos entre 2 de setembro de 1961 e 15 de agosto de 1979. Decisão do Supremo Tribunal Federal, tomada por 7 votos a 2, considerou válida essa lei, em julgamento realizado em 28 de abril de 2010[42]. Posteriormente, em dezembro de 2010, a Corte Interamericana de Direitos Humanos, ao julgar um caso envolvendo desaparecidos na guerrilha do Araguaia, considerou que a lei brasileira de anistia era incompatível com a Convenção Americana de Direitos Humanos, por impedir a apuração de graves violações de direitos humanos, a responsabilização dos culpados e a reparação às vítimas[43]. No debate público, há duas posições contrapostas em relação a essa matéria, que podem ser assim enunciadas:

A. a lei de anistia foi uma decisão política legítima, tomada pelos lados contrapostos para conduzirem uma transição pacífica para a democracia[44];

B. a lei de anistia foi uma inaceitável imposição dos que detinham a força, para imunizarem-se dos crimes que haviam cometido[45].

41. Exemplo inspirado por passagem do livro de David Foster Wallace, *This is water*, 2005, p. 17-24.

42. ADPF 153, rel. Min. Eros Grau.

43. CIDH, Gomes Lund e outros v. Brasil, 2010, http://www.corteidh.or.cr/docs/casos/articulos/seriec_219_por.pdf.

44. Esta foi, em linhas gerais, a linha do voto do relator, Min. Eros Grau.

45. Para uma defesa da revisão do julgado, v. Claudio Pereira de Souza Neto, Não há obstáculo para rever o julgamento da lei da anistia, *Consultor Jurídico*, 2 abr. 2014.

Nos dois exemplos, tanto no fictício como no real, pessoas esclarecidas e bem intencionadas podem tomar partido por um lado ou outro[46]. Qual a resposta correta? Onde está a verdade? O fato inegável é que mesmo quem se oponha ao relativismo moral e reconheça a existência de um núcleo essencial do bem, do correto e do justo, há de admitir que nem sempre a verdade se apresenta objetivamente clara, capaz de iluminar a todos indistintamente. Dependendo de onde se encontre o intérprete, do seu ponto de observação, será noite ou será dia, haverá sol ou haverá sombra. É preciso conjurar o risco do *stalinismo* jurídico, em que algum "farol dos povos" de ocasião venha a ser o portador da verdade revelada, com direito a promover o expurgo dos que pensam diferentemente.

Dito isso, porém, um intérprete judicial jamais poderá chegar ao final do exame de uma questão e afirmar que não há uma solução própria para ela. Vale dizer: não pode dizer que há empate, que tanto faz um resultado ou outro, ou que o caso pode ser decidido por cara e coroa. Assim, embora não se possa falar, em certos casos difíceis, em uma resposta objetivamente correta – única e universalmente aceita –, existe, por certo, uma resposta subjetivamente correta. Isso significa que, para um dado intérprete, existe uma única solução correta, justa e constitucionalmente adequada a ser perseguida. E esse intérprete tem deveres de integridade[47] – ele não pode ignorar o sistema jurídico, os conceitos aplicáveis e os precedentes na matéria – e tem deveres de coerência, no sentido de que não pode ignorar as suas próprias decisões anteriores, bem como as premissas que estabeleceu em casos precedentes. Um juiz não é livre para escolher de acordo com seu estado de espírito, suas simpatias ou suas opções estratégicas na vida. Um juiz de verdade, sobretudo um juiz constitucional, tem deveres de integridade e de coerência.

46. Característica das sociedades abertas contemporâneas é o "fato do pluralismo" e a inevitabilidade dos "desacordos morais razoáveis", conceitos explorados em John Rawls, *Political liberalism*, 2005, p. 54-55 (a 1ª. edição é de 1993).

47. A idéia de *direito como integridade* é um dos conceitos chave do pensamento de Ronald Dworkin, tendo sido desenvolvido no capítulo VII de sua obra *Law's empire*, 1986 (em português, *O império do Direito*, 1999, p. 271 e s). Em outra obra, intitulada *Freedom's law*, 1996, p. 10, Dworkin volta ao tema, ao afirmar que a *leitura moral da Constituição*, por ele preconizada, é limitada pela exigência de *integridade* constitucional, afirmando: "Os juízes não devem ler suas próprias convicções na Constituição. Não devem ler cláusulas morais abstratas como se expressassem algum juízo moral particular, não importa quão adequado esse juízo lhes pareça, a menos que o considerem consistente em princípio com o desenho estrutural da Constituição como um todo e também com as linhas dominantes da interpretação constitucional assentadas pelos juízes que os antecederam".

CAPÍTULO III

O STF E SUA FUNÇÃO MAJORITÁRIA E REPRESENTATIVA

I. A JURISDIÇÃO CONSTITUCIONAL

As múltiplas competências do Supremo Tribunal Federal, enunciadas no art. 102 da Constituição, podem ser divididas em duas grandes categorias: ordinárias e constitucionais[48]. O Tribunal presta *jurisdição ordinária* nas diferentes hipóteses em que atua como qualquer outro órgão jurisdicional, aplicando o direito infraconstitucional a situações concretas, que vão do julgamento criminal de parlamentares à solução de conflitos de competência entre tribunais. De parte isso, o Tribunal tem, como função principal, o exercício da *jurisdição constitucional*, que se traduz na interpretação e aplicação da Constituição, tanto em ações diretas como em processos subjetivos. Ao prestar jurisdição constitucional nos diferentes cenários pertinentes, cabe à Corte: (i) aplicar diretamente a Constituição a situações nela contempladas, como faz, por exemplo, ao assegurar ao acusado em ação penal o direito à não autoincriminação; (ii) declarar a inconstitucionalidade de leis ou atos normativos, como fez no tocante à resolução do TSE que redistribuía o número de cadeiras na Câmara do Deputados; ou (iii) sanar lacunas do sistema jurídico ou omissões inconstitucionais dos Poderes, como fez ao regulamentar a greve no serviço público.

Do ponto de vista político-institucional, o desempenho da jurisdição constitucional pelo Supremo Tribunal Federal – bem como por supremas cortes ou tribunais constitucionais mundo afora – envolve dois tipos de atuação: a contramajoritária e a representativa. A atuação contramajoritária é um dos temas mais analisados na teoria constitucional, que há muitas décadas discute a legitimidade democrática da invalidação de atos do Legislativo e do Executivo por órgão jurisdicional. Já a função representativa tem sido largamente ignorada pela doutrina e pelos formadores de opinião em geral. Nada obstante isso, em algumas partes

48. Para um amplo levantamento estatístico e sistemático dos diferentes papéis do STF, v. Joaquim Falcão, Pablo de Camargo Cerdeira e Diego Werneck Arguelhes, *I Relatório Supremo em Números:* O Múltiplo Supremo, 2011. Para uma reflexão crítica acerca do acúmulo de competências da Corte, v. Oscar Vilhena Vieria, Supremocracia, *Revista de Direito do Estado 12:*55, 2008. Para uma proposta concreta de requacionamento da atuação do STF, v. Luís Roberto Barroso, Reflexões sobre as competências e o funcionamento do Supremo Tribunal Federal, *Consultor Jurídico* 26 ago. 2014 (http://www.conjur.com.br/2014-ago-26/roberto-barroso--propoe-limitar-repercussao-geral-supremo).

do mundo, e destacadamente no Brasil, este segundo papel se tornou não apenas mais visível como, circunstancialmente, mais importante. O presente capítulo procura lançar luz sobre esse fenômeno, que tem passado curiosamente despercebido, apesar de ser, possivelmente, a mais importante transformação institucional da última década.

II. O papel contramajoritário do Supremo Tribunal Federal

O Supremo Tribunal Federal, como as cortes constitucionais em geral, exerce o controle de constitucionalidade dos atos normativos, inclusive os emanados do Poder Legislativo e da chefia do Poder Executivo. No desempenho de tal atribuição, pode invalidar atos do Congresso Nacional – composto por representantes eleitos pelo povo brasileiro – e do Presidente da República, eleito com mais de meia centena de milhões de votos. Vale dizer: onze Ministros do STF (na verdade seis, pois basta a maioria absoluta), que jamais receberam um voto popular, podem sobrepor a sua interpretação da Constituição à que foi feita por agentes políticos investidos de mandato representativo e legitimidade democrática. A essa circunstância, que gera uma aparente incongruência no âmbito de um Estado democrático, a teoria constitucional deu o apelido de "dificuldade contramajoritária"[49].

A despeito de resistências teóricas pontuais[50], esse papel contramajoritário do controle judicial de constitucionalidade tornou-se quase universalmente aceito. A legitimidade democrática da jurisdição constitucional tem sido assentada com base em dois fundamentos principais: a) a proteção dos direitos fundamentais, que correspondem ao mínimo ético e à reserva de justiça de uma comunidade política[51], insuscetíveis de serem atropelados por deliberação política majoritária; e b) a proteção das regras do jogo democrático e dos canais de participação política de todos[52]. A maior parte dos países do mundo confere ao Judiciário e, mais particularmente à sua suprema corte ou corte constitucional, o *sta-*

49. A expressão se tornou clássica a partir da obra de Alexander Bickel, *The least dangerous branch:* the Supreme Court at the bar of politics, 1986, p. 16 e s. A primeira edição do livro é de 1962.

50. E.g., Jeremy Waldron, The core of the case against judicial review. *The Yale Law Journal 115:*1346; e Mark Tushnet, *Taking the Constitution away from the courts*, 2000.

51. A equiparação entre direitos humanos e reserva mínima de justiça é feita por Robert Alexy em diversos de seus trabalhos. V., *e.g.*, *La institucionalización de la justicia*, 2005, p. 76.

52. Para esta visão processualista do papel da jurisdiçao constitucional, v. John Hart Ely, *Democracy and distrust*, 1980.

tus de sentinela contra o risco da tirania das maiorias[53]. Evita-se, assim, que possam deturpar o processo democrático ou oprimir as minorias. Há razoável consenso, nos dias atuais, de que o conceito de democracia transcende a ideia de governo da maioria, exigindo a incorporação de outros valores fundamentais.

Um desses valores fundamentais é o direito de cada indivíduo a igual respeito e consideração[54], isto é, a ser tratado com a mesma dignidade dos demais - o que inclui ter os seus interesses e opiniões levados em conta. A democracia, portanto, para além da dimensão procedimental de ser o governo da maioria, possui igualmente uma dimensão substantiva, que inclui igualdade, liberdade e justiça. É isso que a transforma, verdadeiramente, em um projeto coletivo de autogoverno, em que ninguém é deliberadamente deixado para trás. Mais do que o direito de participação igualitária, democracia significa que os vencidos no processo político, assim como os segmentos minoritários em geral, não estão desamparados e entregues à própria sorte. Justamente ao contrário, conservam a sua condição de membros igualmente dignos da comunidade política[55]. Em quase todo o mundo, o guardião dessas promessas[56] é a suprema corte ou o tribunal constitucional, por sua capacidade de ser um fórum de princípios[57] - isto é, de valores constitucionais, e não de política - e de razão pública - isto é, de argumentos que possam ser aceitos por todos os envolvidos no debate[58]. Seus membros não dependem do processo eleitoral e suas decisões têm de fornecer argumentos normativos e racionais que a suportem.

Cumpre registrar que esse papel contramajoritário do Supremo Tribunal Federal tem sido exercido, como é próprio, com razoável parcimônia. De fato, nas situações em que não estejam em jogo direitos fundamentais e os pressupostos da democracia, a Corte deve ser defe-

---

53. A expressão foi utilizada por John Stuart Mill, *On Liberty*, 1874, p. 13: "A tirania da maioria é agora geralmente incluída entre os males contra os quais a sociedade precisa ser protegida (...)".

54. Ronald Dworkin, *Taking rights seriously*, 1997, p. 181. A primeira edição é de 1977.

55. Nas palavras de Eduardo Mendonça, *A democracia das massas e a democracia das pessoas:* uma reflexão sobre a dificuldade contramajoritária, tese de doutorado, UERJ, mimeografada, 2014, p. 84: "Os perdedores de cada processo decisório não se convertem em dominados, ostentando o direito fundamental de não serem desqualificados como membros igualmente dignos da comunidade política".

56. A expressão consta do título do livro de Antoine Garapon, *O juiz e a democracia:* o guardião das promessas, 1999.

57. Ronald Dworkin, The forum of principle, *New York University Law Review 56:*469, 1981.

58. John Rawls, *Political liberalism*, 2005. A primeira edição é de 1993.

rente para com a liberdade de conformação do legislador e a razoável discricionariedade do administrador. Por isso mesmo, é relativamente baixo o número de dispositivos de leis federais efetivamente declarados inconstitucionais, sob a vigência da Constituição de 1988[59]. É certo que, em uma singularidade brasileira, existem alguns precedentes de dispositivos de emendas constitucionais cuja invalidade foi declarada pelo STF[60]. Mas, também aqui, nada de especial significação, em quantidade e qualidade. Anote-se, por relevante, que em alguns casos emblemáticos de judicialização de decisões políticas – como a ADI contra o dispositivo que autorizava as pesquisas com células-tronco embrionárias, a ADPF contra a lei federal que previa ações afirmativas em favor de negros no acesso a universidades e a ação popular que questionava o decreto presidencial de demarcação contínua da Terra Indígena Raposa Serra do Sol por decreto do Presidente da República – , a posição do Tribunal, em to-

59. Com base em levantamento elaborado pela Secretaria de Gestão Estratégica, do Supremo Tribunal Federal, foi possível identificar 93 dispositivos de lei federal declarados inconstitucionais, desde o início de vigência da Constituição de 1988 – um número pouco expressivo, ainda mais quando se considera que foram editadas, no mesmo período, nada menos que 5.379 leis ordinárias federais, somadas a outras 88 leis complementares. Na imensa maioria dos casos, teve-se o reconhecimento da invalidade de dispositivos pontuais, mantendo-se em vigor a parte mais substancial dos diplomas objeto de questionamento. Embora esse levantamento não leve em conta a abrangência e relevância dos dispositivos que tiveram a sua inconstitucionalidade declarada, confirma a percepção de que, ao menos do ponto de vista quantitativo, a imensa maioria da produção legislativa não é afetada pela atuação do STF.

60. Em ordem cronológica, é possível sistematizar da seguinte forma: **(i)** declaração de inconstitucionalidade da EC nº 3/93, que havia instituído o IPMF – Imposto Provisório sobre Movimentações Financeiras, sob o fundamento de não terem sido observadas determinadas limitações constitucionais ao poder de tributar, como a anterioridade e a imunidade recíproca dos entes federativos (STF, DJ 09.03.1994, ADI 939, Rel. Min. Sydney Sanches; **(ii)** Interpretação conforme a EC 20/98, assentando que o teto instituído para o custeio estatal de benefícios do regime geral de previdência não seria aplicável à licença-gestante, de modo a evitar que o repasse de encargos aos empregadores prejudicasse a inserção das mulheres no mercado de trabalho formal (STF, ADI 1.946, DJ 16.05.2003, Rel. Min. Sydney Sanches); **(iii)** declaração de inconstitucionalidade de dispositivos pontuais da EC 41/2004, apenas na parte em que se instituía variação entre União, Estados e Municípios no tocante ao cálculo da contribuição previdenciária devida pelos servidores inativos, sob o fundamento de ofensa ao princípio federativo (STF, DJ 18.02.2005, ADI 3.128, Rel. p/ o acórdão Min. Cezar Peluso); **(iv)** suspensão cautelar da parte central da EC 30/2000, que estabelecera um regime especial para o pagamento de precatórios vencidos, com parcelamento em dez anos, sob os argumentos de quebra da ordem de pagamentos e da isonomia, bem como de violação à autoridade das decisões judiciais (STF, DJe 19.05.2011, MC na ADI 2.356, Rel. p/ o acórdão Min. Ayres Britto);**(v)** declaração de inconstitucionalidade de parte substancial da EC nº 62/09, que pretendeu instituir um novo regime transitório para a regularização dos precatórios, novamente sob os argumentos centrais de quebra da ordem cronológica e da isonomia, bem como de violação ao princípio da moralidade administrativa (STF, DJe 19.12.2013, ADI 4.357 e ADI 4.425, Rel. Min. Luiz Fux).

dos eles, foi de autocontenção e de preservação da decisão tomada pelo Congresso Nacional ou pelo Presidente da República.

Até aqui procurou-se justificar a legitimidade democrática do papel contramajoritário exercido pela jurisdição constitucional, bem como demonstrar que não há superposição plena entre o conceito de democracia e o princípio majoritário. Antes de analisar o tema da função representativa do STF e concluir o presente ensaio, cabe enfrentar uma questão complexa e delicada em todo o mundo, materializada na seguinte indagação: até que ponto é possível afirmar, sem apegar-se a uma ficção ou a uma idealização desconectada dos fatos, que os atos legislativos correspondem, efetivamente, à vontade majoritária?

II. A CRISE DA REPRESENTAÇÃO POLÍTICA

Há muitas décadas, em todo o mundo democrático, é recorrente o discurso acerca da crise dos parlamentos e das dificuldades da representação política. Da Escandinávia à América Latina, um misto de ceticismo, indiferença e insatisfação assinala a relação da sociedade civil com a classe política. Nos países em que o voto não é obrigatório, os índices de abstenção revelam o desinteresse geral. Em países de voto obrigatório, como o Brasil, um percentual muito baixo de eleitores é capaz de se recordar em quem votou nas últimas eleições parlamentares. Disfuncionalidade, corrupção, captura por interesses privados são temas globalmente associados à atividade política. E, não obstante isso, em qualquer Estado democrático, política é um gênero de primeira necessidade. Mas as insuficiências da democracia representativa, na quadra atual, são excessivamente óbvias para serem ignoradas.

A consequência inevitável é a dificuldade de o sistema representativo expressar, efetivamente, a vontade majoritária da população. Como dito, o fenômeno é em certa medida universal. Nos Estados Unidos, cuja política interna tem visibilidade global, os desmandos do financiamento eleitoral, a indesejável infiltração da religião no espaço público e a radicalização de alguns discursos partidários deterioraram o debate público e afastaram o cidadão comum. Vicissitudes análogas acometem países da América Latina e da Europa, com populismos de esquerda, em uma, e de direita, em outra. No Brasil, por igual, vive-se uma situação delicada, em que a atividade política desprendeu-se da sociedade civil, que passou a vê-la com indiferença, desconfiança ou desprezo. Ao longo dos anos, a ampla exposição das disfunções do financiamento eleitoral, das relações oblíquas entre Executivo e parlamentares e do exercício de cargos públicos para benefício próprio revelou as mazelas de um sistema que gera muita indignação e poucos resultados[61]. Em suma: a doutrina, que antes se interessava pelo tema da dificuldade contramajoritária dos tribunais constitucionais, começa a voltar atenção para o déficit democrático da representação política[62].

Essa crise de legitimidade, representatividade e funcionalidade dos parlamentos gerou, como primeira consequência, em diferentes partes do mundo, um fortalecimento do Poder Executivo. Nos últimos anos, porém, e com especial expressão no Brasil, tem-se verificado uma expansão do Poder Judiciário e, notadamente, do Supremo Tribunal Federal. Em curioso paradoxo, o fato é que em muitas situações juízes e tribunais se tornaram mais representativos dos anseios e demandas sociais do que as instâncias políticas tradicionais. É estranho, mas vivemos uma quadra em que a sociedade se identifica mais com seus juízes do que com seus parlamentares. Um exemplo ilustra bem a afirmação: quando o Congresso Nacional aprovou as pesquisas com células-tronco embrionárias, o tema passou despercebido. Quando a lei foi questionada no STF, assistiu-se a um debate nacional. É imperativo procurar compreender melhor este fenômeno, explorar-lhe eventuais potencialidades positivas e remediar a distorção que ele representa. A teoria constitucional ainda não elaborou analiticamente o tema, a despeito da constatação inevitável: a democracia já não flui exclusivamente pelas instâncias políticas tradicionais.

---

61. Expressando esse desencanto, escreveu em artigo jornalístico o historiador Marco Antonio Villa (Os desiludidos da República, *O Globo*, 8 jul. 2014, p. 16): "O processo eleitoral reforça este quadro de hostilidade à política. A mera realização de eleições – que é importante – não desperta grande interesse. Há um notório sentimento popular de cansaço, de enfado, de identificação do voto como um ato inútil, que nada muda. De que toda eleição é sempre igual, recheada de ataques pessoais e alianças absurdas. Da ausência de discussões programáticas. De promessas que são descumpridas nos primeiros dias de governo. De políticos sabidamente corruptos e que permanecem eternamente como candidatos – e muitos deles eleitos e reeleitos. Da transformação da eleição em comércio muito rendoso, onde não há política no sentido clássico. Além da insuportável propaganda televisiva, com os jingles, a falsa alegria dos eleitores e os candidatos dissertando sobre o que não sabem".

62. V., *e.g.*, Mark A. Graber, The countermajoritarian difficulty: from courts to Congress to constitutional order, *Annual Review of Law and Social Science 4:*361-62 (2008). Em meu texto *Neoconstitucionalismo e constitucionalização do Direito:* o triunfo tardio do direito constitucional no Brasil, *Revista de Direito Administrativo 240:*1, 2005, p. 41, escrevi: "Cidadão é diferente de eleitor; governo do povo não é governo do eleitorado. No geral, o processo político majoritário se move por interesses, ao passo que a lógica democrática se inspira em valores. E, muitas vezes, só restará o Judiciário para preservá-los. O *deficit* democrático do Judiciário, decorrente da dificuldade contramajoritária, não é necessariamente maior que o do Legislativo, cuja composição pode estar afetada por disfunções diversas, dentre as quais o uso da máquina administrativa, o abuso do poder econômico, a manipulação dos meios de comunicação".

III. O PAPEL REPRESENTATIVO DO SUPREMO TRIBUNAL FEDERAL[63]

"A grande arte em política
não é ouvir os que falam,
é ouvir os que se calam".
Étienne Lamy

Ao longo do texto procurou-se ressaltar a substantivação do conceito de democracia, que não apenas não se identifica integralmente com o princípio majoritário, como ademais, tem procurado novos mecanismos de expressão. Um deles foi a transferência de poder político – aí incluído certo grau de criação judicial do direito – para órgãos como o Supremo Tribunal Federal. O presente tópico procura explorar esse fenômeno, tanto na sua dinâmica interna quanto nas suas causas e consequências. No arranjo institucional contemporâneo, em que se dá a confluência entre a democracia representativa e a democracia deliberativa[64], o exercício do poder e da autoridade é legitimado por votos e por argumentos. É fora de dúvida que o modelo tradicional de separação de Poderes, concebido no século XIX e que sobreviveu ao século XX, já não dá conta de justificar, em toda a extensão, a estrutura e funcionamento do constitucionalismo contemporâneo. Para utilizar um lugar comum, parodiando Antonio Gramsci, vivemos um momento em que o velho já morreu e novo ainda não nasceu[65].

---

63. O presente tópico beneficia-se da minha longa interlocução com Eduardo Mendonça, que se materializou em dois trabalhos que escrevemos em parceria e, sobretudo, na sua notável tese de doutorado, da qual fui orientador, intitulada *A democracia das massas e a democracia das pessoas:* uma reflexão sobre a dificuldade contramajoritária, UERJ, mimeografado, 2014. Os trabalhos conjuntos foram publicados na revista eletrônica *Consultor Jurídico*, como resenhas da atuação do STF nos anos de 2011 e 2012, intituladas, respectivamente, *Supremo foi permeável à opinião pública, sem ser subserviente* e *STF entre seus papéis contramajoritário e representativo.*

64. A ideia de democracia deliberativa tem como precursores autores como John Rawls, com sua ênfase na razão, e Jurgen Habermas, com sua ênfase na comunicação humana. Sobre democracia deliberativa, v., entre muitos, em língua inglesa, Amy Gutmann e Dennis Thompson, *Why deliberative democracy?*, 2004; em português, Cláudio Pereira de Souza Neto, *Teoria constitucional e democracia deliberativa*, 2006.

65. Antonio Gramsci, *Cadernos do Cárcere*, 1926-1937. Disponível, na versão em espanhol, em http://pt.scribd.com/doc/63460598/Gramsci-Antonio-Cuadernos-de-La-Carcel-Tomo-1--OCR:"A crise consiste precisamente no fato de que o velho está morrendo e o novo não pode nascer. Nesse interregno, uma grande variedade de sintomas mórbidos aparecem". V. tb., entrevista do sociólogo Zigmunt Bauman, disponível emhttp://www.ihu.unisinos.br/noticias/24025-%60%60o-velho-mundo-esta-morrendo-mas-o-novo-ainda-nao--nasceu%60%60-entrevista-com-zigmunt-bauman.

A doutrina da dificuldade contramajoritária, estudada anteriormente, assenta-se na premissa de que as decisões dos órgãos eletivos, como o Congresso Nacional, seriam sempre expressão da vontade majoritária. E que, ao revés, as decisões proferidas por uma corte suprema, cujos membros não são eleitos, jamais seriam. Qualquer estudo empírico desacreditaria as duas proposições. Por numerosas razões, o Legislativo nem sempre expressa o sentimento da maioria[66]. Além do já mencionado déficit democrático resultante das falhas do sistema eleitoral e partidário, é possível apontar algumas outras. Em primeiro lugar, minorias parlamentares podem funcionar como *veto players*[67], *obstruindo o processamento da vontade da própria maioria parlamentar. Em outros casos, o autointeresse da Casa legislativa leva-a a decisões que frustram o sentimento popular. Além disso, parlamentos em todo o mundo estão sujeitos à captura eventual por interesses especiais, eufemismo que identifica o atendimento a interesses de certos agentes influentes do ponto de vista político ou econômico, ainda quando em conflito com o interesse coletivo*[68].

Por outro lado, não é incomum nem surpreendente que o Judiciário, em certos contextos, seja melhor intérprete do sentimento majoritário. Inúmeras razões contribuem para isso[69]. *Inicio por uma que é menos explorada pela doutrina em geral, mas particularmente significativa no Brasil. Juízes são recrutados, na primeira instância, mediante concurso público. Isso significa que pessoas vindas de diferentes origens sociais, desde que tenham*

---

66. Sobre o tema, v. Corinna Barret Lain, Upside-down judicial review, *The Georgetown Law Review 101:*113, 2012-2103. V. tb. Michael J. Klarman, The majoritarian judicial review: the entrenchment problem, *The Georgetown Law Journal 85:*49, 1996-1997.

67. *Veto players* são atores individuais ou coletivos com capacidade de parar o jogo ou impedir o avanço de uma agenda. Sobre o tema, v. Pedro Abramovay, *Separação de Poderes e medidas provisórias*, 2012, p. 44 e s.

68. Este tema tem sido objeto de estudo, nos Estados Unidos, por parte da chamada *public choice theory*, que procura desmistificar a associação entre lei e vontade da maioria. Para um resumo desses argumentos, v. Rodrigo Brandão, *Supremacia judicial* versus *diálogos institucionais*: a quem cabe a última palavra sobre o sentido da Constituição, 2012, p. 205.

69. Patrícia Perrone Campos Mello, *Nos bastidores do Supremo Tribunal Federal: Constituição, emoção, estratégia e espetáculo*, tese de doutorado, UERJ, mimeografada, 2014, p. 399-411, faz uma compilação das justificativas apresentadas por diferentes autores na literatura jurídica americana para esse alinhamento das Supremas Cortes com a maioria. Os principais deles seriam: i) a indicação política dos juízes, que, por isso, seriam sensíveis ao pensamento da maioria; ii) a sujeição dos juízes aos valores da comunidade e aos mesmos movimentos sociais; iii) a interação das Supremas Cortes com a opinião pública (inclusive através do backlash); iv) a preocupação com sua credibilidade e estabilidade institucional (em face das instâncias majoritárias); v) o desejo de reconhecimento ou a preocupação com a imagem de seus integrantes junto à opinião pública.

cursado uma Faculdade de Direito e tenham feito um estudo sistemático aplicado, podem ingressar na magistratura. Essa ordem de coisas produziu, ao longo dos anos, um drástico efeito democratizador do Judiciário. Por outro lado, o acesso a uma vaga no Congresso envolve um custo financeiro elevado, que obriga o candidato, com frequência, a buscar financiamentos e parcerias com diferentes atores econômicos e empresariais. Esse fato produz uma inevitável aliança com alguns interesses particulares. Por essa razão, em algumas circunstâncias, juízes são capazes de representar melhor – ou com mais independência – a vontade da sociedade. Poder-se-ia contrapor que este argumento não é válido para os integrantes do Supremo Tribunal Federal. Na prática, porém, a quase integralidade dos Ministros integrantes da Corte é composta por egressos de carreiras jurídicas cujo ingresso se faz por disputados concursos públicos[70].

Diversas outras razões se acrescem a esta. Em primeiro lugar, juízes possuem a garantia da vitaliciedade. Como consequência, não estão sujeitos às circunstâncias de curto prazo da política eleitoral, nem tampouco, ao menos em princípio, a tentações populistas. Uma segunda razão é que os órgãos judiciais somente podem atuar por iniciativa das partes: ações judiciais não se instauram de ofício. Ademais, juízes e tribunais não podem julgar além do que foi pedido e têm o dever de ouvir todos os interessados. No caso do Supremo Tribunal Federal, além da atuação obrigatória do Procurador-Geral da República e do Advogado-Geral da União em diversas ações, existe a possibilidade de convocação de audiências públicas e da atuação de amici curiae. Por fim, mas não menos importante, decisões judiciais precisam ser motivadas. Isso significa que, para serem válidas, jamais poderão ser um ato de pura vontade discricionária: a ordem jurídica impõe ao juiz de qualquer grau o dever de apresentar razões, isto é, os fundamentos e argumentos do seu raciocínio e convencimento.

Convém aprofundar um pouco mais este último ponto. Em uma visão tradicional e puramente majoritária da democracia, ela se resumiria a uma *legitimação eleitoral* do poder. Por esse critério, o fascismo na Itá-

70. Na composição de julho de 2014: Celso de Mello era integrante do Ministério Público de São Paulo. Gilmar Mendes e Joaquim Barbosa vieram do Ministério Público Federal. Carmen Lúcia e Luís Roberto Barroso eram procuradores do Estado. Luiz Fux e Teori Zavascky proveem, respectivamente, da magistratura estadual e federal. Rosa Weber, da magistratura do trabalho. Os outros três Ministros, embora não concursados para ingresso nas instituições que integravam, vieram de carreiras vitoriosas: Marco Aurélio Mello (Procuradoria do Trabalho e, depois, Ministro do TST), Ricardo Lewandowski (Desembargador do Tribunal de Justiça de São Paulo, tendo ingressado na magistratura pelo quinto constitucional) e Dias Toffoli (Advogado-Geral da União).

lia ou o nazismo na Alemanha poderiam ser vistos como democráticos, ao menos no momento em que se instalaram no poder e pelo período em que tiveram apoio da maioria da população. Aliás, por esse último critério, até mesmo o período Médici, no Brasil, passaria no teste. Não é uma boa tese. Além do momento da investidura, o poder se legitima, também, por suas ações e pelos fins visados[71]. Cabe aqui retomar a ideia de democracia deliberativa, que se funda, precisamente, em uma *legitimação discursiva*: as decisões políticas devem ser produzidas após debate público livre, amplo e aberto, ao fim do qual se forneçam as *razões* das opções feitas. Por isso se ter afirmado, anteriormente, que a democracia contemporânea é feita de votos e argumentos[72]. Um *insight* importante nesse domínio é fornecido pelo jusfilósofo alemão Robert Alexy, que se refere à corte constitucional como *representante argumentativo da sociedade*. Segundo ele, a única maneira de reconciliar a jurisdição constitucional com a democracia é concebê-la, também, como uma representação popular. Pessoas racionais são capazes de aceitar argumentos sólidos e corretos. O constitucionalismo democrático possui uma legitimação discursiva, que é um projeto de institucionalização da razão e da correção[73].

Cabe fazer algumas observações adicionais. A primeira delas de caráter terminológico. Se se admite a tese de que os órgãos representativos podem não refletir a vontade majoritária, decisão judicial que infirme um ato do Congresso pode não ser contramajoritária. O que ela será, invariavelmente, é *contrarrepresentativa*[74]*, entendendo-se o parlamento como o órgão por excelência de representação popular. De parte isso, cumpre fazer um contraponto à assertiva, feita parágrafos atrás, de que juízes eram menos suscetíveis a tentações populistas. Isso não significa que estejam imunes a essa disfunção. Notadamente em uma época de julgamentos televisados, cobertura da imprensa e reflexos na opinião pública, o impulso de agradar a plateia é um risco que não pode ser descartado. Mas pen-*

---

71. V. Diogo de Figueiredo Moreira Neto, *Teoria do poder*, Parte I, 1992, p. 228-231, em que discorre sobre a legitimidade *originária*, *corrente* e *finalística* do poder político.

72. Para o aprofundamento dessa discussão acerca de legitimação eleitoral e discursiva, v. Eduardo Mendonça, *A democracia das massas e a democracia das pessoas:* uma reflexão sobre a dificuldade contramajoritária, mimeografado, 2014, p. 64-86.

73. V. Robert Alexy, Balancing, constitutional review, and representation, *International Journal of Constitutional Law 3:*572, 2005, p. 578 e s.

74. Tal particularidade foi bem captada por Eduardo Mendonça, *A democracia das massas e a democracia das pessoas:* uma reflexão sobre a dificuldade contramajoritária, mimeografado, 2014, p. 213 e s.

so que qualquer observador isento testemunhará que esta não é a regra. É pertinente advertir, ainda, para um outro risco. Juízes são aprovados em concursos árduos e competitivos, que exigem longa preparação, constituindo quadros qualificados do serviço público. Tal fato pode trazer a pretensão de sobrepor uma certa racionalidade judicial às circunstâncias dos outros Poderes, cuja lógica de atuação, muitas vezes, é mais complexa e menos cartesiana. Por evidente, a arrogância judicial é tão ruim quanto qualquer outra, e há de ser evitada.

O fato de não estarem sujeitas a certas vicissitudes que acometem os dois ramos políticos dos Poderes não é, naturalmente, garantia de que as supremas cortes se inclinarão em favor das posições majoritárias da sociedade. A verdade, no entanto, é que uma observação atenta da realidade revela que é isso mesmo o que acontece. Nos Estados Unidos, décadas de estudos empíricos demonstram o ponto[75]*. Também no Brasil tem sido assim. A decisão do Supremo Tribunal Federal na ADC nº 12*[76]*, e a posterior edição da Súmula Vinculante nº 13, que chancelaram a proibição do nepotismo nos três Poderes, representaram um claro alinhamento com as demandas da sociedade em matéria de moralidade administrativa. A tese vencida era a de que somente o legislador poderia impor esse tipo de restrição*[77]*. Também ao apreciar a legitimidade da criação do Conselho Nacional de Justiça – CNJ como órgão de controle do Judiciário e ao afirmar a competência concorrente do Conselho para instaurar processos disciplinares contra magistrados, o STF atendeu ao anseio social pela reforma do Judiciário, apesar da resistência de setores da própria magistratura*[78]*. No tocante à fidelidade partidária, a posição do STF foi ainda mais arroja-*

---

75. Corinna Barret Lain, Upside-down judicial review,*The Georgetown Law Review 101:*113, 2012-2103, p. 158. V. tb. Robert A. Dahl, Decision-making in a democracy: the Supreme Court as a national policy-maker,*Journal of Public Law 6:* 279, 1957, p. 285; e Jeffrey Rosen, *The most democratic branch:* how the courts serve America, 2006, p. xii: "Longe de proteger as minorias contra a tirania das maiorias ou contrabalançar a vontade do povo, os tribunais, ao longo da maior parte da história americana, têm se inclinado por refletir a visão constitucional das maiorias".

76. ADC nº 13, Rel. Min. Carlos Ayres Britto.

77. Em defesa do ponto de vista de que o CNJ não teria o poder de impor tal vedação, v. Lenio Streck, Ingo Wolfgang Sarlet e Clemerson Merlin Cleve, Os limites constitucionais das resoluções do Conselho Nacional de Justiça (CNJ)e do Conselho Nacional do Ministério Público (CNMP). In: http://www.egov.ufsc.br/portal/sites/default/files/anexos/15653-15654-1-PB.pdf.

78. ADI nº 3367, Rel. Min. Cezar Peluso, e ADI nº 4.638, Rel. Min. Marco Aurélio. Merece registro, em relação ao segundo ponto, a atuação decisiva da então Corregedora Nacional de Justiça, Ministra Eliana Calmon, na defesa da competência concorrente – e não meramente supletiva – do CNJ.

da, ao determinar a perda do mandato por parlamentar que trocasse de partido[79]*. Embora tenha sofrido crítica por excesso de ativismo, é fora de dúvida que a decisão atendeu a um anseio social que não obteve resposta do Congresso. Outro exemplo: no julgamento, ainda não concluído, no qual se discute a legitimidade ou não da participação de empresas privadas no financiamento eleitoral, o STF, claramente espelhando um sentimento majoritário, sinaliza com a diminuição do peso do dinheiro no processo eleitoral*[80]*. A Corte acaba realizando, em fatias, de modo incompleto e sem possibilidade de sistematização, a reforma política que a sociedade clama.*

Para além do papel puramente representativo, supremas cortes desempenham, ocasionalmente, o papel iluminista[81] *de empurrar a história quando ela emperra. Trata-se de uma competência perigosa, a ser exercida com grande parcimônia, pelo risco democrático que ela representa e para que as cortes constitucionais não se transformem em instâncias hegemônicas. Mas, vez por outra, trata-se de papel imprescindível. Nos Estados Unidos, foi por impulso da Suprema Corte que se declarou a ilegitimidade da segregação racial nas escolas públicas, no julgamento de Brown v. Board of Education*[82], bem como assegurou-se a validade do casamento entre pessoas do mesmo sexo[83]. Na África do Sul, coube ao Tribunal Constitucional abolir a pena de morte[84]. Na Alemanha, o Tribunal Constitucional Federal deu a última palavra sobre a validade da criminalização da negação do holocausto[85]. A Suprema Corte de Israel reafirmou

79. MS nº 26.604, Rel. Min. Cármen Lúcia.

80. ADI nº 4.650, Rel. Min. Luiz Fux. Pesquisa conduzida pelo Datafolha, divulgada em julho de 2015, apurou que 74% da população são contrários ao financiamento empresarial de partidos políticos. Apenas 16% dos entrevistados são favoráveis e 10% não opinaram. V. http://politica.estadao.com.br/blogs/fausto-macedo/74-dos-brasileiros-sao-contra-doacoes-eleitorais-de-empresas-diz-pesquisa/, último acesso em 22 jul. 2015. V. tb. http://oglobo.globo.com/brasil/datafolha-tres-em-cada-quatro-brasileiros-sao-contra-financiamento-de-campanha-por-empresas-privadas-16672767, último acesso em 22 jul. 2015.

81. Em versões anteriores deste texto, utilizei a expressão "vanguarda iluminista" para descrever este papel. Mas há uma forma mais autocontida de expressar a mesma ideia, que é a de reconhecer que iluminista é a Constituição, cabendo ao intérprete potencializar esta sua faceta. Este *insight* surgiu do debate com Oscar Vilhena Vieira, a quem sou grato também por isso.

82. 347 U.S. 483 (1954).

83. (*Obergefel v. Hodges*, 576 U.S. __, julg. em 26 jun. 2015). A decisão determina que os Estados admitam a celebração de casamento entre pessoas do mesmo sexo, bem como que reconheçam os casamentos de pessoas do mesmo sexo validamente celebrados em outros Estados.

84. *S v. Makwanyane and Another* (CCT3/94) [1995] ZACC 3. Disponível em http://www.constitutionalcourt.org.za/Archimages/2353.PDF.

85. 90 *BVerfGe* 241 (1994). V. Winfried Brugger, Ban on Or Protection of Hate Speech? Some Observations Based on German and American Law,*Tulane European& Civil Law Forum*, n. 17,

a absoluta proibição da tortura, mesmo na hipótese de interrogatório de suspeitos de terrorismo, em um ambiente social conflagrado, que se tornara leniente com tal prática[86].

No Brasil, o Supremo Tribunal Federal equiparou as uniões homoafetivas às uniões estáveis convencionais, abrindo caminho para o casamento entre pessoas do mesmo sexo[87]. Talvez esta não fosse uma posição majoritária na sociedade, mas a proteção de um direito fundamental à igualdade legitimava a atuação. Semelhantemente se passou com a permissão para a interrupção da gestação de fetos anencefálicos[88]. São exemplos emblemáticos do papel iluminista da jurisdição constitucional. Nesses dois casos específicos, um fenômeno chamou a atenção. Em razão da natureza polêmica dos dois temas, uma quantidade expressiva de juristas se posicionou contrariamente às decisões - "não por serem contrários ao mérito, absolutamente não..." -, mas por entenderem se tratar de matéria da competência do legislador, e não do STF. Como havia direitos fundamentais em jogo, esta não parece ser a melhor posição. Ela contrapõe o princípio formal da democracia - as maiorias políticas é que têm legitimidade para decidir - aos princípios materiais da igualdade e da dignidade da pessoa humana, favorecendo o primeiro em ambos os casos[89]. Coloca-se o procedimento acima do resultado, o que não parece um bom critério[90].

Também se insere nessa linha de atuação mais iluminista e menos majoritária julgados que reconheceram direitos aos transexuais. A esse propósito, decisões judiciais têm assegurado a possibilidade de alteração do nome após cirurgia de mudança de sexo[91], bem como a própria

---

2002, p.1.

86. *Public Committee Against Torture in Israel v. The State of Israel & The General Security Service.* HCJ 5100/94 (1999). Disponível em http://elyon1.court.gov.il/files_eng/94/000/051/a09/94051000.a09.pdf.

87. ADPF nº 132 e ADI nº 142, Rel. Min. Carlos Ayres Britto.

88. ADPF nº 54, Rel. Min. Marco Aurélio.

89. Sobre princípios formais e materiais, e critérios para a ponderação entre ambos, v. Robert Alexy, Princípios formais. In: Alexandre Travessoni Gomes Trivisonno, Aziz Tuffi Saliba e Mônica Sette Lopes (orgs.), *Princípios formais e outros aspectos da teoria discursiva*, 2014. Na p. 20, escreveu Alexy: "Admitir uma competência do legislador democraticamente legitimado de interferir em um direito fundamental simplesmente porque ele é democraticamente legitimado destruriria a prioridade da constituição sobre a legislação parlamentar ordinária".

90. Inúmeros autores têm posição diversa. V. por todos, Jurgen Habermas, *Between Facts and Norms*, 1996, p. 463 e s.

91. O Superior Tribunal de Justiça tem autorizado a modificação do nome que consta do registro civil, após a cirurgia de alteração do sexo. O primeiro recurso sobre o tema foi julgado pela

realização da cirurgia dessa natureza no âmbito do sistema público de saúde[92]. Na pauta do próprio Supremo Tribunal Federal encontram-se, com repercussão geral já reconhecida, a discussão sobre mudança de nome independentemente de cirurgia e a utilização, por transexuais, de banheiro público correspondente à sua autopercepção. Difícil imaginar essas questões sendo enfrentadas e superadas, no quadro atual, pelo processo legislativo ordinário. Deveria o Judiciário, em razão disso, silenciar ou se omitir? Também integram as minorias invisíveis os presos recolhidos ao sistema penitenciário. Sem surpresa, também aqui o caminho de superação das dramáticas violações à dignidade humana tem sido o Judiciário e o Supremo Tribunal Federal.

Às vezes, ocorre na sociedade uma reação a certos avanços propostos pela suprema corte. Nos Estados Unidos, esse fenômeno recebe o nome de *backlash*. Um caso paradigmático de reação do Legislativo se deu contra o julgamento de *Furman v. Georgia*[93], em 1972, no qual a Suprema Corte considerou inconstitucional a pena de morte, tal como aplicada em 39 Estados da Federação[94]. O fundamento principal era o descritério nas decisões dos júris e o impacto desproporcional sobre as minorias. Em 1976, no entanto, a maioria dos Estados havia aprovado novas leis sobre pena de morte, contornando o julgado da Suprema Corte. Em *Gregg v. Georgia*[95], a Suprema Corte manteve a validade da nova versão da legislação penal daquele Estado. Também em *Roe v. Wade*[96], a célebre decisão que descriminalizou o aborto, as reações foram imensas, até hoje dividindo opiniões de maneira radical[97]. No Brasil, houve

3a Turma do STJ em 2007 (REsp 678.933, Rel. Min. Carlos Alberto Menezes Direito, j. em 22.03.2007), que concordou com a mudança desde que o registro de alteração de sexo constasse da certidão civil. Posteriormente, em 2009, o STJ voltou a analisar o assunto e garantiu ao transexual a troca do nome e do gênero em registro, sem que constasse a anotação no documento, mas apenas nos livros cartorários (REsp 1008398, Rel. Min. Nancy Andrighi, j. em 15.10.2009).

92. A título exemplificativo, cf.: Tribunal Regional Federal da 4ª Região. AC 2001.71.00.026279-9, j. em 14.08.2007. A matéria encontra-se regulamentada pela Portaria nº 457, de agosto de 2008, do Ministério da Saúde.

93. 408 U.S. 238 (1972).

94. Para um estudo da questão, v. Corinna Barret Lain, Upside-down judicial review, (January 12, 2012). Disponível no sítio Social Science Research Network - SSRN: http://ssrn.com/abstract=1984060 or http://dx.doi.org/10.2139/ssrn.1984060, p. 12 e s.

95. 428 U.S. 153 (1976).

96. 410 U.S. 113 (1973).

97. Sobre o tema, v. Robert Post e Reva Siegel, Roe Rage: democratic constitutionalism and backlash, Harvard Civil Rights-Civil Liberties Law Review, 2007; Yale Law School, Public Law

alguns poucos casos de reação normativa a decisões do Supremo Tribunal Federal, como, por exemplo, em relação ao foro por prerrogativa de função[98], às taxas municipais de iluminação pública[99], à progressividade das alíquotas do IPTU[100], à cobrança de contribuição previdenciária de inativos[101] e à definição do número de vereadores[102].

Em favor da tese que se vem sustentando ao longo do presente trabalho, acerca do importante papel democrático da jurisdição constitucional, é possível apresentar uma coleção significativa de decisões do Supremo Tribunal Federal que contribuíram para o avanço social no

---

Working Paper No. 131. Available at SSRN: http://ssrn.com/abstract=990968.

98. No caso, a Lei nº 10.628/02 introduziu um §1° ao art. 84, do Código de Processo Penal, estabelecendo que o foro por prerrogativa de função seria mantido mesmo apos o fim da função pública, em relação aos atos praticados no exercício da função. Essa disposição significava, na prática, o restabelecimento do entendimento constante da Súmula 394, do Supremo Tribunal Federal, que havia sido cancelada pela Corte em tempo recente (Inq 687-QO, Rel. Min. Sydney Sanches). No entanto, em um caso singular de reação jurisdicional à reação legislativa, o STF declarou a inconstitucionalidade da lei, afirmando que não caberia ao Congresso rever a interpretação do texto constitucional dada pela jurisdição. V. STF, ADI 2.797, DJ 19.12.2006, Rel. Min. Sepúlveda Pertence.

99. O julgamento do RE 233.332/RJ, sob a relatoria do Ministro Ilmar Galvão, em 1999, assentou o entendimento de que "o serviço de iluminação pública não pode ser remunerado mediante taxa", dada a sua indivisibilidade. O Congresso Nacional, porém, poucos anos depois, editou a EC nº 39/02, acrescentando a contribuição de iluminação pública ao rol das espécies tributárias previstas na Constituição e, na prática, restabelecendo a cobrança desejada pelos Municípios.

100. Em diversos precedentes, o STF declarou a natureza real do IPTU e, com base nisso, a invalidade de leis municipais que pretendiam fixar alíquotas progressivas, estabelecidas segundo dados da capacidade contributiva dos contribuintes. O entendimento da Corte foi superado pela EC nº 29/2000, que admitiu, expressamente, a progressividade.

101. Ao julgar a ADI 2010/DF, relatada pelo Ministro Celso de Mello, o STF declarou inconstitucional a incidência de contribuição previdenciária sobre os proventos dos servidores públicos inativos. Na sequência, Congresso promulgou a EC nº 41/03, que admitiu expressamente a possibilidade de incidência, a ser imposta por lei do ente responsável por cada sistema próprio. O debate foi devolvido ao Tribunal, que resolveu manter a opção política do constituinte derivado, notadamente a partir do argumento de que inexiste direito adquirido a não ser tributado (STF, DJ 18.02.2005, ADI 3.128, Rel. p/ o acórdão Min. Cezar Peluso).

102. No RE 197.917/SP, julgado sob a relatoria do Ministro Maurício Corrêa, o STF declarou a inconstitucionalidade de lei do Município de Mira Estrela/SP, que aumentara o número de vereadores de nove para onze. Segundo o entendimento firmado, não seria suficiente que os Municípios respeitassem as três amplas faixas então indicadas art. 29, IV, da Constituição – tendo em vista tais patamares, o número de vereadores deveria ser rigorosamente proporcional à população de cada Município, a ponto de o STF haver elaborado uma tabela taxativa, a partir de uma operação de regra de três. Em reação parcial à decisão do Tribunal, o Congresso promulgou a EC 58/09, que introduziu 25 novas faixas populacionais, com margens limitadas de decisão autônoma. Assim, embora não se tenha restaurado a discricionariedade ampla antes existente, o constituinte derivado atenuou a proporcionalidade rigorosa que o STF pretendera impor.

Brasil. Todas elas têm natureza constitucional, mas produzem impacto em um ramo específico do Direito, como enunciado abaixo:

Direito civil: proibição da prisão por dívida no caso de depositário infiel, reconhecendo a eficácia e prevalência do Pacto de San Jose da Costa Rica em relação ao direito interno.

Direito penal: declaração da inconstitucionalidade da proibição de progressão de regime, em caso de crimes hediondos e equiparáveis.

Direito administrativo: vedação do nepotismo nos três Poderes.

Direito à saúde: determinação de fornecimento de gratuito de medicamentos necessários ao tratamento da AIDS em pacientes sem recursos financeiros.

Direito à educação: direito à educação infantil, aí incluídos o atendimento em creche e o acesso à pré-escola. Dever do Poder Público de dar efetividade a esse direito.

Direitos políticos: proibição de livre mudança de partido após a eleição para cargo proporcional, sob pena de perda do mandato, por violação ao princípio democrático.

Direitos dos trabalhadores públicos: regulamentação, por via de mandado de injunção, do direito de greve dos servidores e trabalhadores do serviço público.

Direito dos deficientes físicos: direito de passe livre no sistema de transporte coletivo interestadual a pessoas portadoras de deficiência, comprovadamente carentes.

Proteção das minorias:

(i) *Judeus*: a liberdade de expressão não inclui manifestações de racismo, aí incluído o antissemitismo.

(ii) *Negros:* validação de ações afirmativas em favor de negros, pardos e índios.

(iii) *Homossexuais:* equiparação das relações homoafetivas às uniões estáveis convencionais e direito ao casamento civil.

(iv) *Comunidades indígenas:* demarcação da reserva indígena Raposa Serra do Sol em área contínua.

Liberdade de pesquisa científica: declaração da constitucionalidade das pesquisas com células-tronco embrionárias.

Liberdade de expressão: inconstitucionalidade da exigência de autorização prévia da pessoa retratada ou de seus familiares para a divulgação de obras biográficas;

Direito das mulheres: direito à antecipação terapêutica do parto em caso de feto anencefálico; constitucionalidade da Lei Maria da Penha, que reprime a violência doméstica contra a mulher.

Três últimos comentários antes de encerrar. Primeiro: a jurisdição constitucional, como se procurou demonstrar acima, tem servido bem ao país. A preocupação com abusos por parte de juízes e tribunais não é infundada, e é preciso estar preparado para evitar que ocorram[103]. Porém, no mundo real, são muito limitadas as decisões do Supremo Tribunal Federal às quais se possa imputar a pecha de haverem ultrapassado a fronteira aceitável. E, nos poucos casos em que isso ocorreu, o próprio Tribunal cuidou de remediar[104]. Portanto, não se deve desprezar, por um temor imaginário, as potencialidades democráticas e civilizatórias de uma corte constitucional. A crítica à atuação do STF, desejável e legítima em uma sociedade plural e aberta, provem mais de atores insatisfeitos com alguns resultados e de um nicho acadêmico minoritário, que opera sobre premissas teóricas diversas das que vão aqui enunciadas[105]. A propósito, cabe formular uma pergunta crucial, feita por Eduardo Mendon-

---

103. Em estudo denso e pioneiro, tendo como marco teórico a teoria dos sistemas, de Niklas Luhmann, Celso Fernandes Campilongo, *Política, sistema jurídico e decisão judicial*, 2001, p. 63, advertiu: "O problema central do acoplamento estrutural entre o sistema político e o sistema jurídico reside no alto risco de que cada um deles deixe de operar com base em seus próprios elementos (o Judiciário com a legalidade e a Política com a agregação de interesses e tomada de decisões coletivas) e passe a atuar com uma lógica diversa da sua e, consequentemente, incompreensível para as auto-referências do sistema. Essa corrupção de códigos resulta num Judiciário que decide com base em critérios exclusivamente políticos (politização da magistratura como a somatória dos três erros aqui referidos: parcialidade, ilegalidade e protagonismo de substituição de papéis) e de uma política judicializada ou que incorpora o ritmo, a lógica e a prática da decisão judiciária em detrimento da decisão política. A tecnocracia pode reduzir a política a um exercício de formalismo judicial".

104. No julgamento envolvendo a demarcação da Terra Indígena Raposa Serra do Sol, em embargos de declaração, foi restringido o alcance das denominadas "condicionantes" ali estabelecidas, para explicitar que não vinculavam, prospectivamente, novas demarcações. V. Pet. 3388 – ED, Rel. Min. Luís Roberto Barroso.

105. Nos Estados Unidos, uma das críticas mais contundentes ao julgamento sobre casamento de pessoas do mesmo sexo (*Obergefel v. Hodges*, 576 U.S. __, julg. em 26 jun. 2015) veio do *Justice* Antonin Scalia, liderança proeminente do pensamento jurídico conservador, que afirmou em seu voto dissidente: "Permitir que a questão política do casamento entre pessoas do mesmo sexo seja considerada e resolvida por um seleto e aristocrático painel de nove pessoas sem representatividade é violar um princípio ainda mais fundamental que o de não se admitir a

ça em sua tese de doutorado já citada[106]: o argumento de que a jurisdição constitucional tem atuado em padrões antidemocráticos não deveria vir acompanhado de uma insatisfação popular com o papel desempenhado pelo Supremo Tribunal Federal? O que dizer, então, se ocorre exatamente o contrário: no Brasil e no mundo, os índices de aprovação que ostenta a corte constitucional costumam estar bem acima dos do Legislativo[107]. Por certo não se devem extrair desse fato conclusões precipitadas nem excessivamente abrangentes. Porém, uma crítica formulada com base em uma visão formal da democracia, mas sem povo, não deve impressionar.

O segundo comentário é intuitivo. Como já se teve oportunidade de afirmar diversas vezes, decisão política, como regra geral, deve ser tomada por quem tem voto. Portanto, o Poder Legislativo e o chefe do Poder Executivo têm uma preferência geral *prima facie* para tratar de todas as matérias de interesse do Estado e da sociedade. E, quando tenham atuado, os órgãos judiciais devem ser deferentes para com as escolhas legislativas ou administrativas feitas pelos agentes públicos legitimados pelo voto popular. A jurisdição constitucional somente deve se impor, nesses casos, se a contrariedade à Constituição for evidente, se houver afronta a direito fundamental ou comprometimento dos pressupostos do Estado democrático. Porém, como o leitor terá intuído até aqui, a jurisdição constitucional desempenha um papel de maior destaque quando o Poder Legislativo não tenha atuado. É nas lacunas normativas ou nas omissões inconstitucionais que o STF assume um papel de eventual protagonismo. Como consequência, no fundo no fundo, é o próprio Congresso que detém a decisão final, inclusive sobre o nível de judicialização da vida.

Merece registro incidental, antes de encerrar o presente trabalho, um fenômeno conhecido na doutrina como *diálogo constitucional* ou *diálogo institucional*[108]. Embora a corte constitucional ou corte supre-

---

tributação sem lei ("no taxation without representation"): o de não se admitir transformação social sem representação".

106. Eduardo Mendonça, *A democracia das massas e a democracia das pessoas:* uma reflexão sobre a dificuldade contramajoritária, mimeografado, 2014, p. 19-20

107. Segundo pesquisa do IBOPE, realizada em 2012, o índice de confiança dos brasileiros no STF é de 54 pontos (em uma escala de 0 a 100). O do Congresso é 39 pontos. V. http://www.conjur.com.br/2012-dez-24/populacao-confia-stf-congresso-nacional-ibope.

108. A expressão tem origem na doutrina canadense, ao comentar disposições da Carta Canadense de Direitos que instituem um diálogo entre a Suprema Corte e o Parlamento a propósito

ma seja o intérprete final da Constituição em cada caso, três situações dignas de nota podem subverter ou atenuar esta circunstância, a saber: a) a interpretação da Corte pode ser superada por ato do Parlamento ou do Congresso, normalmente mediante emenda constitucional; b) a Corte pode devolver a matéria ao Legislativo, fixando um prazo para a deliberação ou c) a Corte pode conclamar o Legislativo a atuar, o chamado "apelo ao legislador". Na experiência brasileira existem diversos precedentes relativos à primeira hipótese, como no caso do teto remuneratório dos servidores públicos[109] e da base de cálculo para incidência de contribuição previdenciária[110], além dos já referidos anteriormente nesse mesmo tópico.

Em relação à segunda hipótese, referente à fixação de prazo para o Congresso legislar, há precedentes em relação à criação de Municípios[111] ou à reformulação dos critérios adotados no Fundo de Participações dos Estados[112], embora nem sempre se dê o adequado cumprimento dentro do período demarcado pela decisão. Por fim, relativamente à terceira hipótese, por muitos anos foi esse o sentido dado pela jurisprudência do STF ao mandado de injunção. Um caso muito significativo de diálogo institucional informal se deu em relação ao art. 7º, I da Constituição, que prevê a edição de lei complementar disciplinando a indenização compensatória contra a despedida arbitrária ou sem justa causa. No julgamento de mandado de injunção, o plenário do STF deliberou que iria fixar, ele próprio, o critério indenizatório, tendo em vista a omissão de

---

de eventuais restrições impostas a direitos fundamentais. Na sua expressão mais radical – e incomum –, a Carta permite até mesmo que o Parlamento, presentes determinadas circunstâncias, reveja certas decisões judiciais. Sobre o tema, v. Peter Hogg e Allison A. Bushell, The Charter dialogue between courts and legislatures (or perhaps the chart isn't such a bad thing after all), *Osgoode Hall Law Journal 35:*75, 1997. Na literatura americana, v. Mark Tushnet, *Weak courts, strong rights:* judicial review and social welfare rights in comparative constitutional law, 2008, p. 24-33; e Mark C. Miller, *The view of the courts from the hill:* interactions between Congress and the Federal Judiciary, 2009. Na literatura brasileira, v. Rodrigo Brandão, *Supremacia judicial* versus *diálogos constitucionais:* a quem cabe a última palavra sobre o sentido da Constituição?, 2011, especialmente p. 273 e s.

109. ADI 14, Rel. Min. Celio Borja, j. 13.09.89. No início da vigência da Constituição de 1988, o STF entendeu que o teto remuneratório do art. 37, XI não se aplicava às "vantagens pessoais", frustrando, na prática, a contenção dos abusos nessa matéria. Foram necessárias duas emendas constitucionais para superar tal entendimento: a de nº 19, de 1998, e a de nº 41, de 2003.

110. RE 166.772, Rel. Min. Marco Aurélio, *DJ* 16 dez. 1994.

111. ADI 2240, Rel. Min. Eros Grau.

112. ADI 3682, Rel. Min. Gilmar Mendes. Neste caso, o STF fixou o prazo de 18 meses para o Congresso Nacional sanar a omissão relativamente à edição da lei complementar exigida pelo art. 18, § 4º da CF, tida como indispensável para a criação de Municípios por lei estadual. V. tb. ADI

mais de duas décadas do Congresso em fazê-lo[113]. Diante de tal perspectiva, o Congresso aprovou em tempo recorde a Lei nº 12.506/2011, provendo a respeito.

Mais recentemente, dois casos de diálogo institucional tiveram lugar. Ao decidir ação penal contra um Senador da República, o STF, por maioria apertada de votos, interpretou o art. 55, VI e seu § 2º no sentido de caber à Casa legislativa decretar a perda do mandato de parlamentar que sofresse condenação criminal transitada em julgado[114]. Ministros que afirmaram a posição vencedora registraram sua crítica severa à fórmula imposta pela Constituição, instando o Congresso a revisitar o tema[115]. Pouco tempo após o julgamento, o Senado Federal aprovou Proposta de Emenda Constitucional superadora desse tratamento deficiente da matéria. Em final de 2014, a Proposta ainda se encontrava em tramitação na Câmara. Em outro caso, um Deputado Federal foi condenado a mais de 13 anos de prisão, em regime inicial fechado[116]. Submetida a questão da perda do seu mandato à Câmara dos Deputados, a maioria deliberou não cassá-lo. Em mandado de segurança impetrado contra esta decisão, foi concedida liminar pelo relator, sob o fundamento de que em caso de prisão em regime fechado, a perda do mandato deveria se dar por declaração da Mesa e não por deliberação política do Plenário[117]. Antes do julgamento do mérito do mandado de segurança, a Câmara dos Deputados suprimiu a previsão de voto secreto na matéria e deliberou pela cassação.

O que se deduz desse registro final é que o modelo vigente não pode ser caracterizado como de supremacia judicial. O Supremo Tribunal Federal tem a prerrogativa de ser o intérprete final do direito,

113. MI 943/DF, Rel. Min. Gilmar Mendes.

114. AP 565, Rel. Minª Carmen Lúcia (caso Ivo Cassol).

115. Foi o meu caso. Em outra decisão, ao apreciar pedido cautelar no MS 32.326, do qual era relator, expus de forma analítica minha posição: "Este *imbroglio* relativamente à perda de mandato parlamentar, em caso de condenação criminal, deve funcionar como um chamamento ao Legislativo. O sistema constitucional na matéria é muito ruim. Aliás, o Congresso Nacional, atuando como poder constituinte reformador, já discute a aprovação de Proposta de Emenda Constitucional que torna a perda do mandato automática nas hipóteses de crimes contra a Administração e de crimes graves. Até que isso seja feito, é preciso resistir à tentação de produzir este resultado violando a Constituição. O precedente abriria a porta para um tipo de hegemonia judicial que, em breve espaço de tempo, poderia produzir um curto circuito nas instituições".

116. AP 396, Rel. Minª Carmen Lúcia (caso Natan Donadon).

117. MS 32326, Rel. Min. Luís Roberto Barroso.

nos casos que são a ele submetidos, mas não é o dono da Constituição. Justamente ao contrário, o sentido e o alcance das normas constitucionais são fixados em interação com a sociedade, com os outros Poderes e com as instituições em geral. A perda de interlocução com a sociedade, a eventual incapacidade de justificar suas decisões ou de ser compreendido, retiraria o acatamento e a legitimidade do Tribunal. Por outro lado, qualquer pretensão de hegemonia sobre os outros Poderes sujeitaria o Supremo a uma mudança do seu desenho institucional ou à superação de seus precedentes por alteração no direito, competências que pertencem ao Congresso Nacional. Portanto, o poder do Supremo Tribunal Federal tem limites claros. Na vida institucional, como na vida em geral, ninguém é bom demais e, sobretudo, ninguém é bom sozinho.

Conclusão

Circunstâncias diversas, como o final da guerra, a consolidação do ideal democrático e a centralidade dos direitos fundamentais, impulsionaram uma vertiginosa ascensão institucional do Poder Judiciário e da jurisdição constitucional em todo o mundo. Como consequência, juízes e tribunais passaram a integrar a paisagem política, ao lado do Legislativo e do Executivo. A teoria constitucional dominante, nas últimas décadas, tem desenvolvido um discurso de justificação e legitimação democrática desse processo histórico. Paralelamente a esse rearranjo institucional, a complexidade da vida moderna, potencializada pela diversidade e pelo pluralismo, levou a uma crise da lei e ao aumento da indeterminação do direito, com a transferência de maior competência decisória a juízes e tribunais, que passaram a fazer valorações próprias diante de situações concretas da vida.

Nesse novo universo, cortes como o Supremo Tribunal Federal passaram a desempenhar, simultaneamente ao papel contramajoritário tradicional, uma função representativa, pela qual atendem a demandas sociais relevantes que não foram satisfeitas pelo processo político majoritário. No desempenho de tal atribuição, o juiz constitucional não está autorizado a impor as suas próprias convicções. Pautado pelo material jurídico relevante (normas, conceitos, precedentes), pelos princípios constitucionais e pelos valores civilizatórios, cabe-lhe interpretar o sentimento social, o espírito de seu tempo e o sentido da história. Com a dose certa de prudência e de ousadia. O conjunto expressivo de decisões referidas no presente trabalho, proferidas sob a Constituição de 1988, exibem um Supremo Tribunal Federal comprometido com a promoção dos valores republicanos, o aprofundamento democrático e o avanço social. No desempenho de tal papel, a Corte tem percorrido o caminho do meio, sem timidez nem arrogância.

CAPÍTULO 11

O caráter materialmente constitucional dos tratados e convenções internacionais sobre Direitos Humanos

Luiz Edson Fachin[1]
Miguel Gualano de Godoy[2]
Roberto Dalledone Machado Filho[3]
Luiz Henrique Krassuski Fortes[4]

Sumário: I – Introdução; I.I - Truísmo: o que é uma Constituição? Ou o que uma Constituição constitui?; I.II – Advertência: problematizando a insistente e improdutiva hierarquização aparente entre o direito interno e direito internacional; I.III – A democracia como elemento e exigência comuns ao direito interno e ao direito internacional; II – O Caráter Materialmente Constitucional dos Tratados e Convenções

---

1. Bacharel em Direito pela UFPR. Doutor e Mestre em Direito Civil pela PUC-SP. Pós-doutor (*Faculty Research Program,* Ministério das Relações Exteriores do Canadá). Pesquisador convidado do *Max-Planck-Institut für Ausländisches und Privatrecht* (Alemanha). *Visiting Professor* no King's College London (Inglaterra). Ex-Professor Titular da Faculdade de Direito da UFPR. Ministro do Supremo Tribunal Federal.

2. Bacharel em Direito pela UFPR. Doutor em Direito Constitucional pela UFPR com período como Pesquisador Visitante (*Visiting Researcher*) na Faculdade de Direito da Universidade de Harvard (Estados Unidos). Mestre em Direito Constitucional pela UFPR com período como Pesquisador Visitante (*Investigador Visitante*) na Faculdade de Direito da Universidade de Buenos Aires (Argentina). Foi Assessor de Ministro do Supremo Tribunal Federal de 2015 a 2017 (Ministro Luiz Edson Fachin). Advogado. E-mail: miguelggodoy@hotmail.com

3. Bacharel em Direito pela UFPR. Doutorando em Direito Internacional pela UnB. Mestre em Direitos Humanos e Democracia pela UFPR. Assessor de Ministro do Supremo Tribunal Federal (Ministro Luiz Edson Fachin). E-mail: bobmachado@gmail.com

4. Bacharel em Direito pela UFPR. Mestre em Direito Processual Civil pela UFPR. Especialista em Direito Constitucional pela Academia Brasileira de Direito Constitucional. Foi Oficial de Gabinete de Ministro do Supremo Tribunal Federal de 2015 a 2017 (Ministro Luiz Edson Fachin). Advogado. E-mail: krassuski@gmail.com

Internacionais sobre Direitos Humanos (art. 5º, § 2º, CRFB) e a Proteção Internacional dos Direitos Humanos; III – O art. 5º, §2º da Constituição da República e o Papel do Poder Judiciário: Interpretação e Aplicação das Normas Internacionais de Direitos Humanos Materialmente Constitucionais; III.I – Resolvendo o (aparente) conflito entre as jurisdições: "Diálogo das Cortes" e "duplo controle"; IV – O art. 5º, § 3º, CRFB, e o Papel do Poder Legislativo: Faculdade de Incorporar Tratados e Convenções Internacionais sobre Direitos Humanos mediante Procedimento Equivalente ao de Emenda à Constituição; V – Conclusão; Referências Bibliográficas.

I – INTRODUÇÃO

O presente artigo busca explorar a possibilidade de uma *narrativa* diversa da hoje prevalente no que se refere ao profícuo diálogo que brota da relação entre o Direito Constitucional e o Direito Internacional dos Direitos Humanos. Em especial quando se voltam os olhos para os dispositivos constitucionais e convencionais que, buscando a proteção de direitos fundamentais e humanos, ressoam conjunta e textualmente pela ordem jurídica interna e internacional, ou seja, quando há uma identidade de direção entre ambos, os quais, como não poderia deixar de ser nessa hipótese, devem ser diacronicamente densificados e vividos na ambiência da interpretação e aplicação.

Aqui propõe-se e se explora a tese de que, para além do caráter materialmente constitucional que ostentam os tratados e convenções internacionais de direitos humanos, os órgãos de interpretação e aplicação do direito, ao desempenharem seu mister, devem de modo dialogal e, portanto, conjunto e colaborativo, interpretar e aplicar o Direito Constitucional e o Direito Internacional dos Direitos Humanos em harmonia.

Vale dizer, ambos como elementos de uma mesma *narrativa* que se constrói diacronicamente. Sem, portanto, que os órgãos internos de interpretação e aplicação, a cada nova decisão, *reescrevam, ab ovo* e à luz do *texto nu* do tratado ou convenção, ao interpretar os direitos fundamentais e humanos assegurados simultaneamente na Constituição e nos tratados e convenções.

O que aqui se propõe é que a sua materialidade constitucional significa não se poder descurar da densificação que tais dispositivos normativos possuem na ambiência internacional, da qual o próprio Brasil decidiu participar ao reconhecer a jurisdição de órgãos de implementação dos tratados e convenções internacionais de direitos humanos.

Como tem reconhecido a doutrina, ainda que inicialmente se tenha reservado o termo recepção como uma atividade mais comumente ínsita aos braços Executivo e Legislativo dos Estados, ao passo que *interpretação* aos órgãos judiciários, trata-se de fronteira não estanque e comunicável, visto que tanto os braços *políticos* estatais interpretam as regras e princípios do Direito Internacional, quanto às próprias interpretações judiciais podem, não raro, basear-se nos atos de incorporação/recepção. (ANDO, 2013).

Para cumprir o objetivo deste artigo, reconhece-se, de um lado, que o fundamento normativo deve levar em conta o próprio desacordo sobre o fundamento que envolve determinada comunidade jurídica; de outro, como que a atualizar a relação entre o direito interno e o internacional à ordem do dia, leva a porosidade dessas separações, em especial no que se convencionou chamar de adesão às normas internacionais.

Entenda-se por adesão, aqui, não o processo simplificado de assinatura ou ratificação de um ato internacional, mas o processo pelo qual, no âmbito do Direito Internacional dos Direitos Humanos, um país adere a valores universais para cuja construção colaborou e assume o compromisso de ajustar seu aparelho institucional para adaptar-se a elas. Noutras palavras, trata-se, precisamente, do conceito de KOH sobre o "processo legal transnacional", cuja definição é: "a teoria e prática de como atores públicos e privados interagem numa variedade de fóruns para fazer, interpretar, aplicar e, por fim, internalizar regras de direito internacional" (KOH, 1996). As características desse processo, a justificar uma abordagem mais ampla, são as seguintes: ele não é tradicional, isto é, não é possível levar-se em conta a tradicional dicotomia entre direito interno e direito internacional; ele não é puramente estatal, pois diversos atores também participam desse processo; e, finalmente, ele é dinâmico e normativo (KOH, 1996).

À pergunta sobre a razão pela qual um estado opta por "ajustar seu aparelho institucional" deve-se responder não pelo recurso à fórmula da dignidade humana, porquanto, como dito, sequer há acordo sobre essa categoria, mas a partir das condições para o acordo, ou, mais precisamente, da própria ideia de democracia.

Pode, inicialmente, soar utópico sustentar que também a ordem internacional deve fundamentar o funcionamento da democracia, mas é precisamente para esse fim que, historicamente, e aqui se colhe o exemplo do pós-guerra europeu, diversos Estados fizeram a adesão à Convenção Europeia de Direitos Humanos. Os países que haviam recentemente passado por experiências totalitárias puderam, ao delegar a um órgão internacional poder para tanto, criar um compromisso de manutenção e proteção de sua ordem interna (MORAVCSIK, 2000). O resultado não foi, porém, apenas a delegação a um Tribunal internacional de soluções para "casos difíceis", mas um verdadeiro aprendizado pelo qual, também as Cortes locais, puderam ampliar os direitos que robusteceram a esfera pública (THORNHILL, 2017).

É a partir dessa complexa forma com que as normas internacionais interagem com o direito interno que se deve examinar o reconhecimento pela ordem constitucional de uma equiparação *material* entre direitos fundamentais e direitos humanos assegurados internacionalmente.

I.I - Truísmo: o que é uma Constituição? Ou o que uma Constituição constitui?

A promulgação da vigente Constituição republicana inaugurou uma nova ordem político-jurídica no Brasil. A partir de 05 de outubro de 1988, a Constituição deixou de ser compreendida como mero documento político organizador do estado e repartidor de competências, e passou a ser compreendida como um projeto de construção nacional, com princípios (art. 3º) e objetivos (art. 4º) expressos, prevendo um rol de direitos e garantias fundamentais (art. 5º ao art. 17), redefinindo a organização e separação entre os Poderes.

Dessa forma, a questão central a partir de sua entrada em vigor deixou de ser "o que é uma constituição", e passou a ser "o que uma constituição constitui". E a Constituição de 1988 não significa um mero documento organizador do poder do Estado, mas sim o compromisso fundamental de uma comunidade de pessoas que se reconhecem reciprocamente como livres e iguais (CARVALHO NETO; SCOTTI, 2011, p. 19-20). É a partir desse giro que a teoria e a dogmática constitucionais brasileiras também se transformaram (GODOY, 2017, p. 45-46). Se a Constituição de 1988 nos concebe como uma comunidade de pessoas que se reconhecem reciprocamente como livres e iguais, também ela nos dá os fundamentos, diretrizes e parâmetros de nossas relações internacionais, sobremaneira no que diz respeito aos tratados e convenções internacionais sobre direitos humanos.

Nesse sentido, o § 2º do artigo 5º da Constituição estabelece que os direitos e garantias nela previstos não excluem outros decorrentes de tratados internacionais de que o Brasil seja parte. Ou seja, desde logo a Constituição estabelece como fundamento de nossa comunidade que outros direitos e garantias reconhecidos pelo Brasil em tratados internacionais também integram nosso ordenamento jurídico, compõem o conjunto de direitos e proteções dos cidadãos. Em seguida, o § 3º do artigo 5º da Constituição de 1988 estabelece que os tratados e convenções internacionais sobre direitos humanos que sejam aprovados segundo o rito do processo de emenda à constituição, serão a elas equivalentes. Tal previsão não contradiz e nem restringe a previsão anterior do § 2º do artigo 5º. Ao contrário, detalha-o, conferindo a possibilidade de que se um tratado ou convenção versar sobre direitos humanos, as previsões ali estabelecidas poderão não apenas integrar os direitos e garantias previstos na Constituição (§ 2º do artigo 5º), mas serem expressa e formalmente nela inseridos com natureza equivalente à de emenda à Constituição. A previsão do § 2º do artigo 5º é cláusula geral, ao passo que a previsão do § 3º do artigo 5º é cláusula específica. Não se contrapõem. Antes, a segunda previsão (o § 3º do artigo 5º, CRFB) é um esmiudar da primeira (§ 2º do artigo 5º, CRFB).

Estabelecidas essas premissas – o que uma Constituição constitui, os fundamentos normativos constitucionais para manejar direitos e garantias previstos em tratados internacionais, especialmente aqueles estabelecidos em tratados e convenções internacionais sobre direitos humanos – é possível então sobre elas construir a defesa do caráter materialmente constitucional dos tratados e convenções internacionais sobre direitos humanos (posição semelhante há já muito conhecida e defendida por diversos juristas pátrios, tais como Antônio Augusto Cançado Trindade, André de Carvalho Ramos, Celso de Mello, Flávia Piovesan, Valério Mazzuolli, adiante referenciados), para dotar de novo conteúdo e alcance os §§ 2º e 3º do artigo 5º da Constituição da República.

I.II – Advertência: problematizando a insistente e improdutiva hierarquização aparente entre o direito interno e direito internacional

Antes de iniciar essa empreitada, é preciso, porém, uma advertência. A interpretação de tratados de direitos humanos não deve ser vista como uma solução para os problemas de hierarquia entre as duas ordens jurídicas, doméstica e internacional. Não se desconhece que, ante a nem sempre coincidente definição dos conteúdos e dos limites de direitos, ambos os textos normativos, o da Constituição e dos tratados sobre direitos humanos, apontam não raro a soluções distintas. Em casos tais, não chega a surpreender que o intérprete, na ânsia de solucionar a antinomia – como se de mera antinomia se tratasse –, apele para as fórmulas tradicionais de resolução. O recurso ao critério hierárquico é, com razão – ao menos sob essa perspectiva – a saída natural para o equacionamento de um problema de aplicação da norma.

Foi assim, por exemplo, quando o Supremo Tribunal Federal (BRASIL, HC 72.131-RJ) foi chamado a deliberar sobre a compatibilidade da prisão do depositário infiel – ou em sua equiparação feita pelo Decreto-Lei 911, de 1969 – em relação à regra constante do Pacto de São José da Costa Rica. Como se sabe, embora a Constituição autorize a prisão civil do depositário infiel, admitida como uma das exceções à regra de impossibilidade de prisão por dívida, o Pacto de São José apenas autoriza a prisão do devedor de pensão alimentícia. Dada a – aparente – incompatibilidade entre os dois textos, é legítimo que se pergunte, quer tal questionamento se dê a partir de um caso concreto, quer abstratamente, qual norma deve prevalecer.

A resposta inicial do Supremo Tribunal Federal, dada no HC 72.131-RJ, foi a de que deve prevalecer o texto constitucional. É verdade que, relator originário do processo, o Ministro Marco Aurélio sustentou que o contrato atípico criado pelo Decreto-Lei não ostentaria a natureza típica da figura do depósito, única espécie contratual cujo inadimplemento daria margem à prisão constitucionalmente autorizada. Embora tal solução não exigisse responder à questão sobre a compatibilidade da prisão do depositário com o Pacto de São José, a ordem seria concedida, garantindo ao paciente o direito à liberdade.

A prevalência do tratado foi naquela oportunidade arguida como um argumento de reforço pelo então Relator, ao fundamento de que, pelo disposto no art. 5, § 2º, CRFB, os tratados de direitos humanos "geram direitos e garantias individuais". Para tanto considerou que "(...) no magistério de Francisco Rezek, veiculado em Direito dos Tratados, uma vez promulgada, a convenção passa a integrar a ordem jurídica em patamar equivalente ao da legislação ordinária. (...) Em síntese: hoje não mais subsiste o Decreto-Lei 966/69[5] na parte em que dispunha sobre a prisão civil (...)".

Capitaneando a corrente majoritária, o Ministro Moreira Alves, relator para o acórdão, argumentou, inicialmente, a partir da análise das

5. Trata-se de mero equívoco de transcrição, visto que a discussão trazida à cognição do STF naquela oportunidade dizia respeito ao Decreto-Lei 911/1969.

figuras do contrato de depósito previsto na legislação infraconstitucional, para, então, enfrentar o argumento do *habeas corpus* sobre a incompatibilidade com a Convenção Interamericana. Nesse sentido, afirmou que o art. 5º, § 2º, CRFB, não deveria ser interpretado como que autorizando a ampliar o rol de direitos e garantias previstos na Carta, porquanto, dada a rigidez do processo de emenda constitucional, não se poderia permitir que novas normas constitucionais fossem incorporadas pelo quórum simples da incorporação de tratados. Finalmente, tendo em vista que a solução hierárquica não seria aplicável, recorreu o Ministro Moreira Alves à especialidade da norma: "(...) sendo o art. 7º, § 7º, dessa Convenção norma de caráter geral, não revoga ele o disposto, em legislação especial (...)".

São conhecidas também as variadas críticas que se seguiram à interpretação acolhida pelo Tribunal. O Ministro Celso de Mello, no precedente que posteriormente superou a posição vencedora do Ministro Moreira Alves (BRASIL, RE 466.343-SP), registrou as divergências doutrinárias de Antônio Augusto Cançado Trindade (TRINDADE, 2008), Celso Lafer (LAFER, 2005), Flávia Piovesan (PIOVESAN, 2016) e Valério de Oliveira Mazzuoli (MAZZUOLIb, 2016). Em linhas gerais tais autores sustentam que a interpretação fixada pelo Supremo Tribunal Federal no HC 72.131 torna vazia de sentido a norma constante no § 2o do art. 5o, CRFB.

Seja como for, em uma possível interação institucional, o Congresso Nacional, ciente das razões do precedente da Corte Constitucional, fez aprovar a Emenda Constitucional 45, introduzindo, no art. 5º da CRFB, o seu § 3º, segundo o qual os tratados de direitos humanos podem alçar efetiva estatura constitucional se, por ocasião de sua incorporação, o Congresso observar o quórum de dois terços, o mesmo previsto na Constituição para que se aprove uma emenda constitucional.

Se, por um lado, o novo dispositivo teve a virtude de esclarecer que os tratados de direitos humanos não teriam, como regra, hierarquia constitucional, por outro não afastou inúmeros equívocos que emergiram a partir do precedente do Supremo (MAZZUOLIa, 2016). A norma silencia, por exemplo, em relação aos tratados que já foram ratificados. Além disso, promove a curiosa possibilidade de "sanção" presidencial, sem prazo constitucional, de uma deliberação extremamente significativa do Congresso Nacional. Noutras palavras, a emenda constitucional não pôs termo às críticas e, eventualmente, veio o Tribunal a ser provocado para reapreciar matéria.

No RE 466.343, já sob a égide da Constituição reformada pela Emenda Constitucional 45, o Supremo Tribunal Federal novamente se debruçou sobre a discussão da higidez da prisão do depositário infiel à luz do Pacto de São José da Costa Rica. Secundando as conclusões do voto do Ministro Cezar Peluso, porém agregando ao julgamento outro ponto de vista que se incorporou a compreensão majoritária, o Ministro Gilmar Mendes anotou que não se deveria pôr em questão a supremacia da Constituição face aos tratados de direitos humanos, mas ponderou que tampouco poderia o intérprete afastar a efetividade do disposto no art. 5º, § 2º, CRFB. Citando a experiência de outros países, argumentou que o art. 5º, § 2º, CRFB, estaria a indicar uma prevalência relativa dos tratados de direitos humanos em relação às demais normas do ordenamento, criando, assim, um status híbrido entre elas, a que se chamou de "supralegalidade". Assim, tendo em vista que a Convenção Interamericana possuiria um patamar hierarquicamente superior à legislação ordinária – embora inferior à Constituição – não poderia uma norma inferior dispor de forma contrária ao que estabelece o tratado. A solução não seria a mera perda de eficácia, mas verdadeira ilicitude da previsão de prisão – como, posteriormente, o Tribunal veio a reconhecer quando da aprovação da Súmula Vinculante (BRASIL, Súmula Vinculante n. 25): "é ilícita a prisão do depositário infiel, qualquer que seja a modalidade de depósito".

Se, para a prisão do depositário infiel, essa solução parece equacionar o problema da hierarquia dos tratados a partir da leitura das normas previstas nos parágrafos 2º e 3º do art. 5º, CRFB, também ela enfrenta dificuldades ao criar um patamar intermediário entre a Constituição e as demais leis. Com efeito, seria possível admitir o controle abstrato de normas infraconstitucionais a partir de convenção internacionais? Quem deveria deter a competência para julgar tais casos, tendo em conta ser estrita a competência do Supremo Tribunal Federal para julgar a ação direta que tem por parâmetro a norma constitucional?

O problema da relação entre tratados e a ordem jurídica interna não é facilmente solucionado pela simples identificação do *lócus* na pirâmide normativa que lhes deve ser concedido. Esse problema é ainda mais evidente se se tomar em conta o disposto no art. 27 da Convenção de Viena sobre o Direito dos Tratados, que dispõe que os Estados não podem invocar disposições de direito interno para justificar o inadimplemento de um tratado. Rememore-se que na prática dos Tribunais internacionais, é comum que se reconheça como manifesta violação de uma obrigação internacional até mesmo dispositivos constantes da Constituição dos Estados. Exemplos significativos datam de períodos muito anteriores à emergência dos Tribunais internacionais mais modernos, incluindo o reconhecimento de direitos a indivíduos cuja efetividade foi afirmada ainda que em face da promulgação de nova constituição (PCIJ, 1935).

A disputa por uma hierarquia normativa parece, então, ter de arrostar o desafio de explicar o difícil lugar que deve ocupar o direito internacional em relação ao direito interno. Trata-se, sem dúvidas, de um problema que mesmo Kelsen teve dificuldade em superar (RIGAUX, 1998). Não é, porém, em relação a monismo e dualismo que se deve referenciar o debate sobre a relação entre direitos previstos nos tratados internacionais e aqueles previstos no direito constitucional, pois, ainda que numa concepção de soberania, uma vez reconhecida a normatividade da ordem internacional, não haveria como deixar de considerá-la prevalecente (RIGAUX, 1998, p. 341).

Ao contrário, o que a relação entre os tratados entre direitos humanos e direito constitucional parece revelar é um espaço em que os problemas jurídicos dependem de um diálogo franco entre normas de ordens jurídicas de diferentes pretensões de validade (HABERMAS, 1997). O problema que se enfrenta neste artigo, portanto, pode ser mais bem nitidamente indicado: trata-se de examinar como regular a transversalidade (TORELLY, 2016) dos direitos fundamentais, reconhecendo a pluralidade de ordens (KOH, 1996) e de discursos institucionais de aplicação (ILC, 2006). Além disso, é preciso, ao mesmo tempo, ter em conta que a emergência de novas instituições não pode exonerar o intérprete da busca de um fundamento normativo para que dê respaldo a essa tarefa (SOMEK, 2007). Finalmente, não se pode olvidar, nas justificativas que se poderia estabelecer, aquilo que Waldron chamou de o "fato do desacordo" (WALDRON, 1999): o "problema" constitucional é, assim, para utilizar o termo cunhado por Newman, comum tanto à ordem constitucional quanto aos direitos humanos.

O interesse pelo estudo do Direito Internacional dos Direitos Humanos, visível, sobretudo, a partir do início dos anos 90 (KOSKENNIEMI, 2014), parece revelar que a produção normativa da sociedade moderna já não mais se concentra nas instituições tradicionais (TEUBNER, 1996). Para o constitucionalista, acostumado com a realização de que a constituição é uma aquisição evolutiva e confere uma meta linguagem a autodescrição do direito, a referência a normas cuja legitimidade não recaia sobre o sistema político soa não apenas injusto como dotado de um distanciamento da realidade, ou, de forma sintética, irreal.

O problema reside menos na ideia de um acoplamento estrutural entre direito e político do que nas novas iterações do próprio sistema político. Tendo por base a identificação de Estados territoriais, as exigências de cooperação internacional e a crescente legalidade que delas emerge (ABBOTT et al., 2000), faz aparecer novos arranjos normativos que vinculam a atuação dos Estados. Se arranjos eram infrequentes e restritos no passado, hoje eles regulam praticamente todas as esferas da vida.

É certo que mesmo o especialista do direito internacional teve, no início, dificuldades de lidar com o problema, debruçando-se superfluamente na identificação de "fontes de legitimidade" das diversas normas produzidas – descrição que ainda hoje não é rara. Mas também é verdadeiro que essa nova configuração de arranjos internacionais foi logo percebida, em toda sua complexidade, pelos internacionalistas. A diferença é perceptível na própria linguagem dos documentos internacionais: longe estão os dias em que se devia escrever tratados com termos obrigatórios e peremptórios. Os acordos interacionais apresentam-se hoje como diretrizes políticas grandiloquentes garantindo aos Estados uma margem razoável de conformação.

São comuns as autorizações prévias, concedidas pelo Congresso, para que esses acordos sejam entabulados e cumpridos pelo Executivo, independentemente de nova submissão do acordo à autoridade do Parlamento ou mesmo a própria distribuição de competências entre diversos órgãos estatais. Veja-se, por exemplo, a previsão, comum nas agências reguladoras, para que esses órgãos possam "implementar recomendações internacionais" (BRASIL, Lei 11.182/2005). Essa forma de implementação de pactos internacionais está longe do tradicional mecanismo de incorporação de tratados, ponto essencial da disciplina do direito internacional em que se debatia as relações entre o direito interno e o internacional. Há, aqui, verdadeiras inovações legislativas que não devem ser rejeitadas de plano, mas talvez exijam o que o juiz Stephan Breyer da Suprema Corte dos Estados Unidos chamou de abordagens mais pragmáticas da interpretação do direito (BREYER, 2010).

I.III – A democracia como elemento e exigência comuns ao direito interno e ao direito internacional

Nessa disputa por uma suposta, insistente e improdutiva hierarquização entre direito interno e direito internacional é de se chamar a atenção para um componente que deve ser elemento e exigência comuns a ambos: o caráter democrático da norma e da decisão. Sejam elas normas nacionais ou internacionais, decisões nacionais ou internacionais. É de se destacar aqui as exigências que se vêm apresentando à Corte Interamericana de Direitos Humanos de levar em conta o *background* democrático de decisões nacionais que, apesar de seu valor democrático epistêmico, são derrogadas pela Corte Interamericana de Direitos Humanos (GARGARELLA, 2015, p. 4).

Nesse sentido, o julgamento do caso *Gelman v. Uruguai* é emblemático. A Corte Interamericana tratou o julgamento do caso *Gelman* da mesma forma como tratou todos os demais casos relativos a leis de autoanistia. Esqueceu-se, todavia, de valorar a aprovação livre e democrática da lei de caducidade uruguaia, bem como as duas consultas diretas que foram feitas, posteriormente, ao povo uruguaio sobre o tema. As contestações apresentadas pela Corte Interamericana se limitaram a afirmar que o fato da lei de caducidade uruguaia ter sido aprovada dentro de um regime democrático e ter contado com respaldo de consultas diretas ao povo não retiravam seu caráter inconvencional. A Corte, no entanto, não aprofundou seu argumento. Deixou, assim, de enfrentar o principal ponto diferenciador da lei uruguaia das outras leis sobre anistia antes julgadas inconvencionais pela Corte Interamericana.

O ponto que o caso *Gelman* traz a baila é a exigência da democracia como valor epistêmico passível de verificação, valoração, por um tribunal, seja ele nacional ou internacional. A Corte Interamericana deveria ter feito um maior esforço argumentativo para rechaçar a lei de caducidade uruguaia enfrentando o caráter democrático que ela, intrinsecamente, possuía. Simplesmente dizer que uma lei de anistia, por si só, é inconvencional independentemente de seu possível caráter democrático anterior é ignorar o fundamento de existência da democracia e dos próprios dos direitos humanos, qual seja, o reconhecimento do idêntico valor moral de cada ser humano.

O elemento democrático aqui é fundamental porque traz para o plano internacional uma discussão que já há muito é conhecida no plano nacional: o direito a ser significado pela Corte em um determinado caso é, frequentemente, objeto de uma pluralidade de compreensões. Vale dizer, o direito em tela analisado por uma Corte pode ser compreendido e justificado a partir de inúmeras razões públicas, toda elas razoáveis. É o que Jeremy Waldron chamou de desacordo moral razoável (WALDRON, 1999, p. 149-153). O elemento democrático ganha centralidade então para recolocar a questão da indissociável relação entre norma e legitimidade democrática. O afastamento de uma norma não pode passar ao largo de sua fundamentação majoritária, democrática. Deve, antes, encará-la de forma aberta, detalhada, minuciosa, e não de forma retórica e circular (como fez a Corte Interamericana no caso *Gelman*).

II – O CARÁTER *MATERIALMENTE* CONSTITUCIONAL DOS TRATADOS E CONVENÇÕES INTERNACIONAIS SOBRE DIREITOS HUMANOS (ART. 5º, § 2º, CRFB) E A PROTEÇÃO INTERNACIONAL DOS DIREITOS HUMANOS

A Constituição de 1988 é incisiva ao dispor nos termos do art. 5º, § 2º, CRFB, que "os direitos e garantias expressos nesta Constituição não excluem outros decorrentes do regime e dos princípios por ela adotados, ou dos tratados internacionais em que a República Federativa do Brasil seja parte".

Faz-se necessária no atual momento uma interpretação redentora, no sentido dado por Jack M. Balkin, da cláusula de abertura material consagrada nos §§ 1º e 2º do art. 5º da Constituição da República.

Aduz Balkin que as constituições existem na materialidade em situações que fogem das ideais, não sendo difícil perceber a existência de compromissos imperfeitamente implementados ou de garantias que não se concretizam em práticas. Não obstante, propõe que tal fato não afasta a possibilidade de uma leitura redentora.

Como explica o professor de Yale, a redenção se dá no sentido de uma mudança que realiza uma promessa do passado, ou seja, mediante a qual a Constituição "torna-se aquilo que prometeu que seria, mas nunca foi", respondendo, assim, às constantes alterações circunstanciais e temporais (BALKIN, 2011, p. 5-6).

Tomando de empréstimo a célebre expressão de Ronald Dworkin, é imperioso levar a sério os compromissos em favor dos direitos humanos firmados no plano internacional.

Entendemos, assim, na esteira de relevante parcela da doutrina dantes referida (Antônio Augusto Cançado Trindade, André de Carvalho Ramos, Flávia Piovesan e Valerio de Oliveira Mazzuoli) que em razão do § 2º do art. 5º, CRFB, os tratados e convenções internacionais sobre direitos humanos possuem natureza *materialmente* constitucional. Vale dizer, em que pese não estarem sediados no texto da Constituição da

República de 1988 os direitos previstos nos tratados e convenções internacionais sobre direitos humanos a ela se incorporam quando o Brasil se torna parte destes.

Mas para além disso, o art. 5º, §2º da Constituição se apresenta como "a moldura de um processo permanente de aquisição de novos direitos fundamentais" (CARVALHO NETO, 2003, p. 154), o que implica um compromisso que não se limita à incorporação *formal* dos tratados ou convenções internacionais que versam sobre direitos humanos à ordem jurídica interna, mas um verdadeiro comprometimento, de índole e hierarquia constitucional, com a *narrativa conjunta de tais direitos*, a qual enlaça os âmbitos interno e externo de densificação a partir da interpretação e aplicação, tanto da Constituição quanto dos textos normativos internacionais a qual o Estado brasileiro se vinculou.

Conforme aduzem Ingo Sarlet, Luiz Guilherme Marinoni e Daniel Mitidiero, esse "processo dinâmico e aberto de reconhecimento de direitos fundamentais no âmbito do sistema constitucional atua como uma espécie de força motriz para uma sociedade também sempre aberta e plural" (SARLET; MARINONI; MITIDIERO, 2015, p. 321).

Não obstante a relevância e importância históricas da tese da supralegalidade dos tratados de direitos humanos não aprovados pelo Congresso Nacional de acordo com o § 3º do art. 5º da Constituição - adotada pelo Supremo Tribunal Federal por ocasião do julgamento do RE 466.343-1 -, trata-se de fórmula que se encontra madura para possível revisão ou aprimoramento, especialmente no que se refere à proteção de direitos fundamentais e humanos que ressoam conjunta e textualmente pela ordem jurídica interna e internacional, ou seja, quando há uma identidade de direção entre ambos os instrumentos de proteção.

É preciso reconhecer, neste ponto, tal como apontou o Ministro Celso de Mello (BRASIL, RE 349.703), estar-se diante de uma grande discussão, pois:

> Vê-se, daí, considerado esse quadro normativo em que preponderam declarações constitucionais e internacionais de direitos, que o Supremo Tribunal Federal se defronta com um grande desafio, consistente em extrair, dessas mesmas declarações internacionais e das proclamações constitucionais de direitos, a sua máxima eficácia, em ordem a tornar possível o acesso dos indivíduos e dos grupos sociais a sistemas institucionalizados de proteção aos direitos fundamentais da pessoa humana, sob pena de a liberdade, a tolerância e o respeito à alteridade tornarem-se palavras vãs.

Nessa toada, é de se compreender que os direitos oriundos dos tratados e convenções internacionais de direitos humanos, sendo *materialmente constitucionais* se somam e equiparam aos direitos fundamentais sediados formalmente na Constituição. Todos eles, no entanto, podem e devem, por força do disposto no art. 5º, §2º CRFB, serem considerados direitos *materialmente constitucionais*.

É preciso, desse modo, adotar uma compreensão nítida da função de todos os braços do Estado diante dos princípios que regem nossas relações internacionais, especialmente a independência nacional (art. 4º, I, CRFB), na perspectiva da autovinculação, e a prevalência dos direitos humanos (art. 4º, II, CRFB).

Isso porque após a negociação e assinatura pelo Presidente da República, da aprovação do Congresso Nacional e de sua celebração definitiva no âmbito internacional de um tratado de direitos humanos, o Estado a ele se vincula e se compromete com o seu cumprimento.

Perceba-se: o Estado como um todo, e não somente os seus braços Executivo e Legislativo cujas vontades concorrem na dinâmica de celebração dos pactos e tratados.

III – O ART. 5º, §2º DA CONSTITUIÇÃO DA REPÚBLICA E O PAPEL DO PODER JUDICIÁRIO: INTERPRETAÇÃO E APLICAÇÃO DAS NORMAS INTERNACIONAIS DE DIREITOS HUMANOS *MATERIALMENTE* CONSTITUCIONAIS

Como órgão de interpretação e aplicação do Direito, o Poder Judiciário, em nosso desenho institucional, também é o Poder responsável pelo exercício do controle de constitucionalidade, devendo, enquanto tal, desenvolver, entre tantos outros, dois relevantes papéis.

Em primeiro lugar, cabe-lhe vivificar o postulado hermenêutico de prevalência dos direitos e garantias fundamentais. Ou seja, ao interpretar a ordem jurídica pátria à luz da eficácia irradiante dos direitos fundamentais e humanos (§§ 1º e 2º do art. 5º, CRFB) o Poder Judiciário ressalta a eficácia imediata de tais direitos, reconciliando compromissos fundamentais internos e externos.

Como aduz André de Carvalho Ramos ao explicar o princípio da máxima efetividade, "no caso dos tratados internacionais de direitos humanos, a interpretação deve contribuir para o aumento da proteção dada ao ser humano e para a plena aplicabilidade dos dispositivos convencionais" (CARVALHO RAMOS, 2015. p. 138).

Em segundo lugar, ao assim proceder e fundamentar suas decisões, o Poder Judiciário concorre para conferir publicidade eficaz e viva dos compromissos firmados na ordem jurídica internacional em favor dos direitos humanos, dando à população, ao se deparar com as questões postas à sua análise, a adequada ciência da proteção internacional desses direitos. É efetivo e necessário exercício de controle de convencionalidade de matriz nacional (CARVALHO RAMOS, 2016, p. 427).

Compreendemos, assim, que a narrativa constitucional pátria é enriquecida pela construção dos direitos humanos em tal ambiência, os quais são democraticamente legitimados pela concordância de vontades entre os Poderes Executivo e Legislativo.

Há que se insistir na missão institucional dos poderes públicos e, em especial, do Poder Judiciário de ser instrumento concretizador dos direitos humanos, que são, na ambiência constitucional brasileira, normas fundamentais de nossa ordem jurídica.

III.I – Resolvendo o (aparente) conflito entre as jurisdições: "Diálogo das Cortes" e "duplo controle"

A solução para os conflitos aparentes entre a aplicação nacional e internacional dos tratados internacionais sobre direitos humanos pode se dar por meio de um "Diálogo das Cortes" e pelo "duplo controle" (CARVALHO RAMOS, 2016, p. 430-433).

O Diálogo das Cortes evita interpretações nacionais equivocadas sobre os tratados internacionais de direitos humanos. Previne-se, assim, que a invocação ao tratado ou convenção sobre direitos humanos seja realizada de forma meramente retórica, desconectada da interpretação que lhe dão os órgãos internacionais responsáveis para tanto. Nesse sentido, o Diálogo das Cortes deve levar em conta, necessariamente, os seguintes parâmetros: (i) a menção à existência de dispositivos internacionais convencionais ou extra convencionais de direitos humanos vinculantes ao Brasil sobre o tema; (ii) a menção à existência de caso internacional contra o Brasil sobre o objeto da lide e as consequências disso reconhecidas pelo Tribunal; (iii) a menção à existência de jurisprudência anterior sobre o objeto da lide de órgãos internacionais de direitos humanos aptos a emitir decisões vinculantes ao Brasil; e (iv) o peso dado aos dispositivos de direitos humanos e à jurisprudência internacional (CARVALHO RAMOS, 2016, p. 432).

Esses parâmetros estabelecem um bom proceder sobre a utilização e aplicação das normas internacionais de direitos humanos no exercício da jurisdição nacional, sem que se ignorem as normas internacionais, sem que se faça delas um mero uso retórico e, por fim, sem que se tenha de invocar uma suposta e enganosa primazia de uma ou outra jurisdição.

Caso a utilização da categoria do "Diálogo das Cortes" seja insuficiente para um bem aplicar das normas internacionais de direitos humanos, é possível valer-se do "duplo controle", que reconhece a possibilidade de atuação independente do controle de constitucionalidade pela jurisdição pátria e o controle de convencionalidade pelos órgãos internacionais de direitos humanos (CARVALHO RAMOS, 2016, p. 432). Assim, os direitos humanos no Brasil encontram duplo abrigo e devem passar pelas duas formas de controle.

Caso uma norma passe controle de constitucionalidade (como foi o caso da recepção ou não da Lei de Anistia, julgada no âmbito da ADPF 153 em abril de 2010, ou o caso da Extradição 1.362, sobre a possibilidade de envio de cidadão ao seu país de origem para responder à acusação de crimes contra a humanidade durante ditadura militar, julgada em novembro de 2016), mas tombe diante do controle de convencionalidade (como no caso *Gomes Lund* em que o Brasil foi condenado pela Corte Interamericana de Direitos Humanos em novembro de 2010 pela impossibilidade das leis de anistia e autoanistia excluírem o dever de investigar e punir crimes que tenham ferido os direitos humanos), ela deixa de ser válida ou compatível com o ordenamento jurídico brasileiro.

Esse duplo controle exige, dessa forma, que toda norma ou ato internos sejam compatíveis com a Constituição da República e também com os tratados e convenções internacionais de direitos humanos. A jurisdição brasileira faz o controle de constitucionalidade e o controle de convencionalidade interno, ou seja, dentro do âmbito nacional e levando-se em conta o "Diálogo das Cortes". A jurisdição internacional, por sua vez, faz o controle de convencionalidade internacional, no âmbito de seus órgãos internacionais (como a Corte Interamericana de Direitos Humanos) e estabelece a compatibilidade da lei nacional com a lei internacional vinculante ao Estado parte (CARVALHO RAMOS, 2016, p. 434).

Mediante o "Diálogo das Cortes" e do "duplo controle" (a) assegura-se ampla proteção aos direitos humanos, (b) estabelece-se forma de interlocução metodologicamente adequada entre as distintas jurisdições (nacional e internacional), (c) abonam-se espaços próprios, nacionais e internacionais, de filtragem e verificação de validade e compatibilidade das leis e atos dos Estados com os compromissos internacionais de direitos humanos e (d) elimina-se, ainda, o suposto e aparente, antagonismo entre o decidido pelo direito interno (STF) e o decido pelo direito internacional (Corte IDH).

Diante disso, é nítida a cláusula de abertura estabelecida no art. 5º, § 2º, CRFB, e a consequente obrigação de atuação do Poder Judiciário para a conformação do estabelecido nos compromissos constitucionais e internacionais de direitos humanos.

IV – O ART. 5º, § 3º, CRFB, E O PAPEL DO PODER LEGISLATIVO: FACULDADE DE INCORPORAR TRATADOS E CONVENÇÕES INTERNACIONAIS SOBRE DIREITOS HUMANOS MEDIANTE PROCEDIMENTO EQUIVALENTE AO DE EMENDA À CONSTITUIÇÃO

Diante das proposições e entendimentos antes explicitados, é de se compreender que o § 3º do art. 5º, CRFB, constitui uma faculdade de o Poder Legislativo procurar robustecer a proteção normativa dos direitos assegurados pelos tratados e convenções que sigam tal procedimento, com potenciais reflexos decorrentes de sua equiparação formal à emenda constitucional.

Isso, no entanto, não exime o Poder Judiciário de, à luz do caráter materialmente constitucional dos direitos humanos, vivificá-los na interpretação das demais cláusulas constitucionais.

Como bem percebeu Yuval Shany em sede doutrinária, professor da Faculdade de Direito da Universidade Hebraica de Jerusalém, uma resistência implícita ou explícita do papel do direito internacional dos direitos humanos na interpretação do Direito Constitucional pode, eventualmente, engendrar até mesmo a responsabilidade internacional do Estado.

Disse o professor, que atualmente é um dos membros eleitos do Comitê dos Direitos Humanos do Pacto de Direitos Civis e Políticos das Nações Unidas:

> Further, the obligation to ensure compliance with human rights standards or to secure their realization also applies with respect to constitutional norms because these norms might themselves be amenable to an interpretation that is incompatible with IHR law. If courts are unable or

> unwilling to rectify this impediment through interpretative means, they might perpetuate their state's failure to comply with its international obligations.[6] (SHANY, 2006, p. 354).

Há que se pensar, portanto, não apenas a partir do elemento formal da incorporação dos tratados ou convenções internacionais de direitos humanos, mas vislumbrar a sua *materialidade* especialmente a partir da interpretação e de sua densificação diacrônica.

Vale dizer, constatar o *tear* de uma *narrativa conjunta de tais direitos,* ao mesmo tempo fundamentais (Constituição) e humanos (tratados e convenções na ambiência internacional), o qual enlaça os âmbitos interno e externo de concretização a partir da interpretação e aplicação, tanto da Constituição quanto dos textos normativos internacionais a qual o Estado brasileiro se vinculou.

Daí a importância do resgate do componente democrático, que deve ser arrostado, agora, a partir da já referida questão da indissociabilidade da relação entre a norma construída (concomitantemente interna e internacionalmente) e legitimidade democrática.

Reconciliar ambos passa pela sua adequada consideração (democracia e interpretação) de forma aberta, detalhada, minuciosa, e, como aqui já se defendeu, de um modo que não se convole em pura retórica ou circularidade.

V – CONCLUSÃO

Duas linhas de pesquisa têm contribuindo para por em xeque a tradicional explicação de que assuntos relativos aos direitos humanos merecem menor atenção por parte dos Estados. De um lado, pesquisas que exploram a interdisciplinaridade das Relações Internacionais e do Direito Internacional, demonstrando que a atuação estatal não necessariamente oscila entre o realismo e o idealismo (SLAUGHTER et al., 1998). De outro, pesquisas historiográficas recentes que, ao analisar o processo de negociação da Declaração Universal de Direitos Humanos das Nações Unidas, demonstram que a adesão a valores universais, longe de con-

6. Ademais, a obrigação de assegurar a observância das normas de direitos humanos ou de assegurar a sua implementação também se aplica no que diz respeito às normas constitucionais, pois tais normas podem, elas mesmas, ser passíveis de uma interpretação que seja incompatível com o direito internacional dos direitos humanos. Se os tribunais são incapazes ou relutantes na retificação desse entrave mediante meios interpretativos, eles podem perpetuar o fracasso de seu Estado no cumprimento de suas obrigações internacionais. (Tradução nossa).

substanciar mero idealismo, revelou genuína preocupação prática de amparar o indivíduo na sociedade global (GLENDON, 2001).

A transposição dessas ideias à realidade brasileira pode contribuir para superar a aparente contradição existente entre o desenvolvimento do Direito Internacional dos Direitos Humanos, expresso, sobretudo, na construção de acordos sobre direitos civis e políticos e econômicos, sociais e culturais; e a consolidação de um regime autoritário e na sua posterior ratificação, já sob um regime democrático.

Em relação à primeira, a resposta tradicional da História das Relações Internacionais no Brasil afirma que o isolacionismo do Brasil se deveu, antes, a uma postura independente da Política Externa Brasileira no período que se convencionou denominar "Meios e Resultados do Pragmatismo em Política Externa" (CERVO et al., 2008). A agenda dos direitos humanos é, ainda nessa explicação, uma imposição dos países ocidentais, razão pela qual a aparente falta de compromisso por parte do Brasil revela, em verdade, uma postura assertiva no plano internacional.

A explicação, contudo, é baseada em alguns mitos sobre os direitos humanos que, embora construídos nesse período, ainda são utilizados em debates. É o caso, por exemplo, do mito da imposição de valores ocidentais a países que deles não compartilham.

Como demonstram as atas de debates do comitê designado pela Assembleia Geral das Nações Unidas para elaboração da Declaração Universal, as minutas de declaração, assim como o texto final, foram amplamente debatidas pelos integrantes do comitê que tinham as mais variadas heranças culturais, como, por exemplo, o libanês Charles Malik, relator da proposta, que era diplomata e filósofo e estudara com Martin Heidegger na Alemanha; o chinês Peng-chun Chang, vice-presidente do Comitê, que constantemente invocava aspectos da doutrina confuciana para retirar a referência a Deus ou à natureza humana do projeto de Declaração; e o chileno Hernán Santa Cruz, educador e magistrado, principal defensor dos direitos econômicos e sociais que constam da última parte da Declaração (GLENDON, 2001).

A mesma pluralidade, conquanto em outro contexto de conflito ideológico, foi perseguida pelas Nações Unidas na construção dos dois pactos internacionais que seguiram à Declaração Universal. O Brasil, que, inicialmente, tinha apoiado a iniciativa, passou a ter uma postura reticente que veio a ser superada apenas no processo de redemocratização. A adesão posteriormente formalizada pelo estado brasileiro é comumente caracterizada como uma adequação de agenda e uma adesão a "novos temas" (VIGEVANI et al., 2003).

Do ponto de vista normativo, porém, a questão sobre a legitimidade dessa "virada" é ainda objeto de sensíveis debates e controvérsias doutrinárias. A ordem normativa interna encontra fundamento na própria norma constitucional, cuja legitimidade é, por sua vez, explicitada sempre por diferentes perspectivas. Seja como for, após o advento da Constituição de 1988, o recurso aos direitos fundamentais e, em especial, à dignidade da pessoa humana, parece ter assumido o papel fundamente da ordem interna.

A ordem internacional, no entanto, dificilmente é justificada – salvo notáveis exceções (TRINDADE, 1997) – pelo recurso à dignidade da pessoa humana. Em breve consulta aos manuais, a referência ao *pacta sunt servanda* é ainda dominante. É verdade que, com o advento dos direitos humanos, sobretudo a partir dos anos 1990, a figura do indivíduo, agora um sujeito de direito internacional, adquiriu peso relevante e a regra de interpretação *pro homine* foi vista – e ainda o é – como a possibilidade de encontrar idêntico fundamento a ambas as ordens normativas, atualizando, talvez de forma idealista, o antigo sonho monista.

Isso não significa, porém, que não se possa adicionar ao presente debate, agora arrostado a partir da *interpretação* e não mais da pura temática da *incorporação*, vale dizer, a partir de uma incorporação que também se dá pela própria hermenêutica, interpretação e aplicação dos direitos fundamentais e humanos, um novo ponto de vista.

É nesse sentido de *materialidade* que se buscou neste artigo tratar do caráter dos tratados e convenções direitos humanos à luz da Constituição da República: uma narrativa de redenção que enlaça, com os olhos que não se negam a ver a dimensão democrática, a densificação, interpretação e aplicação interna e internacional.

REFERÊNCIAS BIBLIOGRÁFICAS

ABBOTT, Kenneth W. KEOHANE, Robert O. MORAVCSIK, Andrew. SLAUGHTER, Anne-Marie. SNIDAL, Duncan, The Concept of Legalization, **International Organization**, Vol. 54, No. 3, p. 401-419, 2000.

ANDO, Nisuke. National Implementation and Interpretation. In: SHELTON, Dinah (Ed.). **The Oxford Handbook of International Human Rights Law.** Oxford: Oxford University Press, 2013.

BALKIN, Jack. M. **Constitutional redemption:** political faith in an unjust world. Cambridge: Harvard University Press, 2011.

BRASIL. Supremo Tribunal Federal. Habeas Corpus n. 72.131-RJ. Paciente: Lairton Almagro Vitoriano da Cunha. Impetrante: Marcello Ferreira de Souza Granado. Coator: Tribunal de Justiça do Estado do Rio de Janeiro. Relator: Min. Marco Aurélio. Relator para o acórdão: Min. Moreira Alves. Brasília, 23 de novembro de 1995. **Diário de Justiça de 1º de agosto de 2003**.

BRASIL. Supremo Tribunal Federal. Recurso Extraordinário n. 466.343-SP. Recorrente: Bando Bradesco S.A. Recorrido: Luciano Cardoso Santos. Relator: Min. Cezar Peluso. Brasília, 3 de dezembro de 2008. **Diário de Justiça Eletrônico n. 104 de 4 de junho de 2009**.

BRASIL. Supremo Tribunal Federal. Recurso Extraordinário n. 349.703-RJ. Recorrente: Banco Itaú S/A. Recorrido: Armando Luiz Segabinazzi Relator: Min. Ayres Britto. Relator para o acórdão: Min. Gilmar Mendes. Brasília, 03 de dezembro de 2008. **Diário de Justiça Eletrônico n. 104 de 4 de junho de 2009**.

BRASIL. Supremo Tribunal Federal. Súmula Vinculante n. 25. **Diário Oficial da República Federativa do Brasil**, Poder Executivo, Brasília, DF, 23 de dezembro de 2009, Seção 1, p. 1.

BRASIL. Lei n. 11.182, de 27 de setembro de 2005. **Diário Oficial da República Federativa do Brasil**, Poder Executivo, Brasília, DF, 27 de setembro de 2005, Seção 1, p. 1.

BREYER, Stephen. **Making our democracy work:** a judge's view. Nova York: Random House, 2010.

CARVALHO NETO, Menelick de. A hermenêutica constitucional e os desafios postos aos direitos fundamentais. In: SAMPAIO, José Adércio Leite (Org.). **Jurisdição constitucional e direitos fundamentais.** Belo Horizonte: Del Rey, 2003.

CARVALHO NETO, Menelick de.; SCOTTI, Guilherme. **Os direitos fundamentais e a (in) certeza do direito:** a produtividade das tensões principiológicas e a superação do sistema de regras. Belo Horizonte: Fórum, 2011.

CARVALHO RAMOS, André de. **Curso de Direitos Humanos**. 3ª Ed. São Paulo: Saraiva, 2016.

CARVALHO RAMOS, André de. **Teoria Geral dos Direitos Humanos na Ordem Internacional.** 5ª Ed. São Paulo: Saraiva, 2015.

CERVO, Amado; BUENO, Clodoaldo. **História da Política Exterior do Brasil.** Brasília: Ed. UnB, 2008.

CORTE PERMANENTE INTERNACIONAL DE JUSTIÇA, Minority Schools in Albania. Opinião Consultiva. **CPIJ Séries A/B n. 64. ICGJ 314 (PCIJ 1935)**, 6 de abril de 1935.

GARGARELLA, Roberto. La democracia frente a los crímenes masivos: una reflexión a la luz del caso Gelman. In.: **Revista Latinoamericana de Derecho Internacional (LADI)**. n. 02, 2015.

GLENDON, Mary Ann. **A world made new**: Eleanor Roosevelt and the Universal Declaration of Human Rights. Nova York: Random House, 2001.

GODOY, Miguel Gualano de. **Constitucionalismo e democracia**: uma leitura a partir de Carlos Santiago Nino e Roberto Gargarella. Saraiva: São Paulo, 2011.

GODOY, Miguel Gualano de. **Devolver a Constituição ao povo**: crítica à supremacia judicial e diálogos institucionais. Belo Horizonte: Fórum, 2017.

HABERMAS, Jurgen. **Direito e democracia:** entre facticidade e validade. Rio de Janeiro: Tempo Brasileiro, 1997.

INTERNATIONAL LAW COMMISSION 58th Session. **A/CN.4/L628.** Fragmentation of International Law: difficulties arising from the diversification and expansion of international law. Finalized by Martti Koskenniemi. 13 de abril de 2006.

KENNEDY, David, A new stream of International Law scholarship (Lectures at the Institute of International Law and International Relations - Thessaloniki), **Wisconsin International Law Journal**, V. 7, No. 1, p. 1-49, 1988.

KEOHANE, Robert, International relations and International Law: two optics, **Harvard International Law Journal**, V. 38, No. 2, p. 487 e ss., 1997.

KOH, Harold, Transnational legal process, **Nebraska Law Review**, Vol. 75, p. 181-207, 1996.

KOH, Harold, Why Do Nations Obey International Law?, **The Yale Law Journal**, V. 106, p. 2599-2659, 1997.

KOSKENNIEMI, Martti. Human rights – so 90's (Lecture hosted on March 4th, 2014, by the Oxford Martin Programme on Human Rights for Future Generations at Oxford University). Disponível em: <https://wn.com/human_rights_so_90's_martti_koskenniemi> Acesso em: 28 de março de 2017.

LAFER, Celso. **A internacionalização dos direitos humanos:** Constituição, racismo e relações internacionais. Barueri-SP: Manole, 2005.

MAZZUOLI, Valerio de Oliveira. **O controle jurisdicional da convencionalidade das leis.** 4ª ed. São Paulo: Ed. RT, 2016a.

MAZZUOLI, Valerio de Oliveira. **Curso de Direito Internacional Público.** 10ª ed. São Paulo: Ed. RT, 2016b.

MORAVCSIK, Andrew, The origins of human rights regimes: democratic delegation in postwar Europe, **International Organization**, V. 54, No. 2, p. 217-252, 2000.

PIOVESAN, Flávia. **Direitos humanos e o Direito Constitucional Internacional.** 16ª Ed. São Paulo: Saraiva, 2016.

RIGAUX, François, Hans Kelsen on International Law, **European Journal of International Law**, V. 9, p. 325-343, 1998.

SARLET, Ingo Wolfgang; MARINONI, Luiz Guilherme; MITIDIERO, Daniel. **Curso de Direito Constitucional.** 4ª ed. São Paulo: Saraiva, 2015.

SHANY, Yuval, How supreme is the supreme law of the land? Comparative analysis of the influence of international human rights treaties upon the interpretation of constitutional texts by domestic courts, **Brooklyn Journal of International Law**, V. 31, No. 2, p. 341-404, 2006.

SLAUGHTER, Anne-Marie; TULUMELLO; Andrew; WOOD, Stepan, International Law and International Relations theory: a new generation of International Law scholarship, **The American Journal of International Law**, Vol. 92, No. 3, p. 367-397, 1998.

SOMEK, Alexander, Kelsen lives, **European Journal of International Law**, V. 18, No. 3, p. 409-451, 2007.

TEUBNER, Gunther. Global Bukowina: Legal Pluralism in the World-Society. In: TEUBNER, Gunther (ed.). **Global Law without a State**. Dartmouth: Dartmouth Publishing Group, 1996.

THORNHILL, Christopher. Constitutionalism between nation states and global law. In: BLOKKER, P. THORNHILL, C (eds.). **Sociological Constitutionalism.** Cambridge: Cambridge University Press, 2017.

TORELLY, Marcelo. **Governança transversal dos direitos fundamentais.** Rio de Janeiro: Lúmen Juris, 2016.

TRINDADE, Antônio Augusto Cançado, Dilemas e desafios da proteção internacional dos direitos humanos no limiar do século XXI, **Revista Brasileira de Política Internacional**, V. 4, No. 1, p. 167-177, 1997.

TRINDADE, Antônio Augusto Cançado. A pessoa humana como sujeito do Direito Internacional: a experiência da Corte Interamericana de Direitos Humanos. In: DIREITO, Carlos Alberto Menezes; PEREIRA, Antônio Celso Alves; TRINDADE, Antônio Augusto Cançado (Coord.). **Novas Perspectivas do Direito Internacional Contemporâneo:** estudos em homenagem ao prof. Celso D. de Albuquerque Mello. Rio de Janeiro: Renovar, 2008.

VIGEVANI, Tullo, OLIVEIRA, Marcelo F. de, CINTRA, Rodrigo. Política externa no período FHC: a busca de autonomia pela integração, **Tempo Social-USP**, Vol. 15. No. 2, p. 32-61, 2003.

WALDRON, Jeremy. **Law and Disagreement.** Oxford: Oxford University Press, 1999.

CAPÍTULO 12

A eficácia obrigatória dos precedentes do STF ante a sistemática do Novo CPC

Marcelo Novelino[1]

Sumário: 1. Introdução; 2. Premissas; 2.1. Premissas teóricas; 2.2. Premissas fático-jurídicas; 3. O papel do Supremo Tribunal Federal; 4. A eficácia obrigatória dos precedentes; 4.1. Eficácia obrigatória e efeito vinculante: distinção necessária; 4.2. A identificação da *ratio decidendi*: problemas e soluções; 5. Conclusão; Bibliografia.

1. INTRODUÇÃO

As complexidades resultantes das profundas mudanças nas teorias das fontes do direito, das normas e da interpretação ampliaram a margem de ação conferida aos juízes, demandando o desenvolvimento de novas técnicas de decisão e tornando a aplicação judicial dos direitos fundamentais um dos temas mais controversos e relevantes do constitucionalismo contemporâneo. Nessa perspectiva, duas transformações merecem ser destacadas.

A primeira é o reconhecimento definitivo da *força normativa da constituição*, consolidado nos países europeus a partir da metade do século XX e nos latino-americanos com o fim dos regimes militares.[2] As

1. Doutor em Direito Público pela Universidade do Estado do Rio de Janeiro (UERJ); Procurador Federal; Ex-assessor de Ministro do Supremo Tribunal Federal; Professor de Direito Constitucional do G7 Jurídico.

2. García de Enterría (2003) aponta três fatores como principais responsáveis para o reconhecimento da constituição como norma: I) a superação em definitivo de qualquer alternativa legítima ao princípio democrático; II) a consagração de uma jurisdição constitucional que, apesar da competência concentrada no Tribunal Constitucional como na formulação kelseniana, toma como base o sistema norte-americano; e, III) a defesa do sistema democrático e a proteção do sistema de direitos fundamentais e dos valores substantivos nos quais se apoia,

declarações de direitos, antes desprovidas de normatividade, não eram admitidas como critério imediato para a solução de litígios judiciais nem como parâmetro para a declaração de inconstitucionalidade das leis. Por ser considerado "amigo" dos direitos fundamentais, o Parlamento não ficava vinculado aos seus dispositivos, vistos como meras diretrizes ideais ou exortações morais ao legislador. A manutenção de tais direitos no plano meramente proclamatório impedia a realização plena da normatividade constitucional.

A segunda é a centralidade conferida à dignidade da pessoa humana e aos direitos fundamentais. A perplexidade causada pelas experiências nazistas e pelas barbáries praticadas durante a Segunda Grande Guerra alertou a consciência coletiva para a necessidade de proteger os indivíduos contra qualquer forma de coisificação e de hierarquização.[3] Se por um lado tais acontecimentos produziram uma mancha vergonhosa e indelével na história da humanidade, por outro, despertaram a reação que culminou com o reconhecimento da *dignidade da pessoa humana* como o núcleo central do constitucionalismo contemporâneo, dos direitos fundamentais e do Estado constitucional democrático.

Consagrada nas declarações de direitos humanos e em quase todos os textos constitucionais do segundo pós-guerra, a dignidade une juristas, cientistas e pensadores a ponto de estabelecer uma espécie de "consenso teórico universal". O reconhecimento formal pelo direito contribuiu para converter a dignidade de valor exclusivamente moral, objeto de especulações filosóficas, em noção dotada de caráter jurídico e revestida de normatividade.

A dignidade é o fundamento, a origem e o ponto em comum dos direitos fundamentais. Voltados à proteção do indivíduo e à promoção de condições dignas de existência, tais direitos são atualmente concebidos como normas jurídicas aplicáveis não apenas às relações jurídicas entre

---

com a criação de um sistema protetivo destes frente às maiorias eleitorais eventuais e cambiantes.

3. Embora anteriormente associada à diferenciação hierárquica de classe e status, atualmente a dignidade transmite a ideia de que todos os indivíduos pertencem à mesma e mais elevada categoria. Nas palavras de Béatrice Maurer (2005), "a pessoa não tem mais ou menos dignidade em relação à outra pessoa. Não se trata, destarte, de uma questão de valor, de hierarquia, de uma dignidade maior ou menor. É por isso que a dignidade do homem é um absoluto. Ela é total e indestrutível. Ela é aquilo que chamamos inamissível, não pode ser perdida."

o Estado e o indivíduo (*eficácia vertical*), mas também entre particulares (*eficácia horizontal*). No mais, ao contrário das constituições clássicas nas quais consagrados basicamente direitos de defesa e de participação, os textos constitucionais contemporâneos formalizam um extenso rol de direitos prestacionais, cuja implementação exige dos por parte dos poderes públicos atuações positivas voltadas a fornecer prestações materiais e jurídicas.

Tais avanços civilizatórios trouxeram consigo novos problemas relacionados à interpretação e aplicação judicial do direito. Por serem geralmente formulados em termos vagos e imprecisos, os dispositivos jusfundamentais conferem ampla margem de ação aos juízes nas quais as possíveis soluções a serem implementadas são especialmente sensíveis à influência de fatores cognitivos e ideológicos.

Nesse ambiente de maior propensão à imprevisibilidade e incerteza jurídicas, os precedentes desempenham um papel extremamente relevante no sentido de conferir maior efetividade aos direitos fundamentais e de promover a liberdade, a igualdade, a justiça e a segurança jurídica. A ausência de uniformidade no sentido atribuído aos dispositivos jusfundamentais, além de enfraquecer a força normativa da Constituição e a efetividade de suas normas,[4] cria um ambiente de injustiça,[5] insegurança e incerteza, potencializando o tratamento desi-

4. Interpretações divergentes do mesmo dispositivo, por reduzirem a capacidade de conformação da realidade política e social, acabam por enfraquecer a força normativa da Constituição. Nesse sentido, o entendimento adotado pelo Supremo Tribunal Federal: "[...] A manutenção de decisões das instâncias ordinárias divergentes da interpretação adotada pelo STF revela-se afrontosa à força normativa da Constituição e ao princípio da máxima efetividade da norma constitucional" (RE 328.812 ED/AM, Rel. Min. Gilmar Mendes; julgamento: 06.03.2008); "Inaplicabilidade da Súmula 343 em matéria constitucional, sob pena de infringência à força normativa da Constituição e ao princípio da máxima efetividade da norma constitucional" (AI 555.806 AgR/MG, Rel. Min. Eros Grau; julgamento: 01.04.2008); "A FORÇA NORMATIVA DA CONSTITUIÇÃO DA REPÚBLICA E O MONOPÓLIO DA ÚLTIMA PALAVRA, PELO SUPREMO TRIBUNAL FEDERAL, EM MATÉRIA DE INTERPRETAÇÃO CONSTITUCIONAL [...] A interpretação constitucional derivada das decisões proferidas pelo Supremo Tribunal Federal – a quem se atribuiu a função eminente de 'guarda da Constituição' (CF, art. 102, 'caput') – assume papel de essencial importância na organização institucional do Estado brasileiro, a justificar o reconhecimento de que o modelo político-jurídico vigente em nosso País confere, à Suprema Corte, a singular prerrogativa de dispor do monopólio da última palavra em tema de exegese das normas inscritas no texto da Lei Fundamental" (ADI 3.345/DF, Rel. Min. Celso de Mello; julgamento: 25.08.2005).

5. MACCORMICK (2006, p. 126): "[...] a noção de justiça formal exige que a justificação de decisões em casos individuais seja sempre fundamentada em proposições universais que o juiz esteja disposto a adotar como base para determinar outros caos semelhantes e decidi-los de modo semelhante ao caso atual."

gual a casos similares[6] e afetando a cognoscibilidade e previsibilidade do direito.

O tema central da presente abordagem será a eficácia dos precedentes do Supremo Tribunal Federal ante as inovações introduzidas pelo Novo Código de Processo Civil. Na primeira parte, serão explicitadas as premissas teóricas e fático-jurídicas adotadas. Em seguida, será discutido o papel do Tribunal, enquanto guardião da Constituição, na concretização dos direitos fundamentais. A última parte será dedicada à análise dos precedentes e dos problemas envolvendo a identificação da *ratio decidendi* para, ao final, serem apresentadas propostas voltadas a otimizar a observância dos critérios decisórios formulados pelo Supremo.

2. PREMISSAS

Desde logo, cumpre explicitar as premissas utilizadas no desenvolvimento das reflexões acerca da eficácia dos precedentes do Supremo Tribunal Federal e de seu papel na concretização dos direitos fundamentais com vistas a conferir-lhes a máxima efetividade possível e a promover a liberdade, igualdade, justiça e segurança jurídica, princípios basilares do ordenamento jurídico.

2.1. Premissas teóricas

No âmbito da teoria das normas, encontra-se superado o modelo predominantemente político de constituição. Dispositivos outrora concebidos como normas programáticas – "simples programas de ação", "exortações morais ao legislador", "declarações", "promessas" ou "programas futuros" desprovidos de caráter obrigatório – têm sua normatividade reconhecida de modo a impor comandos vinculantes para todos os poderes públicos. Os direitos fundamentais são retirados da esfera de discricionariedade da política ordinária e seus dispositivos caracterizados como normas impositivas de comandos e limites materiais obrigatórios, inclusive, para o legislador.

6. MARINONI (2015, p. 19): "A lei não é suficiente para garantir a igualdade perante o Judiciário. [...] É preciso que o sentido do direito delineado pela Corte Suprema, por intermédio do precedente, paute a solução dos casos iguais ou similares, vinculando ou obrigando os juízes e tribunais inferiores. A igualdade perante as decisões judiciais é fruto do dever de o Estado dar a todos que estão em uma mesma situação jurídica a solução que a Corte Suprema racionalmente delineou, oferecendo as melhores razões possíveis."

A tradicional distinção entre princípios e normas é substituída pela classificação de princípios e regras como espécies normativas. Os princípios consagram valores em termos mais amplos e imprecisos. As regras resultam de ponderações de princípios realizadas pelo poder constituinte, pelo legislador ou pelo juiz.[7] O grau máximo de concretização ocorre quando a decisão judicial reconhece e fixa os direitos e as obrigações das partes, com o que realiza a justiça e garante a paz (TORRES, 1996, p. 79).

Na teoria da interpretação, a "*compreensão cognitivista do Direito*", na qual "a jurisdição é entendida como *simples declaração de uma norma pré-existente*", dá lugar a uma concepção "*não cognitivista e lógico-argumentativa do* Direito" que, pautada pela diferença entre texto e norma, compreende a jurisdição como atividade voltada à "*reconstrução e outorga de sentido a textos e a elementos não textuais da ordem* jurídica" (MITIDIERO, 2014, p. 34).

O Direito é veiculado por normas resultantes da interpretação de enunciados linguísticos. Vale dizer, a norma é o resultado da interpretação dos enunciados consagrados no texto normativo - interpreta-se textos, aplica-se normas. A atividade do intérprete não consiste na descrição de um significado normativo pré-existente, mas na sua reconstrução. Trata-se de atividade "constitutiva, e não simplesmente declaratória" (GRAU, 2006, p. 26-27). Interpretar é reconstruir o sentido da *norma* a partir do *texto normativo*, ponto de partida e limite relativo para a atividade interpretativa, mas que, não raro, possui mais de um significado possível. Nessa perspectiva, o Direito deve ser compreendido como o resultado de uma atuação colaborativa e conjunta entre os Poderes Legislativo, Executivo e Judiciário.

Como em qualquer texto normativo, da interpretação dos enunciados jusfundamentais podem ser extraídas duas espécies normativas distintas: princípios e/ou regras.

As regras fornecem razões definitivas para a decisão, ou seja, quando válidas devem ser aplicadas aos casos por elas descritos, através da subsunção, na medida exata das prescrições resultantes da interpretação. Por obedecerem à lógica do tudo-ou-nada, a superação (ou derrotabilidade) de regras válidas somente deve ser admitida em situações

7. O termo ponderação é aqui utilizado em sentido amplo, a fim de designar o procedimento pelo qual são formulados os mandamentos definitivos a partir da análise de razões e contrarrazões.

excepcionais, justificáveis pela imprevisibilidade dos fatos ou pela extrema injustiça causada pela aplicação a determinado caso concreto.[8]

Os princípios fornecem razões contributivas para a decisão. São normas que consagram direitos e deveres provisórios (*prima facie*), cuja confirmação depende da análise do caso concreto (circunstâncias fáticas) e das razões fornecidas por princípios opostos (circunstâncias jurídicas). Nas colisões de princípios, somente após a ponderação das razões e contrarrazões em jogo é possível identificar os direitos e deveres definitivos.[9]

De toda ponderação judicial resulta uma regra definidora da *relação de precedência condicionada* entre os princípios envolvidos, isto é, uma norma específica contendo as condições sob as quais determinado princípio tem preferência sobre outro.[10] Em situações diversas o resultado pode ser diferente. Por inexistir hierarquia entre normas constitucionais, somente à luz das circunstâncias fáticas e jurídicas do caso concreto é possível definir o peso relativo de cada princípio e a intensidade de sua precedência. Nos termos da *lei de colisão* formulada por Robert Alexy (2008), "as condições sob as quais um princípio prevalece sobre outro constituem o pressuposto fático de uma regra que expressa a consequência jurídica do princípio precedente".

Um bom critério decisório deve ser capaz de resolver também os demais casos semelhantes. Assim, a "regra de precedência condicionada",

8. Sobre o tema, cfr. FIGUEROA (2010).

9. CPC/2015, Art. 489, § 2º No caso de colisão entre normas, o juiz deve justificar o objeto e os critérios gerais da ponderação efetuada, enunciando as razões que autorizam a interferência na norma afastada e as premissas fáticas que fundamentam a conclusão.

10. Como exemplo, pode mencionada a seguinte regra resultante da ponderação entre o princípio da liberdade de imprensa e o princípio da privacidade: "EMENTA: [...] PONDERAÇÃO DIRETAMENTE CONSTITUCIONAL ENTRE BLOCOS DE BENS DE PERSONALIDADE: O BLOCO DOS DIREITOS QUE DÃO CONTEÚDO À LIBERDADE DE IMPRENSA E O BLOCO DOS DIREITOS À IMAGEM, HONRA, INTIMIDADE E VIDA PRIVADA. PRECEDÊNCIA DO PRIMEIRO BLOCO. INCIDÊNCIA A POSTERIORI DO SEGUNDO BLOCO DE DIREITOS, PARA O EFEITO DE ASSEGURAR O DIREITO DE RESPOSTA E ASSENTAR RESPONSABILIDADES PENAL, CIVIL E ADMINISTRATIVA, ENTRE OUTRAS CONSEQUÊNCIAS DO PLENO GOZO DA LIBERDADE DE IMPRENSA. [...] Noutros termos, primeiramente, assegura-se o gozo dos sobredireitos de personalidade em que se traduz a 'livre' e 'plena' manifestação do pensamento, da criação e da informação. Somente depois é que se passa a cobrar do titular de tais situações jurídicas ativas um eventual desrespeito a direitos constitucionais alheios, ainda que também densificadores da personalidade humana" (STF - **ADPF 130/DF, Rel. Min. Carlos Britto; Órgão Julgador: Tribunal Pleno; julgamento: 30/04/2009).** *Nota do autor*: **A regra mencionada, embora formalizada na ementa do acórdão, faz parte da** *ratio decidendi* **do voto do Relator.**

deve ser universalizável de modo a servir como norma de solução para os casos futuros nos quais presentes os mesmos elementos essenciais. Tais regras simplificam a ulterior solução de casos originariamente complexos e permitem aos destinatários da norma antever o tipo de conduta a ser adotada, evitando a supressão do caráter orientador do direito.

Como explica Luis Prieto Sanchís (2005),

> a ponderação se configura, pois, como um passo intermediário entre a declaração de relevância de dois princípios conflitantes que regulam provisoriamente certo caso e a construção de uma regra para regular esse caso em definitivo; regra que, por certo, graças ao precedente, pode ser generalizada e que termina por fazer desnecessária a ponderação nos casos centrais ou reiterados.

2.2. Premissas fático-jurídicas

A reconstrução e outorga de sentido ao texto normativo não é uma atividade estritamente lógica, neutra e objetiva.[11] Em casos envolvendo algum grau de complexidade, uma série de fatores extrajurídicos tende a influenciar as escolhas judiciais. Os "fatores de objetivação"[12] voltados a minimizar a interferência de certas idiossincrasias são incapazes de anular a natureza humana dos juízes que, assim como quaisquer indivíduos, possuem *predisposições, preferências, interesses* e *expectativas* potencialmente capazes de afetar a tomada de decisão.[13]

A intensidade da interferência está diretamente relacionada à presença de determinadas variáveis subjetivas e objetivas. A complexidade do contexto decisório de casos envolvendo direitos fundamentais, marcados pela ampla margem de ação conferida ao intérprete e pela alta carga política[14], torna a aplicação judicial do direito particularmente sensível à influência de fatores extrajurídicos, notadamente, os cognitivos e ideológicos. Como aponta Posner (2008, p. 41-42), em "áreas politicamente carregadas como casamento gay, aborto, ações afirmativas,

11. Como apontado por Ferrajoli (2008, p. 29-30), o juiz, "por mais que se esforce para ser objetivo, está sempre condicionado pelas circunstâncias ambientais em que atua, por seus sentimentos, inclinações, emoções e valores ético-políticos."

12. Dentre os *fatores de objetivação* podem ser mencionados: a formação jurídica; o dever profissional de observar regras materiais e formais; e os critérios, métodos e parâmetros formulados pela doutrina e pela jurisprudência.

13. Sobre a influência de fatores extrajurídicos no comportamento judicial, cfr. NOVELINO (2014).

14. O termo *política* será aqui utilizado em seu sentido mais amplo, de modo a abranger valores morais, filosóficos, religiosos e políticos em sentido estrito.

direito do trabalho, segurança nacional, lei eleitoral", nem os legalistas mais convictos seriam capazes de negar "que as decisões judiciais são frequentemente influenciadas por juízos políticos, embora lamentem o fato."

2.2.1. O contexto decisório

Parte significativa das questões envolvendo direitos fundamentais, por serem altamente controversas, permitem interpretações razoáveis em diferentes sentidos. Em que medida e a partir de que momento a Constituição assegura a inviolabilidade do direito à vida? A adoção de ações afirmativas baseadas em critérios étnicos e/ou socioeconômicos promove ou viola o princípio da igualdade? As uniões estáveis entre pessoas do mesmo gênero recebeu proteção constitucional idêntica à conferida às uniões heteroafetivas? O financiamento de campanhas eleitorais por empresas privadas viola princípios republicanos e democráticos? Em tese, é possível sustentar a existência de respostas mais corretas por serem baseadas em argumentos jurídicos mais consistentes. O problema é a impossibilidade de os juízes realizarem a avaliação de argumentos favoráveis e contrários de modo absolutamente neutro, imparcial e objetivo, isto é, sem qualquer interferência, consciente ou inconsciente, de valores e convicções pessoais.[15]

---

15. A visão de "neutralidade" do Poder Judiciário, postulada pelo senso comum e por observadores nos sistemas de *civil law*, não é compartilhada pela grande maioria dos juízes brasileiros. Em pesquisa realizada pela AMB/IUPERJ (1992-1994), "83% dos juízes assinalaram que 'o Poder Judiciário não é neutro' e que 'em suas decisões, o magistrado deve interpretar a lei no sentido de aproximá-la dos processos sociais substantivos e, assim, influir na mudança social'." Resultados semelhantes foram encontrados em pesquisa do Instituto de Estudos Econômicos, Sociais e Políticos de São Paulo – IDESP (1993), na qual "74% dos magistrados respondeu que 'o juiz não pode ser um mero aplicador das leis, tem que ser sensível aos problemas sociais'." Nesta mesma investigação, 38% dos juízes considerou que "o compromisso com a justiça social deve preponderar sobre a estrita aplicação da lei", um índice bastante significativo diante da clássica formação doutrinária de um magistrado brasileiro, sobretudo, no período pesquisado. A indicação de inclinação majoritária dos magistrados brasileiros à "não neutralidade", parece sinalizar para a aproximação rumo a um modelo de convergência com o sistema de *common law*, como apontado por Vianna *et al.* (1997, p. 258-259): "O cotejo desse posicionamento com os demais quesitos do questionário permitiu apreender que o juiz brasileiro vivencia, também ele, uma transição, uma vez que, sem se desprender inteiramente das grandes referências de sua formação doutrinária, instituídas no campo da *civil law* e do positivismo jurídico, tal influência encontra-se relativizada pelo fato de ele se entender como um agente efetivo no processo de produção do direito, instalando-se, de algum modo, no campo político-cultural da *common law*."

A complexidade do caso concreto, principal variável objetiva em termos de probabilidade da influência de fatores extrajurídicos, está diretamente relacionada ao *grau de determinação* do material jurídico convencional (legislação, doutrina e jurisprudência) e ao *dissenso quanto à matéria debatida*.

Sob a *perspectiva formal*, os direitos fundamentais tendem a ser consagrados em "estruturas normativas de menor densidade regulatória" (ALEXY, 2008, p. 26). A tarefa de definir os consensos básicos e estruturantes da sociedade, sem asfixiar por completo o espaço de atuação da política, e de estabelecer as diretrizes a serem perseguidas pelos poderes públicos favorece a opção por normas dessa natureza. A formulação em termos extremamente vagos, fluidos e imprecisos confere uma ampla margem de ação a ser preenchida com o recurso a fontes extrajurídicas, exigindo-se "alto grau de ativismo e criatividade do juiz chamado a interpretá-los."[16]

Sob a *perspectiva substancial*, as controvérsias interpretativas são potencializadas pelo dissenso em torno do objeto regulado.[17] Em áreas temáticas marcadas por enunciados com alta carga política e conteúdos materialmente controversos, os valores e convicções pessoais conferem aos juízes diferentes predisposições, preferências e interesses responsáveis por orientar as interpretações em sentidos diversos, gerando sinceras divergências sobre o melhor sentido a ser adotado.

---

16. CAPPELLETTI (1993, p. 42 e p. 60): "É manifesto o caráter acentuadamente criativo da atividade judiciária de interpretação e de atuação da legislação e dos direitos sociais. Deve reiterar-se, é certo, que a diferença em relação ao papel mais tradicional dos juízes é apenas de grau e não de conteúdo: mais uma vez impõe-se repetir que, em alguma medida, toda interpretação é criativa, e que sempre se mostra inevitável um mínimo de discricionariedade na atividade jurisdicional. Mas, obviamente, nessas novas áreas abertas à atividade dos juízes haverá, em regra, espaço para mais elevado grau de discricionariedade e, assim, de criatividade, pela simples razão de que quanto mais vaga a lei e mais imprecisos os elementos do direito, mais amplo se torna também o espaço deixado à discricionariedade nas decisões judiciárias. Esta é, portanto, poderosa causa da acentuação que, em nossa época, teve o ativismo, o dinamismo e, enfim, a criatividade dos juízes."

17. ALEXY (2008, p. 26-27): "[A] abertura não é, sozinha, uma explicação suficiente para a intensidade da controvérsia acerca dos direitos fundamentais. Mesmo que extremamente aberta, uma normatização pode não suscitar grandes discussões caso haja um amplo consenso sobre a matéria. Mas, se a abertura estiver associada a um profundo dissenso sobre o texto regulado, estará aberto o flanco para uma ampla disputa. É exatamente esse o caso dos direitos fundamentais. O catálogo de direitos fundamentais regula de forma extremamente aberta questões em grande parte muito controversas acerca da estrutura normativa básica do Estado e da sociedade. Isso pode ser percebido com grande clareza nos conceitos dos direitos fundamentais à dignidade, à liberdade e à igualdade."

2.2.2. Fatores cognitivos

Estudos de psicologia demonstram que o raciocínio decisório sofre a interferência de inclinações e erros cognitivos. Com os juízes não é diferente. A formação jurídica é insuficiente para torná-los imunes aos *vieses cognitivos* inerentes ao raciocínio humano.[18] Em casos de maior complexidade, a interpretação de textos normativos e a avaliação de fatos tendem a ser afetadas por vieses e preconceitos que, embora parcialmente controláveis, não podem ser completamente eliminados.[19]

A tomada de decisão envolve dois processos mentais essencialmente distintos. O *sistema intuitivo* (Sistema 1) produz pensamentos rápidos, espontâneos, automáticos, involuntários e que exigem pouco esforço. Abrange as intuições, impressões, pré-concepções e vieses cognitivos. O *sistema deliberativo* (Sistema 2), por sua vez, é o responsável por raciocínios lentos, controlados, deliberados e que demandam grande esforço mental, como nas decisões pautadas por regras. Compreende as atividades mentais relacionadas à concentração e ao raciocínio lógico.

A relação entre os dois sistemas é complicada e extremamente complexa. Os processos mentais do sistema intuitivo tendem a ser afetados por inclinações cognitivas e a cometer erros sistemáticos em circunstâncias específicas. Por ser o sistema deliberativo incapaz de eliminar tais influências, o melhor a ser feito na tentativa de minimizar interferências indesejadas é identificar as situações nas quais os enganos e inclinações têm maior probabilidade de atuar (KAHNEMAN, 2012, p. 38-39).

Os dois tipos de processos mentais também estão presentes na tomada de decisão judicial.[20] Por ser a intuição um componente indis-

18. A noção de *viés cognitivo*, introduzida em 1972 pelos psicólogos israelenses Amos Tversky e Daniel Kahneman, indica um padrão de distorção verificado em determinadas situações presentes no raciocínio e, embora geralmente carregue uma conotação pejorativa, não denota necessariamente "algo insensato, inadequado ou mesmo impreciso".

19. EPSTEIN; LANDES; POSNER (2013, p. 44-45): "Juízes devem colocar seus preconceitos de lado quando decidem um caso e, geralmente, tentam fazê-lo [...]. Mas quando é preciso tomar uma decisão em condições de incerteza, é impossível banir preconceitos, a menos que alguém decida lançar uma moeda ou adiar a decisão até que a incerteza seja dissipada; nenhuma das duas é uma opção admissível para um juiz."

20. Nesse sentido, *e.g.*, IRWIN; REAL (2010, p. 5): "[...] a tomada de decisão judicial pode certamente ser vista como envolvendo os dois tipos de processos de pensamento."; GUTHRIE; RACHLINSKI; WISTRICH (2007, p. 141): "Acreditamos que a maioria dos juízes tenta 'alcançar suas decisões, utilizando fatos, provas e critérios jurídicos altamente restritivos, enquanto deixam de lado vieses pessoais, atitudes, emoções e outros fatores de individualização.' Apesar de seus melhores esforços, no entanto, os juízes, como qualquer outra pessoa, tem dois

pensável ao funcionamento do cérebro humano, é impossível eliminá-la completamente do raciocínio decisório. Em experimentos realizados com grupos de juízes, Guthrie, Rachlinski e Wistrich (2007, p. 126) encontraram resultados equivalentes ao de outros participantes com semelhante nível de formação. Para os pesquisadores confiar na intuição pode ser desejável em certos contextos. O perigo é utilizá-la em momentos inapropriados.[21]

O raciocínio não se desenvolve a partir do nada e tampouco dentro de um vácuo. As conclusões produzidas a partir de determinadas premissas tendem a sofrer a interferência de predisposições que o afetam, em maior ou menor medida, conforme o ambiente decisório e as características de cada indivíduo. Embora desejável que as decisões judiciais sejam livres de preconceitos, tendências e erros de raciocínio, pesquisas realizadas no âmbito da psicologia cognitiva demonstram que a tomada de decisão tende a ser afetada por uma série de vieses, mesmo em se tratando de indivíduos com bom nível de instrução ou comprometidos com a imparcialidade, como no caso dos juízes. O impacto pode variar de uma pessoa para outra, mas não há dúvidas de que afeta o raciocínio, inclusive, dos magistrados (IRWIN; REAL, 2010, p. 9-10).

Dentre as principais inclinações tendentes a afetar a interpretação de enunciados normativos e a avaliação dos fatos do caso pelo juiz no âmbito dos direitos fundamentais está o viés de confirmação.

2.2.2.1. Viés de confirmação

A tendência de sobrevalorizar argumentos e pontos de vista que confirmam nossas próprias opiniões e, por outro lado, de ignorar ou minimizar aqueles que as contradizem é um dos aspectos mais problemá-

---

sistemas cognitivos para fazer julgamentos - o intuitivo e o deliberativo - e o sistema intuitivo parece ter um efeito poderoso sobre a tomada de decisão dos juízes. A abordagem intuitiva pode funcionar bem em alguns casos, mas pode levar ao erro e à injustiça em outros."

21. GUTHRIE; RACHLINSKI; WISTRICH (2007, p. 134-135): "Por exemplo, quando um juiz tem de determinar se uma testemunha está dizendo a verdade, uma decisão intuitiva baseada na observação de seu comportamento pode ser mais precisa do que uma decisão deliberativa tomada no gabinete dias após os detalhes terem se desvanecido. Por outro lado, há momentos em que uma cuidadosa deliberação é desejável. Juízes suscetíveis ao 'viés da beleza', por exemplo, se fizerem um julgamento apressado na sala de audiências, podem avaliar a credibilidade de uma testemunha atraente de modo muito positivo e a de uma pouco atraente de forma negativa. Uma determinação reflexiva feita no gabinete, após ter passado o impacto da presença da testemunha, poderia ser mais precisa."

ticos do raciocínio humano.[22] A dificuldade para processar informações contrárias aos valores e convicções pessoais pode levar um indivíduo a persistir no erro, mesmo nas situações em que o equívoco é capaz de causar-lhe prejuízo. Embora existam variações de indivíduo para indivíduo, todos são afetados, em algum grau, por esta tendência, independentemente de serem mais ou menos inteligentes ou de terem uma mente mais ou menos aberta (MERCIER; SPERBER, 2011, p. 62).

Ciente desta tendência cognitiva, Charles Darwin costumava anotar de imediato qualquer observação aparentemente incoerente com suas teorias, hábito que rotulou como a "regra de ouro". Em sua autobiografia, Darwin explica que "descobrira por experiência que tais fatos e pensamentos tendiam a fugir mais facilmente da memória do que aqueles que as favoreciam" (WRIGHT, 1996, p. 241).

Utilizado na literatura para identificar este fenômeno de sobre/subvalorização de evidências, o *viés de confirmação* é definido por Nickerson (1998, p. 175) como a "busca ou interpretação de evidências de maneira parcial conforme as convicções existentes, expectativas ou hipóteses em questão." O raciocínio não é desenvolvido para avaliar e corrigir uma intuição inicial, mas sim para encontrar justificativas capazes de corroborá-la.

Os variados estudos sobre o tema demonstram que todos os indivíduos tendem a conferir um valor excessivo às informações confirmatórias, que são positivas ou que apoiam determinada posição, ao mesmo tempo em que tendem a subvalorizar as evidências que não corroboram suas convicções e expectativas. Especula-se que a razão mais provável para esta excessiva influência da informação confirmatória seja a maior facilidade de tratá-la cognitivamente (GILOVICH, 1993, p. 29-31).

No âmbito do comportamento judicial, este viés pode influenciar, por exemplo, a avaliação da importância a ser atribuída a determinados fatos do caso. Enquanto um juiz pode conferir especial atenção a um fato específico e considerá-lo relevante para a formulação do quadro fático completo, outro pode desprezar sua importância e, por isso, omiti-lo do

22. NICKERSON (1998, p. 175): "Se fosse para tentar identificar um único aspecto problemático do raciocínio humano que merece atenção acima de todos os outros, o viés de confirmação teria que estar entre os candidatos para análise. Muitos têm escrito sobre este viés, e ele parece ser suficientemente forte e penetrante a ponto de sermos levados a perguntar se o viés, por si só, pode representar uma fração significativa das disputas, brigas e mal-entendidos que ocorrem entre indivíduos, grupos e nações."

relatório da decisão, mesmo que não tenha a intenção de falsear a descrição do quadro fático.

Embora seja plausível supor que parte significativa das omissões ou distorções de situações fáticas seja resultante de processos mentais inconscientes, não se pode descartar a possibilidade de que ocorram também de modo intencional com o intuito de reduzir a probabilidade reversão da decisão por instâncias superiores ou de moldar o precedente a fim de evitar que em casos posteriores o tribunal faça uma distinção (*distinguish*) com base naquele fato específico (POSNER, 2008, p. 69-70).

A função central atribuída ao raciocínio como mecanismo de interação social vai ao encontro de diversos trabalhos contemporâneos nos quais é destacado o papel da sociabilidade nas capacidades cognitivas originais dos seres humanos[23] e parece confirmar tese de Robert Wright (1996, p. 242) de que:

> o cérebro humano é, em grande parte, uma máquina de ganhar discussões, de convencer os outros que seu dono está certo - e, portanto, uma máquina de convencer seu dono do mesmo. O cérebro se assemelha a um bom advogado: dado um conjunto de interesses a defender, ele começa a convencer o mundo do seu valor moral e lógico, mesmo que, na realidade, nenhum dos dois possa estar presente. Como um advogado, o cérebro humano quer uma vitória, e não a verdade; e, como um advogado, ele é por vezes mais admirável pela habilidade do que pela virtude.

O juiz, assim como todo ser humano, também possui a tendência de conferir um peso maior às razões que apoiam seus valores e convicções pessoais do que àqueles que os contrariam.[24] O *viés de confirmação* é um dos principais responsáveis pela forte correlação encontrada, em determinados contextos, entre a ideologia e o comportamento judicial. Independentemente de os juízes terem a sincera pretensão de decidir de forma neutra, imparcial e objetiva, buscando apenas alcançar a melhor

23. MERCIER; SPERBER (2011, p. 57): "O raciocínio assim concebido é adaptativo dada a excepcional dependência dos seres humanos à comunicação e sua vulnerabilidade à desinformação."

24. EPSTEIN; LANDES; POSNER (2013, p. 45): "Mesmo que um caso não seja particularmente novo, os juízes, por vezes (talvez frequentemente) se envolvem em um 'raciocínio motivado' - escolhendo inconscientemente esses fatos, precedentes ou outros textos oficiais, ou materiais secundários, que apoiam uma visão pré-existente (de onde quer que ela possa vir) e descontando os materiais que não apoiam essa visão preconcebida. Outro nome para essa tendência é 'viés de confirmação' - a tendência comum, quando se tem uma pré-concepção (e isso é quase sempre), de procurar evidências para confirmá-la, e não para refutá-la. Os cientistas são treinados para procurar evidências que refutam suas hipóteses, advogados e juízes não são."

realização possível do direito, sempre haverá uma propensão maior a apoiar resultados que corroborem suas convicções e valores pessoais. Não é por outro motivo que diante de casos moralmente carregados e de maior complexidade, as respostas que o juiz considera juridicamente mais adequadas tendem a "coincidir" com suas preferências e interesses pessoais.

Em síntese, os vieses cognitivos são onipresentes no raciocínio decisório e, embora devam ser trazidos à consciência para melhor controle,[25] são insuscetíveis de serem completamente eliminados.

2.2.3 Fatores ideológicos

Os fatores ideológicos são decorrentes do conjunto de ideias, pensamentos, valores e convicções de natureza filosófica, política, religiosa, social ou econômica que conformam as preferências dos juízes e os orientam em suas ações. A interferência de fatores desta natureza não decorre, necessariamente, da atuação consciente e deliberada no sentido de tentar aproximar o direito de *preferências políticas pessoais*.[26] Mesmo os julgadores mais experientes e qualificados possuem, assim como qualquer indivíduo, tendências e limitações cognitivas, preferências e interesses, vícios e virtudes. Por mais que sejam bem-intencionados e atuem com o sincero desejo de alcançar a melhor realização possível do direito, há contextos decisórios nos quais a indeterminação do material jurídico convencional (legislação, doutrina e jurisprudência) ou dos fatos juridicamente relevantes confere uma margem de ação na qual as es-

25. Heidegger (2000, p. 207) observa que a interpretação se funda, essencialmente, numa "posição prévia, visão prévia e concepção prévia. A interpretação nunca é apreensão de um dado preliminar, isenta de pressuposições. Se a concreção da interpretação, no sentido da interpretação textual exata, se compraz em se basear nisso que 'está' no texto, aquilo que, de imediato, apresenta como estando no texto nada mais é do que a opinião prévia, indiscutida e supostamente evidente do intérprete." Com isso, explica Gadamer (1997, p. 406), Heidegger quer dizer que na compreensão guiada por uma consciência metódica não se busca simplesmente realizar suas antecipações, mas antes trazê-las à consciência para que seja possível controlá-las e, desse modo, obter uma compreensão correta a partir das próprias coisas.

26. No âmbito da ciência política estadunidense, tal intenção é apontada por parte dos estudiosos do comportamento judicial como o principal motivo para a "coincidência" entre a ideologia dos membros da Suprema Corte e o resultado de seus votos. Nesse sentido, os adeptos do *modelo atitudinal* (*attitudinal model*) sugerem que os *justices* perseguem objetivos políticos e optam por resultados capazes de maximizar suas "preferências políticas pessoais". Sobre o tema, por todos, cfr. Jeffrey A. Segal e Harold J. Spaeth (1993; 2002).

colhas judiciais são influenciáveis como ocorre, por exemplo, nos casos envolvendo a aplicação de direitos fundamentais.[27]

Esta espécie de influência, perceptível em qualquer observação mais atenta, vem sendo comprovada, de forma inequívoca, por investigações empíricas realizadas nas últimas décadas.[28] Se preferências políticas interferem até na resolução de problemas matemáticos,[29] quem dirá na solução de controvérsias judiciais envolvendo temas relevantes e axiologicamente carregados.[30]

---

27. Com base nos resultados de duas análises envolvendo decisões proferidas por tribunais federais dos EUA (de 1933 a 1977; e de 1969 a 1986), C. K. Rowland e Ronald Carp sustentam que o modelo atitudinal deve ser abandonado em favor de uma teoria do conhecimento. Segundo os autores, a explicação para as divergências nas decisões não seria decorrente de um esforço para maximizar preferências políticas pessoais, mas antes uma consequência das diferentes estruturas cognitivas de cada juiz. Assim, apesar do esforço no sentido de proferir decisões de boa-fé para decidir objetivamente os casos de acordo com o direito, as diferenças ideológicas acabariam influenciando sutilmente as decisões. (TAMANAHA, 2010, p. 140).

28. Um dos métodos mais sofisticados de aferição é o "*Segal-Cover scores*", sistema de pontuação baseado em editoriais de jornais publicados entre a indicação e a nomeação dos membros da Suprema Corte dos Estados Unidos. Em casos envolvendo liberdades civis, constatou-se que a ideologia é capaz de explicar 80% dos votos de decisões não unânimes proferidas entre 1953 e 1988 (SEGAL; COVER, 1989). No período de 1946 a 1992, a mesma correlação foi encontrada em 69% dos votos (SEGAL *et al.*, 1995). Em casos de busca e apreensão (*search and seizure cases*), a correlação foi de 77% nas decisões proferidas entre 1962 e 1998 (SEGAL; SPAETH, 2002).

29. SCHWARTSMAN (2013, p. A2): "Num trabalho publicado em setembro, Dan Kahan, de Yale, revela que nossas preferências políticas afetam até a habilidade de resolver problemas matemáticos, que deveria ser o esteio da racionalidade. O experimento que bolou para provar isso é genial. Primeiro, ele mediu a capacidade de lidar com números e as inclinações ideológicas dos 1.111 voluntários. Em seguida, dividiu-os em grupos que foram apresentados a diferentes versões de um mesmo problema matemático que envolvia o cálculo de proporções. Não era uma questão muito fácil, já que 59% das pessoas não conseguiram resolvê-la. O interessante é que, entre os que eram bons em matemática e tinham condições de acertar, os resultados mudavam dependendo da forma como o problema era apresentado. Se ele era descrito de modo ideologicamente neutro, como o cálculo da eficácia de um creme para a pele, os numericamente competentes não tinham dificuldade de resolvê-lo. Mas, quando a mesmíssima questão surgia travestida de conta sobre a eficácia do controle de armas para combater o crime, as preferências políticas falavam mais alto. Na verdade, os que eram melhores em matemática puxavam mais a resposta para o seu lado do que os menos hábeis."

30. TAMANAHA (2010, p. 132): "Os estudos quantitativos de julgamentos são crescentes. Uma esmagadora proporção destes estudos tem sido realizada na Suprema Corte. Os resultados podem ser resumidos em uma frase: os pontos de vista ideológicos de juízes da Suprema Corte exercem uma influência mensurável sobre suas decisões jurídicas."; SUNSTEIN *et al.* (2006, p. 147): "Nenhuma pessoa razoável duvida seriamente que a ideologia, entendida como compromissos morais e políticos de vários tipos, ajuda a explicar votos judiciais. [...] Por certo, os juízes aderem ao direito, mas onde o direito não é claro, convicções judiciais desempenham um papel inevitável."; BARROSO (2011, p. 256-257): "Inúmeras pesquisas, no Brasil e nos Estados Unidos, confirmam que as preferências políticas dos juízes constituem

Em questões politicamente carregadas, existe uma parte da decisão judicial ("proto-decisão") de natureza ideológica, experiencial, subjetiva e axiológica que aparece já tomada mesmo antes do conhecimento dos dados concretos do caso a ser julgado.[31] Como os vieses cognitivos geralmente atuam abaixo do nível da consciência, mesmo quando os julgadores buscam alcançar a melhor realização possível do direito e acreditam sinceramente estar decidindo de forma neutra e objetiva, podem acabar sendo influenciados por suas predisposições.[32] Essa hipótese, argumenta Posner (2008, p. 11), "poupa os juízes da acusação de hipocrisia generalizada, sem negar a força da literatura empírica sobre julgamento político."

No *julgamento intencional* (*willful judging*) o juiz decide um caso, de forma deliberada, com base em suas preferências políticas pessoais e, em seguida, manipula o material jurídico convencional para justificar o resultado previamente escolhido. No *julgamento enviesado*, o juiz se esforça para produzir o melhor resultado juridicamente possível, mas sua interpretação é influenciada por predisposições que, embora atuem no mesmo sentido de suas preferências políticas pessoais, operam abaixo do nível da consciência plena.[33] O primeiro tipo de julgamento é ilegíti-

uma das variáveis mais relevantes para as decisões judiciais, notadamente nos casos difíceis. É de se registrar que o processo psicológico que conduz a uma decisão pode ser consciente ou inconsciente."

31. Ao fazer uma análise comparativa entre "casos ideológicos" (casos cujo conteúdo está relacionado com uma atitude ou valor acolhido pelo juiz) e "casos não ideológicos" (casos nos quais a questão central não toca em valores profundamente acolhidos pelos juízes) decididos pela Suprema Corte, Wrightsman (2010, p. 67) observou que nos casos da primeira espécie as perguntas feitas pelos *justices* eram dirigidas com maior frequência ao advogado que, ao final, acabaria perdendo a causa. Isso indica, em alguma medida, que nos casos ideológicos os *justices* já tinham uma opinião formada mesmo antes das alegações orais.
32. BAUM (2010, p. 13): "[O]s objetivos que os juízes conscientemente tentam avançar e aqueles que realmente perseguem através de suas escolhas podem diferir consideravelmente. Alguns juízes proclamam que buscam apenas fazer um bom direito, mesmo que os seus padrões de votos e opiniões indiquem que suas preferências políticas têm um forte impacto sobre o seu comportamento. Tais juízes não são, necessariamente, dissimulados, porque considerações políticas podem operar em um nível inconsciente. E com toda a probabilidade, os juízes muitas vezes são inconscientes de seus próprios esforços para obter a graça de plateias salientes através de suas decisões. Para alguns propósitos analíticos, não é necessário identificar o grau de consciência dos juízes na busca de seus objetivos. Mas os motivos inconscientes devem ser levados em conta nos esforços para compreender o elemento intencional do comportamento judicial."
33. TAMANAHA (2010, p. 187): "[...] as inclinações dos juízes irão influenciar as suas decisões de várias maneiras que não são conscientes ou deliberadas. Em um nível subconsciente, isso ocorre através do que pode ser livremente chamado (sem pretensões teóricas) de *moldura*

mo, por violar deveres inerentes à função judicial e princípios decorrentes do Estado de Direito; o segundo, embora indesejável, nem sempre pode ser completamente controlado.[34]

A intensidade da interferência é condicionada por duas espécies de variáveis.

As *variáveis objetivas*, relacionadas ao contexto decisório, envolvem o grau de indeterminação do material jurídico convencional (legislação, doutrina e jurisprudência), de controvérsia sobre a matéria de fundo e de repercussão midiática e social. Quanto maior a complexidade do caso,[35] a carga política do tema[36] e a saliência da controvérsia,[37] maior a probabilidade de influência de fatores ideológicos.

---

cognitiva, que se refere às categorias do pensamento e da percepção através do qual a cognição ocorre, incluindo a linguagem, os conceitos, as ideias e as crenças. A moldura cognitiva acompanha, possibilita, e molda o pensamento e a percepção, desencadeando respostas, influenciando ações e decisões. Ela é informada por categorias sociais e é implantada e perpetuada através da socialização. Isto não é uma falha do raciocínio humano, mas uma condição de pensamento que implica que não há percepção não mediada."

34. Nesse sentido, Barroso (2011, p. 257) observa que, "ao produzir uma decisão, o juiz atua dentro de um universo cognitivo próprio, que inclui sua formação moral e intelectual, suas experiências passadas, sua visão de mundo e suas crenças. Tais fatores podem levá-lo, inconscientemente, a desejar um resultado e procurar realizá-lo. Tal fenômeno é diverso do que se manifesta na vontade consciente e deliberada de produzir determinado resultado, ainda que não seja o que se considera juridicamente melhor, com o propósito de agradar a quem quer que seja ou para a satisfação de sentimento pessoal. Nessa segunda hipótese, como intuitivo, a conduta não será legítima."

35. As investigações empíricas sobre a influência da ideologia, em regra, são concentradas apenas em *decisões não unânimes* que, nos últimos anos, representaram algo em torno de 60% a 70% do total de decisões proferidas pela Suprema Corte estadunidense. Como explicam Sunstein *et al.* (2006, p. 132), "quando o direito deixa lacunas ou incertezas, convicções ideológicas parecem importar. Talvez sejam importantes porque os juízes tentam conferir o melhor sentido possível a leis ambíguas e nomeados por [Presidentes] Democratas e Republicanos divergem sobre a melhor maneira de fazer isso. Talvez as convicções importem porque as consequências importam, e juízes diferentes avaliam as consequências de maneiras diferentes."

36. Ao analisar os julgados da Suprema Corte em três períodos distintos, Wrightsman (2010, p. 65) encontrou um percentual consistentemente menor de decisões unânimes em casos politicamente carregados: em 2001, foram 32,5% contra 43,7% nos demais casos; em 2002, 36,4% contra 56,5%; e, em 2005, 45,6% contra 66,7%.

37. COLLINS Jr. (2007, p. 18-19): "[A] saliência do caso diminui a variabilidade na tomada de decisões de um *justice*. Por exemplo, em casos não-salientes, o conservador Scalia profere votos conservadores em 62% do tempo; em casos que apareceram na lista *Congressional Quarterly* ou na primeira página do *New York Times* (mas não em ambos), Scalia votou conservadoramente 72% do tempo; em casos que aparecem em ambas as listas, Scalia proferiu votos conservadores em 78% dos casos. Do ponto de vista do modelo atitudinal, este achado sugere que a ideologia tem um papel central em casos salientes, reduzindo as chances de se observar um comportamento não-atitudinal. Além disso, este achado corrobora as pesquisas em psico-

As *variáveis subjetivas*, relacionadas aos atributos pessoais de cada juiz, referem-se aos objetivos e motivações,[38] à experiência individual, à intensidade de valores e convicções sobre a questão em pauta, assim como à capacidade de detectar e controlar predisposições e preferências.[39] Quanto maior o tempo de posse no tribunal,[40] a saliência pessoal do tema[41] e o nível de entrincheiramento das preferências políticas pessoais (ideologia mais extremada),[42] maior a probabilidade de influência de fatores ideológicos.

---

logia social, que revelam que a consistência entre atitude e comportamento é especialmente reforçada quando um indivíduo vê um problema como relevante...".

38. Em estudo envolvendo 206 juízes canadenses, Palys e Divorski concluíram que a disparidade de sentenças proferidas em casos simulados podia ser explicada pelos diferentes objetivos sociojurídicos perseguidos na aplicação do direito. Os juízes que priorizavam a reabilitação do delinquente tinham uma tendência maior a proferir sentenças mais lenientes em contraposição com aos juízes que defendiam uma finalidade mais dissuasiva com os delinquentes e protetora da comunidade. Os autores do estudo concluíram que os objetivos sociojurídicos perseguidos pelos juízes, principalmente a dicotomia punição/reabilitação, eram os melhores preditores da maior ou menor severidade de suas decisões (*apud* SACAU; RODRIGUES, 2009, p. 158).

39. Para Posner (2008, p. 74-75), os "juízes chamados de 'imparciais' atuam com pré-concepções [*priors*] mais fracas que outros juízes, seja por causa da insegurança intelectual e uma consequente falta de convicção, seja por uma visão céptica ou um temperamento frio."

40. COLLINS Jr. (2007, p. 18): "[À] medida que aumenta o tempo de posse de um *justice* na Corte, a variabilidade na tomada de suas decisões diminui. Isto é interessante por [...] fornecer evidências claras de apoio a um efeito de aclimatação para os juízes da Suprema Corte: em relação aos seus primeiros anos no Tribunal, os *justices* apresentam posteriormente em suas carreiras um comportamento de voto mais consistente, o que sugere que os juízes da Suprema Corte, assim como outros juristas, passam por um período de aclimatação."

41. A intensidade da influência de fatores ideológicos varia conforme a importância do tema, o sistema de crenças e valores pessoais de cada julgador. Um juiz conservador pode, por exemplo, considerar altamente relevante a proteção do direito à vida do feto e ser indiferente quanto à união homoafetiva. Como observado por Nagel (1962, p. 436), pode ocorrer de dois juízes terem valores e convicções semelhantes, mas um deles detê-los com maior intensidade e, por conseguinte, divergir da maioria dos membros do tribunal em determinadas questões e, nem sempre, ser acompanhado por aquele com convicções menos vigorosas.

42. FELDMAN (2005, p. 37): "É verdade que os *justices* politicamente extremados para o lado conservador ou liberal - *justices* como Scalia e Thomas, ou como Thurgood Marshall e William Brennan - tendem a ser mais previsíveis."; COLLINS Jr. (2007, p. 17-18): "[O]s resultados corroboram o argumento de que o extremismo ideológico reduz a variabilidade na tomada de decisões. Em outras palavras, em comparação com um *justice* mais moderado, um *justice* extremamente liberal (ou conservador) se engaja em um comportamento de voto mais consistente. [...] se as atitudes extremas levam a um comportamento de votação mais estável, isto sugere que os fatores que moldam o cálculo de decisão de um *justice* moderado pode ser menos consequencial que o de juízes ideologicamente extremados. Nesse sentido, o comportamento de voto dos juízes moderados podem ser mais dependentes do contexto (*e.g.*, mais dependentes de aspectos específicos de um caso), em comparação com os juízes com de ideologias extremas."

Juízes com posições ideológicas extremas, fortemente arraigadas e claramente definidas em relação a determinados temas, por serem mais suscetíveis à influência forte e consistente de convicções, valores e preferências políticas pessoais, tendem a adotar comportamentos mais previsíveis.[43] Quando os órgãos colegiados possuem forte e equilibrada divisão ideológica, os juízes mais moderados acabam por desempenhar um papel determinante para o resultado final de casos difíceis envolvendo temas politicamente carregados.[44]

A análise evidencia como controvérsias envolvendo direitos fundamentais são especialmente propensas à divergência de opiniões e sensíveis à influência de fatores cognitivos e ideológicos. Como assinala Barroso (2011, p. 268-269), reconhecer tais influências "não diminui o direito, mas antes permite que ele se relacione com a política de maneira transparente, e não escamoteada."

A baixa densidade semântica dos enunciados normativos e o profundo dissenso sobre as matérias reguladas conjugados com a maior propensão à interferência de fatores cognitivos e ideológicos na interpretação dos dispositivos jusfundamentais conferem aos precedentes um papel primordial na construção de regras decisórias a serem observadas como critério para a solução de casos futuros, de modo a garantir a máxima efetividade aos direitos fundamentais e a promover a liberdade, a igualdade, a justiça e a segurança jurídica.

3. O PAPEL DO SUPREMO TRIBUNAL FEDERAL

A distribuição adequada de funções entre os órgãos jurisdicionais é fundamental para viabilizar a racionalização da atividade judiciária. Uma estrutura adequada depende da perfeita individualização do escopo a ser perseguido por cada esfera jurisdicional a fim de evitar a sobreposição indevida e desnecessária de competências.

A definição do papel do Supremo Tribunal Federal dentro da organização judiciária brasileira e, em especial, na concretização dos direi-

43. COLLINS Jr. (2007, p. 5-6): "As pesquisas em psicologia social nos mostram que - não surpreendentemente - os tomadores de decisão com ideologias mais extremas apresentam menor variação em seu comportamento e que atitudes extremadas são melhores indicativos de comportamento do que as ideologias mais moderadas...".

44. FRIEDMAN (2009, p. 375): "A Corte sempre terá seus extremistas. Mas os juízes decidem pelo voto majoritário, dando ao juiz 'médio', [i.e.] ao juiz situado no centro da Corte, um enorme poder."

tos fundamentais é algo a ser repensado e debatido com urgência. Urge adotar um modelo mais eficiente, célere e racional, apto a dar conta das demandas e complexidades inerentes ao constitucionalismo contemporâneo. Como explica Daniel Mitidiero (2014, p. 13-14), os tribunais de vértice podem ser concebidos de duas maneiras distintas:

> O primeiro modelo parte de uma *perspectiva cognitivista* ou *formalista* da interpretação jurídica e encara a corte de vértice como uma *corte de controle da legalidade das decisões recorridas*, que se vale da sua *jurisprudência* como um simples *parâmetro para a aferição de erros e acertos* cometidos pelos órgãos jurisdicionais das instâncias ordinárias na decisão dos casos a eles submetidos. A atividade da corte é *reativa*, preocupada com o passado. O recurso dirigido pela parte à corte é fundado no *jus litigatoris* e essa tem *pouca autonomia* para gerir a sua própria atividade. A interpretação do direito aí é apenas um *meio* para a viabilização do fim controle da decisão recorrida. No modelo de Cortes Superiores, a *uniformização* da jurisprudência tem um papel meramente instrumental, de modo que o *desrespeito* à decisão interpretação ofertada pela corte de vértice pelos juízes que compõem as instâncias ordinárias é visto como algo *natural* e em certa medida até mesmo *desejável* dentro do sistema jurídico.
>
> O segundo modelo parte de uma perspectiva *cética* ou *antiformalista* da interpretação jurídica, notadamente na sua versão *lógico-argumentativa*, e encara a corte de vértice como uma *corte de adequada interpretação do Direito*, que se vale dos seus *precedentes* como um meio para *orientação* da sociedade civil e da comunidade jurídica a respeito do *significado* que deve ser atribuído aos enunciados legislativos. A atividade da corte é *proativa* e encontra-se endereçada para o *futuro*. O recurso dirigido pela parte à corte visa a viabilizar a tutela do *jus constitutionis* e a corte dispõe de *ampla autonomia* para gerir sua própria agenda. A corte *autogoverna-se*. A interpretação do Direito é o *fim* da corte de vértice, sendo o caso concreto apenas o *meio* a partir do qual a corte pode desempenhar sua função. No modelo de Cortes Supremas, a *formação do precedente* tem um papel central, de modo que a *violação* à interpretação ofertada pela corte de vértice pelos juízes que compõem a própria corte e por aqueles que se encontram nas instâncias ordinárias é vista como uma *grave falta institucional* que não pode ser tolerada dentro do sistema jurídico.

No Brasil, a configuração do Supremo Tribunal Federal sempre esteve mais próxima do modelo de *Corte Superior*, embora seja possível notar, nos últimos anos, uma aproximação gradativa do modelo de *Corte Suprema*.

No âmbito constitucional, tal tendência pode ser constatada no protagonismo conferido ao controle normativo abstrato - ampliação dos legitimados ativos, criação de novos instrumentos e introdução da eficácia vinculante (EC 3/1993) - pela Carta Cidadã de 1988 e nas inovações introduzidas pela Emenda Constitucional nº 45/2004, quais sejam, a exigência de demonstração de repercussão geral como requisito de admissibilidade do recurso extraordinário (CRFB/88, art. 102, § 3º) e a instituição da "súmula vinculante" (CRFB/88, art. 103-A).

No âmbito jurisprudencial, a questão tem sido marcada por idas e vindas. A partir de 2006, o Supremo sinalizou conferir efeitos típicos do controle abstrato - *erga omnes* e vinculante - às decisões proferidas no controle incidental de constitucionalidade (*abstrativização do controle difuso-concreto*).[45] Embora tal entendimento não tenha prevalecido, no julgamento da Reclamação nº 4.335/AC o Ministro Teori Zavaski pontuou que as decisões proferidas em recurso extraordinário possuem *eficácia expansiva*, impondo-se sua observância aos demais órgãos do Poder Judiciário.[46]

Inovação mais recente que também merece ser ressaltada é a *fixação de teses jurídicas* em sede de repercussão geral e de controle concentrado-abstrato de constitucionalidade, inclusive, com divulgação em separado no sítio do Supremo.[47]

No âmbito legislativo, as alterações pontualmente implementadas com vistas à valorização dos precedentes dos tribunais de vértice[48] fo-

45. Nesse sentido, as decisões proferidas no Habeas Corpus nº 82.959/SP (Rel. Min. Marco Aurélio; Tribunal Pleno; julgamento: 23.02.2006), no Recurso em Mandado de Segurança **nº 25.110/SP (Rel. p/Acórdão: Min. Eros Grau; Tribunal Pleno; julgamento: 11.05.2006), no Mandado de Injunção nº 670/ES,** (Rel. p/ Acórdão: Min. Gilmar Mendes; Tribunal Pleno; julgamento: 25.10.2007), **na Reclamação nº** 10.793/SP (Rel. Min. Ellen Gracie; Tribunal Pleno; julgamento: 13.04.2011), **bem como os votos dos Ministros Gilmar Mendes e Eros Grau na Reclamação nº 4.335/AC** (Rel. Min. Gilmar Mendes; Tribunal Pleno; julgamento: 20.03.2014).

46. Ao sustentar a necessidade de se conferir sentido restritivo à norma de competência sobre cabimento de reclamação, o Ministro Teori Zavascki asseverou que, "considerando o vastíssimo elenco de decisões da Corte Suprema com eficácia expansiva, e a tendência de universalização dessa eficácia, a admissão incondicional de reclamação em caso de descumprimento de qualquer delas, transformará o Supremo Tribunal Federal em verdadeira Corte executiva, suprimindo instâncias locais e atraindo competências próprias das instâncias ordinárias. Em outras palavras, não se pode estabelecer sinonímia entre força expansiva e eficácia vinculante *erga omnes* a ponto de criar uma necessária relação de mútua dependência entre decisão com força expansiva e cabimento de reclamação" (STF - Rcl 4.335/AC, Rel. Min. Gilmar Mendes, 20.03.2014).

47. http://www.stf.jus.br/portal/jurisprudencia/pesquisarTese.asp.

48. Nesse sentido, *e.g.*, a competência atribuída ao relator para julgar monocraticamente recurso interposto contra decisão divergente de súmula ou jurisprudência dominante do Supremo Tribunal Federal ou de Tribunais Superiores (CPC/1973, art. 557, alterado pela Lei nº

ram consolidadas, de forma definitiva, com o Novo Código de Processo Civil. Nesse sentido, destacam-se os deveres de uniformização da jurisprudência e manutenção de sua estabilidade, integridade e coerência pelos tribunais (CPC/2015, art. 926), assim como de observância: I) das decisões do Supremo Tribunal Federal em controle concentrado de constitucionalidade; II) dos enunciados de súmula vinculante; III) dos acórdãos em incidente de assunção de competência ou de resolução de demandas repetitivas e em julgamento de recursos extraordinário e especial repetitivos; IV) dos enunciados das súmulas do Supremo Tribunal Federal em matéria constitucional e do Superior Tribunal de Justiça em matéria infraconstitucional; e V) da orientação do plenário ou do órgão especial aos quais estiverem vinculados (CPC/2015, art. 927).

A transformação do Supremo em autêntico tribunal de precedentes não só é apenas desejável, mas necessária. É irracional conceber um sistema com quatro níveis jurisdicionais distintos, no qual todos os órgãos perseguem a mesma finalidade. O ideal é a cisão de funções para que as instâncias ordinárias sejam precipuamente vocacionadas à prolação de decisões justas e as extraordinárias voltadas à formação de precedentes (MITIDIERO, 2014, p. 32). Os acórdãos dos tribunais de vértice devem não apenas resolver os casos concretos, mas, sobretudo, constituir parâmetros e normas de decisão para o julgamento de casos futuros.

Compreender que o papel precípuo do Supremo, enquanto guardião da Lei Maior (CRFB/88, art. 102), deve ser a formação de precedentes voltados a atribuir sentido aos enunciados normativos da Constituição e a orientar as futuras decisões judiciais, representa um significativo avanço no sentido de conferir maior efetividade aos direitos fundamentais e promover a liberdade, a igualdade, a justiça e a segurança jurídica.

4. A EFICÁCIA OBRIGATÓRIA DOS PRECEDENTES

O respeito aos precedentes é algo desejável não apenas por razões institucionais, mas também por questões morais relacionadas a "considerações de justiça, de consistência decisória e de interesse público em desestimular uma controvérsia perpétua sobre questões de direito." A

9.758/1998), bem como a sistemática para o julgamento dos chamados "recursos repetitivos" no âmbito do Superior Tribunal de Justiça (CPC/1973, art. 543-C, introduzido pela Lei nº 11.672/2008).

fidelidade ao Estado de Direito requer que as mesmas regras e soluções orientem as decisões judiciais, independentemente do julgador, evitando-se variações inúteis e incoerentes no padrão decisório de um órgão judicial para o outro. A regra formulada judicialmente no julgamento de temas altamente controversos, mesmo quando incapaz de extinguir divergências valorativas sobre a questão de fundo, simplifica a solução de casos futuros (MACCORMICK, 2008, p. 191).

A observância dos precedentes formulados por tribunais de vértice contribui para promover: a *eficiência*, pois formular novas soluções para todos os problemas exige muito tempo e esforço;[49] a *previsibilidade do direito*, valor extremamente relevante para a adoção de condutas e condução dos negócios;[50] a *justiça* (ou *equidade*), por conferir idêntico tratamento a situações semelhantes;[51] e o fortalecimento da *eficácia das decisões*.[52]

O dever de respeito aos precedentes é medida que se impõe não apenas aos órgãos judiciais inferiores, mas também ao próprio tribunal, sob pena de fragilizar a força prospectiva de seus julgados[53] e afetar sua *legitimidade* institucional.[54] A força persuasiva e a autoridade das decisões de um tribunal dependem, em grande medida, do modo como este se comporta diante de seus julgados anteriores. A aplicação de precedentes formulados no passado pode representar uma espécie

49. Nesse sentido, MacCormick (2008, p. 204) observa que, por uma questão de *economia de esforço*, um caso decidido após análise cuidadosa, "deve ser tratado como se tivesse sido resolvido de uma vez por todas, a não ser que se possa demonstrar ter surgido um elemento especial que exija reconsideração."

50. EPSTEIN; KNIGHT (1998, p. 164): "O *stare decisis* é uma maneira de os tribunais respeitarem as expectativas estabelecidas em uma comunidade. Na medida em que os membros de comunidade baseiam suas expectativas futuras sobre a crença de que os outros vão seguir as normas existentes, o Tribunal tem interesse em minimizar os efeitos perturbadores da derrubada das atuais normas de comportamento."

51. Para Dworkin (1977, p. 113), a "força gravitacional" do precedente pode ser explicada com base na "justiça de se tratar casos semelhantes da mesma maneira" ("*fairness of treating like cases alike*"), sendo que o tratamento isonômico deve abranger não apenas aos resultados de decisões anteriores, mas também os princípios que os fundamentaram.

52. EPSTEIN; KNIGHT (1998, p. 164): "Se o Tribunal faz uma mudança radical, a comunidade pode não conseguir se adaptar, tornando a decisão incapaz de produzir uma norma eficaz."

53. EPSTEIN; KNIGHT (1998, p. 165): "Violações isoladas da norma [do *stare decisis*] não resultarão na rejeição da Corte pela sociedade; apenas desvios regulares e sistemáticos da norma podem minar a legitimidade do Tribunal."

54. EPSTEIN; KNIGHT (1998, p. 172): "Na medida em que a observância desta norma [de respeito aos precedentes] é necessária para manter a legitimidade da Suprema Corte, tal crença vai impedir seus membros de se afastarem do precedente de forma regular e sistemática."

de acordo implícito ao longo do tempo: o tribunal de hoje segue as decisões anteriores em troca da observância de suas atuais decisões no futuro.[55]

4.1. Eficácia obrigatória e efeito vinculante: distinção necessária

Toda decisão judicial possui três partes: relatório, fundamentação e dispositivo. Após descrever os fatos relevantes do caso, o magistrado justifica sua decisão, explicitando as razões pelas quais chegou à conclusão exposta no dispositivo. É, portanto, na fundamentação, ao expor as razões elucidativas dos fundamentos determinantes do resultado, que o órgão julgador reconstrói a norma jurídica atribuindo sentido aos dispositivos interpretados.

Se a interpretação constitucional fixada pelo Supremo, como guardião da Lei Maior, deve orientar a solução de casos futuros, seus julgados não podem ser pensados como "mera solução do caso concreto". Logo, mais importantes do que as conclusões contidas nos dispositivos dos acórdãos prolatados pelo Tribunal, são os motivos determinantes de suas decisões,[56] aos quais deve ser reconhecida eficácia obrigatória quando acolhidos pela maioria absoluta dos ministros.[57] Tal eficácia se restringe aos fundamentos necessários e suficientes para chegar à solução do caso (*ratio decidendi*), não se estendendo às questões acessórias do julgado, ou seja, àquelas mencionadas apenas de passagem (*obiter dicta*) na fundamentação dos votos.

55. BRENNER; WHITMEYER (2009, p. 150): "Obviamente não é possível uma troca negociada explicitamente entre o Tribunal do presente e o Tribunal do passado ou do futuro. Assim, a melhor maneira para o Tribunal do presente implementar a troca, de modo a garantir que o Tribunal do futuro demonstre ao menos um pouco de respeito pelas suas decisões, é mostrar de forma unilateral um pouco de respeito pelas decisões do Tribunal do passado, mas ao mesmo tempo chamar a atenção para isso e declarar ser uma regra que o Tribunal – inclusive o Tribunal do futuro – deve seguir. Essa troca generalizada beneficiará Tribunais do passado, do presente e do futuro."

56. Nesse sentido, o entendimento adotado por Marinoni (2015, p. 20): "Por consequência, não pode importar apenas a parte dispositiva da decisão da Corte, que corrige ou não a decisão objeto do recurso. Quando se pensa na definição do sentido do direito importam os fundamentos determinantes da solução do caso concreto. São as razões determinantes da solução do caso que assumem relevo quando se tem em conta uma decisão que, além de dizer respeito aos litigantes, projeta-se sobre todos e passa a servir de critério para a solução de casos futuros."

57. O projeto de lei que deu origem ao Código de Processo Civil/2015 continha dispositivo no qual exigida a adesão da maioria dos membros do colegiado para a formação da *ratio decidendi*, mas a previsão foi posteriormente retirada sem qualquer justificativa.

No âmbito da aplicação judicial dos direitos fundamentais, a observância das regras formuladas pelo Supremo a partir da interpretação de enunciados normativos ou da ponderação de princípios colidentes (regra definidora da *relação de precedência condicionada*) mostra-se ainda mais relevante por estarem em jogo dispositivos com baixa densidade semântica e elevada carga política cuja interpretação, como anteriormente mencionado, confere ampla margem de ação ao julgador na qual a atribuição de sentido é especialmente sensível à influência de fatores extrajurídicos.

O reconhecimento da eficácia obrigatória das *rationes decidendis* das decisões do Supremo Tribunal Federal se impõe como corolário do papel de principal guardião da Constituição (CRFB/88, art. 102) e encontra fundamento na política de valorização dos precedentes consagrada no Novo Código de Processo Civil.

No âmbito do próprio Tribunal, o dever de *uniformizar a jurisprudência* e mantê-la *estável, íntegra* e *coerente* impõe aos seus membros e órgãos fracionários a obrigatória observância das regras adotadas como fundamento de precedentes anteriores sobre o mesmo tema (CPC/2015, art. 926). A superação de precedentes, embora possível - e, em certos casos, até desejável -, somente pode ser realizada pelo plenário e após ampla deliberação do colegiado sobre as razões e contrarrazões justificadoras da evolução jurisprudencial (CPC/2015, art. 927, § 3º).[58]

No tocante aos demais órgãos do Poder Judiciário, a inobservância dos motivos determinantes não apenas torna a decisão incorreta e condenável do ponto de vista ético-jurídico, como pode resultar em sua anulação por *vício na fundamentação* (CPC/2015, art. 489, § 1º, V e VI c/c art. 1.013, § 3º, IV).[59] Por ser a eficácia obrigatória das decisões do

58. CPC/2015, Art. 927, § 4º A modificação de enunciado de súmula, de jurisprudência pacificada ou de tese adotada em julgamento de casos repetitivos observará a necessidade de fundamentação adequada e específica, considerando os princípios da segurança jurídica, da proteção da confiança e da isonomia.

59. CPC/2015, Art. 489, § 1º Não se considera fundamentada qualquer decisão judicial, seja ela interlocutória, sentença ou acórdão, que: [...] V - se limitar a invocar precedente ou enunciado de súmula, sem identificar seus fundamentos determinantes nem demonstrar que o caso sob julgamento se ajusta àqueles fundamentos; VI - deixar de seguir enunciado de súmula, jurisprudência ou precedente invocado pela parte, sem demonstrar a existência de distinção no caso em julgamento ou a superação do entendimento. Art. 1.013. A apelação devolverá ao tribunal o conhecimento da matéria impugnada. [...] § 3º Se o processo estiver em condições de imediato julgamento, o tribunal deve decidir desde logo o mérito quando: [...] IV - decretar a nulidade de sentença por falta de fundamentação.

Supremo resultante do papel de guardião da Constituição, ao qual cabe dar a última palavra - ainda que provisória – sobre a interpretação de seus dispositivos, o dever de observância previsto no artigo 927, I do Código Processual deve ser interpretado extensivamente, de modo a abranger a *ratio decidendi* de todas as decisões proferidas pelo Plenário do Tribunal.[60]

A *eficácia obrigatória* não se confunde com o *efeito vinculante*. A interpretação dos dispositivos constitucionais[61] e legais não permite extrair o entendimento de que a *ratio decidendi* de todas as decisões proferidas pelo plenário do Supremo vincula os demais órgãos do Judiciário de modo a autorizar, sempre que desrespeitada, o uso da reclamação, cujo cabimento, embora ampliado pelo Novo Código Processual Civil, é expressamente delimitado a hipóteses específicas.[62] No mais, em termos de política judiciária, a interpretação extensiva das hipóteses de cabimento desta ação teria o efeito colateral de aumentar, ainda mais, o já elevado número de processos no Tribunal.

No âmbito do controle normativo abstrato, postula-se a projeção do efeito vinculante para além do dispositivo, a fim de abranger também os fundamentos determinantes da decisão, os quais devem ultrapassar os limites do aresto para servir como norma decisória para casos futuros en-

60. MARINONI (2015, p. 24): "O que tem efeito obrigatório perante os juízes e tribunais é a *ratio decidendi* ou os efeitos determinantes da decisão da Corte Suprema. Não pode importar o local em que a decisão é proferida, se em recurso repetitivo ou não. *A restrição do Código de Processo Civil é tão absurda que implicaria na conclusão de que decisões relevantes, tomadas em recursos extraordinário e especial que não têm facilidade para se 'repetir', poderiam ser ignoradas enquanto decisões próprias de uma Suprema Corte.*"

61. A Lei Maior, além de conferir efeito vinculante apenas às decisões proferidas pelo Supremo em sede de controle normativo abstrato (CRFB/88, art. 102, § 2º) e a determinados enunciados de súmula de sua jurisprudência dominante (CRFB/88, art. 103-A). No âmbito do controle difuso incidental cabe ao Senado suspender a execução de lei declarada inconstitucional em decisão definitiva do Supremo (CRFB/88, art. 52, X).

62. CPC/2015, Art. 988. Caberá reclamação da parte interessada ou do Ministério Público para: I - preservar a competência do tribunal; II - garantir a autoridade das decisões do tribunal; III - garantir a observância de enunciado de súmula vinculante e de decisão do Supremo Tribunal Federal em controle concentrado de constitucionalidade; IV - garantir a observância de acórdão proferido em julgamento de incidente de resolução de demandas repetitivas ou de incidente de assunção de competência; [...] § 5º É inadmissível a reclamação: I - proposta após o trânsito em julgado da decisão reclamada; II - proposta para garantir a observância de acórdão de recurso extraordinário com repercussão geral reconhecida ou de acórdão proferido em julgamento de recursos extraordinário ou especial repetitivos, quando não esgotadas as instâncias ordinárias. § 6º A inadmissibilidade ou o julgamento do recurso interposto contra a decisão proferida pelo órgão reclamado não prejudica a reclamação.

volvendo semelhantes questões fáticas e jurídicas.[63] A teoria da *transcendência dos motivos* (ou do *efeito transcendente dos motivos determinantes* ou dos *efeitos irradiantes*) tem por escopo minimizar as divergências interpretativas acerca dos dispositivos constitucionais com vistas a assegurar a força normativa da constituição e a máxima efetividade de suas normas, fazendo prevalecer o sentido conferido pelo guardião da Lei Fundamental.

Na jurisprudência do Supremo Tribunal Federal, a teoria chegou a ser acolhida pelo Plenário,[64] mas vem sendo atualmente rejeitada pela maioria dos ministros.[65] Vale registrar, no entanto, que mesmo após superada a orientação anterior, há decisões monocráticas conferindo efeito vinculante à *ratio decidendi* de alguns dos julgados do tribunal e, por conseguinte, admitindo o cabimento de reclamação.[66]

---

63. A Emenda Constitucional nº 03/1993, por meio da qual introduzido o efeito vinculante no sistema constitucional brasileiro, teve como inspiração direta a "Emenda Roberto Campos" (PEC 130/1992), cuja justificação para o novo instituto foi redigida nos seguintes termos: "[...] Trata-se de instituto jurídico desenvolvido no Direito processual alemão, que tem por objetivo outorgar maior eficácia às decisões proferidas por aquela Corte Constitucional, assegurando força vinculante não apenas à parte dispositiva da decisão, mas também aos chamados *fundamentos* ou *motivos determinantes* (*tragende Gründe*)."

64. STF – Rcl 2.363/PA, Rel. Min. Gilmar Mendes, Plenário (23.10.2003): "Efeito vinculante das decisões proferidas em ação direta de inconstitucionalidade. Eficácia que transcende o caso singular. Alcance do efeito vinculante que não se limita à parte dispositiva da decisão. Aplicação das razões determinantes da decisão proferida na ADI 1.662. Reclamação que se julga procedente."

65. STF – Rcl 9.778 AgR/RJ, Rel. Min. Ricardo Lewandowski (26.10.2011): "[...] Este Supremo Tribunal, por ocasião do julgamento da Rcl 3.014/SP, Rel. Min. Ayres Britto, rejeitou a aplicação da chamada 'teoria da transcendência dos motivos determinantes'."; Rcl 10.604/DF, Rel. Min. Ayres Britto (julgamento: 08/09/2010): "Sendo assim, avulta a impertinência da alegação de desrespeito às decisões tidas por paradigmáticas. A menos que se pudesse atribuir efeitos irradiantes ou transcendentes aos motivos determinantes dos julgados plenários tomados naquelas ações abstratas. Mas o fato é que, no julgamento da Rcl 4.219, esta nossa Corte retomou a discussão quanto à aplicabilidade dessa mesma teoria da 'transcendência dos motivos determinantes', oportunidade em que deixei registrado que tal aplicabilidade implica prestígio máximo ao órgão de cúpula do Poder Judiciário e desprestígio igualmente superlativo aos órgãos da judicatura de base, o que se contrapõe à essência mesma do regime democrático, que segue lógica inversa: a lógica da desconcentração do poder decisório. Sabido que democracia é movimento ascendente do poder estatal, na medida em que opera de baixo para cima, e nunca de cima para baixo. No mesmo sentido, cinco ministros da Casa esposaram entendimento rechaçante da adoção do transbordamento operacional da reclamação, ora pretendido. Sem falar que o Plenário deste Supremo Tribunal Federal já rejeitou, em diversas oportunidades, a tese da eficácia vinculante dos motivos determinantes das suas decisões (cf. Rcl 2.475-AgR, da relatoria do ministro Carlos Velloso; Rcl 2.990-AgR, da relatoria do ministro Sepúlveda Pertence; Rcl 4.448-AgR, da relatoria do ministro Ricardo Lewandowski; Rcl 3.014, de minha própria relatoria)."

66. Nesse sentido, *e.g.*, STF – Rcl 18.687 MC/DF, Rel. Min. Roberto Barroso, decisão monocrática (27.09.2014): "Ementa: RECLAMAÇÃO. MEDIDA LIMINAR. CENSURA PRÉVIA A VEÍCULO DE

Com o advento do Novo Código de Processo Civil o debate acerca da vinculação dos fundamentos determinantes de decisões proferidas pelo Supremo no âmbito do controle normativo abstrato deve ser reavivado. Na visão de Marinoni (2015, p. 21), como tais decisões produzem coisa julgada *erga omnes*, a única interpretação razoável do disposto no artigo 927, inciso I da lei processual é no sentido de conferir efeito vinculante à *ratio decidendi*, de modo a reconhecer, por exemplo, o "valor precedental diante de caso em que se questiona lei estadual que possui o mesmo teor da lei estadual já declarada inconstitucional."

4.2. A identificação da **ratio decidendi***: problemas e soluções*

Não bastassem as dificuldades inerentes à própria definição e identificação da *ratio decidendi*,[67] no caso dos precedentes do Supremo Tribunal Federal há fatores específicos que potencializam o problema.

Um deles é a quantidade de processos julgados todos os anos,[68] a qual permanece absurda mesmo após a significativa redução de-

IMPRENSA. INADMISSIBILIDADE. 1. Na ADPF 130, Rel. Min. Ayres Britto, o Supremo Tribunal Federal proibiu "qualquer tipo de censura prévia" aos órgãos de imprensa, como determina a Constituição. 2. Ao proibir jornalistas, radialistas e integrantes dos meios de comunicação de entrevistar, mencionar, elogiar ou mesmo criticar candidatos inscritos na disputa eleitoral de 2014, a decisão reclamada aparentemente violou a autoridade da decisão do Plenário do STF. 3. Liminar deferida parcialmente." *Nota do autor:* A rigor, o mencionado entendimento não está contido no dispositivo da Arguição de Descumprimento de Preceito Fundamental nº 130/DF, cujo acórdão foi lavrado nos seguintes termos: "Decisão: O Tribunal, por maioria e nos termos do voto do Relator, julgou procedente a ação...". Por seu turno, a parte dispositiva do voto do Relator, Ministro Carlos Britto, foi assim redigida: "[...] 71. Em conclusão, voto, inicialmente, pela confirmação do recebimento da presente ADPF. Quanto ao mérito, encaminho o meu voto no sentido de sua total procedência (dela, ADPF), para o efeito de declarar como não-recepcionado pela Constituição de 1988 todo o conjunto de dispositivos da Lei Federal nº 5.250, de 9 de fevereiro de 1967, nele embutido o de natureza penal (compreensivo dos preceitos definidores de crimes, impositivos de penas e determinantes de responsabilidades)." Como se pode notar, não há no dispositivo da mencionada decisão referência à proibição de "'qualquer tipo de censura prévia' aos órgãos de imprensa".

67. Como aponta MacCormick (2006, p. 105), "o problema é que não há uma afirmação de consenso a respeito seja do que é fundamentação, seja de como se encontra a fundamentação de qualquer caso determinado."

68. VIEIRA (2010): "Não há tribunal constitucional no mundo que tome mais decisões que o brasileiro. Em recente seminário na África do Sul, ao apresentar números do supremo, percebi um ar de ceticismo na audiência. Não demorou muito para que o juiz Jacoob, proeminente membro da Corte Constitucional sul-africana, gentilmente me interrompesse: 'caro Oscar os seus números são inverossímeis; 115 mil casos ao ano significa que, se a corte trabalhasse 240 dias por ano, estaria decidindo 479 casos por dia, o que é mais do que nossa corte julgou em toda sua existência. Isso não me parece possível'. Expliquei então que mais de 90% das decisões do tribunal eram tomadas monocraticamente e segui minha apresentação. Logo o

corrente das inovações introduzidas pela Emenda Constitucional nº 45/2004. A título de comparação, a média de 103.871 decisões anuais - do total de 1.038.711 proferidas entre 2003 e 2012 - é cerca de mil vezes maior que a da Suprema Corte estadunidense. No mesmo período, o Tribunal Constitucional português prolatou 11.849 decisões, média de 1.184 por ano (1,14% da média do STF). A Corte Constitucional italiana, por sua vez, proferiu 3.746 decisões, média de 374 por ano (0,36% da média do STF). Na Espanha, entre 2007 e 2011, o Tribunal Constitucional prolatou 57.134 decisões - média de 11.427 por ano, ou seja, 11% em relação ao STF -, sendo 51.117 (89,47%) de inadmissibilidade do Recurso de Amparo.

Outro fator é a incipiente cultura de respeito aos precedentes no Brasil. Embora seja perceptível a gradativa tendência de mudança, recentemente impulsionada pelo Novo Código de Processo Civil, a impressão que se tem em certos casos é de que os ministros do Supremo estão interessados "apenas em fixar o 'novo', sem necessariamente remontar a jurisprudência do Tribunal de maneira adequada."[69]

Um terceiro fator é o "alto grau de personalismo dos julgamentos" e a consequente dificuldade de identificação da linha argumentativa definidora da *ratio decidendi* institucional, isto é, das razões determinantes para a tomada de decisão pelo colegiado. O modelo agregativo adotado no Supremo, no qual muitos dos votos são previamente elaborados para serem lidos na sessão, proporciona a produção de múltiplas *rationes* individuais, dificultando, por conseguinte, a formação e a identificação da razão de decidir coletiva a ser observada como precedente obrigatório do Tribunal.[70] Não raro, os ministros chegam às mesmas conclusões, mas pautados por fundamentos diversos.

---

juiz Jacoob me interrompeu com sua indefectível matemática: 'dividindo o total de casos por 11 juízes, isto daria mais de 10 mil casos por ano, por juiz, o que significa cerca de 1 caso a cada 12 minutos. Impossível!'."

69. VOJVODIC *et al.* (2009, p. 27): "A orientação dos ministros para a formação de precedentes, nas decisões de casos difíceis, parece ser uma tendência recente, que contrasta com o (não/mau) uso que os ministros tradicionalmente fazem de suas 'decisões anteriores', citando-as de maneira aleatória, sem confirmação do conteúdo da decisão (*ratio decidendi*) –, ou de maneira estratégica –, apenas aquelas que favoreçam a linha argumentativa do ministro. Percebe-se que, em casos difíceis, é cobrado do STF um diálogo com as decisões anteriores, afinal os ministros são convocados a fixar um 'novo' entendimento para a decidibilidade de casos futuros."

70. A análise de algumas reclamações revela a dificuldade que os próprios ministros têm para identificar o que realmente foi decidido. Como exemplo, pode ser mencionada a divergência entre os ministros sobre os efeitos da decisão proferida no Habeas Corpus nº 82.959/

Tal quadro permite concluir que a inobservância de julgados anteriores não decorre apenas da ausência de uma cultura sedimentada de respeito aos precedentes ou da vontade deliberada dos julgadores de conformar o direito de acordo com suas preferências políticas pessoais. Não obstante o percentual de decisões colegiadas proferidas pelo Supremo ficar abaixo de 15% do total,[71] existe uma real dificuldade, inclusive por parte dos próprios ministros, de conhecer todos os precedentes do Tribunal e de identificar a *ratio decidendi* do acórdão.

Sem uma ampla reforma voltada à redução drástica do número de processos, permanecerá a falsa impressão de que grande parte das controvérsias judiciais é solucionada pelo Supremo quando, na realidade, a esmagadora maioria é decidida monocraticamente. Não faria mais sentido atribuir parte das competências a outros órgãos jurisdicionais para permitir que os ministros possam se dedicar apenas ao julgamento colegiado das causas mais relevantes? Quem decide menos, tem melhores condições de decidir melhor. Em que pese a necessidade de emenda constitucional para modificações mais profundas no abrangente rol de competências atribuídas ao Supremo (CRFB/88, art. 102) – *e.g.*, fim do foro por prerrogativa de função -, a mudança de postura do próprio Tribunal, no sentido de fazer um escrutínio mais rigoroso quanto ao cabimento de *habeas corpus*[72] e ao reconhecimento de repercussão geral,[73] poderia contribuir para uma significativa redução no número de demandas.

Por outro lado, a explicitação e votação da *ratio decidendi* em separado, após a prolação de todos os votos - a exemplo do que ocorre

---

SP, objeto da Reclamação nº 4.335/AC, de relatoria do Ministro Gilmar Mendes (julgamento: 21.03.2014).

71. De acordo com os dados disponíveis no site do Tribunal, do total de decisões proferidas (533.838) entre 2008 e 2012, apenas 13,54% (72.295) foram colegiadas. As demais foram monocráticas (461.303), sendo que 240 não foram informadas (BRASIL, 2013).

72. Em 17 de agosto de 2016, o acervo processual do STF, composto pelos processos em tramitação, possuía 3.444 *habeas corpus* contra 2.166 ações de controle concentrado-abstrato (ADC, ADI, ADO e ADPF). Além do número expressivo, por terem prioridade na tramitação, os *habeas corpus* ocupam a maior parte das sessões das turmas.

73. Preocupado com o congestionamento de processos no Plenário, o Ministro Luís Roberto Barroso chegou a apresentar um conjunto de propostas voltadas a limitar o reconhecimento de repercussão geral e administrar o estoque de recursos extraordinários pendentes de julgamento. Como o Supremo julga anualmente uma média de 27 recursos extraordinários com repercussão geral, o Ministro observa que seriam necessários mais de 12 anos para dar conta do estoque de 330 repercussões gerais reconhecidas até dezembro de 2013. *O texto está disponível em:* http://s.conjur.com.br/dl/palestra-ivnl-reflexoes-stf-25ago2014.pdf.

com a tese fixada nos recursos extraordinários com repercussão geral reconhecida -, embora dispensável à formação do precedente, permitiria conhecer com maior segurança a exata posição de cada julgador, contribuindo para reduzir as incertezas acerca dos fundamentos determinantes acolhidos pela maioria. Como observado por Marinoni (2015, p. 31), "paradoxalmente, a vontade dos julgadores importa porque a vontade da Corte é a única coisa que tem relevo."

Outra medida simples e extremamente eficaz é a identificação das *rationes decidendis* nas ementas, parte obrigatória de todo acórdão (CPC/2015, art. 943, § 1º). Por serem um resumo do julgamento, elas permitem identificar com maior clareza e precisão as razões que serviram de esteio para conclusão adotada, facilitando o conhecimento, a divulgação e a documentação ordenada da jurisprudência do Tribunal. Para cumprirem adequadamente sua finalidade, as ementas devem refletir, da maneira mais fiel e objetiva possível, o entendimento do tribunal e não o do relator responsável por sua elaboração.

5. CONCLUSÃO

A cultura de respeito aos precedentes, diversamente da impressão causada por uma análise perfunctória, não confere poderes ainda mais amplos ao Judiciário nem, especificamente, ao Supremo. Pelo contrário! A observância obrigatória de regras decisórias previamente formuladas reduz a margem de ação dos julgadores quando da solução dos casos concretos e, por conseguinte, diminui a capacidade de conformação consciente ou inconsciente do direito de acordo com preferências políticas pessoais.

No âmbito da concretização judicial dos direitos fundamentais, marcado pelo elevado grau de indeterminação dos dispositivos e pela alta sensibilidade à interferência de fatores cognitivos e ideológicos, o reconhecimento de eficácia obrigatória às regras de decisão (*ratio decidendi*) formuladas a partir da interpretação de enunciados normativos ou da ponderação de princípios colidentes, mostra-se essencial para conferir maior efetividade às normas jusfundamentais bem como para promover a liberdade, a igualdade, a justiça e a segurança jurídica.

Tal reconhecimento não deve ser visto como forma de prestigiar o Supremo Tribunal Federal em detrimento dos demais órgãos jurisdicionais, mas sim como algo necessário a maior racionalização das funções em um sistema judicial complexo. O que, de fato, desvaloriza o papel dos juízes e tribunais inferiores, transformando-os em mera instância de passagem, é a visão equivocada de que todas as causas devem ser definitivamente solucionadas pelos tribunais de vértice.

A divisão racional de atribuições permite valorizar as capacidades institucionais de cada órgão jurisdicional conforme sua vocação para proferir decisões voltadas à justa solução do caso concreto ou à formação de precedentes.

BIBLIOGRAFIA:

ALEXY, Robert (2008). *Teoria dos direitos fundamentais*. São Paulo: Malheiros.

BARROSO, Luís Roberto (2011). Constituição, democracia e supremacia judicial: direito e política no Brasil contemporâneo. *As novas faces do ativismo judicial*. André L. F. Fellet; Daniel Giotti de Paula; Marcelo Novelino [Orgs.]. Salvador: Juspodivm, p. 225-270.

BAUM, Lawrence; DEVINS, Neal (2010). Why the Supreme Court Cares About Elites, Not the American People. *Faculty Publications*. Paper 1116. Disponível em: http://scholarship.law.wm.edu/facpubs/1116. Acesso em: 07 jan. 2013.

CAPPELLETTI, Mauro (1993). *Juízes legisladores?* Tradução: Carlos Alberto A. de Oliveira. Porto Alegre: Sergio Antonio Fabris Editor.

COLLINS Jr., Paul M. (2007). The consistency of judicial choice. *Article presented at the 2005 Annual Meeting of the American Political Science Association*. 14 nov. 2007. Disponível em: http://www.researchgate.net/publication/228666964_The_consistency_of_judicial_choice/file/50463523ae43b47656.pdf. Acesso em: 17 fev. 2013.

DWORKIN, Ronald (1977). *Taking rights seriously*. Cambridge: Harvard.

EPSTEIN, Lee; LANDES, William M.; POSNER, Richard (2013). *The behavior of federal judges: a theorical and empirical study of rational choice*. Harvard: Harvard University Press.

EPSTEIN, Lee; KNIGHT, Jack (1998). *The choices Justices make*. Washington, D.C.: CQ Press.

EPSTEIN, Lee; KNIGHT, Jack; MARTIN, Andrew D. (2001). The Supreme Court as a strategic national policymaker. *Emory Law Journal*, 50 (Spring): p. 583-611.

FELDMAN, Stephen Matthew (2005). Rule of Law or the Rule of Politics? Harmonizing the Internal and External Views of Supreme Court Decision Making. *Law & Social Inquiry*, Vol. 30. Disponível em: http://ssrn.com/abstract=1522257. Acesso em: 09 mar. 2013.

FERRAJOLI, Luigi (2008). *Diritto e ragione: teoria del garantismo penale*. 9. ed. Roma-Bari: Laterza.

FIGUEROA, Alfonso García. "Neoconstitucionalismo y derrotabilidad: *El Derecho a través de los derechos*". Teoria del derecho e decision judicial. Pablo Bonorino (Ed.). España: Bubok publishing, 2010.

FRIEDMAN, Barry (2009). *The will of the people: How public opinion has influenced the Supreme Court and shaped the meaning of the Constitution*. Farrar, Straus and Giroux: New York.

GARCÍA DE ENTERRÍA, Eduardo (2003). *La Constitución Espanhola de 1978 como pacto social y como norma jurídica*. Madrid: Instituto Nacional de Administración Pública.

GILOVICH, Thomas (1993). *How we know what isn't so: The fallibility of human reason in everyday life*. New York: The Free Press.

GRAU, Eros Roberto (2006). *Ensaio e discurso sobre a interpretação/aplicação do direito*. 4. ed. São Paulo: Malheiros.

GUTHRIE, Chris; RACHLINSKI, Jeffrey J.; WISTRICH, Andrew J. (2001). Inside the judicial mind. *Cornell Law Review*, Vol. 86, N. 4. Disponível em: http://ssrn.com/abstract=257634. Acesso em: 07 jun. 2011.

__ (2007). Blinking on the bench: How judges decide cases. *Cornell Law Review, Forthcoming; Vanderbilt Public Law Research Paper N. 07-25*, pp. 101-141. Disponível em: http://ssrn.com/abstract=1026414. Acesso em: 28 nov. 2012.

HEIDEGGER, Martin (2000). *Ser e Tempo*. Parte I. Tradução: Márcia de Sá Cavalcante Schuback. Petrópolis: Vozes.

HESSE, Konrad (1991). *A força normativa da Constituição*. Porto alegre: Sergio Antonio Fabris.

IRWIN, John F.; REAL, Daniel L. (2010). Unconscious influences on judicial decision-making: The illusion of objectivity. (October 23, 2010). *McGeorge Law Review*, Vol. 43, 2010. Disponível em: http://ssrn.com/abstract=1696643. Acesso em: 22 jun. 2012.

KAHNEMAN, Daniel (2012). *Rápido e devagar: duas formas de pensar*. Tradução: Cássio de Arantes Leite. Rio de Janeiro: Objetiva.

MACCORMICK, Neil (2006). *Argumentação jurídica e teoria do direito*. Tradução: Waldéa Barcellos. São Paulo: Martins Fontes.

__ (2008). *Retórica e o Estado de Direito: Uma teoria da argumentação jurídica*. Rio de Janeiro: Elsevier.

MARINONI, Luiz Guilherme (2015). *O julgamento nas cortes supremas*: precedente e decisão do recurso diante do novo CPC. São Paulo: Revista dos Tribunais.

MAURER, Béatrice. "Notas sobre o respeito da dignidade da pessoa humana... ou pequena fuga incompleta em torno de um tema central". *Dimensões da dignidade: ensaios de filosofia do direito e direito constitucional*. Ingo Wolfgang Sarlet (Org.). Porto Alegre: Livraria do Advogado, 2005, p. 61-87.

MERCIER, Hugo & SPERBER, Dan (2011). Why do humans reason? Arguments for an argumentative theory. *Behavioral and brain sciences* 34, pp. 57–111 doi:10.1017/S0140525X10000968. Disponível em: http://ssrn.com/abstract=1698090. Acesso em: 13 mai. 2012.

MITIDIERO, Daniel (2014). *Cortes superiores e cortes supremas*: do controle à interpretação, da jurisprudência ao precedente. 2. ed. São Paulo: Revista dos Tribunais.

NAGEL, Stuart S. (1962). Testing relations between judicial characteristics and judicial decision-making. *The Western Political Quarterly*, Vol. 15, N. 3, pp. 425-437. Disponível em: http://www.jstor.org/stable/445033. Acesso em: 18 mar. 2013.

NICKERSON, Raymond S. (1998). "Confirmation bias: A ubiquitous phenomen in many guises". *Review of General Psychology*, Vol. 2, N. 2, p. 175-220.

NOVELINO, Marcelo (2014). *Como os juízes decidem:* a influência de fatores extrajurídicos sobre o comportamento judicial. Tese de Doutorado apresentada ao Departamento de Direito Público da Universidade do Estado do Rio de Janeiro, Rio de Janeiro.

POSNER, Richard A. (2008). *How judges think*. Cambridge: Harvard University Press.

SACAU, Ana; RODRIGUES, Andreia (2009). Reflexões sobre o papel da experiência do juiz na tomada de decisões judiciais. *Julgar*, N. 8, pp. 155-160.

SANCHÍS, Luis Prieto (2005b). "Neoconstitucionalismo y ponderación judicial". *Neoconstitucionalismo(s)*. Miguel Carbonell (coord.). 2. ed. Madrid: Editorial Trotta, p. 123-158.

SCHWARTSMAN, Hélio (2013). Cálculo ideológico. *Folha de S. Paulo*, São Paulo, 09 out. 2013, p. A2.

SEGAL, Jeffrey A.; COVER, Albert D. (1989). Ideological Values and the Votes of U.S. Supreme Court Justices. *The American Political Science Review*, Vol. 83, No. 2 (Jun., 1989), pp. 557-565. Disponível em: http://www.jstor.org/stable/1962405. Acesso em: 19 abr. 2012.

SEGAL, Jeffrey A.; EPSTEIN, Lee; CAMERON, Charles M.; SPAETH, Harold J. (1995). Ideological Values and the Votes of U.S. Supreme Court Justices Revisited. *The Journal of Politics*, Vol. 57, No. 3 (Aug., 1995), pp. 812-823. Disponível em: http://www.jstor.org/stable/2960194. Acesso em: 04 mar. 2013.

SEGAL, Jeffrey A.; SPAETH, Harold J. (1993). *The Supreme Court and the attitudinal model*. New York: Cambridge University Press.

__ (2002). *The Supreme Court and the attitudinal model revisited*. New York: Cambridge University Press.

SUNSTEIN, Cass R.; SCHKADE, David; ELLMAN, Lisa M.; SAWICKI, Andres (2006). *Are judges political?: An empirical analysis of the federal judiciary*. Washington, D.C.: Brookings Institution Press.

TAMANAHA, Brian Z. (2010). *Beyond the formalist-realist divide: The role of politics in judging*. Princeton: Princeton University Press.

TORRES, Ricardo Lobo (1996). *Curso de direito financeiro e tributário*. 3. ed. Rio de Janeiro: Renovar.

VIANNA, Luiz Werneck; CARVALHO, Maria Alice Rezende; MELO, Manuel Palacios Cunha; BURGOS, Marcelo Baumann (1997). *Corpo e alma da magistratura brasileira*. 3. ed. Rio de Janeiro: Revan.

VIEIRA, Oscar Vilhena (2010). Quando menos é mais. *O Estado de S. Paulo*, São Paulo, 20 abr. 2010. Opinião. Disponível em: http://www.estadao.com.br/noticias/impresso,quando-menos-e-mais,540633,0.htm. Acesso em: 21 abr. 2010.

VOJVODIC, Adriana de Moraes; MACHADO, Ana Mara França; CARDOSO, Evorah Lusci Costa (2009). Escrevendo um romance, primeiro capítulo: precedentes e processo decisório no STF. *Revista Direito GV*, São Paulo 5(1), jan.-jun. 2009, pp. 21-44.

WRIGHT, Robert (1996). *O animal moral. Porque somos como somos: A nova ciência da psicologia evolucionista.* Tradução: Lia Wyler. Rio de Janeiro: Campus.

WRIGHTSMAN, Lawrence S. (2010). Persuasion in the decision making of U.S. Supreme Court justices. *The psychology of judicial decision making*. David E. Klein; Gregory Mitchell [eds.]. New York: Oxford University Press.

CAPÍTULO 13

Controle de constitucionalidade do processo legislativo ante os princípios democrático e da separação de poderes

Marco Aurélio Mello[1]

Sumário: Introdução; 1. O princípio estruturante da separação de poderes; 2. A jurisprudência do Supremo quanto ao controle de constitucionalidade do processo legislativo; 3. A impossibilidade do controle de constitucionalidade do conteúdo dos projetos de lei ante o princípio da separação de poderes; 4. O Supremo deve aceitar o diálogo com o Congresso Nacional; 5. Conclusões.

INTRODUÇÃO

A Constituição Federal de 1988, batizada de "Constituição Cidadã", aproxima-se de completar 30 anos de vida – assim se espera. Grande marco histórico, responsável por profundas transformações políticas e sociais, precisa ser valorizada, protegida, concretizada. Mudou não só o direito constitucional brasileiro, transformou as relações entre o Estado e os cidadãos e o papel institucional do Supremo, com importante repercussão na dinâmica de controles recíprocos dos Poderes da República. O princípio da separação tem sido um dos aspectos mais relevantes da prática da Constituição.

---

1. Ministro do Supremo Tribunal Federal. Presidente do Supremo Tribunal Federal (maio 2001/maio 2003) e do Tribunal Superior Eleitoral (maio 1996 a junho 1997, maio 2006 a maio 2008 e novembro de 2013 a maio de 2014). Presidente do Supremo Tribunal Federal, no exercício do cargo da Presidência da República do Brasil, de maio a setembro de 2002, em 5 períodos intercalados.

Recente julgado revelou capítulo paradigmático da história desse princípio. Refiro-me ao Mandado de Segurança nº 32.033/DF, no qual envolvidos os limites do controle, pelo Tribunal, da constitucionalidade de projetos de lei. Esteve em jogo definir o espaço que o Supremo pode ocupar no sistema democrático de poderes separados, considerada a liberdade de deliberação política dos membros do Congresso Nacional e a possível transgressão de direitos fundamentais na fase de elaboração das leis e dos atos normativos.

Senador da República o impetrou, ante a tramitação de Projeto de Lei Ordinária – na Câmara, nº 4.470, de 2012, no Senado, nº 14, de 2013 – que visou alterar as Leis nº 9.096/1995 e nº 9.504/1997, versando: "a migração partidária que ocorrer durante a legislatura não importará a transferência de recursos do fundo partidário e do horário de propaganda eleitoral no rádio e na televisão." As restrições alcançariam a criação de novos partidos. O impetrante pediu, liminarmente, fosse sustada a tramitação do Projeto. No mérito, buscou o arquivamento. Alegou violação ao devido processo legislativo e "abuso de poder legislativo" consideradas as restrições pretendidas à propaganda eleitoral e ao financiamento partidário, relativamente às novas agremiações. Articulou com a existência de direito líquido e certo, porque integrante do Congresso Nacional, de "não participar da produção de atos casuisticamente concebidos para aniquilar direitos fundamentais de grupos políticos minoritários e que visivelmente conspurcam, desde sua tramitação, os mandamentos centrais derivados do texto da Carta Política". Segundo asseverou, a proposta conflita com o direito fundamental de criação de partido político e desrespeita o princípio do pluralismo político (artigos 1º, inciso V, e 17, cabeça e § 3º, da Carta da República), tal como definidos na Ação Direta de Inconstitucionalidade nº 4.430, relator o ministro Dias Toffoli, julgada em 29 de junho de 2012. Apontou o projeto legislativo como uma reação ao que fora decidido pelo Supremo.

Em 24 de abril de 2013, o Relator deferiu a medida acauteladora, determinando a suspensão da tramitação do Projeto de Lei até o julgamento de mérito do mandado de segurança. Afirmou haver precedentes do Tribunal quanto à legitimidade ativa dos parlamentares para provocar esse controle por meio de mandado de segurança e à possibilidade de controle de constitucionalidade prévio dos atos legislativos. Destacou que o controle tem sido admitido em situações excepcionais, quando "há flagrante desrespeito ao devido processo legislativo e aos direitos fundamentais", o que seria o caso revelado na impetração referida.

O argumento central dos que se opuseram à pretensão do impetrante e à liminar implementada foi o de que não cabe ao Supremo realizar controle de constitucionalidade do processo legislativo sob o ângulo do conteúdo do projeto de lei, ou seja, é inviável o Tribunal realizar controle material preventivo da constitucionalidade de lei ainda não formalizada.

Fiquei vencido, na honrosa companhia da ministra Cármen Lúcia, quanto à inadmissibilidade do mandado de segurança.

No mérito, a maioria – ministros Teori Zavascki, Rosa Weber, Luiz Fux, Cármen Lúcia, Ricardo Lewandowski, Joaquim Barbosa e eu próprio – concordou com essa óptica e votou indeferindo a ordem, revogando a medida acauteladora. O Relator e os ministros Dias Toffoli e Celso de Mello votaram pela concessão da segurança.

O resultado desse julgamento, alcançado no dia 20 de junho de 2013, e os debates travados são de grande relevância para os contornos do arranjo político-institucional estabelecido na Constituição Federal, para a própria democracia brasileira e para a afirmação do papel que o Supremo pode e deve cumprir em favor desse princípio político tão caro à Assembleia Constituinte de 1987/88.

Este texto volta-se a justificar o acerto da aludida decisão, principalmente, sob o ângulo do princípio da separação de poderes. No fundo, abordo o tema do controle de constitucionalidade do processo legislativo na jurisprudência do Supremo e destaco a impossibilidade de esse controle ser exercido em função da discordância quanto ao conteúdo dos projetos de lei.

No tópico seguinte (1), abordo a origem e a relevância contemporânea do princípio da separação de poderes. Depois (2), trato da jurisprudência do Supremo concernente ao controle de constitucionalidade do processo legislativo. Na sequência (3), assento o porquê de o Tribunal não poder exercer esse controle em razão de suposto vício material de inconstitucionalidade, em observância do princípio da separação de poderes. Depois (4), consigno aspecto que sobressaiu no julgamento do Mandado de Segurança nº 32.033, qual seja, o dever de o Supremo aceitar o diálogo com o Congresso Nacional sobre os significados do texto constitucional como exigência da própria separação de poderes. Por fim (5), vêm as conclusões.

1. O PRINCÍPIO ESTRUTURANTE DA SEPARAÇÃO DE PODERES

O mundo já presenciou e ainda presencia governos autoritários e, mesmo, tirânicos nos quais o poder é concentrado nas mãos de uma única pessoa ou grupo político. É uma das grandes verdades da história a afirmação segundo a qual onde houver concentração de poderes em uma única pessoa, grupo ou órgão estatal, imperará o arbítrio e a negação de direitos individuais e coletivos. É preciso haver uma desconfiança antropológica: permitir a absoluta concentração de poder no homem é oportunizar o arbítrio.

Aristóteles, a partir dos sistemas de governo da Grécia antiga, foi o primeiro a prestigiar uma divisão substancial entre as funções do Estado. Para o filósofo, o Estado realizava os fins por meio de três funções distintas: deliberativa (legislativa), executiva e judiciária. Essa visão era essencialmente substancial das funções do Estado, não tendo Aristóteles apontado, àquela época, o ideal de delimitar a execução dessas tarefas considerada uma divisão de natureza orgânica do Estado.

Nos estados absolutistas, autoritários por essência, era observada a distinção das funções do Estado, sem que, contudo, houvesse a divisão sob o ângulo orgânico. No caso do absolutismo, coube a Montesquieu, no século XVIII, sinalizar o princípio da divisão dos poderes do Estado[2] como meio de combate ao arbítrio estatal. Partindo da premissa de que todo aquele que tem o poder tende a abusar, pregou a atribuição de cada uma das funções, referidas por Aristóteles, a órgãos distintos (poderes), os quais as exerceriam de forma autônoma e independente: é necessário que "aquele que faz as leis nem julgue nem execute, que aquele que executa nem julgue e nem faça as leis, e que aquele que julga nem faça as leis nem as execute".[3] A concentração de poder é inimiga das garantias e liberdades individuais.[4]

---

2. Muitos levantam suspeitas sobre essa *paternidade,* levando em conta as obras anteriores do próprio Aristóteles, de Bolinbroke e, principalmente, de John Locke. Sobre o tema, cf. GRAU, Eros Roberto. *O direito posto e o direito pressuposto.* 4ª ed. São Paulo: Malheiros, p. 226; BASTOS, Celso Ribeiro. *Curso de Teoria do Estado e Ciência Política.* 2ª ed. São Paulo: Saraiva, 1989, p. 74. Por outro lado, é uníssona a opinião de que Montesquieu foi quem melhor sistematizou a separação de poderes àquela época.
3. BANDEIRA DE MELLO, Celso Antônio. *Discricionariedade e Controle Judicial.* 2ª ed. São Paulo: Malheiros, 2001, p. 12.
4. MONTESQUIEU. *Espírito das Leis.* São Paulo: Saraiva, 1987, p. 165: "Estaria tudo perdido se um mesmo homem, ou um mesmo corpo de príncipes ou nobres, exercesse esses três poderes: o de fazer as leis, o de executar as resoluções públicas e o de julgar os crimes ou demandas dos particulares"

A noção de divisão dos poderes do Estado encontra a primeira razão de ser na necessidade de limitar o poder. É preciso haver freios e contrapesos, dividindo-se as tarefas do Estado entre os Poderes Legislativo (função legislativa), Administrativo (função administrativa) e Judiciário (função jurisdicional), que, órgãos estatais independentes, completam-se e limitam-se harmoniosa e mutuamente. Como magistralmente afirmou Seabra Fagundes, é de se falar em "três fases da atividade estatal, que se completam e que a esgotam em extensão"[5], implementadas no âmbito de três órgãos também distintos.

A separação de poderes é princípio que dirige a estrutura do poder estatal: é *princípio estruturante*. Visa um sistema de governo marcado pelo equilíbrio entre os órgãos autônomos que exercem as funções estatais, baseado em controle recíproco a evitar o abuso de poder. Cada qual encontra limites de atuação na autonomia e independência dos demais; essa é a lógica estruturante do princípio da separação de poderes. [6]

O ideal histórico de Montesquieu, que inspirou os fundadores dos Estados Unidos na construção de um governo democrático, de poderes separados e harmônicos, foi o da moderação entre os poderes, no que as pretensões de um seriam limitadas e ponderadas pelas atribuições dos demais; o poder controlaria o próprio poder, sendo a vontade estatal última uma resultante conjugada das ponderações dos três órgãos estatais, em contrapartida à concentração de poder própria dos estados absolutistas.[7]

Reside na ausência de hierarquia entre as esferas do poder estatal a garantia de liberdade: o respeito recíproco à independência e autonomia dos órgãos estatais é condição filosófica, teórica e jurídica para prevenir o arbítrio estatal em detrimento das liberdades individuais. Como pontuou Geraldo Ataliba, o princípio da separação dos poderes representa

---

5. FAGUNDES, Seabra. *O Controle dos Atos Administrativos pelo Poder Judiciário*. 5ª ed. Rio de Janeiro: Forense, 1979, p. 5.

6. GRAU, Eros Roberto. *O direito posto e o direito pressuposto*. Op. cit., p. 233-234. No mesmo sentido: "A essência dessa doutrina consiste em estabelecer um mecanismo de equilíbrio e recíproco controle a presidir o relacionamento entre os três órgãos supremos do Estado: o Poder Legislativo, o Poder Executivo e o Poder Judiciário." (BASTOS, Celso Ribeiro. *Curso de Teoria do Estado e Ciência Política*. Op. cit., p. 77).

7. GRAU, Eros Roberto. *O direito posto e o direito pressuposto*. Op. cit., p. 233; HANS KELSEN observa que "a significação histórica do princípio chamado 'separação de poderes' encontra-se precisamente no fato de que ele opera antes contra uma concentração que a favor de uma separação de poderes." (KELSEN, Hans. *Teoria Geral do Direito e do Estado*. São Paulo: Martins Fontes, 2000, p. 365).

"fórmula suprema de expressão e garantia do princípio republicano, em sua dupla face de contenção do poder e manutenção dos órgãos que o exercem, equilibradamente"[8].

Esse papel garantista foi versado na *Declaração dos Direitos do Homem,* de 1789, no artigo 16, segundo o qual "toda sociedade em que não esteja assegurada a garantia dos direitos, **nem estabelecida a separação dos poderes**, não tem Constituição".[9] Na Constituição Federal, o princípio vem logo no artigo 2º – "São Poderes da União, independentes e harmônicos entre si, o Legislativo, o Executivo e o Judiciário" – e estabelecido, no artigo 60, § 4º, inciso III, como cláusula pétrea, garantia constitucional imodificável por meio de deliberação do constituinte derivado.

Contemporaneamente, além de limite à atuação dos poderes, o princípio sugere a atuação coordenada em torno de objetivo comum: a realização ótima dos direitos fundamentais. Além de não amesquinhar a independência e a autonomia dos demais poderes, cada um deve, na medida do possível, buscar o diálogo institucional como fórmula de construção de soluções para casos dramáticos.

É de destacar que o princípio da separação de poderes requer parcimônia do Judiciário e, particularmente, do Supremo quando do controle de constitucionalidade das leis. A fim de não restringir em demasia a atuação do legislador, o Tribunal deve apenas proclamar a nulidade das leis se manifestamente contrárias à Constituição. O que dizer então quando ainda não há lei, e sim projeto de lei; quando o legislador ainda se encontra no estágio de deliberação e votação da eventual e futura lei?

2. A JURISPRUDÊNCIA DO SUPREMO QUANTO AO CONTROLE DE CONSTITUCIONALIDADE DO PROCESSO LEGISLATIVO

Em diferentes classificações se enquadram as formas de controle de constitucionalidade das leis e dos atos normativos. No tocante à conduta impugnada, pode haver controle da *ação* ou da *omissão* inconstitucional – o sistema brasileiro admite ambos, tendo o Supremo evoluído no manejo do mandado de injunção para o controle da omissão legislativa in-

8. ATALIBA, Geraldo. *República e Constituição.* 2ª ed. São Paulo: Malheiros, 2001, p. 49.

9. *"Toute societé dans laquelle la garantie des droit n'est pas assurée, ni la séparation des pouvoirs determinée, n'a point de constitution" ("Déclaration des droit de l'homme", 26/08/1789).*

constitucional.[10] Quanto à espécie de norma constitucional violada, cabe o controle por vício *formal* ou *material* - a jurisprudência do Tribunal é rica em aceitar tanto o caso de vício de procedimento como de conteúdo. No que concerne à finalidade do controle, tem-se sistema misto - concreto, por via de exceção, e abstrato, mediante ação direta. Há um modelo misto em relação ao órgão de controle - difuso, similar ao sistema norte-americano,[11] e concentrado, de feição europeia.[12]

Interessa, especialmente para este estudo, a classificação que leva em conta o momento de exercício do controle de constitucionalidade - por esse critério, o controle faz-se repressivo ou preventivo, envolvendo este último a validade constitucional do processo legislativo.[13]

---

10. STF - Pleno: Mandados de Injunção nº 670-9/ES, nº 708-0/DF e nº 712-8/PA, julgados em 25 de outubro de 2007, Diário da Justiça de 30 de outubro de 2008.
11. A Constituição do Império não estabeleceu o controle judicial de constitucionalidade das leis, tampouco o então Supremo Tribunal de Justiça afirmou esse poder para si, como havia feito algum tempo antes a Suprema Corte de *Marshall*. Apenas com o advento da República, sob a influência intelectual do grande jurista Rui Barbosa, foi finalmente estabelecido o controle judicial de constitucionalidade das leis federais e estaduais no modelo que vigorava nos Estados Unidos, incidental e difuso. O Supremo Tribunal Federal foi criado na República Velha pela Constituição Provisória de 22 de junho de 1890, tendo, entre outras competências, a de revisão, em grau de recurso, das decisões de Tribunais federais e estaduais que versassem sobre a validade das leis ou dos atos dos Governos em face da Constituição.
12. A Constituição de 1934, que chamou o Supremo de "Corte Suprema", ao lado de ter mantido a competência recursal do Tribunal no controle difuso de constitucionalidade, criou a chamada "representação interventiva", que foi considerada o "embrião da ação direta de inconstitucionalidade no Brasil" (VIEIRA, Oscar Vilhena. *Supremo Tribunal Federal. Jurisprudência Política.* 1ª ed. São Paulo: RT, 1994, p. 76). Esse instrumento ganhou novos contornos com a Constituição de 1946, tendo sido aproximado do moderno controle abstrato de constitucionalidade. Porém, apenas no Governo Militar, foi criado, enfim, o controle, via ação direta, de constitucionalidade de lei federal e estadual. A Emenda Constitucional nº 16, de 26 de novembro de 1965, alterou a Constituição de 1946, cujo artigo 101, inciso I, alínea "k", passou a dispor que compete originariamente ao Supremo processar e julgar "representação contra inconstitucionalidade de lei ou ato de natureza normativa, federal ou estadual, encaminhada pelo Procurador-Geral da República." Não foi prevista a eficácia vinculante das decisões de inconstitucionalidade nessa sede e o acesso à jurisdição constitucional concentrada era muito restrito, estabelecido exclusivamente em favor do Procurador-Geral da República. Isso não foi modificado com a Constituição de 1967/69. Esse sistema acabou ampliado com a Carta de 1988, especialmente quanto ao elenco de atores que podem deflagrar os processos (artigo 103). Diz-se que a atual Constituição promoveu a "*desmonopolização* da iniciativa para a deflagração do controle abstrato de constitucionalidade"(BINENBOJM, Gustavo. A Democratização da Jurisdição Constitucional e o Contributo da Lei nº 9.868/99. In: *Temas de Direito Administrativo e Constitucional.* Rio de Janeiro: Renovar, 2008, p. 155).
13. Sobre esse critério, cf. NOVELINO, Marcelo. *Manual de Direito Constitucional.* 8ª ed. São Paulo: Método, 2013, p. 234-237.

O controle judicial repressivo é o típico modelo adotado no Brasil, realizado depois de concluído o processo legislativo e presente a lei ou ato normativo dito inconstitucional. A forma repressiva pode ser levada a efeito tanto por todos os juízes e tribunais no exercício do controle difuso como pelo Supremo em sede concentrado-abstrata, além do controle atribuído aos Tribunais de Justiça considerada Constituição estadual.

O controle preventivo, implementado antes da edição de uma lei ou emenda constitucional, mostra-se excepcional. O Supremo admite ser instado a atuar mediante mandado de segurança formalizado por parlamentar que tem a legitimidade ativa reconhecida, "com a finalidade de coibir atos praticados no processo de aprovação de leis e emendas constitucionais que não se compatibilizam com o processo legislativo constitucional".[14] Importante sublinhar que apenas esses atores políticos possuem legitimidade para tal impetração contra a suposta violação do devido processo legislativo constitucional.[15]

Em relação a proposta de emenda constitucional – PEC, o Supremo entende possível realizar o controle, no âmbito de mandado de segurança impetrado por parlamentar, em função de vício de procedimento ou de possível inconstitucionalidade do próprio conteúdo da proposta, ou seja, concernente, nesse último caso, à validade material dos projetos legislativos, consideradas propostas que veiculem temas que a Carta veda sejam deliberados, por violarem cláusula pétrea.

No tocante aos projetos de lei, o Tribunal apenas admite o controle do processo legislativo em razão de eventuais vícios de procedimento. Não aceita, e nunca aceitou, o uso do mandado de segurança, por parlamentar, para impugnar projetos de lei ante suposta inconstitucionalidade de conteúdo. Jamais reconheceu que a formalização da impetração, nesse caso, pudesse vir a configurar verdadeiro pedido de controle judicial de constitucionalidade material antecipado, sucedâneo de ação direta de inconstitucionalidade, mas dirigido a ato normativo ainda em formação. Muito diferente do que afirmam alguns, a jurisprudência do Supremo, em consonância com o disposto no texto constitucional, não

14. STF – Pleno, Mandado de Segurança nº 24.642/DF, relator o ministro Carlos Velloso, julgado em 18 de fevereiro de 2004.

15. No Mandado de Segurança nº 24.576/DF, em 27 de junho de 2003, a relatora, ministra Ellen Gracie, julgou inadmissível a impetração por falta de legitimidade ativa de não parlamentar que impugnou proposta de emenda constitucional relativa à chamada Reforma da Previdência. O mesmo ocorreu no Mandado de Segurança nº 24.593/DF, relator o ministro Maurício Corrêa, julgado em 31 de julho de 2003.

encerra a viabilidade de os agentes políticos impugnarem a tramitação de projetos de lei por ofensa a princípios constitucionais e direitos fundamentais.

Em duas oportunidades, implementei liminar para suspender a tramitação de processos legislativos, mas nenhum dos casos envolveu projeto de lei e controle do conteúdo da proposta.

No Mandado de Segurança nº 21.754/RJ, tendo por objeto ato da Mesa do Congresso Nacional, que prosseguiu com sessão de leitura do Projeto de Resolução nº 3/1993, versando os trabalhos de revisão constitucional de que tratava o artigo 3º das Disposições Constitucionais Transitórias, os impetrantes alegaram ausência do quórum regimental exigido para apreciação. Postularam fosse sustada a tramitação do Projeto ante o vício procedimental. Deferi medida acauteladora por entender não se cuidar de pedido de modificação de ato interno do Congresso, mas de preservar o cumprimento do Regimento Interno deste último. Consignei a competência do Supremo para verificar, em determinado quadro, o atendimento às normas internas que regulam o processo legislativo. Assentei que a deliberação no tocante à conveniência e à oportunidade, considerados os atos de qualquer das Casas Parlamentares ou decorrentes da atividade conjunta, faz-se no estrito campo político, ficando excluída a atuação judicante, mas, quanto ao cumprimento objetivo das regras do Regimento Interno, a intangibilidade da ordem jurídica justificaria a intervenção do Supremo.

Na situação, foram demonstrados, a partir das notas taquigráficas da sessão legislativa, a falta de quórum e o vício do processo. Em 7 de outubro de 1993, no julgamento colegiado de agravo interposto, destaquei que não estava em jogo o controle do "conteúdo de ato praticado sob o ângulo da conveniência e da oportunidade", o que não seria admissível, mas a transgressão de norma regimental. A sempre ilustre maioria julgou inadequado o mandado de segurança, dizendo configurada a necessidade de interpretação do Regimento Interno e desautorizada a via utilizada ante a natureza interna da deliberação do Congresso. O acórdão foi redigido pelo ministro Francisco Rezek.

No Mandado de Segurança nº 22.503/DF, os impetrantes buscaram infirmar ato do Presidente da Mesa da Câmara dos Deputados relacionado à Proposta de Emenda à Constituição nº 33-A/1995, versando o Sistema de Previdência Social. Apontaram vício de procedimento consubstanciado na coincidência entre a autoria e a relatoria de emenda aglutinativa – na ocasião, o relator, então deputado Michel Temer, assumiu, em Plenário, ter sido um dos autores da proposta de emenda. Sustentaram que esta incluía dispositivos já rejeitados e novas proposições. Pediram fosse liminarmente suspensa a tramitação do processo legislativo em face dos diferentes vícios formais. Ressaltei não se estar diante de discussão de atos "interna corporis", de procedimento circunscrito ao âmbito da conveniência política, da discricionariedade parlamentar. Tratava-se, sim, de desprezo ao processo legislativo, até mesmo no tocante ao arcabouço constitucional. Fiz ver a ausência de envolvimento do "mérito do que contido em proposta de emenda constitucional, a conveniência e oportunidade de estabelecer-se certo regramento, mas sim a tramitação daquela". Assentei a violação do artigo 60, § 5º, da Carta e de normas do Regimento Interno do Congresso, configurada lesão ao devido processo legislativo a autorizar o implemento da liminar.

Submetida a decisão ao Pleno do Supremo, a maioria concluiu pela inadequação do mandado de segurança relativamente ao questionamento alusivo às normas regimentais, porque se mostraria indispensável a interpretação do Regimento Interno, ato de natureza "interna corporis" do Congresso e imune à análise judiciária. Admitiu a impetração quanto à suposta ofensa ao mencionado artigo 60, § 5º, mas indeferiu a ordem. O ministro Maurício Corrêa redigiu o acórdão.

Vale notar que, nos casos citados, não se fez em jogo controle prévio de projeto de lei nem do conteúdo das propostas legislativas. Ambas as impetrações tiveram por causa supostos vícios do processo legislativo consideradas propostas de revisão ou modificação do texto constitucional.[16] Não servem, portanto, de precedentes para defesa de controle prévio de conteúdo de projetos de leis. Ao contrário, mesmo se restringindo os mandados de segurança a impugnar apontados vícios de procedimento, a maioria julgou-os com cautela e ampla deferência ao campo de deliberação parlamentar, inclusive não admitindo a impetração acerca da aplicação das normas regimentais. Fiquei vencido por vislumbrar transgressão às regras disciplinadoras do processo legislativo, mas sem-

16. Outros exemplos podem ser citados: Mandado de Segurança nº 20.452/DF, relator o ministro Aldir Passarinho, julgado em 7 de novembro de 1984 – formalizado contra proposta de emenda constitucional, a chamada "Emenda Dante de Oliveira", em que fora arguido vício do processo legislativo em razão de não ter sido observado o quórum constitucional de aprovação. A impetração foi admitida e indeferida a ordem. Mandado de Segurança nº 24.642/DF, relator o ministro Carlos Velloso, julgado em 18 de fevereiro de 2004 – formalizado contra proposta de emenda constitucional versando o limite máximo de remuneração de servidores. Foram afirmados vícios procedimentais considerado o artigo 60, § 2º, da Constituição, alegada votação em turno único. O Pleno admitiu a impetração e indeferiu a ordem.

pre consignando a visão contrária ao controle judicial prévio do conteúdo dos atos praticados no âmbito da conveniência política.

Além desses casos, envolvida impugnação em decorrência de problemas procedimentais, há também precedentes do Supremo em que se admitiu o controle do conteúdo das propostas de emenda à Constituição. Como se sabe, nosso sistema jurídico permite o controle de constitucionalidade de emendas constitucionais, e o Supremo o vem exercendo em proteção das cláusulas pétreas do artigo 60, § 4º.[17] Com idêntico propósito, o Tribunal atua no controle sobre as propostas de emenda em andamento se verificada possível ofensa às cláusulas pétreas. Nessa situação, o parlamentar tem o direito subjetivo de não participar de um processo legislativo viciado na própria origem, ante a ilegitimidade do processamento.

O aludido § 4º proíbe a deliberação de proposta de emenda constitucional tendente a abolir (inciso I) a forma federativa de Estado, (inciso II) o voto direto, secreto, universal e periódico, (inciso III) a separação dos poderes e (inciso IV) os direitos e garantias individuais. Consideradas essas vedações taxativas, o Supremo deve examinar o conteúdo das propostas visando concluir se tendem a implicar ofensa às matérias previstas nos preceitos constitucionais. O Tribunal, considerada essa limitação dirigida ao constituinte derivado, possui jurisdição sobre o processo legislativo correspondente, podendo exercer o controle de constitucionalidade no tocante ao conteúdo das propostas de emenda constitucional. No ponto, a Constituição Federal autoriza claramente o exercício de poder pelo Supremo.

---

17. Entre outras, STF – Pleno: Ação Direta de Inconstitucionalidade nº 939/DF, relator o ministro Sydney Sanches, julgada em 15 de dezembro de 1993, Diário da Justiça de 18 de março de 1994 (o caso do IPMF – Emenda Constitucional nº 3/93); Ação Direta de Inconstitucionalidade nº 1.946/DF, relator o ministro Sydney Sanches, julgada em 3 de abril de 2003, Diário da Justiça de 16 de maio seguinte (Benefícios de Previdência – Emenda Constitucional nº 20/98); Ação Direta de Inconstitucionalidade nº 3.105/DF, redator do acórdão o ministro Cezar Peluso, julgada em 18 de agosto de 2004, Diário da Justiça de 18 de fevereiro de 2005 (a contribuição dos Inativos – Emenda Constitucional nº 41/03); Ação Direta de Inconstitucionalidade nº 3.685/DF, relatora a ministra Ellen Gracie, julgada em 22 de março de 2006, Diário da Justiça de 10 de agosto imediato (Verticalização das coligações partidárias – Emenda Constitucional nº 52/06); Medida Cautelar na Ação Direta de Inconstitucionalidade nº 3.395/DF, relator o ministro Cezar Peluso, julgada em 5 de abril de 2006, Diário da Justiça de 10 de novembro subsequente (Competência da Justiça do Trabalho – Emenda Constitucional nº 45/04); Ação Direta de Inconstitucionalidade nº 4.307/DF, relatora a ministra Cármen Lúcia, julgada em 11 de novembro de 2009, Diário da Justiça de 5 de março de 2010 (Número de vereadores – Emenda Constitucional nº 58/09).

Isso ficou assentado no Mandado de Segurança nº 20.257/DF, redator do acórdão o ministro Moreira Alves, julgado em 8 de outubro de 1980. Nesse "leading case", Sua Excelência – a quem não me canso de render homenagem –, ainda sob a égide da ordem constitucional anterior, fez ver:

> Não admito mandado de segurança para impedir tramitação de projeto de lei ou proposta de emenda constitucional com base na alegação de que seu conteúdo entra em choque com algum princípio constitucional. E não admito porque, nesse caso, a violação à Constituição só ocorrerá depois de o projeto se transformar em lei ou de a proposta de emenda vir a ser aprovada. Antes disso, nem o Presidente da Casa do Congresso, ou deste, nem a Mesa, nem o Poder Legislativo estão praticando qualquer inconstitucionalidade, mas estão, sim, exercitando seus poderes constitucionais referentes ao processamento da lei em geral. A inconstitucionalidade, nesse caso, não será quanto ao processo da lei ou da emenda, mas, ao contrário será da própria lei ou da própria emenda, razão por que só poderá ser atacada depois da existência de uma ou de outra.
>
> Diversa, porém, são as hipóteses como a presente, em que a vedação constitucional se dirige ao próprio processamento da lei ou da emenda, vedando a sua apresentação (como é o caso previsto no parágrafo único do artigo 57) ou a sua deliberação (como na espécie). Aqui, a inconstitucionalidade diz respeito ao próprio andamento do processo legislativo, e isso porque a Constituição não quer – em face da gravidade dessas deliberações, se consumadas – que sequer cheque à deliberação, proibindo-a, taxativamente. A inconstitucionalidade, neste caso, já existe antes de o projeto ou de a proposta se transformarem em lei ou em emenda constitucional, porque o próprio processamento já desrespeita, frontalmente, a Constituição.

Em outras situações, o Supremo tem admitido a impetração contra propostas de emenda, aduzida violação a cláusulas pétreas na linha defendida pelo ministro Moreira Alves.[18] Nenhum desses precedentes, muito menos o aludido "leading case", todavia, revela jurisprudência favorável ao controle de constitucionalidade de projetos de lei em virtude

---

18. Alguns exemplos: Mandado de Segurança nº 22.972/PI, relator o ministro Néri da Silveira, julgado em 18 de dezembro de 1997 – impetrado contra proposta de emenda constitucional que buscava instituir o parlamentarismo no Brasil, tendo sido sustentado tratar-se de matéria vedada para deliberação, ante a violação de cláusula pétrea. O relator admitiu a impetração e indeferiu a liminar. O Colegiado ainda não julgou a ação. Mandado de Segurança nº 24.645/DF, relator o ministro Celso de Mello, julgado em 21 de novembro de 2003 – formalizado contra proposta de emenda constitucional versando a "Reforma Tributária", havendo sido apontada matéria vedada para deliberação por transgressão de cláusula pétrea. O relator indeferiu a liminar e depois assentou prejudicada ação por perda de objeto, tendo em vista restringir-se o pedido a suspender o processo na Câmara e este já se encontrar no Senado.

de arguição de inconstitucionalidade do conteúdo. A conclusão deve ser exatamente a oposta, porque não há poder outorgado ao Tribunal pela Constituição Federal.

O voto do ministro Moreira Alves não deixa dúvida de que o Supremo não admitiu, como ainda não admite, controle prévio de constitucionalidade de projeto de lei, quanto ao conteúdo, por ofensa a princípios constitucionais. Sob a égide do Diploma Maior anterior, era possível impetrar mandado de segurança para obstaculizar a deliberação quando a Constituição assim determinava, como fazia em relação às normas sobre o processo legislativo. O que mudou com a Constituição de 1988? Foi ampliado o rol de matérias que não podem ser objeto de deliberação por emenda constitucional, as chamadas cláusulas pétreas, versadas no citado artigo 60, § 4º. Trata-se, como já dito, de situação taxativa em que autorizado o controle de constitucionalidade prévio. O Constituinte originário expressamente excluiu certas matérias da revisão ou reforma constitucional, atraindo a intervenção judicial no caso de descumprimento por parte do poder constituinte derivado.

Relativamente aos processos legislativos ordinários, não há previsão a permitir o controle de constitucionalidade do conteúdo dos projetos de lei, ainda que sob o argumento de desrespeito a princípios constitucionais ou a direitos fundamentais. Os projetos de lei apenas são impugnáveis, via mandado de segurança impetrado por parlamentar, quando e se verificada a inobservância de dispositivos regimentais, legais ou constitucionais que disciplinam o processo legislativo. O sistema constitucional continua a ser de "todo avesso" a essa possibilidade, considerada "hipótese excepcionalíssima"[19] até mesmo diante de emendas constitucionais.

O Tribunal restringe o controle prévio de constitucionalidade das leis aos parâmetros normativos superiores acerca do processo legislativo. É possível controlar esse último se versar tema que a Constituição exclui do campo passível de deliberação, mas se mostra inadequada a formalização da ação mandamental para exame da validade do conteúdo de projeto de lei que trate de matéria que a Carta da República permite seja apreciada pelo Congresso. O desenvolvimento político ordinário dos princípios constitucionais é questão livre à análise parlamentar, afasta-

---

19. STF – Pleno, Mandado de Segurança nº 23.047/DF, relator o ministro Sepúlveda Pertence, julgado em 11 de fevereiro de 1998.

do o controle prévio, ficando a legitimidade constitucional de eventual lei sujeita ao controle repressivo pelo Supremo.

Não impressiona a afirmação da Procuradoria da República, quanto à atividade do Congresso, "se não se pode o mais – deliberação por meio de emenda à Constituição –, não se pode o menos – deliberação por meio de projeto de lei", feita no paradigmático Mandado de Segurança nº 32.033, na tentativa de explicitar a extensão da viabilidade do controle prévio de emenda, por afronta a cláusula pétrea, aos projetos de lei. A objeção textual, no sentido da falta de previsão constitucional expressa, por si só, basta. No entanto, há mais: uma razão de caráter ontológico. O processo de aprovação de emendas corresponde ao momento de reforma do texto constitucional, de modificação dos parâmetros de validade de toda ordem jurídica nacional. Em se tratando dos riscos de alteração da Constituição, é necessário que o controle sobre essa atividade seja reforçado considerados os aspectos fundantes da ordem constitucional e a defesa da identidade do pacto originário. No tocante aos projetos de lei, os poderes políticos interpretam e aplicam a Constituição no tráfego cotidiano. Isso não implica mudança do texto constitucional, apenas o desenvolvimento legislativo do conteúdo normativo da Carta – o desenvolvimento político do projeto constitucional.

Visitados os precedentes do Supremo, apenas em uma das impetrações analisadas, a de nº 24.138, a pretensão esteve voltada contra projeto de lei. Consta no extrato de ata do julgamento, ocorrido em 28 de novembro de 2002, terem estado ausentes eu próprio e os ministros Sepúlveda Pertence, Celso de Mello e Nelson Jobim. Na oportunidade, não houve debate e decisão quanto à admissibilidade do instrumental, sendo indeferida a ordem ante o risco de comprometimento do amplo modelo de controle repressivo de constitucionalidade, que vigora entre nós, e do sistema de divisão de poderes estabelecido na Constituição. Não há, portanto, como afirmar que essa espécie de controle seja uma prática reconhecida pelo Tribunal.

Carece o Supremo de competência para exercer controle prévio de constitucionalidade material de lei futura. Por esse motivo, no Mandado de Segurança nº 32.033, assentei a impropriedade da via eleita, tendo preconizado a extinção do processo sem apreciação do mérito. O caso era de impossibilidade da atuação jurisdicional relativa a atividade parlamentar ainda não encerrada.

3. A IMPOSSIBILIDADE DO CONTROLE DE CONSTITUCIONALIDADE DO CONTEÚDO DOS PROJETOS DE LEI ANTE O PRINCÍPIO DA SEPARAÇÃO DE PODERES

A inadmissibilidade do mandado de segurança nessas situações, presente o argumento da inviabilidade de exercício de controle judicial de constitucionalidade do conteúdo dos projetos de lei, é uma exigência da estrutura de um Estado que pretenda ser constitucional e democrático, linearmente.

Ante razões de política constitucional, o Constituinte foi sábio em restringir o controle de constitucionalidade material prévio aos processos de reforma constitucional, dimensionando e delimitando o sistema de jurisdição constitucional à luz do princípio de separação de poderes. Em razão da ausência de norma constitucional indicativa de expressa proibição ao processamento de projetos de lei sobre matérias tidas como violadoras de princípios e direitos fundamentais, é estreme de dúvida que, se admitida a plena discussão sobre a constitucionalidade desses projetos no âmbito de mandado de segurança, ficará ameaçado o princípio de divisão de poderes. O uso dessa via, sempre extrema e, por isso, necessariamente excepcional, não pode ser banalizado.

Considerada a disciplina constitucional de todo abrangente sobre as cláusulas pétreas, em especial acerca dos direitos fundamentais e da organização da Federação, incluída a distribuição de competências legislativas, é de se refletir o que revelaria, para o sistema político nacional e a indispensável harmonia entre os poderes, a possibilidade de intervenção precoce do Supremo na atuação do Congresso sempre que envolvidos esses temas. Suficiente é pensar no volume de ações diretas com pedido de declaração de inconstitucionalidade de leis e de atos normativos por violação a direitos fundamentais e a regras de organização do estado federativo. Em prevalecendo a possibilidade de controle, esse número passaria a representar os mandados de segurança impetrados contra projetos de leis que, presumidamente, violem essas cláusulas pétreas, de modo a lançar o Supremo dentro do processo legislativo ordinário, tornando-o um dos partícipes da deliberação, com autêntico poder de veto prévio.

Ter-se-ia a absoluta inversão do sistema de controles recíprocos estruturado pelo Constituinte originário. Pensando essa amplitude da disciplina constitucional primária acerca dos direitos fundamentais e da repartição, tanto sob a óptica vertical como horizontal, das competências legislativas e administrativas, além de outros temas envolvendo o § 4º do artigo 60 da Constituição Federal, pode-se afirmar que o Supremo viria a desempenhar primordialmente o papel de censor do processo legislativo ordinário, e não das leis e atos normativos já produzidos pelos poderes políticos. Não haveria limite para a interferência do Tribunal no tocante aos trabalhos legislativos em desenvolvimento, podendo qualquer Ministro, individualmente, mediante liminar, exercer veto sobre todo o Congresso Nacional quanto ao que pode ou não deliberar.

O processo democrático cotidiano de atuação parlamentar teria, em cada um dos Ministros do Supremo, um árbitro ao qual seria permitido paralisá-lo, contra a vontade dos próprios titulares, em razão do conteúdo das decisões legislativas ainda em andamento. Em síntese, se vingasse a tese defendida quanto à possibilidade do controle prévio dos projetos de lei, mesmo que tivesse o propósito de assegurar maior proteção às cláusulas pétreas, ficaria ferida de morte aquela que visa garantir e dar eficácia às demais e a toda ordem constitucional – a da separação de poderes.

Essa espécie de intervenção judicial não tem por objetivo proteger o devido processo legislativo, mas impedir o debate parlamentar legítimo, ainda que sob a alegação de afronta a cláusulas pétreas. Tal pretensão, considerados os princípios democrático e da separação de poderes, deve ser exercida apenas depois de encerrado o processo legislativo e por meio da via judicial repressiva adequada, como prevê o texto da Constituição. Ao Supremo não cabe obstaculizar a deliberação parlamentar – a mais democrática das práticas institucionais – relativamente a um tema porque discorda do conteúdo de eventual lei, uma vez aprovada. Antes de encerrado o processo legislativo ordinário, o Tribunal não está autorizado, mediante mandado de segurança ou qualquer outra medida, a julgar questão de fundo de projeto em tramitação.

No Mandado de Segurança nº 32.033, o impetrante, em momento algum, arguiu vício na tramitação do processo legislativo. Ao contrário, a todo tempo, sustentou que a irregularidade advinha do conteúdo do projeto, da matéria de fundo. A única justificativa apresentada para a inviabilidade da tramitação do projeto de lei impugnado foi a de não poderem ser objeto de deliberação e de disposição pela maioria parlamentar propostas passíveis de prejudicar "direitos fundamentais de determinados grupos políticos minoritários [...], retirando-lhes, de forma anti-isonômica, prerrogativas que, nos termos do já decidido por este Supremo

Tribunal Federal, integram a própria ideia de democracia constitucional, de pluralismo político e de liberdade material de criação partidária".

Não articulou, foi fácil constatar, qualquer argumento de ofensa ao devido processo legislativo a respaldar a admissibilidade do mandado de segurança, apenas premissas e fundamentos que somente poderiam ser lançados contra lei já formalizada, por meio do controle de constitucionalidade repressivo. A tentativa de uso do mandado de segurança como instrumento de controle prévio e abstrato de constitucionalidade material mostrou-se inequívoco.

Por todos esses motivos, tanto de ordem textual quanto ligados ao princípio da separação de poderes, assentei inadmissível o mandado de segurança ante a impossibilidade de o Supremo exercer, no caso, interferência sobre a atuação parlamentar na forma como requerida pelo impetrante e, vencido, no que fui acompanhado pela Ministra Cármen Lúcia, passei ao mérito, indeferindo a ordem.

4. O SUPREMO DEVE ACEITAR O DIÁLOGO COM O CONGRESSO NACIONAL

No caso discutido, a sempre ilustrada maioria admitiu o curso do mandado de segurança. No mérito, votei pelo indeferimento da ordem por acreditar que o Legislativo pode dar interpretação à Constituição diferente da fixada pelo Supremo. Assim concluí porque entendo que o diálogo entre os poderes em torno da interpretação da Carta é a forma mais equilibrada de desenvolvimento prático da separação de poderes.

O impetrante articulou com a afronta aos direitos fundamentais de liberdade de criação partidária e ao princípio do pluralismo político (artigos 1º, inciso V, e 17, cabeça e § 3º, da Constituição Federal), tal como definidos na Ação Direta de Inconstitucionalidade nº 4.430, relator o ministro Dias Toffoli, julgada em 29 de junho de 2012 (acórdão pendente de publicação). Em síntese, tendo esse precedente como fundamento relevante, sustentou não ser aceitável a edição de lei que confira interpretação ao texto constitucional diversa da formalizada pelo Tribunal. Essa óptica alcança, inegavelmente, a vinculação do Poder Legislativo ao que decidido pelo Supremo em sede de controle abstrato e concentrado de constitucionalidade.

Acontece que esse não é o entendimento que prevalece atualmente. Na Ação Direta de Inconstitucionalidade nº 3.772/DF, redator do acórdão o ministro Ricardo Lewandowski, apreciada em 29 de outubro de

2008, o Tribunal admitiu a possibilidade de o legislador alterar interpretação constitucional anterior.

Em várias ocasiões,[20] o Supremo havia assentado que a expressão "funções de magistério", prevista no § 5º do artigo 40 da Carta Federal, para efeito de cômputo de tempo de aposentadoria especial relativa à carreira de professor, estaria estrita a "funções de docência exercidas em sala de aula". Chegou mesmo a editar o Verbete nº 726 da Súmula, a revelar que, "para efeito de aposentadoria especial de professores, não se computa o tempo de serviço prestado fora de sala de aula".[21] Assim, o profissional "professor" não poderia contar, para a aposentadoria especial na carreira, o tempo de atividade de caráter administrativo na área de educação, como a de diretor de escola ou de coordenador escolar, sendo válido apenas o tempo de ensino propriamente dito – em sala de aula.

Posteriormente, veio à balha a Lei federal nº 11.301/2006, segundo a qual "funções de magistério", para efeito de concessão de aposentadoria especial aos professores, deveriam ser compreendidas como as "exercidas por professores e especialistas em educação no desempenho de atividades educativas", incluídas, "além do exercício da docência, as de direção de unidade escolar e as de coordenação e assessoramento pedagógico." Ao expandir o sentido da expressão constitucional "funções de magistério", de modo a alcançar "serviços educacionais prestados fora de sala de aula" – direção, coordenação e assessoramento pedagógico –, o legislador ordinário, a toda evidência, procurou reverter a interpretação constitucional anteriormente consolidada pelo Supremo.

A lei foi impugnada por meio da citada Ação Direta de Inconstitucionalidade nº 3.772. O autor – o Procurador-Geral da República – sustentou que a norma implicou inobservância dos precedentes do Supremo, inclusive do Verbete nº 726. O Tribunal recusou os argumentos e reconheceu a superação, mediante lei ordinária, da interpretação anterior do

20. Entre outras, STF – Pleno: Ação Direta de Inconstitucionalidade nº 152/MG, relator o ministro Ilmar Galvão, julgada em 18 de março de 1992, Diário da Justiça de 24 de abril seguinte; Ação Direta de Inconstitucionalidade nº 122/DF, relator o ministro Paulo Brossard, julgada em 18 de março de 1992, Diário da Justiça de 16 de junho imediato; Ação Direta de Inconstitucionalidade nº 2.253/ES, relator o ministro Maurício Corrêa, julgada em 25 de março de 2004, Diário da Justiça de 7 de maio subsequente.

21. STF – Verbete nº 726, Sessão Plenária de 26 de novembro de 2003, Diário da Justiça de 11 de dezembro de 2003.

artigo 40, § 5º, do Diploma Maior, modificando, ele mesmo, a orientação antecedente quanto ao tema. Enfrentou os significados constitucionais com o legislador ordinário e permitiu que a Constituição Federal fosse desenvolvida e concretizada também na arena parlamentar, exatamente como deve ocorrer em uma democracia real.

Essa postura foi defendida no exame da Ação Direta de Inconstitucionalidade nº 2.797, relator o ministro Sepúlveda Pertence, julgada em 15 de setembro de 2005. Consignei mostrar-se a direção correta a ser tomada, haja vista o precedente da Ação Direta de nº 3.772. Em que pese a maior importância dos princípios constitucionais em jogo no Mandado de Segurança nº 32.033, comparados à questão de fundo da aludida ação direta, ainda assim inexistia motivo para mudança de orientação no tocante ao enfoque interpretativo nesses casos. A aplicação do artigo 102, § 2º, da Carta de 1988, quanto ao alcance subjetivo da eficácia das decisões do Supremo, deve ser linear, não podendo ser diferenciada conforme a matéria julgada – a depender do envolvimento de princípios constitucionais e de direitos fundamentais, estendendo-se os efeitos ao Legislativo em certas situações. A Constituição Federal não prevê tal eficácia, muito menos a discriminação.

No julgamento da Ação Direta de Inconstitucionalidade nº 2.797/DF, estava em jogo a Lei nº 10.628/2002, a desafiar a interpretação anterior do Supremo sobre o tema da "extensão do foro especial por prerrogativa de função para depois do exercício da função pública". Num primeiro momento, o Tribunal entendeu ser o foro especial por prerrogativa de função próprio em relação aos atos praticados durante o exercício da função pública, inclusive se o acusado tivesse deixado o cargo público antes do início do inquérito ou da ação penal. Essa óptica constava do Verbete nº 394.[22] Num segundo momento, examinando o Inquérito nº 687,[23] concluiu que a solução era incompatível com a interpretação mais límpida que o princípio da isonomia impunha e, desse modo, por unanimidade, cancelou o referido Verbete e passou a recusar o foro privilegiado para ex-exercentes de funções públicas.

22. Verbete nº 394 (editado sob a égide da Carta de 1946): "Cometido o crime durante o exercício funcional, prevalece a competência especial por prerrogativa de função, ainda que o inquérito ou a ação penal sejam iniciados após a cessação daquele exercício."

23. STF – Pleno, Questão de Ordem no Inquérito nº 687, relator o ministro Sydney Sanches, julgado em 25 de agosto de 1999, publicado no Diário da Justiça de 9 de novembro de 2001.

Depois, o legislador federal tentou reverter a situação constituída pela nova decisão do Supremo e, com isso, restaurar o Verbete nº 394. A Lei nº 10.628/2002 introduziu o § 1º ao artigo 84 do Código de Processo Penal, estabelecendo expressamente que "a competência especial por prerrogativa de função, relativa a atos administrativos do agente, prevalece, ainda que o inquérito ou a ação judicial sejam iniciados após a cessação do exercício da função pública".

O ministro Sepúlveda Pertence, relator, qualificou a postura do legislador como "desconcerto institucional" e defendeu a inconstitucionalidade *formal* da lei. Afirmou que, além de fundamentos puramente dogmáticos, "razões de alta política institucional" são impostas ao Tribunal para "repelir a usurpação pelo legislador de sua missão de intérprete final da Lei Fundamental". Exercício legislativo dessa espécie, argumentou, deve ser encarado como pretensão de inverter a leitura da Constituição feita pelo órgão da jurisdição constitucional.

Na ocasião, votei pela inconstitucionalidade formal, mas não por entender defeso ao legislador superar decisões do Supremo, editando leis que alterem a interpretação anterior do Tribunal. Conclui que as competências originária e recursal do Supremo são previstas de forma exaustiva na Constituição, de modo a impossibilitar, ante a rigidez, o elastecimento ou o encurtamento – por isso disse do vício formal – desse rol mediante lei. Assim, não havia como assentar a viabilidade de o legislador inovar o campo de atuação do Supremo, como ocorria com a norma então impugnada. Consignei não se tratar de mera interpretação da Lei Fundamental.

O ministro Eros Grau discordou da conclusão no sentido da inconstitucionalidade formal da lei e da fundamentação desenvolvida para defender que o legislador ordinário não pode ter a capacidade de interpretação da Constituição excluída mediante decisões do Supremo.

É exigência da separação de poderes, da democracia e das prerrogativas do Legislativo a possibilidade do debate acerca da interpretação da Constituição, sendo vedado apenas deliberar sobre aquelas matérias que a própria Carta exclui taxativamente e no âmbito dos processos de reforma constitucional (artigo 60, § 4º). Sabedor da relevância dos momentos de alteração do texto constitucional, o Constituinte originário impôs restrições severas ao processo legislativo, inclusive abrindo margem ao controle de constitucionalidade prévio de conteúdo. Fora as situações taxativas de proibição textual de deliberar, específicas quanto aos processos de reforma e revisão da Constituição, o conteúdo dos projetos legislativos não pode sofrer censura judicial prévia, em respeito à independência dos poderes e ao devido processo político-legislativo. Separação de poderes exige modéstia judicial quanto ao tema.

Ante essas considerações, concluí que o legislador poderia deliberar sobre o tema mesmo que o conteúdo do projeto de lei estivesse em confronto direto com interpretação constitucional anterior realizada pelo Supremo. Trata-se de prestigiar o papel do Congresso como um intérprete da Constituição, assim como o é o Tribunal. Descabe paralisar a marcha dos processos legislativos em razão da existência de decisões anteriores em sentido diverso, ainda que tomadas em sede de controle concentrado e abstrato de constitucionalidade. A ausência de efeito vinculante, além de fundar-se em argumento textual, é decorrência do próprio projeto de diálogo institucional que se pode extrair da separação de poderes como princípio estrutural da Constituição.

5. CONCLUSÕES

Durante o Seminário "25 Anos da Constituição Federal de 1988", realizado pelo Conselho Federal da Ordem dos Advogados do Brasil em 12 de junho de 2013, após aludir à sabatina do ministro Luís Roberto Barroso na caminhada para ocupar cadeira no Supremo, considerada a aposentadoria do ministro Carlos Ayres Britto, com a mestria de sempre e sob o título "Ativismo Judicial e seus Limites", Afonso da Silva – José, o pai, o varão – ressaltou que, na Comissão de Constituição, Justiça e Cidadania do Senado Federal, o tema foi a tônica predominante em todas as arguições.

No tópico "Abuso no exercício da função jurisdicional", com inexcedível orgulho no que pôde citar outro Afonso da Silva – Virgílio, o filho –, veiculou:

> É nessa forma de interpretação ilegítima ou de ativismo judicial distorcido que se encaixam algumas das interferências judiciais no processo legislativo. Grave nesse sentido são as interferências na tramitação de matéria legislativa por decisão monocrática por via de concessão de medida cautelar, como se deu no caso da distribuição do percentual do produto de petróleo (decisão do Min. Luiz Fux), o bloqueio pelo Min. Gilmar Mendes da tramitação do projeto de lei em debate no Senado sobre as regras de acesso dos partidos políticos à TV e ao fundo partidário e a decisão inusitada do Min. Dias Toffoli exigindo explicação da Câmara dos Deputados acerca do que estava sendo discutido na CCJ, como se a Câmara devesse dar alguma satisfação ao magistrado ou mesmo ao Po-

der Judiciário a esse respeito. As observações de Virgílio Afonso da Silva sobre a decisão do Min. Gilmar Mendes servem para os outros casos.

> "Já a decisão do ministro Gilmar Mendes, ... é algo que parece não ter paralelo na história do STF e na experiência internacional. Ao bloquear o debate sobre as novas regras partidárias, Gilmar Mendes simplesmente decidiu que o Senado não poderia deliberar sobre um projeto de lei porque ele, Gilmar Mendes, não concorda com o teor do projeto. Em termos muito simples, foi isso o que aconteceu. Embora em sua decisão ele procure mostrar que o STF tem o dever de zelar pelo 'devido processo legislativo', sua decisão não tem nada a ver com essa questão. Os precedentes do STF e as obras de autores brasileiros e estrangeiros que o ministro cita não têm relação com o que de fato decidiu. Sua decisão foi, na verdade, sobre a questão de fundo, não sobre o procedimento."

E arrematou, com a sabedoria do estudioso, do experiente jurista:

> Vamos concluir, voltando ao já novo Ministro, Luís Roberto Barroso, que nos oferece uma síntese expressiva dos fundamentos e limites do ativismo judicial em seu Curso de Direito Constitucional Contemporâneo:
>
> "A ideia de ativismo judicial está associada a uma participação mais ampla e intensa do Judiciário na concretização dos valores e fins constitucionais, com maior interferência no espaço de atuação dos outros dois poderes. A postura ativista se manifesta por meio de diferentes condutas, que incluem: (i) a aplicação direta da Constituição a situações não expressamente contempladas em seu texto e independentemente de manifestação do legislador; (ii) a declaração de inconstitucionalidade de atos normativos emanados do legislador, com base em critérios menos rígidos que os de patente e ostensiva violação da Constituição; (iii) a imposição de condutas ou de abstenções ao Poder Público, notadamente em matéria de políticas públicas. 'Sobre esse último caso, podemos lembrar a interferência no campo da saúde, fornecimento de medicamentos, internação etc. Enfrenta ele a questão sempre suscitada, em favor da autocontenção judicial, qual seja a de que os membros do Poder Legislativo e o Chefe do Poder Executivo são agentes públicos eleitos, investidos em seus cargos pela vontade popular, enquanto a atividade criadora do Judiciário e, sobretudo, sua competência para invadir atos dos outros Poderes, devem ser confrontadas como argumento da falta de justo título, e, então, mostra que esse justo título, o fundamento de uma jurisprudência criadora, está no fato de que a Constituição desempenha dois grandes papéis: a) assegurar o jogo democrático, propiciando a participação política ampla e o governo da maioria; b) mas, como a democracia não se resume ao princípio majoritário, o outro papel da Constituição consiste em proteger valores e direitos fundamentais, mesmo que contra a vontade circunstancial de quem tem mais voto."

No paradigmático julgamento do Mandado de Segurança nº 32.033/DF, estava envolvido o tema do "ativismo judicial" do Supremo. Tivesse a maioria confirmado a liminar e deferido a ordem, penso que haveria praticado ativismo sem precedente na história do Tribunal. Então, por tudo e para prevalência da independência e harmonia entre os poderes, defendi que o Supremo, na postura de Supremo, de guarda maior da amada Constituição Federal, deveria reservar a atuação, se fosse o caso, ao controle repressivo de constitucionalidade, encerrado o devido processo legislativo, que tem como atores não juízes, mas os representantes do povo brasileiro – os Deputados Federais – e os dos Estados – os Senadores da República – e o Chefe do Executivo nacional. Alfim, essa foi a óptica que prevaleceu para o bem do princípio da separação de poderes.

CAPÍTULO 14

As fronteiras constitucionais da expansão do Poder Judiciário: notas acerca dos limites materiais da interpretação das normas penais

Paulo Paiva[1]

A tese de que o Direito é, segundo sua própria essência, moral, isto é, de que somente uma ordem social moral é Direito, é rejeitada pela Teoria Pura do Direito, não apenas porque pressupõe uma Moral absoluta, mas ainda ***porque ela na sua efetiva aplicação pela jurisprudência dominante numa determinada comunidade jurídica, conduz a uma legitimação acrítica da ordem coercitiva estadual que constitui tal comunidade.***

Hans Kelsen

Sumário: 1. Introdução; 2. Evolução da jurisprudência do TSE acerca do art. 350 do Código Eleitoral e a decisão no Recurso Especial Eleitoral nº 3.845.587; 3. Acerca da natureza aditiva da decisão do TSE no Recurso Especial Eleitoral nº 3.845.587 ; 4. A interpretação das normas penais pelos tribunais superiores e os limites constitucionais da expansão do Poder Judiciário; 5. Considerações finais; Referências bibliográficas.

1. INTRODUÇÃO

A presente comunicação vem em resposta à provocação dos organizadores que nos pediram estudos que dessem conta da "nova conformação entre os Poderes". Para tanto, deveríamos levar em conta o palpável

1. Historiador, filósofo e mestre em direito constitucional.

deslocamento, tanto do poder decisório final quanto da proeminência política, dos poderes político-majoritários (Executivo e Legislativo) rumo ao Judiciário. Tal processo foi denominado expansão do poder judiciário e pode ser verificado literalmente, anoto a margem, no mundo todo[2].

No entanto, saltarei todo o percurso que caberia percorrer com vistas a dar provas da existência do fenômeno, exemplificar na jurisprudência constitucional comparada as decisões que o revelam e emprestar fundamentos teóricos que sustentem tal expansão dentro do campo discursivo que envolve o chamado *paradoxo do constitucionalismo liberal*[3]. Em estudo anterior sobre o tema, com fundamento na teoria pluralista, terminei por concluir acerca desse importante tópico do constitucionalismo contemporâneo que "no Estado constitucional não há soberania interna, popular ou judicial, o que nos governa e garante nossas liberdades básicas é um conjunto de competências estabelecidas na Constituição"[4]. O que vou pôr à luz no presente estudo é a questão

2. Neal Tate, *et al.*. *The global expansion of judicial power*. New York: New York University Press, 1995.
3. Martin Loughlin, *et al.*, *The paradox of constitutionalism*, Oxford: Oxford University Press, 2007.
4. Este esforço propedêutico o empreendi em capítulo de publicação anterior, a qual remeto o leitor, capitaneada pelos mesmo organizadores do presente volume: *Juristocracia?*, *In*: *As novas faces do Ativismo Judicial*. Salvador: JusPodium, 2011, pp. 499-528 Cf., no sentido do trecho transcrito, a análise de Martin Kriele, *Introdución a la teoría del Estado: fundamentos históricos de la legitimidad del Estado constitucional democrático*, Buenos Aires: Editora Del Palma, 1980, p. 150-152: "No Estado constitucional há, certamente, "soberania jurídica", isto é, o Estado como totalidade dos órgãos e do direito é soberano frente à sociedade. Mas não há dentro do Estado constitucional um soberano, quer dizer, não há ninguém que tenha soberania, isto é, não há um poder, sequer latente, que tenha as características de ser indivisível, incondicionado, ilimitado, que seja a *ultima ratio* em casos particulares, que possa violar ou criar o direito. Mais ainda: a existência de um soberano nesse sentido, por um lado, e do Estado constitucional de outro, são duas situações opostas, mutuamente excludentes. Em outras palavras: a ideia de um soberano é dinamite revolucionária para o Estado constitucional. A literatura politológica e constitucionalista dá, às vezes, a ideia de que a questão do soberano no Estado constitucional é apenas mais complexa que na monarquia absolutista. Se crê que a soberania é mediada no Estado constitucional, não tão facilmente acessível, difícil de descobrir, mas que deve existir em algum lugar. Sem embargo, no Estado constitucional só existem competências, limitadas pelo direito constitucional preexistente (*omissis*) se um dos órgãos, por exemplo, o governo federal, lograr impor-se de forma absoluta aos demais, apropriar-se de suas competências e conseguir a soberania, tal golpe de estado significará o fim do Estado constitucional (*omissis*) Cabe então inferir: o soberano é o povo? Aqui precisa-se distinguir: o povo tem determinadas competências que lhe são assinadas pela constituição, por exemplo, nas eleições, nos plebiscitos, na colaboração política. Na medida em que se trata de competências limitadas, não se pode tratar de soberania. O povo tem, sem embargo, também a possibilidade de derrogar a constituição mediante o voto popular e, eventualmente, dar-se,

dos limites a que pode chegar a expansão do Poder Judiciário, tomando como núcleo do raciocínio a análise de uma decisão pontual[5] na qual o Tribunal Superior Eleitoral fez surgir, através de labor hermenêutico (prolatando uma decisão de caráter aditivo), um novo crime no ordenamento jurídico brasileiro: o de Caixa 2.

A decisão em análise, como se verá, suscita algumas questões fundamentais que precisam ser respondidas: existe alguma decisão de natureza aditiva que os tribunais superiores não podem prolatar? Podem os tribunais superiores se substituírem ao legislador para criarem normas penais incriminadoras? Que valores constitucionais poderiam justificar tamanho avanço sobre as atribuições originárias e nucleares de um outro poder da República?

As respostas que as cortes de justiça do país têm dado e darão no futuro a essas questões definirão se a proeminência judicial no Brasil garantirá um menor nível de arbítrio nas relações entre os indivíduos e o Estado ou se, ao contrário, agravarão o quadro de desequilíbrio que marca as sociedades latino-americanas, afastando-nos de uma democracia liberal rumo a um Estado de Segurança[6].

Buscando resumir o objeto desse pequeno estudo em uma palavra - visto que dentro de nosso desenho institucional a palavra final sobre a interpretação constitucional e os limites entre os poderes cabe ao Judiciário -: esta seria *self restraint* (autocontenção).

Para tanto, o dividirei em 3 partes. Na primeira, vou expor a evolução da jurisprudência do TSE acerca da matéria, bem como descreverei a decisão em si mesma. Na segunda, relembrarei algumas noções propedêuticas acerca das técnicas aditivas de decisão judicial, principalmente surgidas no âmbito da jurisdição constitucional e estudadas sobretudo

---

nessa ocasião, uma nova constituição. Em tal caso, não atua efetivamente dentro do marco de competência constitucional. Atua, então, como poder constituinte, e não como poder constituído. Como poder constituinte é, com efeito, soberano. Mas isso significa que, nessa hipótese, o povo está acima do Estado constitucional, ou visto pela perspectiva temporal, é anterior ao Estado constitucional. Cria e derroga o Estado constitucional, mas não está dentro do Estado constitucional, de modo que a tese: *no Estado constitucional não há soberano* permanece intacta".

5. BRASIL. Tribunal Superior Eleitoral. Acórdão em recurso especial eleitoral nº 3845587. Relator: Ministro Dias Toffoli. DJE 18 dez. 2014, Tomo 238, Data 18/12/2014.

6. Bernardo Feijoo Sanchez. **Sobre a "Administração do Direito Penal na "Sociedade do Risco"**. Disponível em: <https://www.ibccrim.org.br/revista_liberdades_artigo/84-ARTIGO>. Acesso em: mar. 2017

pela doutrina constitucional italiana. Por fim, buscaremos revelar que a decisão em discussão transborda qualquer limite já estabelecido para o exercício do poder judicial dentro de uma democracia liberal, terminando por revelar seu descompasso com os fundamentos que legitimam a atuação injuntiva do judiciário vivenciada a partir da segunda metade do Século XX.

2. EVOLUÇÃO DA JURISPRUDÊNCIA DO TSE ACERCA DO ART. 350 DO CÓDIGO ELEITORAL E A DECISÃO NO RECURSO ESPECIAL ELEITORAL Nº 3.845.587

O artigo 350 do Código Eleitoral tipifica como crime conduta assim definida: "[o]mitir, em documento público ou particular, declaração que dele devia constar, ou nele inserir ou fazer inserir declaração falsa ou diversa da que devia ser escrita, para fins eleitorais".

Punido com até três anos de reclusão na hipótese genérica prevista no *caput*, esse dispositivo de lei, que tem redação originária (de 1965), nunca, até há pouco, foi interpretado para alcançar a conduta conhecida como Caixa 2[7]. Disso dão mostras manifestações expressas da própria Corte Eleitoral. Por todos refiro o Recurso Especial Eleitoral nº 26.010, relatado pelo Ministro Marcelo Ribeiro[8].

No acórdão ressaltam dois argumentos fundamentais que sustentaram o não reconhecimento da tipicidade da prática do Caixa 2. Não se reconhecia no ato a finalidade eleitoral necessária à tipificação do crime e que, mesmo se assim não fosse, "em se tratando de norma penal, sua interpretação deve ser estrita, jamais extensiva"[9].

Se avançasse para interpretar de forma distinta a expressão "fins eleitorais", e considerar que a conduta conhecida como Caixa 2 deveria ser punida pelo art. 350 do Código Eleitoral, o Tribunal Superior Eleitoral estaria agindo substancialmente além de sua competência ordinária para interpretar, inclusive com efeitos normativos, a legislação eleitoral.

7. Talvez por isso mesmo a criminalização expressa da conduta tenha sido incluída no Projeto de Lei nº 4.850/2016. Note-se o fato na redação dada ao Projeto de Lei referido: "Art. 32-A. Manter, movimentar ou utilizar qualquer recurso ou valor paralelamente à contabilidade exigida pela legislação eleitoral. Pena – Reclusão, de dois a cinco anos".
8. Acórdão em recurso especial eleitoral n. 26.010, Relator: Ministro Marcelo Ribeiro. *DJ* 29 mai. 2008.
9. *Idem*.

A decisão capitaneada pelo Ministro Marcelo Ribeiro, aduzia uma - até então intransponível -, vedação de ordem material de natureza constitucional aos efeitos que adviriam, necessariamente, de uma decisão que expandisse a área de atuação da norma penal incriminadora em questão.

Em outros termos, não se poderia interpretar ampliativamente a expressão pois implicaria ofensa direta ao princípio constitucional da legalidade estrita em matéria penal e, óbvio, ofensa indireta ao princípio da separação de poderes. Havia uma questão constitucional intrínseca e limitadora do espectro de decisões possíveis que poderia adotar o Tribunal.

Essa correlação, no entanto, não parece ter sido observada pelo Tribunal ao exarar, em novembro de 2014, a decisão no Recurso Especial Eleitoral nº 3.845.587, quando todos viram surgir o que a doutrina dedicada ao processo constitucional denominaria decisão interpretativa aditiva em matéria penal *in malam partem*[10].

Estes, para o que importa à discussão que proponho aqui, os termos expressos da decisão do Tribunal Pleno:

> 1. A pretendida absolvição por ausência de materialidade da conduta delitiva demandaria o necessário reexame de fatos e provas intimamente ligados ao mérito da ação penal, inadmitido em sede de recurso especial na linha de precedentes. 2. **A falsificação ou uso de documento no âmbito de prestação de contas possui finalidade eleitoral e relevância jurídica, pois tem o condão de atingir a fé pública eleitoral, que é considerada o bem jurídico tutelado pelas normas incriminadoras. Alteração da jurisprudência da Corte.**

Aqui, não resta dúvida, foi afastado, por via interpretativa, o princípio da legalidade estrita em matéria penal. Nasceu uma espécie criminal nova, não por ação do legislador, mas de um Tribunal. Tal fato, inclusive, foi candidamente admitido pelo Ministro Henrique Neves no curso dos debates[11].

---

10. Definirei com mais vagar essa expressão na próxima parte deste estudo.

11. *Idem*, nota 4: "O SENHOR MINISTRO HENRIQUE NEVES DA SILVA: Senhor Presidente, acompanho Vossa Excelência, mas quero destacar que esse julgamento é muito importante na parte em que se torna unânime, de acordo com o entendimento das Ministras Nancy Andrighi e Laurita Vaz, e agora de Vossa Excelência e dos que lhe acompanharam, no que tange à regra do art. 350 do Código Eleitoral, que trata da apresentação de documento falso, reconhecendo-se a sua aplicação no caso de documentos falsos apresentados na prestação de contas, mesmo que ela ocorra após as eleições. Havia uma jurisprudência antiga do Tribunal entendendo que, como a prestação de contas é posterior à eleição, não haveria efeito eleitoral capaz de carac-

É importante notar, igualmente, o bem tutelado que se pretendia resguardar com tal ingerência na competência mais tradicionalmente exclusiva do legislativo: "a fé pública eleitoral"[12]. Esse detalhe é importante para a submissão posterior da decisão ao juízo de ponderação constitucional que, tudo indica, não esteve no centro das atenções da Corte Eleitoral Federal.

3. ACERCA DA NATUREZA ADITIVA DA DECISÃO DO TSE NO RECURSO ESPECIAL ELEITORAL Nº 3.845.587

Afirmei, no trecho anterior desse estudo, que a decisão do TSE que aqui analiso seria corretamente definida pela doutrina dedicada ao processo constitucional como uma decisão interpretativa com efeitos aditivos em matéria penal *in malam partem*. Essa definição desafia o leitor não especializado, justificando uma pequena digressão conceitual.

Diz-se aditiva, no âmbito do controle de constitucionalidade, toda decisão que importe modificação do alcance, objetivo ou subjetivo, da eficácia da norma submetida à interpretação ou controle de validade, daí o surgimento de uma subespécie, as interpretativas com efeitos aditivos.

É uma lição antiga da hermenêutica e basilar do positivismo jurídico que o trabalho de interpretação, salvo o caso de normas com conteúdo radicalmente objetivo (como as que fixam prazos), cria norma a partir de texto. Cria norma particular, no entanto.

Quando a interpretação dá à luz uma norma nova e que tem o condão de reger inúmeras situações subjetivas futuras, já estamos diante de outro fenômeno, necessariamente constitucional pois relacionado à

terizar o tipo. Por isso, esse julgamento é muito importante para determinar que aqueles que eventualmente apresentem documento falso em uma prestação de contas, correm o risco de responder a uma ação penal".

12. O Ministro Relator justificou a virada jurisprudencial aduzindo que não podem haver "dúvidas de que a prestação de contas de campanha possui grande relevância para o exercício das atividades da Justiça Eleitoral, pois é por meio dela que [a] Justiça Especializada verifica a regularidade da arrecadação e dos gastos efetuados por cada candidato e pelos respectivos partidos políticos na campanha eleitoral". Que a prestação de contas tem "a finalidade de preservar o equilíbrio das forças econômicas na disputa, impedir o abuso de poder econômico e punir eventuais ilicitudes (30-A), garantido, em última análise, a transparência da eleição. " Concluindo "evidente que a falsificação e o uso de documento falso para justificar gastos de campanha têm por finalidade ludibriar a Justiça Eleitoral, atingindo, assim, o bem jurídico tutelado pelo art. 350 do CE, qual seja, a fé pública eleitoral. "

separação de poderes e à assunção, pelo Tribunal, de um labor imediatamente legislativo.

Esse poder criador é ínsito à interpretação de normas conduzida em qualquer instância judicial superior e mais ainda se suas decisões vinculam as instâncias inferiores ou procedimentos administrativos que serão impostos a incontáveis cidadãos.

Basta isso para ficar claro que as decisões do Tribunal Superior Eleitoral têm efeito normativo geral ou, para o que nos importa, podem ter, muitas vezes, perfil aditivo.

Daí porque se pode adotar o conceito geral e afirmar que será aditiva aquela decisão interpretativa que, quanto aos seus efeitos, leve à alteração do âmbito de incidência ou sentido do dispositivo[13].

Silvestri, por exemplo, pôde afirmar que "todas as sentenças interpretativas são aditivas", e que sua prolação traduz o "exercício de um poder formalmente jurisdicional, mas substancialmente legislativo"[14].

"Decisões aditivas – foi ainda mais simples e feliz Romboli – são aquelas através das quais a norma sai do tribunal "com um alcance normativo diferente do originário"[15].

Ora, é inegável que o art. 350 do Código Eleitoral saiu daquela sessão do dia 14 de novembro com um alcance normativo diferente do original, o que de resto fica evidente se considerarmos que até então aqueles agentes que entregassem documentos falsos na prestação de contas não sofriam as penas cominadas pelo art. 350, mas a partir de agora sofrerão.

O reconhecimento expresso do Tribunal de que estava alterando sua jurisprudência acerca da interpretação de uma norma incriminadora

---

13. Riccardo Guastini, *Lezioni di teoria costituzionale*, Torino: Giappichelli Editore, 2001, p. 222: "Si dicono 'manipolatrici' (o anche 'normative') quelle sentenze di accoglimento in cui la Corte costituzionale non si limita a dichiarare l'illegitimità costituzionale delle norme che le sono sottoposte, ma inoltre – comportandosi come un legislatore – modifica direttamente l'ordinamento allo scopo di armonizzarlo con la costituzione".

14. G. Silvestri, *Le sentenze normative della Corte costituzionale italiana, apud*, Giusi Sorrenti, *L'interpretazione conforme a Costituzione*, Milano: Giuffrè Editore, 2006, p. 198.

15. Roberto Romboli, *El control de constitucionalidad de las leyes en Italia, disponível em:* https://revistas-colaboracion.juridicas.unam.mx/index.php/teoria-realidad/article/view/22394/1998, p. 192.

para expandi-la é, ao mesmo tempo, o reconhecimento da assunção de uma função legislativa. O *fair notice* aqui traduz-se em: legislei.

4. A INTERPRETAÇÃO DAS NORMAS PENAIS PELOS TRIBUNAIS SUPERIORES E OS LIMITES CONSTITUCIONAIS DA EXPANSÃO DO PODER JUDICIÁRIO

A obrigação de conduzir o controle constitucional das leis de molde a emprestar força injuntiva ao princípio da supremacia constitucional, a expansão do horizonte de interesses constitucionalmente contemplados, a necessidade de sustentar em equilíbrio o pluralismo político, social e federativo e, por fim, o constante esforço por manter os direitos fundamentais a salvo das incursões hostis dos órgãos político-majoritários[16] levaram ao espraiamento do âmbito e forma de atuação dos poderes judiciários de todo o ocidente, em particular a partir do fim da segunda grande guerra.

A hipertrofia judicial responde, ainda, ao fato de se ter ampliado o espaço de contato/atrito entre Estado e indivíduo. Já se ponderou, nesse sentido, que "a expansão do poder judiciário compõe um fenômeno mais geral, que é a expansão de todos os órgãos do governo em nossa época"[17].

Interessa ressaltar, em especial, que a importância institucional concedida à jurisdição constitucional pela rigidez constitucional dos direitos fundamentais repercutiu, "naturalmente, na necessidade de novos instrumentos processuais"[18]. Nesse contexto, progressivamente, foi

---

16. Peter Häberle, *La garantía del contenido esencial de los derechos fundamentales*, Madrid: Dykinson, 2003, p. 151, a esse respeito, afirmou que "o legislador mostrou-se, ao longo da história dos direitos fundamentais na Alemanha, como o inimigo da liberdade do cidadão"

17. Mauro Cappelletti, *Le pouvoir des juges*, Paris: Economica, 1990, p. 241. No mesmo sentido, cf., Kermitt Roosevelt III, *The myth of judicial activism: making sense of Supreme Court decisions*, New Haven: Yale University Press, 2006, p. 229: "the Court cannot be evaluated in isolation. The ultimate question must be comparative: how does the Court stack against the other branches of the federal government"?; e, Ran Hirschl, *Towards juristocracy: the origins and consequences of the new constitutionalism*, Cambridge: Harvard University Press, 2004, p. 11: "the expansion of judicial power is an integral part and an important manifestation of the concrete social, political, and economic struggles that shape a given political system and cannot be understood in isolation from them".

18. Vital Moreira, *Princípio da maioria e princípio da constitucionalidade: legitimidade e limites da justiça constitucional, in*: Tribunal Constitucional, *Legitimidade e legitimação da justiça constitucional*, Coimbra: Coimbra Editora, 1995, p. 189. Entre nós, o art. 27 da Lei nº. 9868 de 1999 parece ter dado configuração positiva à superação do binômio inconstitucionalidade/nulidade *ex tunc*. Comentando o enunciado normativo, escreveu Gilmar Mendes, *et al.*, *Curso*

se desenvolvendo e solidificando um considerável "poder normativo" exercido pelo judiciário de molde a adequar a legislação aos princípios constitucionais.

Como já referi, esse poder de alterar o ordenamento não raro se dá no bojo de decisões de natureza interpretativa.

Ainda que aceita, a prática da prolação de decisões interpretativas com efeitos prospectivos e gerais sempre teve em seu encalço críticos radicais e, quando não tanto, doutrinadores a aconselhar que tal competência fosse exercida de forma menos constante e injuntiva possível.

Na Europa, manifestações nesse sentido podem ser colhidas à superfície da doutrina.

Hesse, ao considerar que quanto mais reservada a atitude do Tribunal, menor será a chance de ver decisões suas descumpridas, afirmou que fariam bem os juízes em evitar "pôr suas valorações no lugar das valorações do legislador"[19].

Camazano foi além e aplicou ao uso que as cortes devem fazer das técnicas decisórias interpretativas a máxima de São Paulo: "tenha como se não tivésseis"[20].

Mas parece ter sido Soto quem melhor descreveu o desconforto político e teórico-constitucional nascido do exercício desse inevitável poder normativo:

> A questão está em saber se isso não constitui, em certa medida, uma ofensa ao Legislador, assim como indagar se para a vida jurídica em ge-

---

de direito constitucional, São Paulo: Saraiva, 2007, p. 1181: "Resta notório que o legislador optou conscientemente pela adoção de uma fórmula alternativa à pura e simples declaração de nulidade, que corresponde à tradição brasileira. Tendo em vista as peculiaridades que marcam o sistema misto de controle de constitucionalidade brasileiro, cabe analisar os contornos dessa mudança e quais possibilidades de decisão estão abertas ao Supremo Tribunal Federal no exercício do controle de constitucionalidade das leis".

19. Konrad Hesse, *Elementos de direito constitucional da República Federal da Alemanha*, Porto Alegre: Sérgio Antonio Fabris Editor, 1998, p. 424. No mesmo sentido, Christian Starck, *Creazione giudiziale del diritto rispetto alla formulazione del dispositivo (Tenorierung) e all'efficacia delle sentenze sul controllo di costituzionalità delle norme*, disponível em: http://www.associazionedeicostituzionalisti.it/materiali/convegni/aic200610/Starck.html, acesso em 16.01.2009, item nº VI; e, Peter Schneider, *Democracia y constitución*, Madrid: Centro de Estudios Constitucionales, 1991, pp. 202 e 219.

20. Segunda Carta aos Corintios, *apud*, Camazano, Joaquín, *La acción abstracta de inconstitucionalidad*, disponível em: https://archivos.juridicas.unam.mx/www/bjv/libros/7/3047/11.pdf, p. 365.

> ral é bom que um Tribunal tenha possibilidades tão amplas de reação. A distinção entre nulidade, simples inconstitucionalidade, ainda constitucional, interpretação conforme a Constituição com ou sem disposições complementares (chamada ao legislador, fixação de prazo, prazo transitório, regulação transitória, etc.) é difícil de estabelecer dentro de contornos precisos e, em consequência, a forma de reagir do Tribunal é também imprevisível: pode um sistema jurídico baseado nos princípios da legalidade e segurança jurídica suportar este modo de decisão de um tribunal?[21]

De qualquer forma, quando admitida, a prática sempre foi vinculada à rigidez dos direitos fundamentais, quer dizer, altera-se a lei por sentença quando tal ato é indispensável para o exercício de um direito individual condicionador do pleno desenvolvimento civilizatório da pessoa humana.

Em Portugal, por exemplo, as técnicas interpretativas são controvertidas, porém, em casos de discriminação normativa, *v. g.*, já foram proferidas decisões aditivas[22], o mesmo ocorrendo na Espanha[23]. Note-se que aqui tais técnicas socorreram os tribunais em seu negócio de garantir a injuntividade do princípio da igualdade.

Em qualquer hipótese, parece certo definir que, quando legisla, uma Corte Superior está sempre – e é essa exatamente a condição de legitimidade de seu ato – reafirmando a hierarquia entre os poderes constituinte e constituído.

A controvérsia, não obstante, se agrava quando se trata da admissão, ou não, de decisões interpretativas com efeitos aditivos em matéria penal. Dois argumentos são aduzidos para barrar a prática decisória interpretativa no âmbito criminal: a competência exclusiva do legislador em matéria de crime e pena e a especial rigidez com que incide, na matéria, o princípio da legalidade.

---

21. Mª Blasco Soto, *La sentencia en la cuestión de inconstitucionalidad*, Barcelona: Jose Maria Bosch Editor, 1995, p. 359. Cf., para preocupações similares, Giusi Sorrenti, *L'interpretazione conforme a Costituzione*, Milano: Giuffrè Editore, 2006, pp. 260-261; Gustavo Zagrebelsky, *La giustizia costituzionale*, Bologna: Società editrice il Mulino, 1977, pp. 368-369 e, por fim, Gomes Canotilho, *Direito constitucional e teoria da Constituição*, Coimbra: Edições Almedina, 2007, pp. 1315-1316.

22. Exemplificativamente, acórdãos nºs 143/1985, 191/1988, 231/1994 e 545/1999, disponíveis em: http://w3.tribunalconstitucional.pt/Pesquisa2.html, acesso em: 11.05.2009.

23. Exemplificativamente, sentenças nºs 81/1982 e 103/1983, disponíveis em: http://www.boe.es/aeboe/consultas/bases_datos/jurisprudencia_constitucional.php, acesso em: 03.05.2009, a última com imenso impacto orçamentário, por estender o direito à pensão por falecimento aos viúvos.

Qualquer que seja a posição assumida em relação à admissibilidade de decisões que venham a alterar o ordenamento criminal, apenas pela veemência da discussão se pode notar que estamos aqui já próximos das fronteiras aceitáveis da expansão do poder judicial.

Alguns exemplos serão suficientes para revelar a atenção com que o tema é tratado pela doutrina constitucional comparada.

Exemplo do dissenso espanhol acerca da matéria, oferecem Llorente e Camazano. O primeiro foi categórico:

> Questão distinta é a que se refere à interpretação conforme de normas penais e, em geral, sancionatórias, âmbito em que os imperativos da *lex certa* e da necessária retroação do pronunciamento estimatório *in bonus* devem levar à redução, ou mesmo à supressão, do recurso a decisões interpretativas em favor da estrita declaração de inconstitucionalidade com a consequente nulidade[24].

Camazano foi mais ponderado e lembrando que o próprio Tribunal espanhol já havia feito uso de interpretações conformadoras de tipos penais[25], considerou que "não se pode excluir, de modo absoluto, a possibilidade de sentenças interpretativas no âmbito penal, se bem que" - e

---

24. Rubio Llorente, *et al.*, *Estudios sobre jurisdicción constitucional*, *In*: Cuadernos del Instituto de Estúdios Políticos, Caracas: Universidade Central de Venezuela, 1966, p. 132.

25. A esse respeito, cf. a STC 111/1993, do Tribunal Constitucional espanhol, disponível em: http://www.boe.es/aeboe/consultas/bases_datos/doc.php?coleccion=tc&id=SENTENCIA-1993-0111, acesso em 02.04.2009, que deu provimento ao recurso de amparo contra condenação baseada em uma lei penal considerada ofensiva ao princípio da *ultima ratio* em matéria penal: "3. Según hemos afirmado (SSTC 75/1984, fundamento jurídico 3), 'una aplicación defectuosa de la Ley penal puede implicar, eventualmente, la vulneración de un derecho constitucionalmente garantizado, protegido mediante el recurso de amparo. Cuando se alega tal cosa, como en el presente caso ocurre, este Tribunal ha de analizar, desde el punto de vista del derecho constitucionalmente garantizado, la interpretación y aplicación que el Juez ordinario ha hecho de la norma penal' [F.J. 5]. 4. El principio de legalidad en el ámbito del Derecho sancionador estatal implica, por lo menos, estas tres exigencias: la existencia de una Ley («lex scripta»); que la Ley sea anterior al hecho sancionado («lex praevia»), y que la Ley describa un supuesto de hecho estrictamente determinado («lex certa»); lo que significa la prohibición de extensión analógica del Derecho penal al resolver sobre los límites de la interpretación de los preceptos legales del Código Penal (SSTC 89/1983, 75/1984, 159/1986, 33/1987 y 199/1987, entre otras). Por otra parte, este Tribunal (SSTC 62/1982 y 53/1985) ha considerado que la cuestión de la determinación estricta o precisa de la Ley penal se encuentra vinculada con el alcance del principio de legalidad [F.J. 6] (*omissis*) 10. Ningún interés público esencial se advierte en la exigencia de un título para la intermediación en el mercado inmobiliario que no responda sino a intereses privados o colegiales, legítimos y respetables, pero insuficientes por sí solos para justificar la amenaza de una sanción penal como la aquí aplicada. Incurriendo, así, en una vulneración del principio de proporcionalidad entre el injusto y la pena que es inherente a un Estado social y democrático de Derecho como el que la Constitución configura (art. 1.1 C.E.)".

aqui estabeleceu o limite que lhe pareceu adequado -, "há fazer-se uso especialmente prudente de tais pronunciamentos e, desde logo, nunca *contra cives*, o que veda toda interpretação expansiva ou analógica"[26].

Na Itália, a situação não é distinta. Por vezes, afirma-se estarem vedadas as sentenças manipulativas "em tema de norma incriminadora e punitiva, face à rigorosíssima reserva de lei do art. 25, parágrafo 2º da Constituição italiana"[27].

A tese do não cabimento de decisões manipulativas em matéria penal conta, inclusive, com vários julgados da *Corte costituzionale* a emprestar-lhe supedâneo[28].

Na Sent. nº. 42/1977, *v. g.*, o Tribunal de Roma definiu a matéria como "eminentemente política", pelo que restaria "excluída qualquer possibilidade de intervenção através de sentenças consideradas aditivas"[29]. Em tais situações, a questão de inconstitucionalidade era rejeitada como "manifestamente inadmissível", sempre ao argumento de que "não é dado ao juiz constitucional pronunciar decisões das quais se possa derivar a criação – exclusivamente reservada ao legislador – de uma nova disposição penal"[30].

Alguns constitucionalistas, ao contrário, talvez observando a inevitabilidade de as cortes adotarem tal prática, esposam uma posição mais aberta às decisões interpretativas em matéria penal. Já se disse, a esse respeito, que a aceitação da tese que advoga a vedação comportaria a necessidade de estendê-la a todas as matérias que a Constituição reserva ao legislador[31].

26. Joaquín Camazano, *La acción abstracta de inconstitucionalidad*, cit., p. 386.
27. Augusto Cerri, *Corso di giustizia costituzionale*, Milano: Giuffrè, 1994, p. 99. No mesmo sentido, Pasquale Costanzo, *Legislatore e Corte costituzionale: uno sguardo d'insieme sulla giurisprudenza costituzionale in matéria di discrezionalità legislativa dopo cinquant'anni di attività*, disponível em: http://www.giurcost.it.org/studi/CostanzoLanzarate.htm, acesso em 21.12.2008, item nº. 6.
28. Cf., exemplificativamente, as sentenças de números: 188, 193 e 212/1993 e 260/1994, disponíveis em: http://www.cortecostituzionale.it/giurisprudenza/pronunce/filtro.asp, acesso em: 02.10.2008.
29. Sentença nº. 42/1977, disponível em: http://www.cortecostituzionale.it/giurisprudenza/pronunce/filtro.asp, acesso em 02.10.2008.
30. Sentença nº. 146/1993, disponível em: http://www.cortecostituzionale.it/giurisprudenza/pronunce/filtro.asp, acesso em 02.10.2008.
31. Elena Malfatti, *Giustizia costituzionale*, Torino: G. Giappichelli, 2007, p.124.

Soma-se a isso a ponderação de Beilfuss, para quem, "enquanto limite funcional das sentenças constitucionais", o raciocínio a partir da figura da reserva de lei "deve sujeitar-se, em cada caso, à existência de uma verdadeira liberdade de configuração por parte do legislador para reparar a inconstitucionalidade"[32]. Tal doutrina avançou para, considerando superada a questão da admissibilidade, definir os limites que decisões com tal perfil deviam observar na seara criminal.

Agnoletto, *v. g.*, opinou que o respeito à reserva de lei "não exclui a decisão manipulativa *in bonam partem*, que tenha efeito restritivo da aplicação da norma penal"[33].

Ao contrário do que afirmam alguns autores,[34] a divergência continua até hoje e impediu que no âmbito da Corte Constitucional se firmasse uma jurisprudência pacífica[35]. Isso não obstante, permanece o conjunto de decisões da Corte como uma rica fonte de experiências que nos ajudam a refletir sobre o tema.

Refira-se, por exemplo, a sentença 108/1974, na qual a *Corte* considerou o art. 415 do Código Penal italiano "ilegítimo constitucionalmente, *na parte em que não especifica*" que a instigação a luta de classes, para ser considerada crime, "deve ser exercida de modo perigoso para a tranquilidade pública"[36]. Como se vê, a Corte nessa hipótese incluiu uma nova elementar no tipo penal, aditando-o e alterando seu alcance normativo originário.

Em outra decisão de interpretação conforme a Constituição, nº 61 de 1995, novamente a Corte de Roma avançou em matéria penal, para declarar a ilegitimidade constitucional do art. 39 do Código Penal Mi-

---

32. Markus Beilfuss, *Tribunal constitucional y reparación de la discriminación normativa*, Madrid: Centro de Estudios Políticos y Constitucionales, 2000, p. 75.

33. Chiara Agnoletto, *Gli effetti delle sentenze di accoglimento della Corte Costituzionale sugli atti aministrativi e processuali penali*, em: http://www.tesionline.com/intl/preview.jsp?idt=21208, acesso em 14.10.2008, item 3.2.

34. Augusto Cerri, *Corso di giustizia costituzionale*, cit., p. 98, por exemplo, afirmou a jurisprudência pela inadmissibilidade das decisões manipulativas em matéria criminal como "costante, a partire dalla sent. 42/1977".

35. Para cada decisão afirmando a inadmissibilidade de decisões aditivas ou manipulativas em matéria penal, existe outra aditando o arcabouço persecutório; cf., exemplificativamente, as sentenças nos. 31/1969, 108 e 218/1974, 27/1975, 139 e 409/1989, 254/1994, 61/1995 e 145/2002.

36. Sentença nº. 108/1974, disponível em: http://www.cortecostituzionale.it/giurisprudenza/pronunce/filtro.asp, acesso em 02.10.2008. Grifamos.

litar, "*na parte em que não exclui* da inescusabilidade da ignorância de dever inerente ao estado militar, a ignorância inevitável"[37]. Aqui a Corte incluiu no tipo penal uma exculpante que lá não havia antes de sua intervenção.

Dentre as decisões aditivas *stricto sensu*, importa referir ainda a sentença 27/1975. Na ocasião submeteu-se à *Corte* italiana incidente acerca da inconstitucionalidade do art. 546 do Código Penal, *na parte em que* punia quem praticava o aborto em hipóteses nas quais, embora não estivesse a mãe sob perigo atual de morte configurador do estado de necessidade, a gravidez fosse atestadamente comprometedora do bem-estar físico e do equilíbrio psíquico da gestante.

O Tribunal considerou, então, que o interesse do feto, protegido constitucionalmente, poder-se-ia chocar, em algumas circunstâncias, com outros interesses igualmente dignos do ponto de vista constitucional. E que, por isso, a "lei não pode dar ao primeiro prevalência total e absoluta, negando aos outros a adequada proteção", concluindo nestes termos: "é justamente esse vício de legitimidade constitucional que invalida a atual disciplina penal do aborto".

Considerou a *Corte*, ainda, que o dispositivo genérico do aborto necessário não cobria a hipótese, pois o dano físico e psíquico da gestante pode ser previsível, sem ser imediato. Sentenciou, então, que a declaração de ilegitimidade do art. 546 apresentava-se inevitável, lavrando dispositivo no sentido de declarar a inconstitucionalidade do dispositivo penal atacado, "*na parte em que não prevê* que a gravidez possa ser interrompida quando a continuação da gestação implique dano, ou perigo, grave, atestado por médico, para a saúde da mãe" [38].

---

37. Sentença nº 61/1995, disponível em: http://www.cortecostituzionale.it/giurisprudenza/pronunce/filtro.asp, acesso em 02.10.2008. Grifamos. Essa decisão também nos parece importante por um outro motivo, nela vemos confirmada a tese que liga o cabimento das decisões aditivas ao controle do direito pré-constitucional. Entre as razões de decidir da Corte, está a seguinte: "questa Corte non mancò di rilevare come l'interpretazione dell'art. 39 c.p.m.p. quale limite all'efficacia scusante dell'errore su legge extra penale, pur se, 'certamente rispondente alla ideologia degli autori del codice', non potesse ritenersi più giustificabile, "sia perché contraria ai principi fondamentali del diritto penale (che sono principi di civiltà), sia perché nel nuovo ordinamento democratico, anche militare, quei principi sono collegati all'ispirazione di fondo della Costituzione che rende ormai anacronistica quella interpretazione'".

38. Sentença nº. 27/1975, disponível em: http://www.cortecostituzionale.it/giurisprudenza/pronunce/filtro.asp, acesso em 02.10.2008. Grifamos.

Mais uma vez a Corte incluiu uma exculpante nova em um artigo incriminador do Código Penal italiano[39].

Mesmo essa breve incursão na história constitucional italiana serve para revelar que, dificilmente, se poderia manter firme a posição que veda qualquer tipo de decisão interpretativa em matéria penal, ao menos quando enfocamos a prática do controle de constitucionalidade. Ainda assim, é possível observar que todas as intervenções legislativas levadas a cabo pela Corte dentro do sistema normativo penal italiano guardam uma característica comum: todas foram *in bonam partem*, com uma única exceção.

Mesmo a esse limite aparentemente intransponível, a dinâmica jurídica impôs uma exceção. De fato, é possível encontrar na jurisprudência da Corte Constitucional italiana uma decisão aditiva em matéria penal *in malam partem*, que expandiu o âmbito de incidência da norma penal, o que levou parte da doutrina a controverter inclusive seu significado efetivo[40].

Trata-se da sentença nº. 440/1995 da Corte romana, relatada por Zagrebelsky, então componente da Corte.

---

39. Foi exatamente isso que fez o Supremo Tribunal Federal quando considerou que a comprovação da gravidez anencefálica abria à gestante a possibilidade de praticar o aborto sem que sobre ela incidissem as penas previstas no Código Penal. Lá, como aqui, o que se pretendia conseguir era o estabelecimento de uma hipótese exculpante da prática, típica, da interrupção mecânica da gravidez. Lá, como aqui, o parâmetro constitucional envolvia o direito a saúde e a dignidade da pessoa humana.

40. Augusto de la Vega, *La sentencia constitucional en Italia*, Madrid: Centro de Estudios Políticos y Constitucionales, 2003, pp.294-295, considerou que a sent. nº. 440/1995 serve como indício de que "el artículo 25 de la Constitución italiana y el principio de legalidad penal impedirán a la Corte tanto crear, reproducir o ampliar tipos penales, como agravar las penas previstas en la ley (*omissis*) no tanto por le existencia de una expresa reserva de ley, como por el peculiar significado y función del principio de legalidad penal. Tal principio comportaría unas peculiares exigencias de certeza en la determinación del tipo y la pena, que la creación normativa jurisprudencial, aun la constitucional, no estaría en condiciones de satisfacer. A semejante conclusión, ya sostenida claramente en discursos sobre la actividad de la Corte como los de Elia o La Pergola, y mantenida hoy por la práctica constante del Tribunal, vid., significativamente, la sentencia 440/1995". Markus Beilfuss, *Tribunal constitucional y reparación de la discriminación normativa*, cit., p. 167, por sua vez, entendeu a decisão como uma extensão do âmbito de incidência da disposição penal manipulada: "la Sentencia 440/1995, relativa a la tipificación del delito de blasfemia, que, como se ha señalado en el Capítulo anterior, se refería exclusivamente a la religión católica. Después de haber desestimado en el año de 1998 una cuestión de inconstitucionalidad dirigida contra dicho precepto porque, entre otras cosas, correspondía al legislador llevar a cabo su reforma, y no habiéndose producido esta última, en esta segunda Sentencia la Corte no dudó en extender a las demás confesiones religiosas dicha protección penal, a pesar de tratarse de una materia reservada a la ley".

Na ocasião, foi declarado parcialmente nulo o art. 724 do Código Penal italiano[41] , ficando suprimida da norma o trecho que limitava a punição àqueles que atentassem contra os símbolos ou pessoas veneradas pela "religião do Estado" (ou seja, católica).

Em outros termos, a partir da decisão seriam também punidos aqueles que atentassem contra símbolos e pessoas veneradas por qualquer religião praticada no Estado italiano. O efeito aditivo é óbvio, ele é objetivo, a dizer, a norma incriminadora após a decisão servirá para punir condutas antes não tipificadas.

Prolatou-se uma decisão, portanto, de nulidade parcial com efeitos aditivos no que diz respeito ao âmbito normativo do dispositivo de lei, uma decisão que expandiu a norma *in malam partem*, dado a necessidade de emprestar "preeminência ao princípio constitucional da igualdade em matéria de religião"[42].

Diante do significado teórico e político que a decisão evidentemente importava e certamente constrangido por ser o redator de um texto contrário a sua própria obra doutrinária, que convidava a Corte constitucional principalmente à autocontenção, Zagrebelsky quis tornar incompatíveis, ao redigir a decisão, nulidade parcial e efeitos aditivos:

> A declaração de inconstitucionalidade do art. 724, primeiro parágrafo, do código penal deve, todavia, ser circunscrita à parte que comporta, efetivamente, uma lesão do princípio da igualdade. A norma impugnada se presta, assim, a ser dividida. Uma parte – restando excluída qualquer valência aditiva da presente pronuncia, de *per se* preclusa em face da particular reserva de lei em matéria de crime e de pena – se subtrai à censura de inconstitucionalidade, resguardando a blasfêmia contra a Divindade em gênero e assim protegendo da investida e da expressão

41. Codice Penale, Art. 724 Bestemmia e manifestazioni oltraggiose verso i defunti Chiunque pubblicamente bestemmia, con invettive o parole oltraggiose, contro la Divinità o i Simboli o le Persone venerati nella religione dello Stato, è punito con l'ammenda da lire ventimila a seicentomila. (1). Alla stessa pena soggiace chi compie qualsiasi pubblica manifestazione oltraggiosa verso i defunti. (*La Corte costituzionale, con sentenza n. 440 del 18 ottobre 1995, ha dichiarato l'illegittimità costituzionale del presente comma limitatamente alle parole "o i Simboli o le Persone venerati nella religione dello Stato")*.

42. Sentença 440/ 1995, disponível em: http://www.cortecostituzionale.it/giurisprudenza/pronunce/filtro.asp, acesso em 02.10.2008: "La perdurante inerzia del legislatore non consente - dopo sette anni dall'ultima sentenza, ribadita nei suoi contenuti dall'ordinanza n. 52 del 1989 - di protrarre ulteriormente l'accertata discriminazione, dovendosi affermare la preminenza del principio costituzionale di uguaglianza in materia di religione su altre esigenze - come quella del buon costume tutelato dall'art. 724 - pur apprezzabili ma di valore non comparabile".

> ultrajosa todos os crentes e todas as espécies de fé religiosa, sem distinção ou discriminação, no âmbito – naturalmente – do conceito constitucional de bom costume. A outra parte da norma do art. 724 considera, ao contrário, a blasfêmia contra os Símbolos e Pessoas referindo-se exclusivamente à religião católica, com consequente violação do princípio da igualdade. Para essa parte, apresentam-se duas possibilidades de superação do vício revelado: a nulidade da norma inconstitucional por defeito de generalidade e a extensão da mesma às confissões religiosas excluídas; à Corte constitucional é dada apenas a primeira, por causa da supramencionada proibição de decisões aditivas em matéria penal. Por esses motivos, A Corte Constitucional, declara a ilegitimidade constitucional do art. 724, primeiro parágrafo, do código penal, limitadamente às palavras: "ou Símbolos ou Pessoas veneradas na religião do Estado"[43].

Há, porém, uma nuance no argumento. A sentença 440/1995, de fato, não é uma sentença aditiva *stricto sensu*, mas uma sentença de acolhimento parcial com redução de texto, portadora de eficácia aditiva para alargar o âmbito de incidência da norma penal incriminatória, ou seja, com efeitos aditivos *in malam partem*. Essa impostura do grande constitucionalista italiano não escapou aos seus colegas. Sorrenti desfaz a confusão que pode surgir do argumento lançado na ementa da decisão:

> Tem-se observado que a pronúncia de nulidade total é sempre modificativa do ordenamento jurídico, enquanto a eliminação de uma disposição determina a atração de dispositivos dessa disciplina ou em espaço juridicamente indiferente ou no âmbito de aplicação de uma norma mais geral que resultava comprimido pela presença da disposição impugnada. Em tais hipóteses, porém, a "aplicação dessa segunda disposição ao âmbito fático regulado pela norma nulificada depende diretamente de estar em vigor e do significado que se lhe atribui com base no cânone hermenêutico geral, e só indiretamente da pronúncia de inconstitucionalidade. Diversamente acontece quando, em relação à disposições "gramaticalmente unitárias", se suprime com uma sentença parcial "textual" algumas palavras em seu conteúdo, que delimita o dispositivo, fazendo entrar-lhe alguma categoria de comportamento e excluindo outra. Nessa nulidade de uma parte de um texto incindível, com o escopo de estender o âmbito de incidência da disciplina prevista na disposição, há, ao contrário, um alcance criativo em senso estrito[44].

De tudo isso, resta claro que a recusa absoluta ao cabimento da técnica decisória aditiva em matéria penal não parece consentânea nem com a prática jurisprudencial comparada e nem com a flexibilidade decisória requerida pela diversidade das situações em que os direitos fun-

43. Sentença 440/ 1995, disponível em: http://www.cortecostituzionale.it/giurisprudenza/pronunce/filtro.asp, acesso em 02.10.2008.

44. Giusi Sorrenti, *L'interpretazione conforme a costituzione*, cit., pp. 194-195.

damentais soam ser violados pela lei, ou por sua atuação judicial ordinária. E que, nem mesmo a hipótese da edição de uma sentença aditiva *in malam partem* pode ser completamente afastada, pois situações há em que o exercício de um direito fundamental que condiciona o desenvolvimento pleno e livre de uma pessoa disso dependerá.

É preciso afirmar que a discricionariedade legislativa em matéria penal encontra limites nas garantias individuais firmadas na Constituição, não apenas nos valores de previsibilidade e anterioridade da lei penal, mas em todo o conjunto ideológico e liberal conformador da relação entre o aparelho persecutório estatal e a esfera de liberdade do indivíduo.

Muito bem.

E se então é admissível, ainda que de acordo com uma particular visão do constitucionalismo e com base principalmente em uma jurisprudência constitucional construída para lidar com o Código Penal de Mussolini, a prolação de decisões interpretativas de efeitos aditivos em matéria penal, até mesmo *in malam partem*, qual é o problema com a decisão de novembro de 2014 exarada pelo Tribunal Superior Eleitoral que expandiu a norma penal para alcançar a conduta, até então atípica, comumente conhecida como Caixa 2?

São vários os problemas.

O Tribunal Superior Eleitoral não é o Supremo Tribunal Federal.

O Tribunal Superior Eleitoral não estava, na hipótese, fazendo o controle de constitucionalidade do art. 350 do Código Eleitoral, para lhe alterar o alcance normativo.

E, principalmente, a Corte Eleitoral não expandiu a norma penal para garantir o exercício de direito fundamental de natureza individual ou para corrigir ofensa ao princípio da igualdade, mas, ao contrário, limitou o espaço de liberdade existente entre os indivíduos e o poder persecutório e punitivo do Estado para tutelar a "fé pública eleitoral", na melhor das hipóteses, uma expressão não só indeterminada de direito, como quase indeterminável, dependente para sua compreensão da capacidade discursiva daquele que a articula dentro de um argumento jurídico, uma verdadeira ponte entre direito e moral.

Fazendo isso o Tribunal Superior Eleitoral não só ofendeu alguns princípios e mesmo regras de validade presentes na Constituição de 1988, mas abdicou de toda a fundamentação de legitimidade que a teoria da normatividade constitucional e a função contramajoritária emprestam ao Judiciário.

Um amigo me presenteou com dois precedentes em que cortes de justiça expandiram normas penais incriminadoras sem fazê-lo para lhes corrigir a inconstitucionalidade e com isso garantir o exercício de direito fundamental individual.

O conceito de invasão de propriedade foi expandido na Carolina do Sul para operacionalizar a continuidade da segregação da população negra[45] e, recentemente, foi suprimida a exigência do prazo máximo de um ano e um dia entre a agressão e a morte da vítima para configurar a hipótese de homicídio e o réu em questão foi condenado, mesmo a vítima tendo permanecido viva por 15 meses após a agressão[46].

Assim, o que fez o Tribunal Superior Eleitoral não é inédito, mas tampouco creio que quisesse a Corte entrar para tal confraria.

5. CONSIDERAÇÕES FINAIS

Resta à comunidade jurídica entender a decisão aqui analisada de duas formas.

Como uma nota fora do tom no processo histórico e justificado de expansão do poder judicial, que deve sempre ocorrer no sentido de garantir o indivíduo contra o arbítrio e a impessoalidade estatais. Ou como o sinal de uma "nova linguagem da democracia", em que também os juízes dos tribunais superiores sirvam de pontes morais entre a reprovação social de uma conduta e sua tipificação, de um "novo regime institucional político de produção da vontade geral"[47]. O legislador, até

45. *City of Charleston v. Mitchell*, 239 S.C. 376 (1961).

46. *Rogers v. Tennessee*, 532 U.S. 451 (2001).

47. Dominique Rousseau, *La legittimità del controllo di costituzionalità delle leggi*, disponível em: http://www.associazionedeicostituzionalisti.it/materiali/convegni/aic200610/rousseau.html, acesso em: 09.01.2008, intróito. O tema, na doutrina francesa, é tratado por Sadok Belaid, *Essai sur le pouvoir createur et normatif du juge*. Paris: L.G.D.J., 1974, p. 85: "Le juge, la jurisprudente sont parmi les principaux pôles et organes de l'odre juridique"; Bertrand Mathieu, *Le rôles de juge et de législateur dans la détermination de l'intêret général, in*: Pierre Avril, *La création du droit par le juge*, cit, p. 43: « En effet, le Conseil constitutionnel se doit de vérifier si le législateur a bien pris en compte ces deux exigentes que lui impose la Constitution: poursuite de l'intérêt général et garantir des droits. Il utilise pour ce faire la technique du contrôle de proportionnalité. Ainsi, le juge constitutionnel apprécie l'équilibre réalisé entre ces exigentes, et la pondération que le législateur accorde aux considérations d'intérêt general. Cependant, le Conseil exerce un contrôle restreint sur l'objectif d'intérêt ge-

onde se pode acompanhar essa corrente de pensamento, dividiria o poder legislativo com o juiz[48].

Por preferir um judiciário contramajoritário e liberal ao invés de imaginá-lo como mais um animado agente da moralidade média a restringir penalmente a liberdade dos indivíduos, preciso condenar frontalmente a decisão do Tribunal Superior Eleitoral que criou o crime de Caixa 2.

E ao destacar essa decisão como um tão excêntrico episódio de inversão de todo o fluxo civilizatório liberal que animou e legitimou a chamada expansão do poder judiciário, não posso deixar de lembrar daquele pássaro curioso que habitava a imaginária *Ilha* de Huxley e que,

---

neral poursuivi par le législateur" e Michel Troper, *Por uma teoria jurídica del Estado*, Madrid: Editorial Dykinson, 2001, pp. 321-323: "Lo que se presupone es que el juez constitucional contribuye a la expresión de la voluntad general y que esta contribución se justifica por la forma como el juez la ejerce (*omissis*) La institución de un juez constitucional se relaciona precisamente con ese tipo de sistema: el juez participa en la producción de la ley y desarrolla un acto de voluntad pero, contrariamente a una asamblea parlamentaria o a un órgano dotado de un derecho de veto, no se pronuncia según criterios de oportunidad". Cf., para o pensamento constitucional espanhol, Francisco Segado, *La defensa de la Constitución en España*, *in*: Coloquio Internacional, *La actualidad de la defensa de la Constitución*, México: UNAM/SCJN, 1997, p. 62: "los tribunales constitucionales, por medio de una cierta sustitución institucional parcial respecto del legislador, influyen sobre el *indirizzo político*, no sólo constitucional, sino también de gobierno. Dicho de otro modo, los tribunales constitucionales ejercen en alguna medida una verdadera función de dirección política que se proyecta sobre los restantes órganos constitucionales". Para o italiano, a observação de Franco Modugno, *Corte costituzionale e potere legislativo*, p. 54, *apud* Augusto de la Vega, *La sentencia constitucional en Italia*, cit., p. 260, para quem as sentenças manipulativas não passam do desenvolvimento "de la auténtica naturaleza de la jurisdicción constitucional, que no es simplemente caducatoria, sino que está destinada a concurrir a la elaboración legislativa y al desarrollo de los principios fines y programas constitucionales". E, finalmente, para o português, Francisco Pires, *Legitimidade da justiça constitucional e princípio da maioria*, *in*: Tribunal Constitucional, *Legitimidade e legitimação da justiça constitucional*, Coimbra: Coimbra Editora, 1995, p. 173: "De facto, quando a interpretação é como uma parte do processo legislativo este acaba por ser infiltrado também pela interpretação institucional da Constituição que ao TC incumbe. Ou, noutra perspectiva, a interpretação constitucional do TC pode ser vista como culminando o próprio processo legislativo".

48. Martin Shapiro, *et al.*, *On law, politics & judicialization*, New York: Oxford University Press, 2002, p. 69. Também assim, Jean Boulouis, *A propôs de la fonction normative de la jurisprudence: remarques sur l'ouvre jurisprudentielle de la Cour de Justice des Communautés Européennes*, *in*: *Mélanges offerts a Marcel Waline : le juge et le droit public, Tome I*, Paris : Librairie Generale de Droit et Jurisprudence, 1974, p. 161 : « L'observation de la réalité conduisant à constater que le dogme de la juridiction, fonction-liée, ne s'est jamais pratiquement traduit dans les faits et que 'dans le cadre de sa mission propre, avec des limitations qui tiennent aux règles de sa fonction et qui excluent la rivalité avec la loi, au fil des cas qui lui sont soumis, (le juge) crée du droit ».

absolutamente impotente diante da absurdidade do cotidiano, limitava--se a gritar agudamente assustando os transeuntes: *atenção!*

REFERÊNCIAS BIBLIOGRÁFICAS

AGNOLETTO, Chiara. *Gli effetti delle sentenze di accoglimento della Corte Costituzionale sugli atti aministrativi e processuali penali.* Disponível em: http://www.tesionline.com/intl/preview.jsp?idt=21208, acesso em 14.10.2008.

BEILFUSS, Markus. *Tribunal Constitucional y reparación de la discriminación normativa.* Madrid: Centro de Estudios Políticos y Constitucionales, 2000.

BELAID, S. Essai sur le pouvoir créateur et normatif du juge. Paris: L.G.D.J., 1974.

CAMAZANO, Joaquín. *La acción abstracta de inconstitucionalidad.* México: Universidad Nacional Autónoma de México, 2005.

CAPPELLETTI, Mauro. *Le pouvoir des juges.* Paris: Economica, 1990.

CERRI, Augusto. *Corso di giustizia costituzionale.* Milano: Giuffrè, 1994.

FELLET, André. *As novas faces do Ativismo Judicial.* Salvador: JusPodium, 2011

GUASTINI, Riccardo. *Lezioni di teoria costituzionale.* Torino: Giappichelli Editore, 2001.

HÄBERLE, Peter La garantía del contenido esencial de los derechos fundamentales, Madrid: Dykinson, 2003.

HESSE, Konrad. *Elementos de direito constitucional da República Federal da Alemanha.* Porto Alegre: Sérgio Antonio Fabris Editor, 1998.

HIRSCHL, Ran, Towards juristocracy, Cambridge: Harvard University Press, 2004

Kriele, Martin, *Introdución a la teoría del Estado: fundamentos históricos de la legitimidad del Estado constitucional democrático*, Buenos Aires: Editora Del Palma, 1980.

Llorente, Francisco, *et al.*, *Estudios sobre jurisdicción constitucional*, Madrid: McGraw, 1998.

LOUGHLIN, Martin, *et al.*, *The paradox of constitutionalism,* Oxford: Oxford University Press, 2007.

MALFATTI, Elena, *et al.*. *Giustizia costituzionale.* Torino: Giappichelli Editore, 2007.

Mélanges offerts a Marcel Waline : le juge et le droit public, Tome I. Paris: Librairie Generale de Droit et Jurisprudence, 1974.

MENDES, Gilmar, *et al. Curso de direito constitucional.* São Paulo: Saraiva, 2007.

ROMBOLI, Roberto. *El control de constitucionalidad de las leyes en Itália.* Disponível em: http://www.juridicas.unam.mx/publica/librev/rev/trcons/cont/4/est/est7.pdf, acesso em 14.08.2008.

ROOSEVELT III, Kermit. *The myth of judicial activism: making sense of Supreme Court decisions.* New Haven: Yale University Press, 2006.

ROUSSEAU, Dominique. *La legittimità del controllo di costituzionalità delle leggi.* Disponível em: http://www.associazionedeicostituzionalisti.it/materiali/convegni/aic200610/rousseau.html, acesso em: 09.01.2008.

SANCHEZ, Bernardo Feijoo. **Sobre a "Administração do Direito Penal na "Sociedade do Risco"**. Disponível em: <https://www.ibccrim.org.br/revista_liberdades_artigo/84-ARTIGO>. Acesso em: mar. 2017

Schneider, Hans, *Democracia y constitución*, Madrid: Centro de Estudios Constitucionales, 1991.

SEGADO, Francisco. *"Fétichisme de la loi, séparation des pouvoirs et gouvernement des juges". Tres ideas-fuerza para el rechazo del control jurisdiccional de la constitucionalidad de las leyes en Francia (1789-1958)*. In: *Teoría y Realidad Constitucional*, núm. 19, 1er semestre. Madrid: UNED, 2007.

SHAPIRO, Martin, *et al.*, *On law, politics & judicialization*, New York: Oxford University Press, 2002.

SORRENTI, Giusi. *L'interpretazione conforme a Costituzione*. Milano: Giuffrè, 2006.

SOTO, M. C. Blasco. *La sentencia en la cuestión de inconstitucionalidad*. Barcelona: José Maria Bosch Editor, 1995.

STARCK, Christian. *Creazione giudiziale del diritto rispetto alla formulazione del dispositivo (Tenorierung) e all'efficacia delle sentenze sul controllo di costituzionalità delle norme*. Disponível em: http://www.associazionedeicostituzionalisti.it/materiali/convegni/aic200610/Starck.html, acesso em 16.01.2009.

TATE, Neal, *et al.*. *The global expansion of judicial power*. New York: New York University Press, 1995.

TRIBUNAL CONSTITUCIONAL. *Legitimidade e legitimação da justiça constitucional*. Coimbra: Coimbra Editora, 1995.

TROPER, Michel. *Por una teoria jurídica del Estado*. Madrid: Dykinson, 2001.

VEGA, Augusto de la. *La sentencia constitucional en Itália*. Madrid: Centro de Estudios Políticos y Constitucionales, 2003.

ZAGREBELSKY, Gustavo. *La giustizia costituzionale*. Bologna: Società editrice il Mulino, 1977.

CAPÍTULO 15

O Supremo Tribunal Federal e a reescrita do Estatuto dos Congressistas

André Fellet[1]

Sumário: I. Considerações acerca do denominado Estatuto dos Congressistas; II. Há um modelo contemporâneo de separação de poderes?; III. Sobre a efetiva reescrita do Estatuto dos Congressistas pelo Supremo Tribunal Federal; IV. À guisa de conclusão.

I. CONSIDERAÇÕES ACERCA DO DENOMINADO ESTATUTO DOS CONGRESSISTAS

Por meio da expressão "Estatuto dos Congressistas" designa-se o conjunto de regras constitucionais que estabelecem o regime jurídico dos membros do Congresso Nacional, com suas prerrogativas, direitos e deveres e incompatibilidades.

As prerrogativas parlamentares, consubstanciadas nas denominadas imunidades, têm seu fundamento histórico vinculado à proteção do Poder Legislativo e ao exercício independente do mandato representativo.

1. Assessor técnico de liderança partidária na Câmara dos Deputados (PSDB). Mestre em Direito Constitucional pelo IDP. Advogado.

Consagradas inicialmente nas práticas e costumes do Direito Constitucional inglês[2], o instituto veio, em seguida, a ser incluído em um de seus textos mais importantes[3], o *Bill of Rights*, de 1689, que proclamou as garantias da *freedom of speech* (liberdade de palavra ou de manifestação) e da *freedom from arrest* (imunidade a prisões arbitrárias).

Posteriormente, as imunidades dos congressistas foram inscritas no artigo I, seção 6.1, da Constituição dos Estados Unidos da América, de 17 de setembro de 1787[4] e, após receberem referência em textos esparsos da Assembleia Nacional francesa, constaram na seção V, artigo 7.º da Constituição Francesa de 3 de setembro de 1791[5], elaborada pelo constituinte revolucionário.

Conforme anotou Raul Machado Horta, as imunidades foram convertidas em regra constitucional comum pelo Direito Constitucional ocidental, "sendo reproduzidas nos textos do constitucionalismo monárquico, republicano, presidencial, parlamentar, unitário ou federal, dos séculos XIX e XX"[6], tendo perdurado "nas instituições políticas do constitucionalismo social do primeiro e do segundo após-guerra".

As críticas eventualmente direcionadas ao instituto ou mesmo "a aplicação que lhe vêm dando os órgãos legislativos", na arguta observação do catedrático da Faculdade de Direito da Universidade Federal de Minas Gerais, não foram suficientes para que os fundamentos originários das imunidades fossem dissipados.

---

2. HORTA, Raul Machado. *Imunidades Parlamentares.* Revista de informação legislativa, v. 4, n. 15/16, p. 41-68, jul./dez. 1967.
3. Isso na medida em que aludido documento, ao submeter os poderes de legislar e de criar tributos ao Parlamento, rompendo com o regime precedente da monarquia absoluta, representou a institucionalização da permanente separação dos poderes do Estado, que mereceu referência elogiosa do Barão de La Brède e de Montesquieu em seu *O Espírito das Leis*, publicada em 1748. Aludida referência consta, precisamente, na parte final do Capítulo VI do seu Livro Décimo Segundo, intitulado "Da constituição da Inglaterra".

   Ver, a esse respeito, MONTESQUIEU, Charles Louis de Secondat, Baron de. *O espírito das leis.* Apresentação de Renato J. Ribeiro. Tradução de Cristina Murachco. 3. ed. São Paulo: Martins Fontes, 2005, p. 178.
4. Que estabelece: "They shall in all cases, except treason, felony and breach of the peace, be privileged from arrest during their attendance at the session of their respective houses, and in going to and returning from the same; and for any speech or debate in either house, they shall not be questioned in any other place".
5. "Les représentants de la nation sont inviolables: ils ne pourront être recherchés, accusés ni jugés em aucun temps pour ce qu'ils auront dit, écrit ou fait dans l'exercice de leus fonctions de représentants".
6. *Op. cit.*

No Brasil, as imunidades dos membros da Assembleia-Geral, no Império, e a dos membros do Congresso Nacional, no período republicano, são regras permanentes em nosso Direito Constitucional, ressalvadas as disciplinas específicas e relativamente diversas constantes das Constituições outorgadas, como a Carta Política de 1967 e a Emenda Constitucional n.º 1, de 1969.

Esta última previa, por exemplo, que deputados e senadores eram invioláveis durante o exercício de seu mandato, podendo, excepcionalmente, ser responsabilizados pela prática de crimes contra a honra ou contra a Segurança Nacional.

Também não poderiam ser presos desde a expedição do diploma até a inauguração da legislatura seguinte, ressalvada a hipótese de flagrante de crime inafiançável.

Continuou-se, outrossim, a condicionar o processamento criminal dos congressistas à prévia licença de sua Câmara, que tinha quarenta dias para se pronunciar sobre o pedido, a contar de seu recebimento, sob pena de aprovação por decurso de prazo.

Os crimes contra a Segurança Nacional constituíam a única exceção à regra da licença prévia da Casa legislativa como condição de procedibilidade para a deliberação sobre o recebimento de denúncia criminal pelo órgão competente do Poder Judiciário.

Com o advento da Constituição Federal de 1988, prerrogativas básicas dos parlamentares foram amplamente restabelecidas, como a inviolabilidade, historicamente compreendida como a exclusão do cometimento de crimes de opinião[7] por parte dos parlamentares[8], reconhecida como *imunidade material*, e a imunidade propriamente dita, que não exclui aludido crime, mas o pressupõe, impedindo, contudo, o processamento de seu autor (*imunidade formal*, em contraposição à primeira), que abrange tanto a disciplina da prisão quanto a do processo a que são submetidos os congressistas.

No que tange à *prisão*, prevê o § 2º do artigo 53 de nossa Carta Política que, "desde a expedição do diploma ['até o encerramento definitivo

7. O fato, apesar de típico, deixa de constituir crime, de vez que o próprio texto constitucional bloqueia a incidência da norma penal incriminadora.

8. Com a nova redação dada ao *caput* do art. 53 da Constituição Federal pela Emenda Constitucional n.º 35, de 2001, passou aquele a prever que os Deputados e Senadores são invioláveis civil e criminalmente, por quaisquer de suas opiniões, palavras e votos.

de seu mandato por qualquer motivo, incluindo a não eleição'[9]], os membros do Congresso Nacional não poderão ser presos, salvo em flagrante de crime inafiançável", hipótese em que "os autos serão remetidos dentro de vinte e quatro horas à Casa respectiva, para que, pelo voto da maioria de seus membros, resolva sobre a prisão".

Relativamente à disciplina do *processo*, relevantíssima modificação foi operada por meio da Emenda Constitucional n.º 35, de 2001, que teve como proposição originária a Proposta de Emenda Constitucional n.º 610, de 1998, de autoria do então Senador Ronaldo Cunha Lima[10]: antes de sua entrada em vigor, a instauração de processo penal em desfavor de parlamentares estava condicionada à "prévia licença de sua Casa", conforme dispunha o § 1.º do art. 53. Rompeu-se, em realidade, com tradicional disciplina do constitucionalismo brasileiro, que remonta à Constituição Imperial de 1824 (artigo 28).

A partir do advento da Emenda Constitucional n.º 35, de 2001, como é sabido, aludida condição de procedibilidade, que havia se transformado num instrumento de *impunidade*, deixou de ser prevista em nosso ordenamento jurídico.

Com efeito, na atual configuração do art. 53 da Constituição Federal, recebida a denúncia contra parlamentar por crime ocorrido após a sua diplomação, caberá ao Supremo Tribunal Federal tão somente cientificar a Casa a qual ele pertence. Esta, por iniciativa de partido político devidamente representado na respectiva Câmara, poderá decidir-se pela sustação do andamento da ação penal, pelo voto da maioria de seus membros. Imperioso registrar que, por força da nova redação conferida ao § 5.º do art. 53, a sustação do processo tem por efeito necessário a suspensão da prescrição, enquanto durar o mandato.

---

9. Silva, José Afonso da. *Curso de Direito Constitucional Positivo*. 33. ed. ver. e ampl. São Paulo: Malheiros, 2010, p. 535.

10. Referida proposição legislativa seguiu as várias propostas de alteração ao artigo 53 da Constituição Federal que acorreram ao Relator da Revisão Constitucional de 1993, o então deputado federal Nelson Jobim, no sentido de que a licença prévia necessária ao processamento criminal de parlamentares fosse substituída, como de fato veio a ser, pela possibilidade de sustação da tramitação da ação penal automaticamente deflagrada no âmbito do Poder Judiciário, pela decisão da maioria absoluta da Casa a que pertence o réu.

    Como se sabe, o parecer referente a alteração do artigo 53 da Constituição Federal veio a ser apresentado pelo Relator e publicado em 17 de janeiro de 1994, mas não chegou a ser apreciado e o texto da Constituição Federal foi mantido. Veja-se, a esse respeito, a obra produzida pela Subsecretaria de Edições Técnicas do Senado Federal, denominada *Congresso Revisor. Relatoria da Revisão Constitucional. Pareceres Produzidos (Histórico)*. Tomo I. Brasília, 1994, p. 97.

Quanto ao foro por prerrogativa de função, vulgarmente (e, em alguns casos, pejorativamente) conhecido como "foro privilegiado"[11], o § 3.º do art. 53 da Constituição Federal, com a redação que lhe foi atribuída pela Emenda Constitucional n.º 35, de 2001, ainda o reconhece, agora de forma implícita, ao estatuir, conforme já referido, que o Supremo Tribunal Federal dará ciência do recebimento de denúncia criminal contra Senador ou Deputado, por crimes ocorridos após a sua diplomação[12].

Imbuídos do propósito de assegurar a necessária independência do Poder Legislativo, o que, de resto, informou a confecção de todo o Estatuto dos Congressistas, os constituintes originários limitaram o dever de testemunhar de Deputados e Senadores, desobrigando-os de fazê-lo com relação a "informações recebidas ou prestadas em razão do exercício do mandato, nem sobre as pessoas que lhes confiaram ou deles receberam informações", assim como os isentaram do serviço militar, obrigação compulsoriamente imposta a todos os brasileiros que poderia, por vezes indevida e fraudulentamente, impedir o regular exercício do mandato.

Assim, ainda que militares e em tempo de guerra, a incorporação de Deputados e Senadores às Forças Armadas dependerá de licença prévia da respectiva Casa Legislativa (§ 7.º do art. 53 da Constituição Federal).

No mesmo sentido, prevê o § 8.º do art. 53 que as imunidades conferidas aos congressistas perdurarão durante o estado de sítio, só podendo ser suspensas mediante o voto de dois terços dos membros da Casa que integram, nas hipóteses de atos praticados fora do recinto do Congresso Nacional, "que sejam incompatíveis com a execução da medida".

Note-se que os atos praticados no recinto do Congresso Nacional, ainda que nas circunstâncias mencionadas no parágrafo anterior (hipótese disciplinada pelo parágrafo único do art. 139 da Constituição Fe-

11. Vale rememorar, aqui, a advertência que Ruy Barbosa deixou consignada em seus "Comentários à Constituição Federal brasileira", ao se manifestar sobre as imunidades dos parlamentares, no sentido de que não há "nada mais fácil que desmoralizar uma instituição, pregando-lhe o cartaz de 'privilégio'" (BARBOSA, Ruy. Comentários à Constituição Federal Brasileira, coligidos e ordenados por Homero Pires, vol. 2. São Paulo: Saraiva e Cia, 1933). Em seguida, passou o autor a ressaltar que as imunidades não são privilégios pessoais dos membros do Congresso Nacional, mas das próprias Casas legislativas "e assim, do país", em favor de sua autonomia e do livre e destemido exercício de suas atribuições, tudo em "perfeita consonância" com o interesse público.

12. Em sua redação originária, o § 4.º do art. 53 dispunha, expressamente: "Os Deputados e Senadores serão submetidos a julgamento perante o Supremo Tribunal Federal".

deral, que dispõe sobre o Estado de Sítio), permanecem sob a proteção integral da imunidade, não se fazendo possível a suspensão pela respectiva Casa.

Por força desse dispositivo (parágrafo único do art. 139 da Constituição Federal), deixa-se expresso que as restrições previstas nos seus incisos de não se aplicam aos parlamentares, o que fragilizaria sobremaneira o Poder Legislativo frente aos demais Poderes do Estado, notadamente o Executivo.

Apesar da cuidadosa disciplina feita pelos diversos constituintes originários brasileiros e exposta parcialmente nas linhas acima, observa-se que, nos últimos tempos, uma série de decisões proferidas pelo Supremo Tribunal Federal vêm dando novos contornos ao Estatuto dos Congressistas.

Para uma melhor contextualização do debate, antes de se ferir diretamente o tema, afigura-se necessário analisar algumas das transformações que se processaram no âmbito do Direito, que passaram a fundamentar eventuais intervenções dos Tribunais Constitucionais na esfera de competência dos demais poderes constituídos, notadamente na do Poder Legislativo, amalgamando-se – ao que parece, indelevelmente – a arena política e a esfera jurídica.

É inconteste que a assim chamada "Operação Lava Jato" e outras do gênero, com as gravíssimas revelações que trouxeram ao conhecimento da sociedade, passaram a ser utilizadas como alavanca para a implementação de uma mudança de paradigma, operacionalizada por meio da promoção de uma aparente "cruzada" contra a corrupção e a impunidade no Brasil, levada a efeito por membros do Ministério Público e do Poder Judiciário.

Nessa linha, princípios estruturantes, como o republicano e seus corolários, como o princípio da moralidade, tornam-se diretrizes interpretativas da maior importância, prevalecendo, na solução de um sem-número de casos concretos, sobre outros princípios com eles colidentes, notadamente o da separação de poderes.

Muito embora a empreitada acima referida seja, na visão do autor, bastante salutar e absolutamente legítima, é fundamental que se observe, em sua execução, as *regras do jogo* postas na Constituição Federal, que possuem como pedra angular o princípio da separação de poderes a que acabamos de nos referir.

Isso faz com que a roupagem clássica do princípio não mais corresponda à forma como são travadas as relações entre os Poderes nos dias atuais, em decorrência da forte prevalência do Poder Judiciário sobre os demais ramos.

Aludida prevalência e alguns dos principais fatores que a ocasionaram serão abordados no item subsequente.

II. HÁ UM MODELO CONTEMPORÂNEO DA SEPARAÇÃO DE PODERES?

Luís Solano Cabral de Moncada[13] aduz que as principais consequências da chegada do "reino dos fins" ao Direito foram a perda da generalidade ínsita a tais atos normativos, bem como a dos atributos que para a lei exigia o paradigma da modernidade. No lugar das leis genéricas e abstratas com vocação para a permanência, ganharam corpo as leis-medida, que veiculam decisões momentâneas aptas a resolver problemas concretos e singulares, a ponto de autores como Carl Schmitt considerarem, em seu período, aludida espécie normativa como a "lei característica da situação atual". Os valores da segurança jurídica e da previsibilidade, que sempre orientaram a atividade legiferante, desvaneceram-se a olhos vistos, nessa aluvião.

Como os problemas da sociedade a que o Estado resolveu intervir, nessa quadra, são muitos e cada vez maiores, o quadro de "inflação legislativa" instalou-se de maneira definitiva e cada vez mais avassaladora.

É nesse cenário que surge o "novo conceito material e axiológico de lei", que a colocou no "lugar cimeiro como instrumento não apenas de garantia dos cidadãos, mas também de adequado exercício do poder, recuperando algumas das características próprias do seu legado clássico". Como já não se podia mais encontra-la num patrimônio ético transcendente, as "esperanças viraram-se, à cautela, para o texto constitucional, transformado desde logo no lugar privilegiado dos valores a respeitar pelo Estado, legislador incluído".

A revalorização da Constituição teve por significado essencial limitar o poder legiferante, pois, como havia tão claramente evidenciado a traumática experiência vivenciada pela Alemanha, no período da denominada República de Weimar, aquele, segundo o autor, "podia ser inimigo da liberdade". "Houve que transportar", agrega Cabral de Moncada,

13. CABRAL DE MONCADA, Luís S. *Ensaio sobre a Lei*. Coimbra: Coimbra Editora, 2002, p. 86 e ss.

> "para o exercício do poder legislativo algumas características materiais constitucionais que o pensamento moderno lhe não assinalou, salvo raras excepções, como se viu, cego pela crença algo ingénua de que correspondendo a lei ao exercício da razão dela não poderia vir mal ao mundo. Houve de constitucionalizar, portanto, aquilo que a modernidade menos constitucionalizou, o poder legislativo".

Todo o itinerário descrito por Cabral de Moncada se verificou, como é sabido, no contexto da passagem do Estado de Direito, que assumia a lei como fonte única do Direito, para um Estado Constitucional de Direito, no qual se passou a reconhecer mais enfaticamente a normatividade da Constituição, deixando esta de ser uma mera exortação ao legislador, e o controle da observância ao seu conteúdo passou a ser conferido, no mais das vezes, a órgãos integrantes do Poder Judiciário.

Esses, no exercício concreto de seu mister, passaram progressivamente a se substituírem aos legisladores, trazendo para as cortes a análise de questões de natureza essencialmente política, num processo que Ran Hirschl[14] denomina "judicialização da política pura". Este, para o autor, caracteriza os tempos atuais, em que se assiste a uma transferência maciça das questões políticas mais relevantes e controversas para as cortes[15], o que torna, a nosso ver, extremamente fluída a fronteira entre a arena política e o campo jurídico, na atualidade.

E essa transferência de questões altamente controversas muitas vezes ocorreu e ainda ocorre em decorrência da "entrega" realizada pelos próprios membros do Poder Legislativo, fruto, no mais das vezes, de omissões consideradas "estratégicas".

Em que pese o fato dos parlamentares acreditarem estar, de fato, atuando estrategicamente ao se omitirem na disciplina das questões menos capazes de alcançar um consenso razoável no seio da sociedade, esse expediente reforça ainda mais a importância do papel institucional desempenhado pelo Poder Judiciário, que, nessas hipóteses, de acordo com Keith Wittington[16], acaba auxiliando as "autoridades políticas eleitas a superar diversas das situações embaraçosas com as quais se deparam rotineiramente".

---

14. HIRSCHL, Ran. *The new constitucionalism and the judicialization of pure politics worldwide.* In: Fordam Law Review, 2006, Vol. 75, n. 2, p. 723.
15. Idem, p. 722.
16. WITTINGTON, Keith. *Political Foundations of Judicial Supremacy: the President, the Supreme Court, and Constitucional Leadership in U.S History*. Princeton: Princeton University Press, 2009, p. 27.

De qualquer modo, o hoje Ministro Luís Roberto Barroso[17] enunciou, há alguns anos atrás e a título meramente ilustrativo, um rol de questões de relevância política, social ou moral que foram discutidas ou encontravam-se postas em sede judicial, notadamente perante o Supremo Tribunal Federal:

> "(i) Instituição de contribuição dos inativos na Reforma da Previdência (ADI 3510/DF); (ii) criação do Conselho Nacional de Justiça na Reforma do Judiciário (ADI 3367); (iii) pesquisas com células-tronco embrionárias (ADI 3510/DF); (iv) liberdade de expressão e racismo (HC 82424/RS – caso Ellwanger); (v) interrupção da gestação de fetos anencefálicos (ADPF 54/DF); (vi) restrição ao uso de algemas (HC 91952/SP e Súmula Vinculante n.º 11); (vii) demarcação da reserva indígena Raposa Serra do Sol (Pet 3388/RR);(viii) legitimidade de ações afirmativas e quotas sociais e raciais (ADI 3330); (ix) vedação ao nepotismo (ADC 12/DF e Súmula Vinculante n.º 13); (x) não-recepção da Lei de Imprensa (ADPF 130/DF). A lista poderia prosseguir indefinidamente, com a identificação de casos de grande visibilidade e repercussão, como a extradição do militante italiano Cesare Battisti (Ext 1085/Itália e MS 27875/DF), a questão da importação de pneus usados (ADPF 101/DF) ou da proibição do uso de amianto (ADI 3937/SP). Merece destaque a realização de diversas audiências públicas, perante o STF, para debater a questão da judicialização das prestações de saúde, notadamente o fornecimento de medicamentos e de tratamentos fora das listas e dos protocolos do Sistema Único de Saúde (SUS)".

Muito embora a judicialização da política não se confunda com o fenômeno reconhecido como ativismo judicial, que é um mecanismo de afirmação do próprio poder jurisdicional, por meio de um exercício inusual e arrojado da jurisdição, que supera as balizas impostas pelo ordenamento jurídico ou pela prática judicial consolidada em dada realidade estatal, notadamente no que diz respeito a opções morais e políticas, a primeira cimentou o caminho para a adoção de posturas mais ativistas nas práticas jurisdicionais[18].

---

17. Em seu artigo "Constituição, Democracia e Supremacia Judicial: Direito e Política no Brasil Contemporâneo" in FELLET, André Luiz Fernandes; PAULA, Daniel Giotti de e NOVELINO, Marcelo. *As Novas Faces do Ativismo Judicial*. Salvador: Juspodivm, 2011, p. 231.

18. Em sua já célebre obra, Elival da Silva Ramos (*Ativismo Judicial*. São Paulo: Saraiva, 2010, p. 129) define o ativismo judicial como "o exercício da função jurisdicional para além dos limites impostos pelo próprio ordenamento que incumbe, institucionalmente, ao Poder Legislativo fazer atuar, resolvendo litígios de feições subjetivas (conflitos de interesse) e controvérsias jurídicas de natureza objetiva (conflitos normativos)". O professor da USP toma o ativismo judicial como algo negativo, prejudicial, e chega a qualifica-lo como um "insidioso descaminho" (*op. cit.*, p. 313), o que é melhor explorado noutra passagem de sua lavra: "ao se fazer menção ao ativismo judicial, o que se está a referir é à ultrapassagem das linhas demarcatórias da função jurisdicional, em detrimento principalmente da função legislativa, mas também da

E isso, na maioria das vezes, ocorreu por meio da aplicação direta do texto constitucional a questões não diretamente normadas pela Carta Política, proceder que se coaduna com o conceito material e axiológico de lei acima referido e que assenta suas raízes, preponderantemente, na jurisprudência do Tribunal Constitucional alemão[19].

A decisão proferida em 03 de dezembro de 1968 por aquele Tribunal Constitucional, por exemplo, é emblemática nesse sentido e diz respeito a processo em que se questionava a constitucionalidade do parágrafo 18 da Lei dos partidos políticos de 1967, que estabelecia que participariam do financiamento público dos custos da campanha eleitoral os partidos que houvessem recebido, ao menos, 2,5% dos votos. Esse percentual, no julgamento, foi baixado para 0,5% pela Corte.

Ao comentar o modo de proceder do *Bundesverfassungsgericht*, Ernst Forsthoff[20] aduziu, com razão, que o "Tribunal não substituiu uma regulação legal equivocada, enquanto inconstitucional, por outra conforme à Constituição – a resolução tem realmente eficácia normativa –, mas situou-se no lugar do legislador na medida em que modificou a situação legal segundo suas próprias convicções".

Nesse contexto, a Constituição se transforma, de acordo com a célebre frase de Forsthoff, numa espécie de "Ovo de Colombo jurídico, do qual tudo surge, desde o Código Penal até a Lei sobre fabricação de termômetros"[21].

Isso ocorre na medida em que, segundo Marcelo Neves[22], "a própria validade daquilo a que se subordina a jurisdição depende da definição

---

função administrativa", numa "descaracterização da função típica do Judiciário, com incursão insidiosa sobre o núcleo essencial de funções constitucionalmente atribuídas a outros Poderes" (*op. cit.*, p. 116-117).

19. Conforme é descrito em detalhe no item IV do artigo intitulado "Sistema partidário brasileiro: entre o Congresso Nacional e o Supremo Tribunal Federal", constante desta coletânea, *locus* para o qual remetemos o leitor.

Há, contudo, respeitabilíssimas posições em contrário, como a externada pelo Decano do STF, Ministro Celso de Mello, na revista Anuário da Justiça de 2010 (*Consultor Jurídico*, 2010, p. 77), no sentido de que "o chamado ativismo judicial é uma resposta do Supremo a provocações formais da sociedade a partir de mecanismos criados pela Constituição para neutralizar o caráter lesivo das omissões do Congresso ou do Executivo. Nesses casos, não há interferência indevida do Supremo: o Tribunal está apenas cumprindo sua função".

20. FORSTHOFF, Ernst. *El Estado de la sociedad industrial*. Madrid: Instituto de Estudios Políticos, 1975, p. 230.
21. *Idem*, p. 242.
22. NEVES, Marcelo. *Entre Têmis e Leviatã: uma relação difícil.* São Paulo: Martins Fontes, 2008, p. 191 e ss.

jurisdicional", é dizer, deve-se ter presente "que o texto constitucional, apesar de configurar-se como metalinguagem de todas as linguagens procedimentais, torna-se simultaneamente linguagem-objeto da metalinguagem jurisdicional".

A judicialização da política, que, conforme já mencionado, gerou um ambiente propício para a adoção de posturas judiciais mais ativistas, alterou sensivelmente o equilíbrio entre os poderes constituídos no Brasil e em inúmeros outros Países do globo, notadamente naqueles em que os Tribunais Constitucionais integram o Poder Judiciário, que passou a preponderar sobre Legislativo e Executivo, pondo fim aos *ciclos de preponderância* dessas funções estatais em períodos históricos anteriores[23].

Em última instância, os fenômenos referidos no parágrafo anterior, somados, acabaram por ocasionar uma profunda alteração no modelo clássico de separação de poderes[24], consolidado por autores como John Locke e o Barão de La Brède e de Montesquieu e desenvolvido por James Madison, que forjou o sistema de freios e contrapesos, de ampla aceitação desde os albores do constitucionalismo norte-americano.

No item subsequente, procurar-se-á elencar as ocorrências que, na visão do autor, caracterizam a deflagração do processo de reescrita do Estatuto dos Congressistas pelo Supremo Tribunal Federal, com efeitos previsíveis, diante das lições da história, mas de alcance ainda desconhecido para o Poder Legislativo e seus membros.

III. SOBRE A EFETIVA REESCRITA DO ESTATUTO DOS CONGRESSISTAS PELO SUPREMO TRIBUNAL FEDERAL

Conforme antecipado no item i, *supra*, alguns dos princípios estruturantes do Estado brasileiro, autodenominado República Federativa do Brasil, como o republicano e alguns de seus corolários, como o princípio

23. A caracterização dessas ocorrências como um fenômeno cíclico foi levada a efeito, ainda que de forma resumida, por mim, na apresentação da coletânea *As Novas Faces do Ativismo Judicial*, mencionada na nota de rodapé n.º 10, *supra*.

24. Isso sem que se faça menção, por exemplo, ao cenário descrito por Bruce Ackerman, no sentido de haverem, atualmente, nos Estados Unidos da América, ao menos cinco atores compartilhando funções estatais, quais sejam, a Câmara, o Senado, o Presidente, a Suprema Corte e as Agências Independentes, o que implica na ruptura do tradicional cânone da tripartição de poderes. Anota o autor, enfim, que "a separação de poderes é uma boa ideia, mas não há nenhuma razão para supor que os escritores clássicos esgotaram a sua excelência" (ACKERMAN, Bruce. *A nova separação de poderes.* Traduzido por Isabelle Maria Campos Vasconcelos e Eliana Valadares Santos. Rio de Janeiro: Lumen Juris, 2009, p. 113).

da moralidade, tornaram-se diretrizes interpretativas que passaram a prevalecer, na solução de casos concretos submetidos ao Supremo Tribunal Federal, sobre outros princípios que com eles entram em rota de colisão, especialmente o da separação de poderes.

Isso ocorreu, a meu ver, por exemplo, quando o Supremo Tribunal Federal passou, no tocante à imunidade material (*freedom of speech*), a diferenciar, já sob a égide da Constituição Federal de 1988, entre as opiniões e palavras externadas[25] dentro e fora da sede ou das instalações da Casa legislativa a que pertence o congressista, ou perante órgãos do Congresso Nacional, ***absolutizando*** a imunidade no tocante às proferidas no recinto parlamentar e ***condicionando a sua incidência***, com relação aos eventuais crimes de calúnia, injúria ou difamação perpetrados fora da sede do Congresso Nacional, à sua conexão com o exercício do mandato parlamentar, tendo os constituintes que elaboraram a Constituição Cidadã deliberadamente excluído[26] a expressão "no exercício do mandato" constante do texto constitucional anterior da redação do *caput* do art. 53 de referida Carta.

Com efeito, a Emenda n.º 1, de 1969, tida pela maioria da doutrina como Constituição autônoma à de 1967, previa no *caput* de seu art. 32 que "os deputados e senadores são invioláveis, no exercício do mandato, por suas opiniões, palavras e votos, **salvo nos casos de injúria, difamação ou calúnia, ou nos previstos na Lei de Segurança Nacional**" (destacou-se)

O dispositivo, conforme reconhecido, dentre outros, pelo então Ministro Cezar Peluzo, por ocasião do voto proferido no Inquérito 1.958/AC, Relator para acórdão o Ministro Carlos Britto (*DJ* de 18.02.2005), "**era quase inútil**, porque a experiência revela que é exatamente no exercício da relevante função de crítico que o parlamentar não pode estar a medir suas palavras, opiniões e votos, verificando se o que diz estaria ou não em situação limítrofe com a de crime contra a honra. Isso

25. Já que os votos só são proferidos no exercício do mandato parlamentar, nas dependências do Congresso Nacional.

26. A esse propósito, consignou o Deputado Constituinte e então Ministro do Supremo Tribunal Federal Nelson Jobim, em excerto do voto que proferiu no Inquérito 1.958/AC, Relator para acórdão o Ministro Carlos Britto (*DJ* de 18.02.2005): "(...) Veio a Constituição de 1988, e, nos debates, observou-se claramente que, nos últimos 40 anos, antes de 1988, a função política do parlamentar começou a extravasar o âmbito da própria Casa, isto é, o exercício do mandato não se dava só nas comissões ou dentro do parlamento. Dava-se, também, e talvez mais, fora do parlamento, considerando a natureza do processo eleitoral, já que as eleições dos parlamentares se produzem num debate político no Estado. Portanto, é lá que ele exerce isso. **Daí por que, em 1988 acabou-se tirando essa relativização**". (destacou-se)

significa que seria um desserviço à democracia, se o parlamentar não pudesse ter absoluta liberdade para exercer, sem receito nem hesitação, uma de suas principais funções: fazer crítica política". Na mesma linha seguiu o comentário proferido pelo então Ministro Carlos Brito, no sentido de que "**são tantas as exceções** [constantes do art. 32 da EC n.º 1, de 1969] **que se nulifica a regra**".

Como quer que seja, ainda que o Supremo Tribunal Federal tenha reconhecido que o constituinte de 1987/1988 concedeu uma "maior extensão" à imunidade material[27], frente à reconhecida pelo regime político anterior, ao proceder à distinção acima destacada, entre as opiniões e palavras proferidas dentro e fora das dependências do Congresso Nacional (obviamente que os votos só são proferidos no exercício do mandato, na sede do Parlamento ou em suas instalações), passou o Tribunal a se *considerar no direito de perscrutar*, na linha do voto proferido pelo Ministro Sepúlveda Pertence, na condição de relator da Questão de Ordem no Inquérito 390/RO (*DJ* de 27.10.1989), "a ocasião, o local, o propósito ou outras circunstâncias relevantes" a evidenciarem a conexão ou não "do fato com o exercício do mandato ou a condição de parlamentar", assumindo o risco de ignorar, em alguns casos concretos em que a imunidade deveria incidir, a própria *ratio essendi* do instituto, assim como o princípio da separação de poderes.

Na visão do relator do feito acima mencionado, "ainda quando se cuide de discursos políticos, é de excluir-se a imunidade material", se as circunstâncias a que faz referência demonstrarem a "total desconexão do fato com o exercício do mandato ou a condição de parlamentar".

"Para compatibilizar a **amplitude sem precedentes da nova inviolabilidade parlamentar** com os princípios basilares da Constituição, entre os quais o do pluralismo e o da isonomia", agregou o Ministro Sepúlveda Pertence, "o Tribunal deve reservar-se o poder de examinar, caso a caso, o contexto do fato, a fim de evitar que a prerrogativa legítima se converta em odioso privilégio" (destacou-se).

De mais difícil compreensão, se confrontada com a posição acima externada, é a menção feita pelo Ministro Sepúlveda Pertence ao fato de que "Hoje (...) estou em que a eliminação, no art. 53 da CF, da cláusula

27. Isso ficou expresso, por exemplo, na ementa do acórdão proferido no Inquérito 390-QO, Relator o Ministro Sepúlveda Pertence (*DJ* de 27.10.89), em que se assentou: "(...) 1. A maior extensão da imunidade material, na Constituição de 1988, não dispensa, em cada caso, a verificação de um nexo de implicação recíproca entre a manifestação de pensamento do congressista, ainda que fora do exercício do mandato, e a condição de Deputado ou Senador".

restritiva – "*no exercício do mandato*" – **permite efetivamente que se dê à imunidade material uma extensão maior**, de modo a compreender na sua esfera de proteção manifestações que, embora não se possam estritamente caracterizar como exercício da função parlamentar, dela são consequências inarredáveis, em particular no tempo das comunicações de massa", ainda que a garantia se refira a "*senadores* e *deputados*, evidentemente enquanto tais" (destacou-se).

Com base no entendimento externado em 1989 e já consolidado no âmbito do Supremo Tribunal Federal, o Ministro Marco Aurélio Mello defendeu, ao nosso ver *legítima e coerentemente*, em julgamento mais recente[28], que a distinção quanto ao local de veiculação das palavras e opiniões estaria implícita no *caput* do art. 53 da Constituição Federal.

Mais recentemente, num caso que alcançou grande repercussão junto à imprensa brasileira, a Primeira Turma do Supremo Tribunal Federal decidiu, na data de 26 de setembro de 2017, por três votos a dois, afastar o senador Aécio Neves do exercício de seu mandato e aplicar a ele outras medidas cautelares requeridas pelo então Procurador-Geral da República, Rodrigo Janot, no julgamento do agravo regimental oposto pela chefia do Ministério Público Federal no bojo da Ação Cautelar 4.327, ao qual foi dado parcial provimento, nos termos do voto do Ministro Luís Roberto Barroso, redator do acórdão.

Em 30 de junho do corrente ano, o Ministro Marco Aurélio, Relator do feito, havia reconsiderado monocraticamente o ato que resultou na imposição, a mencionado senador, de medidas cautelares diversas da prisão, consubstanciadas na suspensão do exercício do mandato, na proibição de contatar outro investigado ou réu no processo e na de ausentar-se do País, com entrega do respectivo passaporte, afastando as restrições que haviam sido implementadas pelo Relator originário da Ação, o Ministro Edson Fachin.

A decisão proferida pela Primeira Turma do STF tomou por base o precedente firmado na Ação Cautelar 4.070, em que o ex-Presidente da Câmara dos Deputados Eduardo Cunha foi afastado do mandato. Naquela assentada, fortes num discurso de moralização e de combate à corrupção e sustentando a absoluta excepcionalidade da medida, os Ministros decidiram, à unanimidade, que o mandato parlamentar poderia ser suspenso por decisão plenária do Tribunal.

---

28. Mais precisamente na análise do Inquérito 1.958/AC, de que foi relator para acórdão o Ministro Carlos Britto (*DJ* de 18.02.2005).

Como na decisão proferida no Referendo à Ação Cautelar 4.070[29], os Ministros invocaram o seu poder de cautela para decidir por aplicar algumas das nove hipóteses de medidas cautelares diversas da prisão que podem ser aplicadas, de forma autônoma ou substitutiva da prisão preventiva, inseridas no Código de Processo Penal pátrio pela Lei n.º 12.403, de 04 de maio de 2011.

Note-se que, conforme já exposto, o Estatuto dos Congressistas não prevê a aplicação dessas medidas cautelares pessoais, muito menos da prisão preventiva, que já era prevista em nosso Código de Processo Penal antes mesmo de sua recepção pela Constituição Federal de 1988, devendo-se presumir que a *omissão* foi, na realidade, uma *opção concreta* dos constituintes que editaram a nova Carta em manter a tradicional disciplina das imunidades parlamentares adotada desde a nossa Constituição Imperial.

Ora, tomando-se por inspiração a lição de Recaséns Siches *apud* Meirelles Teixeira[30], tem-se que a produção de textos jurídicos (o jurista espanhol refere-se a "normas jurídicas") se dá em dois níveis: a produção "originária" e a "derivada". Embora a primeira diga respeito à positivação das "normas fundamentais e primeiras do sistema – a Constituição", e a produção "derivada" se relacione, *v.g.*, à criação dos textos normativos infraconstitucionais, que buscam na Constituição seu fundamento de validade, ambos os níveis de produção são fruto do exercício da soberania popular.

Nesse sentido, descaberia ao Supremo Tribunal Federal aplicar medidas não previstas no Estatuto dos Congressistas, sob pena de violação ao princípio da separação de poderes.

---

29. O acórdão do Referendo à Ação Cautelar 4.070 foi assim ementado: "CONSTITUCIONAL. PROCESSUAL PENAL. MEDIDA CAUTELAR DE SUSPENSÃO DO EXERCÍCIO DA FUNÇÃO (ART. 319, VI, DO CPP), A ABRANGER TANTO O CARGO DE PRESIDENTE DA CÂMARA DOS DEPUTADOS QUANTO O MANDATO PARLAMENTAR. CABIMENTO DA PROVIDÊNCIA, NO CASO, EM FACE DA SITUAÇÃO DE FRANCA EXCEPCIONALIDADE. COMPROVAÇÃO, NA HIPÓTESE, DA PRESENÇA DE MÚLTIPLOS ELEMENTOS DE RISCOS PARA A EFETIVIDADE DA JURISDIÇÃO CRIMINAL E PARA A DIGNIDADE DA PRÓPRIA CASA LEGISLATIVA. ESPECIFICAMENTE EM RELAÇÃO AO CARGO DE PRESIDENTE DA CÂMARA, CONCORRE PARA A SUSPENSÃO A CIRCUNSTÂNCIA DE FIGURAR O REQUERIDO COMO RÉU EM AÇÃO PENAL POR CRIME COMUM, COM DENÚNCIA RECEBIDA PELO SUPREMO TRIBUNAL FEDERAL, O QUE CONSTITUI CAUSA INIBITÓRIA AO EXERCÍCIO DA PRESIDÊNCIA DA REPÚBLICA. DEFERIMENTO DA MEDIDA SUSPENSIVA REFERENDADO PELO PLENÁRIO."

30. MEIRELLES TEIXEIRA, José Horácio. *Curso de Direito Constitucional.* Organizado e atualizado por Maria Garcia. São Paulo: Conceito Editorial, 2011, p. 197.

Contudo, como é de amplo conhecimento público, esse argumento não sensibilizou suficientemente a maioria dos Ministros do Supremo Tribunal Federal, a ponto de fazer com que eles adotassem uma postura de autocontenção na hipótese.

Note-se que, mesmo no caso da decretação da prisão do ex-senador Delcídio do Amaral Gomez (Ação Cautelar 4.039), o plenário do Supremo Tribunal Federal, ao referendar a decisão monocrática proferida pelo Ministro Teori Zavascki na data de 24 de novembro de 2015, não observou a única hipótese de afastamento parlamentar prevista no Estatuto dos Congressistas: a prisão em flagrante delito por crime inafiançável. Senão, vejamos:

Conforme consta da decisão que proferiu, havia prova de que o então Senador Delcício do Amaral teria participado, de modo ainda suposto, da prática do crime de embaraço a investigação de infração penal praticada por organização criminosa, tendo cometido, assim, ao menos em tese, o crime previsto no art. 2.º, § 1.º, da Lei n.º 12.850, de 2 de agosto de 2013 (Lei das Organizações Criminosas)[31].

Nessa esteira, considerou o insigne Ministro[32] tratar-se, com base em precedentes do Supremo Tribunal Federal, de delito pacificamente reconhecido como crime permanente, que contempla a possibilidade de flagrante a qualquer tempo.

Seguindo o *iter* necessário ao preenchimento dos requisitos aptos a ensejarem a decretação da prisão em flagrante do então senador Delcídio do Amaral, consignou então o Ministro Teori Zavascki, nas últimas duas linhas das fls. 35 da decisão monocrática que proferiu, que, "em qualquer caso, a hipótese é de inafiançabilidade decorrente do disposto no art. 324, IV, do Código de Processo Penal".

Aqui deve-se voltar a analisar a única hipótese de prisão de parlamentar admitida historicamente pelo Estatuto dos Congressistas, que é a de prisão em flagrante delito **por crime inafiançável.**

---

31. Que estabelece: "Art. 2.º Promover, constituir, financiar ou integrar, pessoalmente ou por interposta pessoa, organização criminosa:

    Pena - reclusão, de 3 (três) a 8 (oito) anos, e multa, sem prejuízo das penas correspondentes às demais infrações penais praticadas.

    § 1.º Nas mesmas penas incorre quem impede ou, de qualquer forma, embaraça a investigação de infração penal que envolva organização criminosa. (...)"
32. Às fls. 35 da decisão monocrática que proferiu.

Ora, enquanto o art. 323 do Código de Processo Penal brasileiro elenca as hipóteses de crimes inafiançáveis[33], **cuja prática poderia dar ensejo à prisão em flagrante de congressistas**, o art. 324 do mesmo diploma legal[34], de acordo com a doutrina[35], arrola **situações de inafiançabilidade.**

---

33. Ao dispor:

"Art. 323. Não será concedida fiança:

I - nos crimes de racismo;

II - nos crimes de tortura, tráfico ilícito de entorpecentes e drogas afins, terrorismo e nos definidos como crimes hediondos;

III - nos crimes cometidos por grupos armados, civis ou militares, contra a ordem constitucional e o Estado Democrático;

IV - Revogado pela Lei nº 12.403, de 2011;

V- Revogado pela Lei nº 12.403, de 2011."

34. Que conta com o seguinte teor:

"Art. 324. Não será, igualmente, concedida fiança:

I - aos que, no mesmo processo, tiverem quebrado fiança anteriormente concedida ou infringido, sem motivo justo, qualquer das obrigações a que se referem os arts. 327 e 328 deste Código; (Redação dada pela Lei nº 12.403, de 2011).

II - em caso de prisão civil ou militar; (Redação dada pela Lei nº 12.403, de 2011).

III – revogado pela Lei n.º 12.403, de 2011.

IV - quando presentes os motivos que autorizam a decretação da prisão preventiva (art. 312). (Redação dada pela Lei nº 12.403, de 2011).

35. Veja-se, por todos, os comentários de Guilherme de Souza Nucci (NUCCI, Guilherme de Souza. *Código de Processo Penal comentado*. 10. ed. rev. atual. e ampl. São Paulo: RT, 2010, p. 695/696) ao artigo 323 do Código de Processo Penal brasileiro, em explanação que se encaixa com uma luva na presente abordagem:

"(...) 11. Crimes inafiançáveis: **há substancial diferença entre *crimes* inafiançáveis e *situações* que não comportam a concessão de fiança. A relação do art. 323 constitui a primeira hipótese. Não importando a pena, a necessariedade, a adequabilidade, a proporcionalidade, a razoabilidade, enfim, sem atenção a qualquer situação concreta, veda-se a fixação de fiança para os *delitos* de racismo, tortura, tráfico ilícito de drogas em geral, terrorismo, hediondos, bem como nos que forem cometidos por grupos armados, civis ou militares, contra a ordem constitucional e o Estado Democrático. A relação do art. 324, por outro lado, não espelha um rol de infrações penais inafiançáveis, mas um quadro referente a *situações* incompatíveis com o instituto da fiança, pouco importando qual seja o crime**. Diante disso, proíbe-se a concessão da fiança aos que a tiverem quebrado ou infringido as obrigações dos arts. 327 e 328 do CPP, anteriormente, sem motivo justificável, no mesmo processo, bem como nos casos de prisão civil ou militar. Finalmente, por óbvio, não cabe fiança, que é decorrência da liberdade provisória, quando presentes os requisitos para a decretação da prisão preventiva. Em suma, existem apenas seis especificações de *crimes* inafiançáveis (art. 323, CPP) e cinco *situações* de incompatibilidade com a fiança (art. 324, CPP). **Leia-se, portanto, o seguinte, para ilustrar: o roubo é *crime* afiançável e jamais se tornará, como tipo penal incriminador, inafiançável, por força de uma situação peculiar; somente a lei pode torna-lo *inafiançável*. Por outro lado, havendo um caso**

Eis que o inciso IV de referido art. 324, invocado na decisão monocrática, dispõe, precisamente, que "não será, igualmente, concedida fiança (...)quando presentes os motivos que autorizam a decretação da prisão preventiva (art. 312)", **hipótese de prisão não admitida pelo Estatuto dos Congressistas**.

Ocorre que, na interpretação unânime dos integrantes da Segunda Turma do Supremo Tribunal Federal[36], teríamos, portanto, a seguinte equação[37]: crime permanente + situação de inafiançabilidade (motivo para a decretação de prisão preventiva) = prisão em flagrante. Estariam atendidos, nessa medida, os requisitos constitucionais exigidos para a prisão em flagrante de parlamentares.

Como é sabido, além de referendada pela Segunda Turma do Supremo Tribunal Federal, a decisão monocrática que decretou a prisão em flagrante delito do ex-senador Delcídio do Amaral foi chancelada pelo plenário do próprio Senado Federal, conforme prevê o § 2.º do art. 53 da Constituição Federal, na noite do dia 25 de novembro de 2015, em votação aberta.

Voltando à Ação Cautelar 4.327, que cuidava de pleito relacionado ao senador Aécio Neves, observa-se que, atualmente, o Plenário do Supremo Tribunal Federal tem entendimento no sentido da impossibilidade do afastamento automático de parlamentares de seus cargos eletivos **até mesmo em decorrência de julgamento definitivo de mérito em processo criminal**[38].

---

concreto de roubo, visualizando-se os motivos autorizadores da prisão preventiva, torna-se uma *situação* incompatível com a fiança. Cuida-se, pois, de equívoco aventar a hipótese de um delito transformar-se em inafiançável por conta de um cenário fático adverso" (destacou-se).

36. A decisão monocrática proferida pelo Ministro Teori Zavascki foi referendada pela Segunda Turma do Supremo Tribunal Federal na manhã do dia 25 de novembro de 2015, por unanimidade.

37. Formulada por Luiz Flávio Gomes, em seu *blog* na Internet.

38. Como é sabido, desde o julgamento da Ação Penal 470, o Supremo Tribunal Federal construiu três posições diversas acerca da cassação de mandatos de parlamentares. Num primeiro momento, decidiu-se que a condenação criminal transitada em julgado deveria acarretar a perda automática do mandato parlamentar (AP 470). Num segundo momento (AP 565, que envolvia o Senador Ivo Cassol), com a mudança parcial da composição do Tribunal, considerou-se que a competência exclusiva para se decretar a perda do mandato parlamentar era das Casas do Congresso Nacional. Num terceiro passo, a Primeira Turma do STF criou uma solução intermediária para a questão (sem fundamento direto no texto da Constituição Federal): a perda do mandato ocorre automaticamente se a condenação criminal aplicar pena privativa de liberdade em regime fechado, o que impede o efetivo exercício do mandato por parte do parla-

Nessa toada, poucos eram os que consideravam ser o caso de se admitir – como admitiu o Relator originário da matéria, Ministro Edson Fachin – o afastamento de parlamentar federal do mandato com base em provimento meramente cautelar, sobretudo se proferido monocraticamente.

Contudo, após o relator originário da matéria suscitar a divisão de inquérito policial do qual decorreu a Ação Cautelar 4.327, com a formação de novos autos, dessa feita distribuídos ao Ministro Marco Aurélio, este, na data de 30 de junho de 2017, deu provimento ao agravo regimental interposto pelo senador, afastando as medidas cautelares decretadas em seu desfavor, incluída a de afastamento do mandato parlamentar, em curso há mais de um mês.

Ao julgar o agravo regimental no terceiro agravo regimental na Ação Cautelar 4.327, a Primeira Turma do Supremo Tribunal Federal, na sessão realizada em 26 de setembro de 2017, na esteira do voto proferido pelo Ministro Roberto Barroso, redator do acórdão, promoveu nova reviravolta no caso.

Com efeito, apesar de a maioria da Turma não decretar a prisão preventiva do senador, "tendo em vista a existência de dúvida razoável quanto ao preenchimento dos requisitos previstos no art. 53 da CF, e em deferência institucional ao Poder Legislativo", deu parcial provimento ao agravo regimental interposto pelo Ministério Público, para restabelecer as medidas cautelares adrede decretadas pelo Ministro Edson Fachin, consistentes "na suspensão do exercício das funções parlamentares ou de qualquer outra função pública", "na proibição de contatar qualquer outro investigado ou réu no conjunto dos feitos relacionados à presente ação" e, por fim, "na proibição de se ausentar do País, devendo entregar seus passaportes" além de acrescentar a essas a medida cautelar diversa da prisão prevista no inciso V do art. 319 do Código de Processo Penal pátrio, consubstanciada no recolhimento domiciliar no período noturno.

Instaurado o imbróglio, foi pautada para julgamento plenário a ADI 5.526, proposta pelo Partido Progressista, Partido Social Cristão e Solidariedade, em que se requereu fosse conferida interpretação conforme à Constituição dos arts. 312 e 319 do Código de Processo Penal pátrio, com a redação que lhes foi dada pela Lei nº 12.403/2011, de modo a

mentar democraticamente eleito; em hipótese diversa, a decisão ficaria a cargo da respectiva Casa do Congresso (AP 694). Desconsiderando-se essa engenhosa – e ativista – solução idealizada pela Primeira Turma do Supremo Tribunal Federal, deve-se registrar que o Plenário daquele Tribunal ainda considera caber ao Congresso Nacional a decisão de cassar o mandato de seus membros.

submetê-los ao regime do parágrafo 2.º do artigo 53 da Constituição Federal, que se reporta ao procedimento que deve ser adotado em caso de prisão em flagrante de parlamentares federais.

Assim, na sessão plenária realizada no dia 11 de outubro de 2017, o Supremo Tribunal Federal decidiu, no julgamento de aludida ADI, **que o Tribunal tem competência para impor a parlamentares as medidas cautelares previstas no art. 319 do Código de Processo Penal,** o que, a toda evidência, não encontra respaldo no Estatuto dos Congressistas.

Além disso, firmou-se o entendimento, na linha do voto proferido pelo Ministro Alexandre de Moraes, designado redator do Acórdão[39,40],

---

39. Eis, aliás, o seu teor: CONSTITUCIONAL E PROCESSO PENAL. INAPLICABILIDADE DE PRISÃO PREVENTIVA PREVISTA NO ARTIGO 312 DO CPP AOS PARLAMENTARES FEDERAIS QUE, DESDE A EXPEDIÇÃO DO DIPLOMA, SOMENTE PODERÃO SER PRESOS EM FLAGRANTE DELITO POR CRIME INAFIANÇÁVEL. COMPETÊNCIA PLENA DO PODER JUDICIÁRIO PARA IMPOSIÇÃO DAS MEDIDAS CAUTELARES PREVISTAS NO ARTIGO 319 DO CPP AOS PARLAMENTARES, TANTO EM SUBSTITUIÇÃO A PRISÃO EM FLAGRANTE DELITO POR CRIME INAFIANÇÁVEL, QUANTO EM GRAVES E EXCEPCIONAIS CIRCUNSTANCIAS. INCIDÊNCIA DO §2º, DO ARTIGO 53 DA CONSTITUIÇÃO FEDERAL SEMPRE QUE AS MEDIDAS APLICADAS IMPOSSIBILITEM, DIRETA OU INDIRETAMENTE, O PLENO E REGULAR EXERCÍCIO DO MANDATO PARLAMENTAR. AÇÃO PARCIALMENTE PROCEDENTE.

    1. Na independência harmoniosa que rege o princípio da Separação de Poderes, as imunidades do Legislativo, assim como as garantias do Executivo, Judiciário e do Ministério Público, são previsões protetivas dos Poderes e Instituições de Estado contra influências, pressões, coações e ingerências internas e externas e devem ser asseguradas para o equilíbrio de um Governo Republicano e Democrático.

    2. Desde a Constituição do Império até a presente Constituição de 5 de outubro de 1988, as imunidades não dizem respeito à figura do parlamentar, mas às funções por ele exercidas, no intuito de preservar o Poder Legislativo de eventuais excessos ou abusos por parte do Executivo ou Judiciário, consagrando-se como garantia de sua independência perante os outros poderes constitucionais e mantendo sua representação popular. Em matéria de garantias e imunidades, necessidade de interpretação separando o CONTINENTE ("Poderes de Estado") e o CONTEÚDO ("eventuais membros que pratiquem ilícitos"), para fortalecimento das Instituições.

    3. A imunidade formal prevista constitucionalmente somente permite a prisão de parlamentares em flagrante delito por crime inafiançável, sendo, portanto, incabível aos congressistas, desde a expedição do diploma, a aplicação de qualquer outra espécie de prisão cautelar, inclusive de prisão preventiva prevista no artigo 312 do Código de Processo Penal.

    4. O Poder Judiciário dispõe de competência para impor aos parlamentares, por autoridade própria, as medidas cautelares a que se refere o art. 319 do Código de Processo Penal, seja em substituição de prisão em flagrante delito por crime inafiançável, por constituírem medidas individuais e específicas menos gravosas; seja autonomamente, em circunstancias de excepcional gravidade.

    5. Os autos da prisão em flagrante delito por crime inafiançável ou a decisão judicial de imposição de medidas cautelares que impossibilitem, direta ou indiretamente, o pleno e regular exercício do mandato parlamentar e de suas funções legislativas, serão remetidos dentro de vinte e quatro horas a Casa respectiva, nos termos do §2º do artigo 53 da Constituição Fede-

que, caso seja imposta medida cautelar que dificulte ou impeça, direta ou indiretamente, o exercício regular do mandato, a decisão judicial deverá ser remetida à respectiva Casa legislativa, no prazo de vinte e quatro horas, para deliberação, nos termos previstos no § 2.º do art. 53 da Constituição Federal.

Apesar de o pedido ventilado na exordial não deixar de causar espécie, por implicitamente reconhecer como legítima a possibilidade da decretação de medidas cautelares penais em desfavor de parlamentares pelo Poder Judiciário ao arrepio do Estatuto dos Congressistas, antes reconhecendo-o como um "fato consumado", teve ele, ao menos, o condão de possibilitar a minoração do desequilíbrio entre os Poderes aprofundado em decorrência do novo entendimento sufragado pelo Supremo Tribunal Federal.

Também é possível que os autores da ADI tenham raciocinado da seguinte forma: se o Congresso Nacional não consegue se opor à interpretação firmada pelo Supremo Tribunal Federal, guardião da Constituição e detentor da "última palavra" em sede de interpretação constitucional, como reiteradamente referido pelo Ministro Celso de Mello[41] no voto que proferiu no julgamento do feito, a não ser pela via estreita da alteração do parâmetro de controle adotado pela Corte – o próprio texto constitucional –, dando ensejo a uma nova rodada desse intrincado jogo interpretativo, cabe a ele, ao menos, propugnar por uma interpretação última, considerado o mesmo parâmetro de controle, no sentido de que a possibilidade criativamente extraída do Estatuto dos Congressistas pelo STF submeta-se ao regime da prisão em flagrante já consagrado nesse mesmo feixe de regras.

Ocorre que, ao se reconhecer, como se reconheceu, a "competência plena do Poder Judiciário para imposição das medidas cautelares pre-

---

ral, para que, pelo voto nominal e aberto da maioria de seus membros, resolva sobre a prisão ou a medida cautelar.

6. Ação direta de inconstitucionalidade julgada parcialmente procedente".

40. Por ter proferido o primeiro voto divergente ao do prolatado pelo Relator e que acabou por formar maioria.

41. Em interessante passagem do seu voto (fls. 18/19), o Ministro reconhece – como não poderia deixar de ser –, com lastro no magistério de Francisco Campos, que "o poder de interpretar a Constituição envolve, em muitos casos, o poder de formulá-la", eis que a Constituição está em "elaboração permanente nos Tribunais incumbidos de aplica-la (...). Nos Tribunais incumbidos da guarda da Constituição, funciona, igualmente, o poder constituinte" (grifos no original).

vistas no artigo 319 do CPP aos parlamentares, tanto em substituição a prisão em flagrante delito por crime inafiançável, quanto em graves e excepcionais circunstâncias", conforme menção constante da ementa do respectivo Acórdão, admitindo-se a decretação de prisão de parlamentares com base em uma das **situações de inafiançabilidade** previstas no artigo 324 do Código de Processo Penal pátrio, tem-se que as imunidades do Legislativo, reconhecidas pelo Ministro Alexandre de Moraes, juntamente com "as garantias do Executivo, Judiciário e do Ministério Público" como "previsões protetivas dos Poderes e Instituições de Estado contra influências, pressões, coações e ingerências internas e externas", que "devem ser asseguradas", para o "equilíbrio de um Governo Republicano e Democrático" deixam de sê-lo precisamente pelo órgão ao qual compete a guarda da Constituição, que é o Supremo Tribunal Federal.

Neste ponto, afigura-se recomendável reproduzir, ainda que parcialmente, o que constou do item 2 do acórdão redigido pelo Ministro Alexandre de Moraes, em que se encarece que "desde a Constituição do Império até a presente Constituição de 5 de outubro de 1988, as imunidades não dizem respeito à figura do parlamentar, mas às funções por ele exercidas, no intuito de preservar o Poder Legislativo de eventuais excessos ou abusos por parte do Executivo ou do Judiciário, consagrando-se como garantia de sua independência perante os outros poderes constitucionais e mantendo sua representação popular", para se demonstrar a importância do que se vem de dizer.

E não há que se invocar a excepcionalidade dos casos até aqui julgados pela Corte para que se tranquilize o Poder Legislativo e os seus membros de que o poder conferido ao Supremo Tribunal Federal pela maioria dos Ministros que deliberaram sobre a matéria será usado de maneira parcimoniosa e pontual. Deve-se estar atento, antes, à advertência de Oliver Wendell Holmes, um dos maiores escritores americanos do século XIX e pai do *Chief Justice* da Suprema Corte norte-americana e professor da Universidade de Harvard Oliver Wendell Holmes Jr., no sentido de que "nada é tão comum quanto o desejo de ser excepcional"[42].

Registre-se, ainda, que, afora a excepcionalidade ínsita às decisões de afastamento de parlamentares federais dos respectivos mandatos ou de cargos na Mesa Diretora da respectiva Casa legislativa proferidas até o

42. Trecho que consta da coleção de ensaios por ele publicada denominada *The Autocrat of the Breakfast-Table*, de 1858.

momento pelo Supremo Tribunal Federal, está a recomendar prudência e comedimento no manejo da competência reconhecida pelo próprio órgão de cúpula do Poder Judiciário brasileiro o fato de que a maioria das decisões tomadas nesse sentido, até o presente momento, o foram de forma monocrática, sem a recomendável[43] chancela do Tribunal Pleno.

Frise-se, por derradeiro, que não se pretende, com a presente análise, que o Supremo Tribunal Federal assegure a *impunidade* em substituição à *imunidade*, esta sim concretizadora dos princípios do Estado de Direito, da República e da Democracia, como bem salientou a Ministra Carmen Lúcia no voto que proferiu no Habeas Corpus 89.417/RO, de sua relatoria, mas sim que uma possibilidade hoje franqueada aos Ministros do Supremo Tribunal como forma de se atingir fim específico, colimado pelo Estado de Direito, qual seja, o de se combater a corrupção, possa, no futuro, ser utilizada com propósitos outros, diversos dos idealizados na ocasião em que se deliberou pela sua extração do texto constitucional.

Esse é o risco de se excepcionalizar um instituto multissecular, como o das imunidades parlamentares, que integra o Estatuto dos Congressistas nos moldes consagrados por diversas de nossas Constituições, além de Cartas Políticas e documentos constitucionais estrangeiros de grande relevo histórico.

IV. À GUISA DE CONCLUSÃO

Conforme já mencionado, observa-se que a previsão relativamente uniforme de um "Estatuto dos Congressistas" pelas diversas Cartas Políticas brasileiras possuiu a finalidade de se erigir uma barreira contra eventuais excessos ou abusos praticados pelos outros Poderes estatais, aptos a prejudicarem a independência no exercício das funções legiferantes e fiscalizatórias dos membros do Congresso Nacional. As lições da história brasileira e mundial o recomendam, enfaticamente.

Contudo, num processo que se aprofundou ao longo dos últimos anos, decisões proferidas pelo Supremo Tribunal Federal vêm conferindo nova conformação ao feixe de regras que estabelece o regime jurídico dos membros do Parlamento, o que, em muitos casos, fragiliza sobremaneira o Poder Legislativo brasileiro, com consequências que ainda não se consegue aquilatar de pronto.

43. Dada a gravidade da medida e seus potenciais impactos frente ao princípio da separação de Poderes.

De todo modo, num cenário de absoluta indistinção entre os ambientes político e jurídico, próprio do denominado *novo constitucionalismo*, os prognósticos não são nada animadores para esse já combalido ramo do Poder estatal.

É necessário que as novas competências extraídas do texto constitucional pelo próprio Supremo Tribunal Federal sejam manejadas de forma prudente e comedida pelos seus membros, sendo recomendável que decisões que eventualmente imponham medidas cautelares aos parlamentares, limitem-se, efetivamente, às "graves e excepcionais circunstâncias" mencionadas na ementa do Acórdão proferido na Ação Direta de Inconstitucionalidade 5.526/DF e, na mesma linha, façam incidir o § 2.º do artigo 53 da Constituição Federal "sempre que as medidas aplicadas impossibilitem, direta ou indiretamente, o pleno e regular exercício do mandato parlamentar".

Afigura-se recomendável, ainda, para a plena observância do princípio da Separação de Poderes, que o STF restrinja a substituição da prisão em flagrante delito por crime inafiançável pela imposição das medidas cautelares previstas no artigo 319 do nosso Código de Processo Penal efetivamente às hipóteses de prática de delitos de racismo, tortura, tráfico ilícito de drogas em geral, terrorismo, hediondos, bem como nas hipóteses de crimes cometidos por grupos armados, civis ou militares, contra a ordem constitucional e o Estado Democrático, é dizer, às hipóteses de prática efetiva de algum dos crimes inafiançáveis previstos em nosso ordenamento jurídico, sob pena de se vulnerar o Poder Legislativo e de se ferir de morte, em última instância, o Estado Democrático de Direito proclamado por nossa Constituição Federal.

Vale registrar, por derradeiro, que o ônus político que a submissão às Casas do Congresso Nacional de decisões que imponham medidas cautelares penais que impossibilitem, direta ou indiretamente, o pleno e regular exercício do mandato parlamentar, proferidas pelo Supremo Tribunal Federal, imporá aos parlamentares em geral não é um assunto de somenos importância: na era da informação em tempo real, propiciada pela Internet, cujo acesso tem se disseminado num ritmo verdadeiramente avassalador, cada novo chamamento à deliberação sobre a manutenção ou não de medidas cautelares penais decretadas pelo Supremo Tribunal Federal em desfavor de um de seus pares, poderá dar azo a novo – e cada vez mais profundo – desgaste político para com a opinião pública, notadamente em decorrência do fato de que as votações deverão ser ostensivas.

Os elevados custos de uma postura corporativista ou descabidamente protetiva estão a sinalizar que aludida forma de proceder tende a não ser adotada, ou não por muito tempo, pelos parlamentares que têm interesse em se manter na vida pública.

Anotações

EDITORA
JusPODIVM
www.editorajuspodivm.com.br

Impressão e Acabamento
Bartira
Gráfica
(011) 4393-2911